기원 전후 천년사,

인간 문명의
방향을 설계하다

기원 전후 천년사,

인간 문명의
방향을 설계하다

마이클 스콧 지음
홍지영 옮김

BC508 — AD415

사계절

일러두기

1. 그리스와 로마 인명 및 용어를 표기할 때 가장 일반적인 형태(대부분 로마식 철자)를 사용했다. 중국 인명과 용어는 우리말 한자 독음으로 표기했다(단, 강, 산맥, 분지 등은 한어병음으로 표기했다). 다른 언어(예를 들어 아르메니아어, 팔리어, 산스크리트어)로 된 인명, 용어, 서명은 가장 잘 알려진 영어식 표기를 사용했다. 본문에 등장한 모든 인명은 [찾아보기]에서 확인할 수 있다.
2. 본문의 미주는 모두 저자가 단 것이며, 각주는 옮긴이가 추가한 것이다.

앨리스와 태어날 아이에게

아이들에게 사랑을 줄 순 있으나, 당신의 생각까지 줄 수는 없다.

아이들은 스스로의 생각을 가졌으므로.

아이들에게 육신의 집을 줄 수는 있으나 영혼의 집을 줄 수는 없다.

아이들의 영혼은 내일의 집에 살고 있으므로.

당신은 결코 찾아갈 수 없는, 꿈속에서조차 갈 수 없는 내일의 집에.

—칼릴 지브란, '아이들에 대하여', 『예언자』

시작하며

야생 여우만큼 커다란 개미들이 두더지처럼 땅속에 굴을 내며 파낸 흙이 지면 곳곳에 탑을 이뤘다. 그 흙무더기 속에는 번쩍이는 황금이 섞여 있다. 이것을 쳐다보는 것은 위험하다고 알려져 있지만 사람들은 금을 얻고자 하는 욕망을 억누를 수 없었다.

개미들이 한창 땅속 깊숙한 곳에서 굴을 파던 정오 무렵, 그들은 가장 빠른 말을 골라 맨 수레를 타고 개미굴에 접근하여 금이 섞인 흙더미를 퍼담아 달아났다. 개미들이 눈치채지 못하도록 조용하고 재빠르게 움직여야 했다. 만약 들킬 경우 개미들이 떼지어 몰려나와 금 도둑을 공격할 것이기 때문이다. 사람들은 개미의 추격을 따돌리기 위해 고깃덩어리를 여기저기 뿌려놓았지만, 이 영리한 곤충은 그런 꾀에 속아 넘어가지 않았다. 일부는 곧장 수레로 달려가 인간을 상대로 목숨을 건 육박전을 벌였다.[1]

6

기원 전후 천년사, 인간 문명의 방향을 설계하다

인도에 온 것을 환영한다. 이곳은 기원전 3세기 초에 메가스테네스라는 그리스인이 묘사한 인도다.[2] 메가스테네스는 『인도지Indica』에 기이한 생명체로 가득 찬 세상을 생생하게 그렸다. 그는 금을 캐는 개미들은 금의 가치를 이해하고 그것을 지키기 위해 목숨을 바친다고 전한다.[3] 메가스테네스에 따르면 인도의 다른 지역에는 사자보다 두 배나 큰 호랑이, 가장 몸집이 큰 개보다 더 커다란 원숭이, 날개 달린 전갈, 닿으면 살이 썩는 오줌을 뿌리는 날뱀, 수사슴과 황소를 한입에 삼키는 거대한 뱀, 그리고 강한 턱을 가진 개가 살고 있다.[4] 그 땅에서 가장 큰 생명체는 아프리카코끼리보다도 더 큰 인도코끼리이며, 그곳의 바다에는 인도코끼리보다 다섯 배 큰 고래가 산다.

메가스테네스의 관심은 진기한 짐승에 그치지 않았다. 그가 경험한 인도는 신기한 인간들이 사는 땅이기도 했다. 『인도지』에는 키가 매우 작은 종족, 거인처럼 큰 종족, 코가 없는 종족, 입이 없어서 냄새를 들이마시는 것으로 밥을 대신하는데 그 냄새가 너무 강하면 죽어버리는 종족, 각각 8개의 발가락이 달린 발이 뒤를 향하고 있는 종족, 개의 머리를 달고 짖는 소리로 대화하는 종족에 관한 이야기가 등장한다.[5]

메가스테네스의 인도 이야기는 저 멀리 아테네나 스파르타에서 오후 햇살 아래 하릴없이 허송세월하던 그리스인이 멋대로 지어낸 이야기가 아니다. 『인도지』는 갠지스강 유역의 평원을 직접 목격한 서양인 관찰자가 남긴 최초의 기록이다.[6] 메가스테네스의 견문록은 후대 저술가들에 의해 인용된 부분만 단편적으로 전해지지만(그들은 당연히 메가스테네스가 남긴 기록의 신빙성에 의문을 제기하곤 했다), 인도 사회가 그리스 사회와 어떻게 다른지에 대한 분석을 담고 있어 고대 인도를 이해하기 위한 필수불가결한 초석으로 남았다.[7] 무엇보다도 메가스테네스는 우연히 인도에 당도한 무명의 여행자가 아니었다. 그는 그리스가 당시 파탈리푸트라(오늘날 파트나)를 중심으로 북인도 지역 대부분을 지배하던 인도 왕실에 처음으로 파견한 공식 사절로, 그리스인들이 산드로코토스Sandrocottus 왕이라 부른—인도 역사상 가장 위대한 왕조 중 하나를 창건한—찬드라굽타 마우리아를 알현했다.

메가스테네스를 인도로 파견한 사람은 '승리왕' 셀레우코스 니카토르(셀레우코스 1세)다. 알렉산드로스 대왕 휘하에서 장군으로 활약한 그는, 대왕의 사후 지중해 소아시아 연안에서 오늘날 아프가니스탄을 지나 중앙아시아 깊숙이, 그리고 남으로는 힌두쿠시산맥 너머 고대 인도 북서지방(오늘날 파키스탄)까지 뻗은 셀레우코스제국을 세웠다. 셀레우코스제국의 대사로 인도에 파견된 메가스테네스는 찬드라굽타의 왕궁이 서방통치자들의 그것과 비교해 얼마나 웅장한지 전한다.

그가 남긴 기록에 따르면 파탈리푸트라는 갠지스강과 에라노보아스강*이 합류하는 지점에 위치하며, 64개의 성문과 570개의 망루를 갖춘 목책 성벽이 평행사변형 꼴 도시를 둘러싸고 있다. 성벽을 따라 낸 깊은 해자는 도시의 방어 시설일 뿐만 아니라 하수 처리장으로도 이용되었다(여름이면 눈과 코를 찌르는 악취가 실로 대단했을 것이다). 그러나 궁궐 내부의 호화로움은 그때까지 그리스인들이 화려함의 극치로 여겼던 소아시아 수사(현재 이란 서남부의 슈시)나 에크바타나(현재 이란 중서부의 하마단)의 위대한 페르시아 궁전을 능가했다. 왕실의 공원은 공작과 꿩, 수풀과 상록

---

* 현재의 파트나 북서쪽 20킬로미터 지점에서 갠지스강에 합류하는 손son강으로 추정된다.

기원 전후 천년사, 인간 문명의 방향을 설계하다

수로 가득 차 있었다. 앵무새가 떼를 지어 왕의 머리 위를 날았고, 왕과 왕자를 위해 조성된 인공 연못에는 물고기가 헤엄쳤다.[8]

메가스테네스는 찬드라굽타 왕의 일과도 기록했다. 왕은 주로 혈액 순환과 근육 이완을 위해 나무로 만든 롤러로 마사지를 받으면서 송사 판결을 내렸다. 나머지 시간에는 신에게 제물을 바치거나 사냥을 했다. 사냥터는 왕실 공원일 때도 있었고, 그가 가장 아끼는 코끼리를 타고 궁궐 밖으로 나갈 때도 있었다. 왕의 일거수일투족이 백성에게 영향을 미쳤다. 예를 들어 왕이 머리를 감는 날이면 파탈리푸트라 사람들은 성대한 축제를 벌여 축하했다. 이 나라에서 왕은 수도 파탈리푸트라의 힘을 체현한 존재였기에 도시의 이름이 곧 왕의 공식 칭호로 사용되었다. 찬드라굽타는 곧 파탈리푸트라이며, 파탈리푸트라는 곧 찬드라굽타였다.[9]

메가스테네스는 인도인들은 전반적으로 키가 크고 자부심이 강하다고 묘사하면서, 그 이유를 풍요롭고 비옥하기 때문이라고 설명했다. 그는 모든 이가 자유로워 보이고 노예가 존재하지 않는, 서방에서는 상상할 수 없었던 놀라운 사회상을 전한다. 인도의 법질서는 매우 간단한 방식으로 유지되었다. 거짓 증언을 하면 손과 발이 모두 잘리는 형벌을 받는다. 다른 이에게 상해를 가하면 같은 신체 부위를 손상하는 처벌을 받고 그에 더해 양손을 자른다. 기술자의 눈이나 손을 상하게 한 이는 사형에 처한다. 그 결과 인도에는 도둑이 드물었다. 메가스테네스는 그가 속한 사회와 너무나 다른 실정에 놀라움을 금치 못했다.[10]

어떻게 이런 사회가 존재할 수 있었을까? 메가스테네스는 그 답을 그리스 신들과 결부된 인도 전설에서 찾았다. 전설에 따르면, 먼 옛날에 디오니소스 신이 군대를 이끌고 인도를 침략한 후 그곳에 정착하여 인도인들에게 와인 제조, 도시 건설, 그리고 법질서를 전수했다.[11] 그리고 열다섯 세대가 지난 뒤 헤라클레스가 태어나 파탈리푸트라를 세웠다.[12] 전설에 의해 인도와 그리스는 서로 다른 세계가 아니라 태곳적부터 신, 전통, 풍습을 공유한 '연결된' 세계가 되었다.

메가스테네스라는 인물에 대해서는 알려진 바가 거의 없다.[13] 또한 그가 인도에 관한 지식을 서쪽으로 처음 전한 선구자인 것도 아니다. 셀레우코스제국의 영토를 먼저 지배했던 페르시아의 왕들을 위해 기원전 6세기에 최초로 인도에 관한 책이 쓰인 바 있다. 인더스강 유역에 사는 민족을 '인도인Indians'이라 부른 것도 페르시아인들이었다(그리스인들은 이 명칭을 인도 전역에 사는 사람들에게 적용했다).[14] '역사의 아버지' 헤로도토스(그도 금 캐는 개미 이야기를 알고 있었다)의 시대인 기원전 5세기부터 그리스인은 인도를 꾸준히 언급했다. 기원전 4세기에 그리스 의사들은 눈병과 치아 질병, 심지어 구취를 치료하는 인도식 치료법을 알고 있었고 실제로 이용하기도 했다.[15]

하지만 메가스테네스 시대 이전에는 인도의 실제 크기나 그리스 세계가 속한 세상의 넓이를 아는 이가 없었다. 기원전 330~320년대에 그리스에서 인더스강 유역에 이르는 광대한 지역을 정복한 알렉산드로스 대왕과 그의 전우들은 세상의 끝에 도달할 것이라는 기대로 원정을 시작했지만 정복을 하면 할수록 얼마나 더 멀리까지 가야 하는가라는 생각에 두려워졌다.[16] 그로부터 30년 뒤 메가스테네스가 미지의 땅을 지배하는 인도 왕조에 사절로 파견된 것은 그리스인들의 지평선이 크게 확장되었다는 증거다.

파탈리푸트라 왕실은 외국 대사를 접대하는 데 익숙했다.[17] 메가스테네스에 따르면 찬드라굽타 왕실에는 인도에 체류하는 외국인을 돌보는 부서가 따로 있었다. 이들은 외국인들이 부당한 일을 당하지 않는지 살피고 그들을 속이는 사람을 강력히 처벌하고 병에 걸리면 치료해주고 죽으면 장례를 치러줬다.[18]

기원전 4세기 무렵은 그리스 세계의 경계가 확장된 시기이며, 이는 단지 인도에 국한되지 않는다.[19] 메가스테네스와 여러 동시대인들이 그리스 세계 바깥으로 파견되었으며, 그들이 쓴 보고서가 오늘날에도 단편적으로 전해 내려온다. 파트로클레스는 카스피해를 탐험했으며, 데모다마스는 중앙아시아를 탐사했다.[20] 메가스테네스가 은퇴한 뒤 후임으로 찬드라굽타 왕실에 파견된 셀레우코스 대사 데이마코스도 자신이 본 것을 기록했다.

정보가 동쪽에서 서쪽으로만 흘렀던 것은 아니다. 메가스테네스의 시대로부터 두 세기가량 지난 후 고대 인도 북부를 다스리던 그리스 왕 메난드로스(그의 세력은 파탈리푸트라까지 미쳤을 것으로 추정된다)가 인도의 승려 나가세나(나선那先)와 대론을 벌였다는 기록이 남아 있다.[21] 왕과 승려가 주고받은 문답은 훗날 중요한 불교 경전(『나선비구경那先比丘經』)이 되어 (혹자는 인도 산문의 걸작이라고도 한다) 미얀마와 중국 등지에서 널리 사용되었다.[22]

고대 세계는 하나인가 여럿인가

메가스테네스가 들려준 이야기는 역사, 그중에서도 특히 고대사에 관심을 가진 이들에게 한 가지 의문을 제기한다. 우리는 고대가 **서로 연결된** 세계였다는 사실을 학교, 대학 또는 공공 영역에서 배운 적이 있는가?

고대 문명(혹은 보다 최근의 문명)의 상호작용을 다루는 도서는 어디에 있나? 우리가 배우는 역사는 대부분 전공별, 시대별, 지역별, 주제별로 엄격하게 구분되어 있기에, 과거에 관한 지식은 서로 아무런 관련이 없다는 듯 고립된 탑 안에 분리되어 있다. 이런 풍토에서 메가스테네스, 데이마코스, 파트로클레스, 데모다마스 등이 직접 보고 경험한 '연결된 세계'는 자취를 감춘다.[23]

우리는 구획화된 역사를 너무 당연하게 받아들인 나머지, 과거의 일부분만을 보고 공부하면서 전체를 안다고 확신하기에 이르렀다. 나의 전공분야인 그리스와 로마를 다룬 책들은 흔히 '**고대 세계의**…'와 같은 제목을 달고 출간된다.[24] 그러나 정작 속을 살펴보면 그리스인과 로마인이 연못가 개구리처럼 모여 살았던 지중해 연안의 역사일 뿐이다. '고대 세계'를 지중해를 중심으로 한 매우 좁은 영역으로 받아들이면서, 우리는 스스로 부여한 한계를 전체라고 착각하게 되었다.

물론 보다 넓은 시각을 가진 그리스 로마 연구자들도 존재했으나, 그들이 성취한 바는 제한적이다.[25] 페르낭 브로델(1902~1985년, 프랑스의 역사가)은 지중해 세계의 연결성을 다룬 획기적인 저서를 남겼지만, 지중해를 하나의 '지역 단위'로 다루고자 했던 그의 발자취를 따른 이는 드물다.[26] 그리스와 로마의 역사가 가진 특유의 '유럽성'에 도전했던 또 다른 이들은 맹렬한 저항에 부딪혔다.[27] 결국 고대 문명(특히 그리스, 로마, 중국 간)의 비교 연구는 특정한 주제로 국한되었다. 이를테면 무역과 이동에 관한 연구,[28] 제국이나 국가 권력 체제 간의 비교 연구,[29] 전쟁과 평화에 대한 태도 연구,[30] 그리고 (가장 활발하게 연구가 이루어진) 문학·철학·법·음악·과학적 성과와 발견에 관한 연구[31] 등이다.

메가스테네스처럼 자신이 속한 세계와 (공통된 신과 영웅에 의해) 본질적으로 연결된 더 넓은 세계에서 활동했던 인물의 증언이 존재함을 감안하면, 현대 역사학의 협소한 접근은 전체를 제대로 다루는 방식이 될 수 없다. 찬드라굽타 왕실에 외국인을 전담하는 부서가 있었다는 사실만 봐도, 역사를 토막 내 구획 짓는 우리의 접근 방식이 과거의 현실을 제대로 반영하지 못하고 있음은 명백하다.

물론 이런 오류가 고대 그리스 로마 연구자들의 전유물은 아니다. 우리는 지중해, 중국, 중앙아시아, 인도를 비롯한 세계 각 지역에서 출현한 문명에 관한 지식을 축적했고, 이 모든 것을 학교와 대학에서 열심히 배우고 가르치고 있다. 하지만 많은 학자들은 자신의 연구 분야가 마치 유일한 고대 세계인 양 그 안에 매몰되어 있다.[32] 세계 어디에서나 역사학자 집단은 같은 시기에 존재한 다른 문명을 살펴볼 필요를 느끼지 못하고, 심지어 그 연결성이 바로 눈앞에 있을 때조차 자신의 세계 바깥으로 눈을 돌리지 못한다.[33] 우리는 글로벌 공동체[34]에 살고 있지만, 아이러니하게도 역사를 쓰고 읽을 때는 과거가 연결되지 않은 개별적인 뭉치인 양 취급한다.[35] 이제 더 큰 그림을 보면서 하나의 '고대 세계'가 아니라 연결된 고대 세계 '들'을 이야기해보는 건 어떨까?

이 책에 관하여

내가 고대 세계의 각 지역을 개별적으로 접근하는 대신 여러 다양한 지역을 함께 고려해야 한다고 믿는 이유는 두 가지다. 첫째로, 메가스테네스의 이야기는 고대 인류를 하나로 엮은 그물의 한 가닥에 불과하다. 고대 세계의 무역을 다룬 최근 연구들이 밝혔듯이, 기원후 1세기경 로마와 카르타고 상류층은 (여성과 남성을 막론하고) 중국산 비단으로 지은 옷을 입었다. 로마 상인들은 아라비아반도 남부와 인도 타밀 지방까지 항해했으며, 귀한 향신료와 향료, 기타 사치품을 구매하느라 연간 5,000만 세스테르티우스가 로마의 금고에서 인도로 흘러간 것으로 추정된다. 한편 로마도 유리 공예품과 금은보석 등을 수출했으며, 로마 상품의 가치는 (인도 향신료와 함께) 중국 한나라 황제에게까지 알려졌다.[36] 상품뿐만 아니라 그것을 운반하는 사람들을 통해 다양한 사상, 지식, 종교가 교류하면서 지중해부터 중국, 그리고 그 너머의 고대 세계 전체의 성격을 근본적으로 바꿔놓았다.

더 중요한 두 번째 이유는 중국이 동서양을 무역으로 연결하는 '신新실크로드' 건설에 뛰어든 21세기에 인류는 이런 글로벌화를 이미 경험해보았음을 되새길 필요가 있기 때문이다. 상품이 지중해와 중국을 오가던 기원후 1세기 초에 디오도로스 시켈로스(인도에 관한 메가스테네스의 저작을 처음으로 인용한 저자)와 스트라본을 비롯한 지중해 지역의 역사가들은 자신들이 알고 있는 세계를 총망라하는 새로운 종류의 '세계사Universal history'를 쓰고자 했다.[37] 그러므로 고대 세계에 관한 지식은 복잡다단하게 연결된 과거의 세계를 우리 앞에 펼쳐놓을 뿐만 아니라, 과거에 인류가 인간 사회의 상호 연결성에 대해 어떻게 생각하고 반응했는지 본보기를 제공하여 글로벌화 시대의 위험과 기회를 짐작할 수 있게 해준다.[38]

이 책에서 나는 세계 의식이 출현한 시대이자 여러 면에서 오늘날 우리가 처한 상황과 흡사한 고대를 이야기하고자 한다. 이 책은 물자의 이동에 초점을 맞추는 대신, 기원전 6세기부터 기원후 5세기 초까지 일어난 정치, 제국, 종교의 발전에 주목한다.

이 기간 가운데서도 특히 세 '시기'에 집중할 예정이다. 1부에서는 기원전 6세기에 정치를 통해 협의가 이뤄진 사회를 알아본다. 2부에서는 기원전 3세기부터 기원전 2세기까지 전쟁을 통해 구축된 고대 공동체의 관계를 살펴본다. 마지막으로 3부에서는 기원후 4세기에 종교 신앙의 도입, 적응, 혁신을 통해 형성된 인간과 신(들)의 관계 발전을 탐색한다. 1부는 아테네 민주주의가 시작된 기원전 508년, 2부는 한니발이 코끼리 부대를 이끌고 알프스산맥을 넘어 로마를 침공한 기원전 218년, 그리고 3부는 콘스탄티누스 1세가 밀비우스 다리 전투에서 승리한 기원후 312년의 이야기로 시작한다.

세 시기를 선택한 이유는 그해에 지중해 지역에서 중요한 사건이 발생했기 때문만은 아니다. 각각의 시기가 특별한 이유는 지중해에서 중국에 이르는 광범위한 지역의 다양한 문화권에서 동시다발적으로 유사한 사건이 일어났기 때문이다. 이 책에서 주목한 세 시기는 고대 세계의 연결이 강화되는 각 단계에 해당한다. 우리는 먼저 서로 동떨어진 세계 여러 지역에서 비슷한 문제의 해결책을 모색하던 기원전 6세기를 살펴볼 것이다. 그런 다음 기원전 3~2세기에 끊임없이 확대되는 문명의 상호작용이 어떻게 개인들의 결정을 좌우했는지, 그리고 '세계들' 간의 연결 고리가 생성되면서 이것이 어떻게 사상을 전파하고 다른 세계와 관계를 맺는 방식에 막대한 영향을 미치게 되었는지 살펴본다. 이 모든 과정에서 글로벌화의 진전과 이로 인한 변화가 각각의 사회가 자신들의 성취, 제도, 종교를 바라보는 시각에 미친 영향도 살펴볼 것이다.

1부에서는 아테네에서 민주주의라는 급진적 정부 형태가 출현하고 로마에서는 공화정체제가 탄생한 시기, 그리고 중국에서 공자가 국가 운영 및 인간의 상호작용 방식에 관한 정치철학을 주장한 방식을 살펴본다. 공자는 당시 지중해 세계의 변화를 알지 못했지만, 로마와 아테네는 서로 밀접하게 연관되어 있었다(뒤에서 자세히 살펴보겠지만 로마는 아테네로부터 정치제도를 배우기도 했다). 세 지역 모두 정치 변화를 향한 갈망이 터져나온 정황은 유사했던 것으로 보이지만, 각각이 처한 문화적 지형과 시대 상황에 따라 매우 다른 형태의 정치적 합의가 이루어졌다. 그렇지만 이 합의는 향후 역사에 지대한 영향을 미쳤다는 점에서는 동일한 성격을 갖는다.

2부의 주 무대는 세계를 형성하고 파괴한 전쟁터이다. 지중해에서는 카르타고인 한니발이 로마의 패권에 도전하기 위해 코끼리 부대를 몰고 알프스산맥을 넘었고, 소아시아에서는 여러 통치자들이 자신의 제국을 유지하기 위해 고군분투했다. 한편 중앙아시아에서는 무력을 기반으로 여러 신생 왕국이 탄생했다. 중국에서는 진시황제가 제후국들을 무력으로 통합하여 중국 최초의 통일 국가를 수립하고, 북부와 서부의 유목민 공동체에 맞섰다. 이 시기에 로마의 공화정체는 가장 험난한 관문을 통과해야 했고, 중국에서는 공자의 유교 사상이 절멸될 위기에 처했다. 한편 아테네 민주주의의 영광은 기억 저편으로 사라지고 있었다. 이 시대 고대 세계의 운명은 영토를 확장하고 그 안에 살던 공동체들의 관계를 재정립하는 데 일생을 바친 소수의 젊은 남성 전사와 통치자의 손에 달려 있었다. 그러나 지중해에서 중국에 이르는 고대 세계의 상호 연결성이 꾸준히 증가하고 마침내 기원전 140년대에 동서양의 역사가 연결되면서, 통치자들의 결정은 갈수록 먼 곳에서 일어난 사건들에 영향을 받게 된다.

기원 전후 천년사, 인간 문명의 방향을 설계하다

3부에서는 하나로 연결된 고대 세계에서 인간이 신과의 관계를 재고하면서 발생한 종교적 변화와 혁신을 다룬다. 로마가 지배하는 지중해 및 일부 아시아 지역에서 기독교가 수용되기 시작했을 때, 힌두교는 인도의 굽타왕조 치하에서 근본적으로 재구성되었다. 한편 불교는 중국으로 전파되어 국가 공식 종교의 위상을 획득하는 과정에 있었다. 종교는 고대 세계를 연결하는 무성한 그물을 따라 여러 공동체로 전파되었고, 한 지역에서 장기간에 걸쳐 발전하기도 했다. 하지만 어느 지역에서든 통치자/왕/황제의 후원 없이는 성장할 수 없었다. 개별 통치자는 국가의 확장과 통합을 위해 종교에—성직자와 위계 구조, 그리고 종교 예술과 건축을 포함하여—새로운 위상을 부여했다.

　　메가스테네스의 정신을 이어받아, 나는 여러분이 이 책을 읽고 고대 세계 '들'에 눈뜨게 되기를 희망한다. 이 책이 고대의 작동과 발전과 상호작용에 대해 알려주고, 그것이 지금의 세계를 형성하는 데 어떻게 기여했는지 설명하는 길잡이가 되기를 바란다.[39] 이것은 아름다움, 다양성, 영광에 관한 이야기이지만—그리고 폭력과 야망, 탐욕에 관한 이야기이기도 하지만—이를 통해 세상은 시간과 공간, 그리고 각 개인 간의 상호작용의 결과라는 사실을 알게 되리라 믿는다.

1부

축의 시대의
정치

1부

축의 시대의 정치

연대표

기원전 776년	최초의 올림피아 제전 개최.
기원전 771년	중국 춘추시대 개막.
기원전 753년	로마 건국.
기원전 594년	솔론, 아테네의 집정관으로 임명되어 개혁 추진. 중국 노나라, 초세무 제도 도입.
기원전 575년	세르비우스 툴리우스, 로마 왕으로 즉위.
기원전 560년	페이시스트라토스, 아크로폴리스를 장악하고 스스로 참주 자리에 오른 뒤 곧 축출당함.
기원전 556년	페이시스트라토스, 메가클레스의 도움을 받아 두 번째로 참주 자리에 오름.
기원전 551년	중국 동북 노나라에서 공자 탄생.
기원전 546년	페이시스트라토스, 세 번째로 아테네 참주가 됨.
기원전 534년	루키우스 타르퀴니우스 수페르부스, 로마 왕으로 즉위.
기원전 520년	클레오메네스 1세, 스파르타 왕위 계승.
기원전 517년	노나라의 정치 위기. 노정공과 공자, 제나라로 망명.
기원전 514년	하르모디오스와 아리스토게이톤, 아테네의 공동 참주 히파르코스를 암살.
기원전 510년	아테네의 공동 참주 히피아스, 클레오메네스의 지원을 받은 민중 봉기에 의해 축출당함. 루크레티아의 능욕. 타르퀴니우스 축출. 로마 공화정 시대 개막.
기원전 509년	로마의 운명을 건 아르시아숲 전투. 노정공과 공자, 노나라로 귀국.
기원전 508년	에트루리아 왕 라르스 포르세나의 로마 침공. 푸블리우스 호라티우스 코클레스, 로마를 구함.
기원전 508~507년	참주 자리를 탐내던 이사고라스를 아테네에서 추방. 클레이스테네스,

민주 개혁 단행.

기원전 501년   노정공, 공자를 중용.

기원전 497~495년   노정공, 제나라에서 보낸 80명의 미인을 받아들임. 공자, 제자를
이끌고 두 번째 망명.
레길루스호 전투(BC 496)에서 로마 집정관 아울루스 포스투미우스가
타르퀴니우스를 격퇴.

기원전 494~493년   로마의 첫 호민관(2명) 선출.

기원전 490년   마라톤 전투. 아테네, 페르시아 왕 다리우스 1세 격퇴.

기원전 487년   아테네 집정관직을 추첨제로 전환.
공자, 노나라로 귀환.

기원전 486년   페르시아 크세르크세스 1세 즉위.

기원전 481년   중국 춘추시대 종료.

기원전 480년   테르모필레 전투. 크세르크세스, 스파르타군을 상대로 큰 희생을
치르고 승리.
살라미스 해전. 그리스 해군, 크세르크세스의 함대에 대승.

기원전 479년   플라타이아이 전투. 페르시아군, 그리스군에 완패.
공자 서거.

기원전 475년   중국 전국시대 개막.*

기원전 454년   로마 사절단, 아테네를 방문하여 민주주의를 연구.
델로스동맹의 금고를 델로스에서 아테네로 이전.

기원전 451년   아테네에 파견된 로마 대표단의 조사 결과를 검토하고 법전을
제정하기 위해 첫 번째 10인 위원회가 집권.

기원전 450년   법전 개정을 위해 두 번째로 선임된 10인 위원회, 권력 이양을 거부.

기원전 449년   로마인, 10인 위원회에 맞서 봉기. 12표법 제정.

기원전 447년   아테네, 파르테논 신전 착공.

---

*   『사기』 6국연표에 따른 구분이다. 삼가분진(중원의 진晉나라가 하극상을 통해 조, 위, 한 3국으로 분리
된 사건)이 시작된 기원전 453년이나 삼가분진이 마무리된 기원전 403년을 전국시대의 시작
으로 보기도 한다.

머리말

    1981년, 미국 작가 고어 비달이 역사적 사실과 허구를 기발하게 뒤섞은 소설 『크리에이션Creation』을 발표했다. 소설의 주인공은 키루스라는 가상의 페르시아인으로, 기원전 490년에 아테네와 전쟁을 벌이고 마라톤에서 참패한 (실존 인물) 다리우스 1세의 궁궐에서 성장한다. 다리우스 1세는 뛰어난 언어 능력을 가진 키루스를 (훗날 찬드라굽타 마우리아의 왕실에 셀레우코스 대사로 파견된 메가스테네스처럼) 페르시아 대사 자격으로 인도에 파견한다. 키루스가 페르시아로 돌아왔을 때는 어린 시절 그와 함께 교육받으며 자란 다리우스의 아들 크세르크세스가 왕위에 올라 (훗날 살라미스 해전과 플라타이아이 전투로 끝날) 그리스 침공을 준비하고 있었다. 키루스는 다시 한 번, 이번에는 크세르크세스의 대사로서 더 멀리 중국으로 파견된다. 키루스가 임무를 마치고 돌아왔을 때는 페르시아와 그리스가 평화협정을 맺은 뒤였다. 그는 크세르크세스의 후계자에게 마지막 대사 임무를 받고 아테네로 떠난다.

키루스는 방대한 지역을 여행하는 동안 다양한 정치사상과 종교에 매혹된다. 여기서 작가 비달은 역사 연대표를 교묘하게 비틀어, 키루스로 하여금 고대의 누구도 하지 못한 일을 하도록 만든다. 이 가상의 인물은 기원전 5세기의 가장 중요한 사상가인 페르시아의 조로아스터, 중국의 공자, 인도의 부처, 아테네의 소크라테스를 모두 만난다. 그리고 각지에서 일어나는 사상의 혁명을 직접 목격한다.

1949년에 독일 역사가 카를 야스퍼스의 유명한 저서 『역사의 기원과 목표Vom Ursprung und Ziel der Geschichte』가 출간된 이래 이 시대는 지구사global history의 존재 이유를 명백하게 뒷받침하는 중요한 시기로 크게 주목받았다. 야스퍼스는 기원전 800년부터 기원전 200년까지를 '축의 시대Axial Age'로 정의했다. 지중해에서 중국에 걸친 고대 문화와 문명들이 모두 연결되어 있지는 않았지만 동시다발적으로 옛 지혜를 거부하고 철학·과학·종교·정치 분야에서 새로운 이해와 설명을 추구했던 시대를 의미하는 용어다. 야스퍼스에게 축의 시대는 그리스-중동-인도-중앙아시아-중국에 분포한 사회들이 비슷한 경험을 한 괄목할 만한 시기이자, 인간 역사의 등대 같은 시대였다.[1] 이 시대에 등장한 중요한 종교 혁신 중 두 가지―조로아스터교와 불교―는 이 책의 2부와 3부에서 다룰 예정이다. 1부에서는 기원전 6세기 말 아테네, 로마, 그리고 중국 노나라에서 발생한 정치사상과 통치 방식의 혁명에 초점을 맞춘다. 이 세 곳의 중심지는 축의 시대를 거치면서 인간이 사회와 관계를 맺는 방식을 재고했으며, 어떤 곳은 혁명의 용광로를 거쳐 다시 태어났다.

아테네에서는 도시 운영 방식과 시민들의 처우에 불만을 품은 성난 군중이 지배층을 상대로 사흘간 봉기했다. 시민들은 변화의 필요성에는 동의했지만, 그 누구도 자신들이 새로운 통치 형태, 오늘날 서구 세계를 특징짓는 정치체제를 탄생시키고 있다는 것까지는 알지 못했다. 실제로 이 과정에서 변화의 주역으로 부상하는 인물(클레이스테네스라는 부유한 60대 귀족)은 당시 아테네 전역에서 벌어진 봉기 현장에 있지도 않았다. 그러나 시민 봉기 후 클레이스테네스가 예전에 주창했던 '지역 공동체 및 민중의 권력과 영향력 확대'라는 막연한 주장이 국가의 운영 방식으로 채택되고 시도되었다. 세계가 민주주의를 향해 첫발을 뗀 순간이다.[2]

로마에서는 널리 존경받던 귀족 부인을 자살로 몰아넣은 왕가의 비열한 행태에 분노한 군중이 도시 성문을 닫아걸고 왕의 귀환을 막았다. 축출당한 왕이 보낸 군대가 수차례 로마를 위협하는 와중에도, 로마 시민들은 앞장선 귀족들과 함께 새로운 정치체제를 수립하기 위해 고군분투했다. 그 결과물인 공화국체제는 군주제의 부조리와 직접적인 '민중의 힘'(비현실적이라 여겨졌고 평판이 나빴다)을 절충한 중도를 개척했다. 이 체제는 훗날 로마가 지중해 지역의 패권국으로 부상하는 밑거름이 된다.

한편 중국 동부에 위치한 노나라는 주나라의 권위가 무너진 후 여러 제후국들이 서로 힘을 겨루던 춘추시대의 소국이었다. 노나라의 통치자는 무력했고, 막강한 권세를 가진 삼환씨三桓氏가 부패한 권력을 휘둘렀다. 그 와중에 이미 오십 줄에 접어든 한 남자가 중앙 관직에 등용되었다. 그의 목표는 인仁과 의義에 기반한 새로운 통치 질서를 확립하고, 현명하고 도덕적인 통치자를 통해 이를 구현하는 것이었다. 그는 홀로 외로운 싸움을 벌였고—열렬한 대중적 지지를 받지 못한 채 소수의 제자를 거느렸을 뿐이다—자신의 꿈이 실현되는 것을 보지 못하고 세상을 떠났

　　　　　　　　　　　　　　　　　　　　　　1부 축의 시대의 정치

다. 그러나 그의 사상과 가르침은 사라지지 않았다. 그는 훗날 '대성지성 문선선사大成至聖文宣先師'라는 칭호를 받고 중국 전역에서 기려졌으며, 오늘날까지도 널리 알려진 통치론 및 세계관을 남겼다. 바로 유교다.

매우 다른 세 사회에서 나란히 출현한 사회 관계가 인류 역사에 미친 영향은 이루 말하기 힘들 정도이다. 공자는 오랜 세월 동안 이어질 중국 의 교육·철학·법·정의·통치를 규정한 독보적인 인물이다.[3] 로마 공화 국의 체제와 정치사상의 영향력은 미국 의회가 위치한 워싱턴 D.C.의 '캐피틀힐Capitol Hill'이나 1999년까지 현대 이탈리아 법관의 직위 가운 데 로마 공화국의 '법무관'에서 이름을 따온 '프라이토르praetor'라는 직 위가 있었다는 사실에서도 확인할 수 있다.[4] 대체로 대의제 형태인 현 대 민주주의가 아테네 민회(에클레시아ekklesia)의 직접민주주의— 참여 자격이 제한적이었지만—에 비해 얼마나 잘 작동하는지 논란이 계속되 고 있기는 하지만, 1993년에 전 세계가 민주주의 탄생 2500주년을 성대 하게 기념했다는 사실은 우리가 고대 아테네에 진 빚과 데모크라티아 demokratia(민중에 의한 통치)의 생명력을 잘 보여준다.

여기서 다루는 각 문명권이 서로의 존재를 잘 알고 있었던 것은 아니 다. 로마 공화국 건설에 관해 전해지는 가장 오래된 기록에는 아테네 참 주 타도에 대한 언급이 등장하며, 로마는 그리스의 정치체제를 참고하기 위해 대표단을 파견하기도 했다. 하지만 공자는 서쪽 멀리에서 벌어진 투쟁에 대해 전혀 알지 못했으며, 오직 그가 속한 사회의 역사로부터 본 보기를 끌어내고 영감을 얻었다.

이 시기 아테네-로마-노나라에서는 극도로 독재적인 통치 방식으로 인해 누적된 불만, 갈등과 사회불안으로 점철된 현실보다는 더 나은 이상 사회를 향한 갈망이 변화를 촉발했다. 그리스와 로마의 정치혁명은 공동체의 주도로 진행되었으며 어떤 로드맵도 없이 시작되었다. 반대로 중국에서 공자는 국가 통치 방식의 변화를 정교하게 설계했다. 그는 새로운 사상을 도입한 혁신자라기보다 옛 사상의 '전수자'라는 입장을 취했지만, 아마도 자신의 사상과 신조가 무엇인지 뚜렷이 밝힌 중국 최초의 인물일 것이다.[5]

세 지역에서 변화를 촉발한 원인의 유사성에도 불구하고, 각 사회의 전통과 당면한 문제의 차이는 서로 다른 결과를 도출했다. 한 사람의 덕망 높은 통치자가 권력을 장악한 중국, 사회계급별 권력의 균형을 이루고자 한 로마의 '중도', 그리고 아테네의 직접민주주의에 이르기까지 서로 다른 사회계약과 관계 개념을 바탕으로 근본적으로 다른 3개의 통치체제가 등장했다.

오늘날의 관점에서 이 세 정치체제가 각 지역에 정착한 것은 당연해 보인다. 그러나 각각의 여정을 자세히 살펴보면, 시작은 미약했고 지속되리라는 보장도 없었으며 고비 때마다 체제 전복의 위험에 처했다. 세 체제 모두—이미 공식화된 공자의 사상조차도—최종적인 형태를 갖추기까지 수십에서 수백 년이 걸렸다. 각 체제의 발전 과정은 후대의 기록을 통해서 오늘날까지 전해지지만, 많은 경우 기록들은 서로 일치하지 않고 집필 당시의 정치적 상황에 영향을 받는다. 역사를 공부한다는 것이 기록을 면밀히 검토하고 각 사회가 자신을 어떻게 남기고 싶어 했는지 주의 깊게 살피는 일이어야 하는 이유다. 궁극적으로 역사란 오늘의 우리가 계속해서 새롭게 해석하고 만들어가는 이야기다.

기원전 6세기 말이 한 국가의 고대사에서, 그리고 훨씬 더 넓은 지역

1부 축의 시대의 정치

의 고대사에서 대단히 흥미로운 시기임은 두말할 나위도 없다. 이 시기는 문명 발달의 전환점이자 인간이 어떤 사회 관계를 맺을 수 있고 맺어야 하는지, 그리고 하나의 공동체가 어떤 행동을 취할 수 있고 취해야 하는지 달리 보게 된 시점이다. 더 중요한 것은 이 시기에 등장한 논의들이 현대 인간의 삶을 인도하고 있을 뿐만 아니라 현대 세계와도 공명한다는 사실이다. 윌리엄 포크너의 명언처럼 "과거는 죽지 않는다. 실은 아직 지나가지도 않았다."[6] 인간 사회를 운영하는 최선의 방법은 무엇이고, 사회 관계를 수립하는 최선의 방식은 무엇인가라는 질문을 결코 멈춰서는 안 된다.

1장

아테네 민주주의:
민중의 힘을 향한 갈망

때는 기원전 508년. 아테네 아크로폴리스 포위전의 사흘째 아침이 밝았다. 떠오르는 아침 해를 받은 아크로폴리스가 도시에 기다란 그늘을 드리웠다. 도시 중심부에 솟은 이 거대한 석회암 언덕은 수세기 동안 시민들의 등대이자 피난처였다. 과거에 왕궁이 자리 잡고 있던 이곳은 이제 전능한 신들에게 바쳐진 신전과 조각상이 숲을 이루고 있었다. 아테네 시민들은—헤로도토스에 의하면 불굴의 의지로 단결하여—이 신성한 난공불락의 심장부를 포위했다.[1] 언덕 위 요새에는 스파르타 왕 클레오메네스와 소규모 스파르타군이 몸을 숨기고 있었다. 스파르타는 아테네로부터 200킬로미터 이상 떨어진 펠로폰네소스반도에 위치한 도시국가다. 스파르타 병사들은 고향에서 멀리 떨어진 곳에서 자신들이 대체 무엇을 하고 있는지 자문했다. 클레오메네스는 자신과 함께 언덕 위로 몸을 피한 아테네 귀족이자 최고 행정관(수석 아르콘eponymous archon) 이

사고라스의 정치적 목표에 운명을 걸었다. 클레오메네스와 이사고라스가 다른 어떤 것을 공유한다는 소문이 돌았다. 이사고라스가 동맹의 표시로 자신의 부인을 클레오메네스에게 '빌려줬다'는 것이다.[2]

얼마 전 이사고라스와 스파르타인들은 이사고라스의 정적을 비롯하여 그의 리더십에 동조하지 않는 700개 가문을 아테네에서 추방했다. 게다가 아테네 국정 운영 기관인 불레boule를 해산시키고 이사고라스 일파가 정치권력을 독점하는 정계 개편을 추진했다. 아테네 시민들이 거세게 반발했고, 수적으로 크게 열세였던 이사고라스와 스파르타인들은 목숨을 부지하기 위해 아크로폴리스로 달아나는 처지가 되었다. 아테네인들은 한마음으로 단결하여 도시의 근간을 흔들고 역사의 방향을 바꾸어놓을 봉기를 일으켰다.[3]

헤로도토스는 이 사건을 민주주의라는 새로운 정치체제를 탄생시킨 아테네 정치혁명의 도화선으로 지목했다. 그러나 아테네가 이 순간에 도달하기까지의 여정은 이미 한 세기 전에 시작되었으며, 기원전 508년 이후 탄생한 민주주의체제는 그 후로도 오랜 진화를 거쳤다. 민주주의의 출현에서 중요하게 살펴야 할 부분은 핵심 인물들의 행동과 의도다. 그런데 그들의 행적을 보면 과연 민주주의라는 결과를 의도했던 것인지 의문이 든다. 고대 사료들은 이 문제를 서로 다르게 해석한다. 역사 기록은 집필 당시의 정치적 상황에 영향을 받기 때문이다.

아크로폴리스에서는 2년 전인 기원전 510년에도 포위전이 벌어졌다. 당시에는 클레오메네스와 스파르타군이 아테네 시민들과 같은 편에서 싸웠다. 드높은 신전과 빛나는 조각상 사이에 몸을 숨긴 공공의 적은, 17년 전 부친인 페이시스트라토스가 세상을 뜬 뒤 점점 더 무자비한 수단을 동원하여 권력을 유지해온 아테네의 포악한 참주 히피아스였다. 이 포위전은 교착에 빠져 장기화될 뻔했지만, 아테네에서 탈출하던 참주의 아들들을 스파르타군이 붙잡으면서 일단락되었다. 이제 협상의 카드는 스파르타군과 스파르타를 지지하는 아테네인들이 쥐고 있었고, 시민들은 자식을 살려주는 조건으로 히피아스의 항복을 받아냈다. 히피아스는 닷새 만에 아크로폴리스에서 내려와 아테네를 떠났고, 여러 망명지를 거쳐 결국 바다 건너 소아시아의 광대한 제국을 다스리는 위대한 페르시아 왕 다리우스 1세의 궁중에 정착한다. 하지만 히피아스는 아테네를 장악하려는 야심을 버리지 않았고, 훗날 페르시아군의 앞잡이가 되어 다시 돌아온다.[4]

한편 히피아스의 망명은 기원전 560년에 페이시스트라토스가 처음으로 정권을 장악한 이래 한 가문이 권력을 독점해온 아테네에 정치적 공백을 가져왔다. 아테네인들은 폭정에서 벗어났다는 안도감을 느낄 새도 없이 권력의 빈자리를 채워야 하는 문제에 봉착했다.[5] 클레오메네스—아테네인들의 투쟁에 스파르타가 개입해야 한다는 델포이 신탁에 따라 아테네 정치에 관여했다—는 자신이 아테네를 직접 통치하기보다는 이사고라스가 권력을 잡는 편을 선호했다.

이사고라스의 경쟁자는 한 세기 이상 아테네에서 악명을 떨친 명문 귀족 가문 알크마이온의 클레이스테네스였다. 그는 아테네 인근에 위치한 도시국가 시키온의 참주 클레이스테네스의 외손자였다(외조부의 이름을 물려받았다). 히피아스가 축출될 당시 이미 60대에 접어든 클레이스테네스는 민주주의혁명의 선봉이라는 역사적 주인공으로는 꽤나 예상 밖의 인물이다.

두 차례의 아크로폴리스 포위전 사이의 2년간, 아테네가 나아갈 방향을 두고 격렬한 권력투쟁이 벌어졌다. 먼저 귀족 엘리트 집단의 지원을 확보한 이사고라스가 기원전 508~507년에 최고 행정관으로 선출되면서 우위를 점했다. '수석 아르콘'이 된 이사고라스는 도시 운영을 결정할 입법권을 손에 쥐었다. 클레이스테네스에게 남은 유일한 선택지는 아테네를 대표하는 (그러나 영향력은 작은) 민회에 자신의 개혁안을 제시하고, 더 넓은 범위의 사회계급으로 구성된 아테네 남성 시민층의 지지를 호소하는 길뿐이었다. 야외에서 진행되는 대중 집회는 그처럼 나이든 정치인의 무대로는 어울리지 않았다. 민회에서는 군중에게 자신의 말이 전달되도록 큰 목소리를 내는 것이 중요했다. 그리고 바로 지금이 아테네 정치 구조를 근본적으로 개혁할 때라고 시민들을 설득해야 했다. 헤로도토스는 바로 이때 놀라운 일이 벌어졌다고 전한다. 클레이스테네스가 그동안 아테네 지도층에게 "경시당해온 데모스demos(민중)를 자신의 파벌로 포섭"한 것이다.[6]

'파벌로 포섭했다'는 문구가 정확히 무엇을 의미하는지는 지금까지도 역사학자들 사이에서 뜨거운 논쟁거리다. 특히 헤로도토스가 '자신의 파벌로 포섭했다'는 의미로 사용한 그리스어 단어 '프로세타이리제타이 proshetairizetai'를 놓고 해석이 분분했다.[7] 이 단어는 귀족 또래집단에서 소수의 막역한 동료들이 모여 결사한 '헤타이레이아hetaireia(붕당, 정치클럽)'에서 나온 말이다. 혹자는 이를 두고 민주주의의 산파 노릇을 한 것은 혁명이 아니라 아테네 귀족들에게 익숙한 정치술이라고 해석했다. 즉 민주주의가 귀족들의 통상적인 권력 다툼의 우연한 산물일 수도 있다는 얘기다.

설사 기원전 508~507년의 혁명이 의도된 것이 아니었다 하더라도, 민중을 자기편으로 끌어들이기 위해 클레이스테네스가 제안한 개혁안은 전례 없이 파격적인 내용을 담고 있었다. 그의 제안은 크게 두 가지 요소로 구성되었다. 첫 번째는 행정구획의 최소 단위인 '데메스demes(대략 오늘날 구區에 상당)'를 모든 시민의 참여-권리-책임의 기본 단위로 삼는다는 내용이었다. 논란의 소지가 더 컸던 두 번째 제안은, 4개의 씨족으로 구성된 기존의 부족을 해체하고 데모스를 근간으로 하는 10개의 부족을 신설하여 아테네 시민이 국가를 위해 시간과 에너지, 의견을 제공하는 창구로 삼는다는 내용이었다.[8] 새로운 부족 개념이 획기적이었던 이유는 기존의 부족 제도에 내재된 귀족들의 세력 기반을 와해시키고 각 부족이 국가 운영에 동등한 발언권과 권한을 갖도록 의도적으로 설계되었기 때문이다. 더욱 파격적인 것은 각 부족에서 국가 운영에 참여할 (모두는 아니지만 대부분의 관직을 담당할) 사람을 뽑을 때 선거가 아니라 무작위 추첨제로 선출하여 모든 이에게 기회가 평등하게 돌아가도록 보장했던 점이다.

클레이스테네스의 개혁안은 아테네 시민들의 상상력을 자극했다. 클레이스테네스가 이사고라스와 정면 충돌했을 때, 민중의 지도자로 지지를 확보한 쪽은 클레이스테네스였다. 그렇지만 우리는 당시 아테네의 정부기구가 '민주주의'라는 단어를 사용하지 않았음을 잊지 말아야 한다. 이것은 집과 밭에서, 시장의 공공 우물에서, 극장과 김나시온에서 입에서 입으로 전해지며 논의되던 안건이었다.

아테네 시민들이 단지 정치 개혁을 위해 클레이스테네스의 계획을 지지했던 것은 아니었다. 비록 참주를 제거하는 데 스파르타의 도움을 받기는 했지만, 아테네인들은 스파르타가 계속해서 자신들의 삶에 개입하는 데 분개했고, 스파르타와 이사고라스의 관계를 불신했으며, 그들이 앞으로 어떤 움직임을 보일지 경계했다. 그들은 아테네의 군사력이 스파르타는 물론이고 가까운 이웃 도시국가들에 비해서도 뒤떨어진다는 사실을 뼈저리게 느끼고 있었다. 스파르타와 스파르타의 동맹국이 아테네 침공에 동원할 군사력을 고려했을 때 이사고라스가 불러들인 700명은 맛보기에 불과했다.

클레이스테네스가 제시한 행정 개혁은 데모스를 아테네의 정치조직뿐만 아니라 군사조직의 기반으로 삼는다는 내용을 담고 있었다. 만일 이 개혁안이 시행된다면 아테네인들은 보다 효율적인 도시 방어군을 보유할 수 있게 된다. 그러니 개혁안이 아테네 시민들의 상상력을 사로잡고 그들의 지지를 얻었던 것도 놀라운 일이 아니다. 클레이스테네스의 개혁안은 스파르타의 입김을 제거하고 아테네의 군사력을 재조직할 기회, 그리고 시민들이 더 큰 정치적 발언권을 확보할 기회 등 여러 가지 문제를 한 방에 해결하는 획기적인 방안이었다. 밭에서, 집에서, 거리에서 '클레이스테네스'의 이름이 회자되었다.

클레이스테네스를 향한 대중의 지지에 위협을 느낀 이사고라스는 자신의 입지를 강화하기 위해 클레오메네스와 스파르타군을 다시 불러들였다. 클레오메네스 또한 클레이스테네스의 계획이 성공하는 것은 원치 않았다. 그는 아테네 정치체제가 현 상태로— 귀족 집단이 권력을 장악한 채로, 그리고 스파르타의 군사 동맹국으로— 유지되길 원했다. 클레오메네스는 아테네인들에게 클레이스테네스와 그의 지지 세력을 추방하라고 명령했다. 시민들이 움직이길 거부하자 그는 이를 강제로 집행하기 위해 친히 스파르타 정예부대를 이끌고 아테네로 돌아왔지만, 엄청난 수의 아테네 시민들에게 포위되어 이사고라스와 함께 아크로폴리스에 갇히는 신세가 되고 말았다.

개혁자 클레이스테네스

클레이스테네스가 진정으로 원한 것은 무엇이었을까? 그 역시 아테네의 경쟁자들을 누르고 자신의 권력과 영향력을 극대화하기를 원했을 것이다. 그러나 보다 미묘하고 복잡한 동기에 관해서는 헤로도토스와 아리스토텔레스의 견해가 갈린다. 아리스토텔레스는 클레이스테네스를 민중을 위해 아테네 정치를 개혁하려 한 이상주의자로 평가했다.[9] 헤로도토스는 클레이스테네스가 시키온의 참주로서 그곳의 부족제를 개혁했던 외조부를 모방한 것이라고 보았다. 외조부처럼 그도 아테네가 부족 체제를 모방했다고 전해지는 에게해 너머 소아시아의 이오니아인들에게 깊은 증오를 품고 있었다는 것이다.[10]

그의 진정한 동기가 무엇이었든 간에, 기원전 508년 아크로폴리스를 포위한 아테네 시민들 속에 클레이스테네스는 없었다. 당시 그는 자신을 지지하는 수백 명과 함께 망명 생활을 하면서 정보원을 통해 아테네 소식을 단편적으로 전해 듣고 있었다. 이사고라스와 스파르타인들은 클레이스테네스를 추방하면서, 그가 저주받은 가문 출신이기 때문이라는 명분을 내세웠다.

기원전 630년대, 올림피아제전 도보 경주 우승자였던 킬론이 델포이 신탁을 잘못 해석하고는 아테네에서 쿠데타를 시도했다. 헤로도토스에 따르면 킬론은 "참주가 되고자 하는 야망을 품고" 아테네 권력의 상징인 아크로폴리스를 장악하려 했다.[11] 그러나 킬론의 대의명분에 대한 시민의 지지가 붕괴하면서 그의 일당은 아테나 신전에 몸을 숨기는 처지가 되었다(신성한 신전에 들어간 자는 그가 죄인이라 하더라도 끌어낼 수 없었다). 아테네 행정관들은 킬론 일당이 항복하고 재판을 받는다면 해치지 않기로 약속했다. 그러나 킬론 일당은 신전 밖으로 나오자마자 살육당했다. 범인은 아테네 귀족 알크마이온 가문 출신의 정적이자 클레이스테네스의 증조부인 메가클레스로 밝혀졌다.

당시 불안정했던 그리스 사회에서 킬론의 쿠데타 시도는 예외적인 사건이 아니었다. 소수의 부유한 귀족 지주계급이 다수의 빈곤층 토지 노동계급을 지배하는 기존의 사회구조는 아테네 인구가 10배나 폭증하고 신흥 부유층이 등장하면서 와해될 조짐을 보였다.[12] 특히 보다 효율적인 광물자원의 개발, 무역, 그리고 높은 경제성장률 덕분에 부유층 평민의 비율이 증가하면서, 그들도 사회 운영 방식에 발언권을 요구하고 나섰다. 그리스 본토와 에게해제도, 그리고 남쪽 크레타섬에 이르기까지, 여러 그리스 공동체들은 경제적·사회적 변화에 부합하는 정치사회를 구상하기 위해 고심했다. 코린토스와 시키온 같은 아테네 인근 도시국가에서는 참주가 권력을 장악했다(어떤 경우에는 몇 세대에 걸쳐 후손에게 그 자리를 물려주기도 했다). 크레타섬의 드레로스나 에게해의 키오스섬에서는 공동체 전체가 권리와 책임을 갖는 새로운 사회·정치 계약이라는 실험을 시작했다. 드레로스에서는 법질서를 유지할 책임이 공동체에 있음을 명시하고 여러 사회·경제 집단의 권리를 보다 균등하게 분배하기로 규정한 (현재까지 그리스 전역에서 발견된 가장 오래된) 법전을 모두가 볼 수 있는 석판에 새겼다.

각각의 그리스 공동체가 주변 도시의 혼란을 얼마만큼 인식하고 있었든 간에—무역이 번성한 도시일수록 더 잘 파악하고 있었을 것이다—기원전 7세기에 아테네를 둘러본 사람이라면 누구나 경제적 풍요와 고조되는 갈등을 감지했을 것이다. 어느 누구도 아테네의 권력을 완전히 장악할 만큼 강하지 않았고, 그 결과 권력을 탐하는 자들의 마찰이 끊이지 않았다. 오늘날까지 전해져 내려오는 가장 오래된 아테네 법률인 '드라콘의 법'은 기원전 7세기 말의 아테네가 폭력이 난무하는 도시였음을 보여주는 증거이다. 드라콘은 대부분의 범죄를 사형이라는 극단적인 형벌로 처벌했던 법령 제정자로, 형벌이 매우 가혹함을 의미하는 영어 단어 '드라코니언draconian'이 여기에서 유래했다.[13]

아테나 신전 앞에서 킬론을 죽인 메가클레스에게 '오염'이라는 뜻의 형벌 미아스마miasma가 내려졌다. 그와 그의 자손들이 이 벌을 영원히 짊어져야 했다. 알크마이온 가문은 즉시 아테네에서 추방되었고, 만에 하나 그들이 다시 돌아오도록 허용된다 하더라도 아테네인들이 이 형벌을 다시 시행하기로 결정한다면 언제든 다시 쫓겨나게 될 운명에 처했다. 이사고라스와 스파르타 지원군이 클레이스테네스를 추방할 수 있었던 이유도 여기에서 나왔다.

입법자 솔론

클레이스테네스의 가문은 기원전 594년에 첫 번째 추방을 사면받은 것으로 보인다. 그해 아테네의 최고 행정관은 전설적인 입법자이자 현명한 조정자, 현자, 시인으로 역사에 길이 남은 솔론이었다. 오늘날까지 전해지는 솔론의 시 단편은 당시 아테네의 상황과 위기에 대처한 그의 방식을 잘 보여준다.

솔론은 살라미스섬 영유권을 두고 아테네와 그리스의 도시 메가라 사이의 분쟁에서 공을 세웠다. 그는 당시 지주계급으로는 드물게 무역 경험까지 갖춘 인물로, 아테네의 내부 갈등뿐만 아니라 세력권과 식민지를 두고 탐욕스럽게 세를 확장하던 다른 그리스 공동체들과 경쟁해야 하는 현실을 목도했다. 그는 아테네인들이 하나로 뭉쳐 난관에 대응할 수 있는 정부가 절실하다고 판단했다. 이를 위해서는 개인의 야망만 추구하는 행태를 뿌리 뽑아야 했다. 솔론은 아테네에 필요한 것은 공정, 자유, 그리고 훌륭한 리더십이라고 주장했다. 그는 최고 행정관으로 임명되면서 도시 운용 방식을 개선하기 위한 예외적인 권력을 부여받았다.

솔론은 자작시에서 자신의 개혁을 이렇게 자평한다.

나는 데모스(민중)에게 적절한 특권을 부여했으며, 그들의 특권을 빼앗지도 않았고 너무 과하게 주지도 않았다. 나는 권력과 막대한 부를 가진 이들도 합당한 대우를 받을 수 있도록 신경 썼다. 따라서 나는 강한 방패를 양손에 들고, 어느 쪽도 정의를 훼손하도록 허용하지 않았다.[14]

나는 강제력과 정의를 효과적으로 결합하여 이를 성취하였으며, 내가 약속한 바를 끝까지 관철시키고자 노력했다. 나는 사회적 지위가 높은 이와 낮은 이 각각에 부합하는 공명정대한 법을 제정했다. 만일 내가 아닌 다른 사람, 특히 악의를 품은 탐욕스러운 누군가가 대권을 잡았다면 민중의 지지를 확보하지 못했을 것이다. 왜냐하면 그때 내가 한쪽만 만족시키는 정책을 폈다면, 혹은 반대로 다른 편의 말만 들었더라면, 이 도시의 많은 이들이 희생되었을 것이기 때문이다. 이것이 내가 많은 사냥개들 사이의 늑대처럼 사방을 경계하며

튼튼하게 수비하는 이유다.[15]

솔론이 괜히 '제3의 길'이나 '중도'의 선구자로 칭송받는 것이 아니다.[16] 그가 어떻게 원칙을 실행에 옮겼는지 자세히 살펴볼 만하다.

솔론의 입법으로 추론해볼 때, 당시 아테네는 백주대로에서 살인이 벌어질 정도로 정치 파벌 간의 갈등이 심각했다. 영역 분쟁을 벌이고, 유산을 두고 다투고, 다른 집안을 능가하는 화려한 장례식을 거행하고, 정적의 죄에 더 무거운 형을 선고하라고 법원을 압박하며 세력 싸움을 벌이던 극소수 귀족의 손에 토지가 집중되어 있었다. 동시에 수많은 빈민층은 채무 노예로 전락하여 고통받았다. 이들은 지주계급인 귀족 고용주들에게 진 빚을 갚기 위해 자신의 몸을 저당잡힐 수밖에 없었고, 그 결과 노예로 팔려가는 일도 흔했다.

솔론의 조치는 극적이었다. 그는 모든 부채를 일시에 탕감하고, 인신담보 행위를 금지하여 차후 아테네 시민이 노예로 전락할 가능성을 차단했다. 아테네의 각 사회·경제 계급이 갖는 정치적 권리도 재조정했다. 여기서 중요한 점은 통칭 '세이삭테이아seisachteia'라 불리는 솔론의 개혁 프로그램이 권리와 책임은 재분배하지만 '동등한' 분배를 추구하지는 않았다는 사실이다. 솔론의 체제는 공동체 내부의 각 계층을 같은 선에 세우는 것이 아니라, 솔론이 적당하다고 판단한 권리를 각 계급에게 부여한 보수주의 체제였다. 솔론은 스스로 '에우노미아eunomia(질서)'라고 부른 이 '중도'를 통해 아테네가 한 마음으로 단결하기를 바랐다.

아테네의 귀족들은, 특히 잃을 것이 많은 자들은 개혁을 격렬하게 반대했다. '심포지엄(향연)'에서 한 손에 술잔을 들고 긴 의자에 드러누워 있던 귀족들이 솔론의 개혁안을 듣고 마시던 술을 내던지는 장면을 상상해보라. 그러나 솔론은 순진한 시인이 아니라 교묘한 정치꾼이었다. 앞에서 말한 것처럼, 그는 자신이 사냥개에 둘러싸인 늑대라는 점을 인식했고, 그들을 다스릴 방법도 잘 알고 있었다. 일부 사료에 따르면, 솔론은 부채 탕감 계획을 측근들에게 누설했다. 이 소식을 들은 귀족들은 곧 갚을 필요가 없어질 돈을 빌려 땅을 사들였다.

솔론의 개혁안은 나무판에 새겨져 아크로폴리스 아래 널따란 야외 시장이자 아테네인들의 광장인 아고라에 전시되었다. 개혁 시행 이후 솔론은 도시를 떠났고, 아테네인들은 별수 없이 새 법을 따라야 했다. 솔론의 개혁이 과연 효력을 발휘했을까? 아테네 빈민 계급에게 부채 탕감과 인신 담보 금지는 즉시 효력을 발휘했다. 그러나 결과적으로 보았을 때 아테네 사회의 결속을 이루는 데는 실패했다. 그가 떠난 지 10년도 지나지 않아 아테네 정계는 사분오열되었다. 어떤 해에는 최고 행정관조차 뽑지 못했고, 또 다른 해에는 최고 행정관이 1년 임기를 마친 후 정권 이양을 거부하는 사태가 벌어지기도 했다. 솔론의 말년에 이르러 아테네에는 그리스의 다른 도시국가처럼 도시를 단독으로 무력 통치하려는 인물이 등장했다. 그의 이름은 페이시스트라토스다.

참주정의 도래

아테네 단독 통치는 말처럼 간단한 일이 아니었다. 당시 아테네 시민들은 각자 다른 귀족 가문과 인물을 추종하면서 편을 갈라 날카롭게 대립하고 있었다. 이 가문들이 이념이나 공약을 내세우지 않았다는 점에서 현대의 정당과는 성격이 다르다. 상대편을 희생시켜 자신의 정치적 영향력을 극대화시켰다는 점에서 귀족 가문은 정치 파벌에 가깝다. 헤로도토스는 이 시기를 '평원파', '해안파', '산악파'가 권력 투쟁을 벌인 '스타시스 stasis(내란)' 시대라 칭했다.[17] 해안파는 망명에서 돌아와 정치 중심에 선 클레이스테네스의 아버지가 이끌었다. 산악파(이들이 정확히 어느 지역의 어떤 집단을 지칭하는지는 확실치 않다)를 이끈 인물은 페이시스트라토스였다.

고대의 역사가들은 당시의 주요 인물들에 대해 매우 다른 그림을 제시한다. 아리스토텔레스에게 페이시스트라토스는 아테네의 성군이었던 반면, 헤로도토스가 본 그는 냉혹한 폭력배이자 협잡꾼에 불과했다. 헤로도토스는 페이시스트라토스가 과거 킬론이 그랬듯이 아크로폴리스를 점령함으로써 자신의 목적을 달성했다고 전한다. 페이시스트라토스는 킬론처럼 몰락하지 않기 위해 반대파의 위협을 이유로 의회로부터 무장한 개인 경호대를 거느릴 수 있는 권한을 부여받은 뒤, 그들을 동원하여 아크로폴리스를 포위하고 아테네 정부의 핵심 기구를 장악하고 참주가 되었다.[18]

고대 그리스의 참주정하에서 반드시 민중이 고초를 겪었던 것은 아니다. 아리스토텔레스와 헤로도토스는 페이시스트라토스가 결과적으로 솔론의 개혁이 아테네 사회에 뿌리내리도록 만들었다는 점에서 의견을 같이한다. 헤로도토스조차 그가 국정 운영은 잘했다고 인정한다. 그러나 페이시스트라토스 천하는 오래 가지 않았다. 단독 통치에 굴복할 의사가 없었던 귀족 연합에 의해 그는 독재 권력을 손에 넣었던 속도만큼이나 신속하게 축출되고 말았다. 하지만 반反페이시스트라토스 연합도 권력을 누구에게로 또는 무엇으로 대신할지를 두고 반목하면서 급격히 와해됐다. 이때 클레이스테네스의 아버지 메가클레스가 페이시스트라토스를 다시 불러들여 두 가문의 동맹을 돈독히 하자며 자신의 딸과의 결혼을 제안했다. 페이시스트라토스는 이에 동의했다.

페이시스트라토스 못지않게 교활한 인물이었을 메가클레스는 즉시 페이시스트라토스의 복귀가 필요하다고 아테네인들을 설득하기 시작했다. 쫓겨난 참주를 다시 받아들이기 위해서는 여론을 돌려야 했다. 그들은 전차를 타고 아테네로 입성하는 페이시스트라토스 곁에 아테나 여신이 함께하는 모습을 연출하기로 했다. 거리에 모인 군중들에게 페이시스트라토스가 신의 은총을 받았음을 보여준 것이다. 아리스토텔레스는 "일부 사료에 의하면" 이 아름다운 여신은 "피에Phye라는 꽃 파는 트라키아인 처녀"가 분장한 것이었다고 전한다.[19]

이 속임수는 먹혀들었고, 페이시스트라토스와 메가클레스의 딸은 결혼식을 올렸으며, 이제 동맹이 된 두 가문이 아테네를 통치했다. 페이시스트라토스가 새로 맞은 아내와 "통상적이지 않은 방법"으로 부부 관계를 맺는다는 사실이 알려지기 전까지는 모든 것이 순조로웠다.[20] 이것이 정확히 무슨 뜻인지는 불분명하나, 항문 성교를 의미한다는 주장이 제기된 바 있다. 페이시스트라토스는 정략 결혼에는 동의했지만, 라이벌 가문의 여성과 자식을 낳을 의사는 없었다. 분노한 메가클레스는 결혼과 동맹을 단번에 파기했고, 페이시스트라토스는 다시 한 번 아테네에서 쫓겨났다. 얼마 후 몇몇 그리스 도시의 지원을 받은 페이시스트라토스는 이전 부인이 낳은 아들들과 함께 군대를 이끌고 아테네를 침공했다. 그는 마라톤 근처에서 승리하고 마침내 도시를 장악한 뒤, 죽을 때까지 20년 가까이 권력을 유지하다가 아들인 히피아스와 히파르코스에게 자리를 물려주었다.

지금까지 살펴본 것처럼 참주정이 태동하던 무렵이 불안하고 격동적이었던 것처럼 보이지만, 이 무렵 아테네가 대단한 경제 성장을 이루었다는 점을 짚고 넘어가야 한다. 페이시스트라티즈Peisistratids* 시대에 은광이 개발되면서 아테네에 새로운 수입원이 생겼다. 아크로폴리스에 아테나 여신을 위한 웅장한 석회암 신전이 건설되었고, 아고라에는 새로운 우물과 제단 같은 공공시설이 들어섰다. 디오니소스 신에게 바치는 축제 City Dionysia festival 같은 성대한 시민 행사도 페이시스트라티즈 시대에 시작되었다. 축제가 열리면 아테네인들은 포도주와 희곡의 신인 디오니소스를 열광적으로 경배하고 신전에서 그를 기리는 비극을 관람하면서 하나가 되었다.[21] 그렇지만 아리스토텔레스에 따르면 페이시스트라티즈는 도시 미화라는 고결한 목적이 아니라 반란이 일어나지 않도록 시민들의 관심을 다른 곳으로 돌리기 위해 도시 시설을 보충하고 축제를 열었다(동서고금을 막론하고 통치자들이 애용하는 책략이다).[22]

폭력적인 수단을 통해 탄생한 참주정은 페이시스트라토스의 두 아들이 권력을 물려받아 공동으로 통치하던 시절에 치명적인 일격을 당했다. 하르모디오스와 아리스토게이톤은 공동 참주인 히피아스와 히파르코스를 암살할 계획을 세우고, 기원전 514년 대大판아테나이아 축제Grand Panathenaic festival 기간에 음모를 실행에 옮겼다. 판아테나이아 축제는 아테네의 수호신인 아테나 여신을 기리는 행사로, 전 시민이 도시 성문 앞에 모여 여신상에 헌납할 새 예복을 들고 아크로폴리스로 행진했다.

기원전 514년에 열린 축제에서는 하르모디오스와 아리스토게이톤이

---

* 기원전 546년에서 510년까지 아테네를 다스렸던 세 명의 참주, 즉 페이시스트라토스와 두 아들 히피아스와 히파르코스를 뜻한다.

암살의 결의를 품고 참석자들 가운데 몸을 숨기고 있었다. 그들은 의식용 도금양myrtle 가지 사이에 비수를 숨기고 목표물이 다가오기를 기다렸다가 히파르코스를 죽이는 데 성공했다. 그러나 하르모디오스가 호위병들에게 사살되고 아리스토게이톤은 체포되면서 히피아스까지 암살하는 데는 실패했다. 아리스토게이톤은 이 사건 이후 피해망상증에 시달리게 된 히피아스가 고안한 고문을 받다가 죽었고, 히피아스는 그로부터 4년간 더 권력을 유지했다.

훗날 전례 없는 '참주 살해' 사건을 기리기 위해 아고라 중심에 하르모디오스와 아리스토게이톤 동상이 세워졌다. 복제품이 오늘날까지 전해지는데, 칼을 들고 공격 자세로 선 젊은 하르모디오스 옆에 그보다 나이가 많고 수염을 기른 아리스토게이톤이 젊은 동료를 보호하려는 양 한쪽 팔을 내밀고 서 있는 모습이다. 이 작품은 아테네의 상징으로 자리 잡았으며, 기원전 480~479년 아테네를 점령한 페르시아인들은 이 동상을 페르세폴리스로 운반해 갔다. 그로부터 한 세기 후 알렉산드로스 대왕이 페르시아를 정복했을 때 동상을 회수하여 아테네에 돌려주려 했다고 전해진다.

두 사람은 왜 참주를 살해하려 했던 것일까? 여기서도 고대 사료의 기록은 일치하지 않는다. 이들의 거사가 당시 여론을 반영한 것임은 명백하다. 국가가 하르모디오스와 아리스토게이톤의 업적을 기려 그 후손들에게 식량을 제공하고, 이후 수년간 참주 살해를 칭송하는 권주가가 유행했던 것을 보면 말이다. "나는 도금양 가지에 비수를 숨기리. 하르모디오스와 아리스토게이톤처럼. 힘을 합쳐 참주를 죽이고 아테네에 법 앞의 평등을 가져왔던 그들처럼!"[23]

한편 역사가 투키디데스는 기원전 5세기에 쓴 글에서 이 살인 사건이 어떤 결과를 가져왔든지 간에, 원래 목적은 순전히 개인적인 원한을 갚기 위해서였다고 말한다. 히파르코스가 아리스토게이톤과 연인 관계였던 하르모디오스에게 고백했다가 퇴짜를 맞고는 앙심을 품고 하르모디오스의 누이를 모욕했고, 이 때문에 하르모디오스와 아리스토게이톤이 히파르코스(와 그의 형제)를 살해하기로 마음먹었다는 것이다.[24] 자유를 향한 갈망과 개인적 원한 중 어떤 동기가 더 현실적인지는 우리 각자가 판단할 수밖에 없다.

한편 클레이스테네스 일가는 기원전 546년경부터 망명 생활을 하고 있었다. 한때(기원전 520~510년대) 그들은 그리스 중심부 파르나소스 산자락의 가파른 절벽에 자리 잡은 위대한 아폴로 성소 델포이에 머물렀다. 이 무렵 델포이 신탁은 지중해 전역과 그 너머까지 명성이 드높았다. 신탁을 내리는 날(1년에 아홉 달, 한 달에 1번)이면 기다란 줄이 꼬리를 물고 늘어서서 여사제에게 신의 뜻을 질문했다. 다만 성소 중심부의 아폴로 신전이 기원전 6세기 중엽에 화재로 소실되어 재건 공사 중이었지만, 자금을 모으고 다시 짓는 과정에서 난항을 겪으며 공사가 끝날 기미가 보이지 않았다. 바위를 부수고 켜고 깎는 소리, 인부들이 무거운 석재를 정해진 위치로 끌어올리는 고함 소리, 600미터 아래 항구로부터 끊임없이 건축 자재를 운반해 오는 수레가 덜컥거리며 굴러가는 소리가 그곳에 망명하고 있던 클레이스테네스의 귀청을 때렸을 것이다. 클레이스테네스 일가는 이 공사를 기회로 이용했다. 헤로도토스에 따르면 그들은 신전 공사에 입찰하여 계약을 따냈고, 자발적으로 (사재를 털어서) 아폴로에게 제물을 바치는 제단이 내려다보이는 신전 동쪽면 외벽을 고급 대리석을 사용하여 완공했다.[25] 신탁을 전하는 여사제는 그 모습을 눈여겨보았다. 이 무렵 델포이를 찾은 스파르타인들은 참주 히피아스로부터 아테네를 해방시키라는 계시를 들었다. 기원전 510년, 마침내 이 부름에 스파르타 왕 클레오메네스가 응하게 된다.

새로운 세계의 탄생

기원전 508년 아크로폴리스 포위전 셋째 날 동이 터 오르는 것을 바라보면서, 이사고라스와 스파르타군에 대항하여 봉기한 아테네인들은 이 순간이 100년 넘게 지속되어온 아테네 권력 투쟁의 또 다른 고비임을 직감했다. 그러나 이번에는 피를 보지 않고 합의에 도달할 수 있었다. 휴전 협정을 통해 포위가 해제되고, 스파르타군은 실각한 이사고라스와 함께 아테네를 떠날 수 있었다. 아테네 민중의 봉기를 진압하기에 병력이 부족했던 스파르타인들은 무력 충돌을 피하려 했고, 이사고라스는 일단 몸을 피한 뒤 다음 기회를 노리고자 했을 것이다. 승리한 아테네인들은 이사고라스를 지지했던 또 다른 아테네 시민들에게 분노의 화살을 돌렸다. 이때 많은 이들이 대세를 잘못 판단한 죄로 죽임을 당했다.

사태가 수습되고 죽은 이들의 장례가 치러지는 가운데, 클레이스테네스와 추방된 다른 가문의 귀향이 허용되었다. 헤로도토스에 따르면 아테네인들은 스파르타가 대규모 병력을 이끌고 되돌아올 것을 염려하여 페르시아와 동맹을 맺는 것까지 고려했다.[26] 한편 두 차례의 아크로폴리스 포위전 사이의 열띤 사회 분위기 속에서 클레이스테네스의 개혁이 추진되기 시작했다. 계급별로 누릴 자격이 있는 만큼 권력을 배분했던 솔론의 절충적인 에우노미아를 대신하여 클레이스테네스의 개혁은 직접적이고 완전한 '민중의 힘'이라는 급진적인 가능성을 제공했다.

클레이스테네스의 개혁은 '데메스'라는 촌락 공동체를 정치의 기본 단위로 삼고 거기에서 정치적·군사적 대표를 직접 선출하는 것이 핵심이었다. 데메스의 구성원들은 지역 의회에 모여 자신들의 문제를 논의하고, 의원을 선출하고, 공동체 운영 방식을 결정했다. 클레이스테네스의 개혁은 전통적인 4부족 체제를 해체하고 10부족제로 재편하여 그것을 군대와 정치 참여의 기초로 삼았다는 점에서 매우 중요한 의미를 갖는다. 멀리 떨어진 복수의 지역공동체를 하나의 단위로 묶어 함께 전투에 나가고 정치에 참여하게 함으로써, 특정 지역과 그곳을 지배하는 귀족 가문의 유착 관계를 끊었다.

먼저 아테네와 그 주변을 포함한 아티케 지역을 아테네-남동부 해안 지역-북부 내륙 지역으로 삼등분 했다. 그런 후 세 지역을 각각 다시 10개의 트리티스로 나누고, 도심 지역에서 한 트리티스, 해안 지역에서 한 트리티스, 내륙 지역에서 한 트리티스를 뽑아 하나의 부족을 이루도록 했다. 이렇게 구성된 부족은 전쟁이 벌어지면 함께 전투를 치르고 평시에는 민회(아테네 시민총회 장소로 영원히 기려질 프닉스 언덕 위에 새로 마련된 회장에서 열렸다)에 참여하고 투표를 하는 기본 단위로 기능했다. 결정적으로, 각 부족은 동일한 수의 의원을 아테네 상임통치위원회에 보냈으며, 모든 의원은 추첨을 통해 선발되었다. 일부 기존 체제는 그대로 유지되었다. 각 부족에서 한 명씩, 총 열 명의 아테네군 지휘관으로 구성된 새로운 위원회는 전통적으로 귀족이 담당했던 총사령관인 '군사집정관war archon'직과 기원전 490년경까지 공존했다. 모든 도시 관직이 누구에게나 열려 있지는 않았다. 그로부터 수십 년간 (한때 솔론이 맡았던) 최고 행정관직에는 특정 계급의 시민만 앉을 수 있었다.

그럼에도 불구하고 개혁의 효과는 대단했다. 기원전 506년경, 아테네는 근처 라이벌 도시인 보이오티아-칼키스 연합과의 전투에서 승리했다. 헤로도토스는 이를 새로운 정치체제 덕분이라고 칭송한다.

> 참주 치하에서는 전쟁에서 이웃 나라를 능가하지 못했던 아테네가 참주를 축출하고 나서는 그 어느 도시보다도 월등해졌다. 압제하에서 주인을 위해 일할 때는 몸을 사렸지만, 자유의 몸이 되자 각자 자신을 위해 최선을 다하게 되었음을 알 수 있다.[27]

이 시기의 아테네에서 '민주주의'라는 말은 사용된 적이 없다. 이 용어가 만들어진 것은 훨씬 뒤의 일이다. 솔론은 '디스노미아dysnomia(무질서)'와 대조되는 '에우노미아(질서)'에 대해 얘기했다. 기원전 510년과 508년의 아크로폴리스 포위 사태에 이르는 과정에서는 '이소노미아isonomia(법 앞의 평등)'가 논의되었다. '데모크라티아demokratia(시민에 의한 통치)'가 최초로 개념화되고 언급되는 것은 기원전 490년과 480년 페르시아의 침략을 겪고 난 후의 일이다.[28] 아테네의 정치체제가 파르테논신전과 아테네제국 시대의 민주주의체제로 진화하려면 아직 갈 길이 멀다. 아테네 민주주의를 향한 첫걸음이었던 민중 봉기로부터 반세기가 지난 기원전 460년대에 이르러, 아테네 성인 남성 시민 모두가 천부의 권리로 누리게 된 정치체제를 기리기 위해 아테네에서 태어난 한 남자아이에게 데모크라테스Demokrates라는 이름이 주어졌다.

역사는 어떻게 기록되는가

수세기에 걸쳐 거듭 복제된 헤로도토스나 아리스토텔레스 등이 남긴 기록에 최근 이집트 사막의 고대 파피루스에서 발견된 기록이 더해지면서 우리는 2,500년 전에 일어난 사건들에 대해 놀랄 만큼 많은 것을 알게 되었다. 하지만 사료가 들려주는 기원전 6세기의 아테네 권력 쟁탈전은 역사학자들에게 계속해서 몇 가지 의문점을 제기한다. 고대 기록은 어떤 이야기를 하고 있으며, 어떤 목적으로 쓰였는가? 우리는 이 기록을 얼마나 신뢰할 수 있는가? 우리가 안다고 **생각하는** 일들이 과연 실제로 벌어졌는지 어떻게 확신할 수 있나? 이상은 고대사의 이해를 좌우하는 중요한 질문들이다.

후대 문헌에 인용된 솔론의 시 단편을 제외하면, 기원전 594년부터 기원전 480년 사이에 아테네인이 작성했다고 단언할 수 있는 글은 단 한 줄도 남아 있지 않다. 헤로도토스의 글은 클레이스테네스의 개혁이 일어나고 한 세기 가까이 지난 기원전 420년대에 저술되었다. 『아테네 정체 Constitution of the Athenians』(1879년 이집트 고대 도시 옥시링쿠스의 쓰레기장에서 발견되었다. 흔히 아리스토텔레스의 저작으로 여겨지지만 원저자는 불분명하다)는 아테네의 정치체제를 다룬 아리스토텔레스의 다른 주요 저작들과 마찬가지로 기원전 320년대에 작성된 것으로 추정된다. 기원전 5세기와 4세기에 생존했던 일부 현지 역사가들이 남긴 기록이 오늘날 단편적으로 남아 있으며 플루타르코스가 이 자료들을 활용했던 것으로 보인다. 그러나 플루타르코스가 위인들의 일생을 글로 남기려는 폭넓은 문학적 시도의 일환으로 집필한 솔론 전기조차도 기원후 2세기 초의 작품이다.

우리가 이 중요한 시기를 이해하기 위해 의존하는 모든 기록이 사건으로부터 한참 지난 후에 저술되었기에, 필연적으로 정확도에 대한 의문이 제기될 수밖에 없다. 그뿐만 아니라 우리는 기록이 얼마나 편집·가공된 것인지도 고려해야 한다. 역사가가 선별하고 강조한 사건을 통해 서술되는 고대사는 역사가 자신과 그들이 속한 사회가 과거를 어떻게 기억하기로 결정했는지를 드러낸다(고대사학자 로빈 오즈번의 말처럼, "역사는 과거에 일어난 일이 아니라 우리 스스로가 만들어가는 것이다"[29]).

간혹 역사가 편집되고 짜맞춰졌음을 분명히 알 수 있는 경우도 있다. 예를 들어, 아테네 최고 행정관 명단이 요행히 살아남은 덕분에 우리는 기원전 525~524년에 이 직책을 맡은 이가 클레이스테네스였다는 사실을 안다. 그런데 이 시기는 페이시스트라토스의 참주정이 한창이었던 시기로, 또 다른 역사 기록은 클레이스테네스 일가가 아테네로부터 추방되어 망명 중이었다고 말한다. 이것은 우리에게 무엇을 말해주는가? 첫째, 아테네 참주정의 성격이 오늘날의 독재보다 훨씬 덜 '독재적'이었음에 틀림없다는 점이다. 페이시스트라토스는 철권통치를 휘둘렀다기보다는 유동적인 비공식적 동맹을 통해 무력과 설득을 동시에 구사하면서 궁극적으로 대중의 지지를 기반으로 통치했을 것이라고 짐작할 수 있다. 두 번째로, 이 명단을 통해 우리는 이 사건에 등장하는 주요 인물, 그리고/또는 후대 역사가들이 당대 상황에 부합하도록 역사를 바꿔 쓰고 싶어 했다는 사실을 알 수 있다. 클레이스테네스를 (기원전 508년 이후 등장한) 신생 아테네 민주주의의 옹호자로 그리기 위해서는 그가 이전에 벌어졌던 일에 전혀 관여하지 않은 것으로 (또는 그로 인해 이름이 더럽혀지지 않은 것으로) 기술하는 편이 더 잘 맞아떨어지기 때문이다.

역사가 승자의 기록이라는 명제는 진리다. 하지만 고대 기록을 접하는 현대 독자들은 특정 시대의 성격이나 특정 인물의 동기를 분석할 때, 그리고 특정한 정치적 변화의 중요성을 평가할 때 본질적으로 상충되는 여러 고대 역사가들의 견해를 어떻게 다룰 것인가라는 문제에 봉착한다. 페이시스트라토스 치세는 아리스토텔레스의 얘기처럼 황금기였을까, 아니면 헤로도토스의 생각처럼 협잡과 속임수의 시대였을까? 잘 알려진 바대로 아리스토텔레스는 '중간'계급(대중이 아니라)에 의해 균형 잡힌 다수의 통치를 이상적으로 보았다. 따라서 그가 (솔론을 선호했듯이) 페이시스트라토스를 선호한 것도 어쩌면 당연하다. 한편 헤로도토스는 클레이스테네스를 집정관 명단에서 지워버리면서 페이시스트라토스의 폭정을 강조하는 데 열심이었다.

고대 기록은 판아테나이아 축제 때 '참주 살해자' 하르모디오스와 아리스토게이톤이 암살을 감행한 이유에 대해서도 의견이 엇갈린다. 시민의 자유라는 고귀한 목적이었을까, 아니면 비극적 삼각관계가 초래한 복수극이었을까? 그리고 클레이스테네스가 개혁안을 내놓은 진정한 동기는 무엇이었을까? 민중의 삶을 개선하고자 하는 열망이었을까, 아니면 이오니아인들에 대한 증오심이었을까?

우리는 오늘날 전 세계적으로 널리 보급된 자유와 민주주의를 처음 세상에 내놓은 새로운 통치체제를 기억하고 기린다. 그러나 당대 주요 인물들은 이런 결과를 적극적으로 추구하거나 예상했을까, 아니면 다른 이해관계를 좇는 과정에서 발생한 의도하지 않은 부산물일까? 다시 말해서, 민주주의의 탄생은 의도적이었을까 아니면 우연이었을까?

우리가 고대사를 보는 틀은 변화의 결정적인 원동력이 누구(또는 무엇)였는지를 두고 서로 다른 견해를 내놓은 고대 역사가 중에서 누구의 의견을 채택하느냐에 따라서 달라진다. 헤로도토스부터 기원전 4세기까지의 고대 문헌은 클레이스테네스에 초점을 맞추면서 솔론을 무시했다. 기원전 5세기 말에 작성된 투키디데스의 글에는 솔론에 대한 언급조차 없다. 그러나 이후 클레이스테네스는 뒷전으로 밀려나고 아테네 민주주의 발전의 토대를 닦은 솔론의 역할이 강조된다. 그렇다면 민주주의의 여정이 시작된 것은 과연 언제라고 보아야 하는가? 산파 역할을 한 것은 누구인가? 자작시에서 민중에게 전권을 이임하기를 거부하고 계급별로 그들이 '가질 자격'이 있는 만큼의 권한만 부여했다고 밝힌 솔론이 그런 영광을 누릴 만한가? 그리스 유적이나 이집트의 쓰레기장에서 또 다른 증거가 발견되지 않는 한 이 질문에 확실히 답하기란 불가능할 것이다. 그리고 새로운 문헌이 발굴된다 한들, 문제를 해결해줄 결정적 증거보다는 또 다른 견해를 담고 있을 가능성이 크다.

아리스토텔레스는 알렉산드로스 대왕의 개인 교사를 지냈고, 그가 살았던 기원전 4세기 말은 막강한 권력을 가진 통치자가 다시 그리스 세계의 지배자로 부상한 시기다. 그러니 기원전 5세기 말엽에 혹독한 내란에 휩싸인 그리스 세계에서 아테네 민주주의가 생존 투쟁을 벌이던 시대의 인물인 헤로도토스보다 아리스토텔레스가 참주 페이시스트라토스에 더 호의적인 것도 당연하지 않겠는가? 어진 독재자의 등장을 갈망했던 기원전 4세기 이후의 세계에서, 솔론이 현명하고 공정한 통치자로 더 중요해진 것은 어찌 보면 당연하다. 그리고 기원후 2세기 초에 강력한 통치자의 모범으로 삼을 만한 현명하고 용감한—그러나 독재적인—위인들의 전기를 작성하던 플루타르코스의 눈에 솔론이 들어온 것도 이해할 수 있다.

나는 민주주의 탄생의 역사에 내재된 취약성과 불확실성 안에 오히려 더 큰 가능성이 있었다고 생각한다. 모든 고대 기록들이 우리에게 말하고 있는 바는—일단 그 안에 포함된 모순과 은폐, 재해석을 간파하고 나면—민주주의는 그 착상과 발전이 확실히 보장되었던 적도, 개인적 욕망의 영향으로부터 자유로웠던 적도 없으며, 주요 인물들과 역사가들, 그리고 후대에 의해 끊임없이 재구성되었다는 사실이다.

고대 아테네에서 주도적 역할을 했던 인물들과 일반 대중은 자신들이 결과적으로 무엇을 창조하게 될지 알지 못했다. 이 새로운 정치체제의 발전 과정은 얼마든지 다른 방향으로 전개될 수 있었으며, 따라서 얼마든지 다른 방식으로 기억되고 기려질 수 있었다. 이 점은 인간 문명의 우연성을 상기시킨다. 우리 사회의 어떤 측면도 필연적으로 살아남을 것이라 가정할 수 없기에, 계속해서 우리 세계의 일부로 남기를 원하는 것이 있다면 적극적으로 싸워서 수호해야 한다고 말이다.

이제 기원전 6세기 말에 발생한 두 번째 정치혁명에 관한 고대 기록을 살펴보자. 전승되는 이야기에 따르면, 기원전 510~509년(아테네에서 참주가 축출되고, 클레이스테네스 개혁의 입법화가 목전에 있을 때) 이탈리아에서 로마 공화국이 탄생했다. 고대 문헌은 이 새로운 정치체제의 기원을 어떻게 다루고 있을까?

공화국의 기원

로마 공화국 형성에 관해 현존하는 가장 오래된 역사 기록은 사건 발생 시기로부터 300년 이상 지난 후에 라틴어가 아니라 그리스어로 작성되었고, 그마저도 원본의 극히 일부만 전해지고 있다. 그중 첫 번째는 기원전 3세기 말에 로마 원로원 의원 퀸투스 파비우스 픽토르가 쓴 책이고, 두 번째는 기원전 2세기 후반에 폴리비오스라는 그리스인이 쓴 『역사Historiai』다. 앞으로 자세히 살펴보겠지만, 이 시기에 이르러 그리스 세계의 정치적·군사적 영향력이 쇠퇴하고 로마가 급격히 세를 불렸다. 퀸투스 파비우스 픽토르는 이 과정에서 중요한 역할을 했다. 그리스 역사와 역사가들을 열렬히 흠모했던 그는 헤로도토스와 투키디데스를 본받아 그리스어로 역사를 기록했다.[30]

한편 폴리비오스는 기원전 160년대에 로마에 인질로 잡혀 있는 동안 명망 높은 스키피오 가문과 밀접한 관계를 맺었다. 그는 파란만장한 당대의 역사를 저술했을 뿐만 아니라 로마가 압도적인 강대국이 될 수 있었던 이유를 분석하면서, 그 주요 요인으로 로마의 군사조직과 공화정체를 꼽았다.[31] 폴리비오스는 그리스인이었지만 처음부터 아테네의 (이제 기울어가는) 민주주의 정치체제에 매우 비판적이었다. 그는 민주정체의 일시적 성공이 "우연과 상황의 산물"이었다면서 "민주정체의 비일관적인 속성"을 혹평했다.[32] 많은 경우 그러하듯이, 폴리비오스의 평가는 그가 살았던 시대의 정치적 상황으로부터 깊은 영향을 받았다.

그들은 로마 초기 역사를 구성할 때, 건국연도나 공화국 성립 시기 같은 기본적인 사실조차도 신화와 루머, 그리고 서로 다른 기록들에 의존할 수밖에 없었다. 그들은 아테네가 기원전 510~508년에 경험한 정치적 위기와 극적인 변화를 중요한 역사적 기점으로 삼았던 것으로 보인다(한 명은 그리스인이고 다른 한 명은 그리스어로 글을 썼다는 점을 감안하면 그리 놀라운 일도 아니다). 공화국은 로마인들이 폭군을 축출하는 과정에서 탄생했다. 아테네인들은 기원전 510~509년에 참주를 축출했다. 고대 그리스인 (또는 그리스어로 글을 쓴 로마인) 역사가에게 이것은 꽤나 마음에 드는 우연의

일치였다.[33]

고대 역사가들은 이 날짜를 기준으로 로마 왕들의 통치 기간을 역산한 끝에 (로물루스와 레무스에 의한) 로마 건국연도를 기원전 813년에서 729년 사이로 추산했다. 파비우스는 기원전 747년일 것으로 추정했으나, 최종적으로 기원전 1세기에 활동한 작가 마르쿠스 테렌티우스 바로에 의해 기원전 753년—그리스 역사의 '시작점'인 첫 올림피아 제전이 열렸던 기원전 776년과 비슷한 시점—으로 '밝혀졌다'. 그리하여 로마가 지중해의 초강대국으로 부상하던 시기에 활동한 역사가들이 희망했던 대로, 로마 역사는 그리스와 로마 사이의 문화적 · 정치적 유사성 위에서 확정되었다.

로마 초기의 왕정과 공화국 수립에 관한 역사는 기원전 2세기부터 특히 그리스어를 사용하고 그리스에 주목한 역사가들이 그리스라는 렌즈를 통해서 바라본 관점에 따라 구성되었다.[34] 폴리비오스의 저작은 로마와 그리스의 정치체제를 심층적으로 비교 분석한 최초의 시도다. 그는 아테네 민주주의를 폄하하는 한편, 로마 공화정체를 칭송하면서 그리스 도시 스파르타의 정치체제와 비교했다.[35] 수세기가 흐른 후에도 그리스와 로마의 연결 고리를 찾으려는 노력이 계속되었다. 로마의 왕들은 그리스 도시 코린토스 귀족의 후손이라거나 그리스인 지식인들로부터 교육을 받았다는 얘기가 언급된다.[36] 로마의 건국 자체도 로물루스와 레무스에 의해 펠로폰네소스반도의 아르카디아의 그리스 식민지로 건설되었다거나, 혹은 그리스 영웅 오디세우스와 마녀 키르케 사이에서 태어난 자손에 의한 것이라는 설도 있다.[37]

역사는 로마의 역사를 전하는 유일한 방법이 아니었다. 기원전 2세기

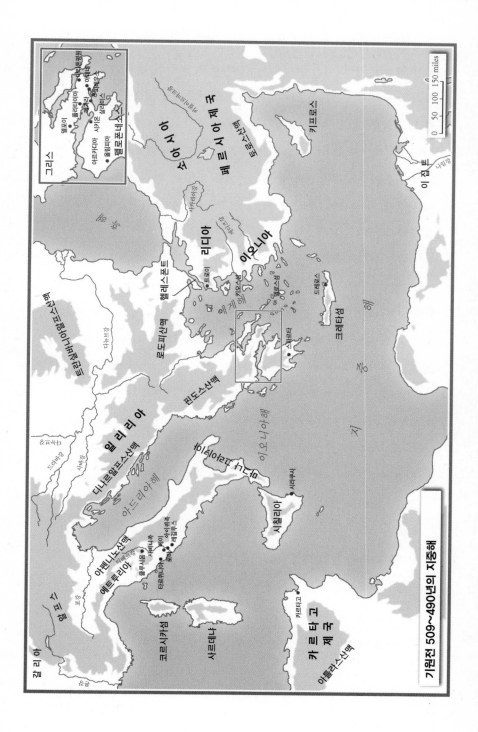

기원전 509~490년의 지중해

초엽부터 서사시와 희곡도 이런 기능을 했다. 초기에는 연례적인 공공 행사 때 상연되던 '역사극fabulae praetextae'이 도시의 설립, 로마의 왕들, 그리고 공화국의 기원에 관해 전승되는 역사를 재구성했을 뿐만 아니라 창조했다. 한 예로, 기원전 2세기 말 또는 1세기 초에 루키우스 아키우스가 지은 『브루투스Brutus』는 로마 최후의 왕을 축출하고 공화국이 성립되는 과정에서 브루투스가 담당한 역할을 그렸다. 아키우스는 브루투스의 후손을 후원자로 두었으므로, 그가 어느 쪽에 동조했을지는 어렵지 않게 추측할 수 있다.[38]

기원전 1세기 중엽에 공화국 최후의 위기가 닥쳐오자, 많은 역사가들은 로마 초기 역사를 저술하는 데로 관심을 돌렸다. 예를 들어 메가스테네스의 저서와 그가 묘사한 인도를 최초로 인용한 ('시칠리아의') 디오도로스 시켈로스는 당시 전해 내려오는 세계의 신화와 역사를 지리와 시대별로 개관한 40권에 달하는 대작을 남겼다(당대 로마의 역사로 마무리된다).[39] 기원전 1세기 말엽에 할리카르나소스의 디오니시오스는 로마의 기원부터 기원전 3세기까지의 역사를 다룬 저작을 남겼다(그도 로마의 기원을 그리스로 봤다).[40] 그리고 로마의 초대 황제 아우구스투스 시대에 티투스 리비우스가 집필한 142권짜리 대작 『도시가 세워진 이래Ab Urbe Condita』*도 이 시기의 작품이다.

이처럼 로마 공화국의 설립을 다룬 고대의 문헌들은 모두 사건이 일어난 지 한참 후에 쓰인 데다, 예외 없이 저술 당시의 지적 환경과 정치 현실, 그리고 저자의 저술 목적에 크게 영향을 받았다. 『도시가 세워진 이

---

* 2018년 3월 『리비우스 로마사』라는 제목으로 한국에 번역출간되었다.

래』의 서문에서 공식 기록의 부재(기원전 390년 갈리아인이 로마를 침략했을 때 파괴되었다고 전해진다)를 한탄하며 로마의 유력한 가문들이 보관해온 서로 상충하는 사적 기록에 의존했다고 설명한 리비우스 같은 저자들은 신화, 전설, 그리고 프로파간다가 혼재하는 기록의 한계를 분명히 인식했고, 또 인정했다. 이런 연유로 로마의 기원과 왕정에서 공화정으로의 변천사는 역사가, 연설가, 정치가, 희곡 작가들 사이에서 끊임없이 논쟁과 토론의 대상이 되었고, 재해석 및 재구성되었다. 그리고 이 모든 것은 로마인의 정체성과 더 넓은 세계에서 로마가 어떤 의미를 갖는가라는 주제로 확장되었다.

공화국 건립 시기를 추정할 수 있는 다른 단서들도 존재한다. 기원전 304년에 로마인들은 카피톨리노 언덕의 웅장한 유피테르 옵티무스 막시무스 신전에 박힌 204개의 못을 발견했다고 전해진다. 매년 신전 벽에 못 하나씩을 박는 관례가 있었기에, 로마인들은 이 신전이 기원전 509~508년에 봉헌되었다고 결론 내렸다(우리가 중대한 변화가 일어났다고 추정했던 바로 그 시기와 딱 맞아떨어진다). 최근 밝혀진 고고학적 연구 결과는 기원전 6세기 말엽에 카피톨리노 언덕 위 로마 신전들이 상당한 변화를 겪었음을 뒷받침한다.[41]

로마와 그리스(아테네)의 정치 격변에 관한 역사 기술은 단순히 날짜가 겹치는 것 이상의 깊은 관련이 있다. 민주주의가 출현하기까지 수세기 동안 아테네에서 벌어진 권력 투쟁 과정에 등장했던 개념과 촉매 역할을 한 인물들이 로마가 공화정으로 이행하는 과정을 다룬 기록에서도 등장한다. 이는 그리 놀라운 일이 아니다. 두 문화권은 밀접한 관계였으며, 특히 기원전 6~5세기에는 매우 활발하게 문화적·경제적으로 교류했다.

예를 들어 타일 제작 기술은 코린토스로부터 로마로 전해졌으며, 코린토스 도기를 모방한 로마 도기가 기원전 600년경 로마 캐피틀에 제기로 봉헌되었다. 이탈리아는 아테네의 중요한 수출 시장이었으며, 기원전 6세기경의 로마 유적에서 아테네산 도자기가 다량으로 발견된 점이 이를 증명한다. 공화국의 탄생 직후에는 붉은색으로 인물을 새긴 아테네 술잔(킬릭스kylikes)이 로마에 대거 수입되었다.

하지만 더 눈여겨봐야 할 지점은 로마가 새로운 정치체제를 수립한 후에도 계속해서 아테네로부터 무엇인가를 배워갔다는 점이다. 공화국 수립 직후 로마 대중과 리더들이 다수의 권리와 소수의 권력 간의 균형을 찾으려고 고군분투했던 격동의 반세기 동안, 로마의 입법자들은 아테네에 체류하며 그곳의 법률 제도와 헌법—특히 로마인 자신들과 비슷한 딜레마를 겪었다고 여겼던 솔론의 개혁—을 연구하여 로마에 도입했다. 이런 관계는 기원전 2세기 말에서 기원전 1세기 초에 그리스가 로마제국에 흡수될 때까지 줄곧 지속되었다. 그럼에도 불구하고 이 과정은 아테네 민주주의와는 근본적으로 다른 정치체제를 낳았다. 로마의 정체는 시민의 정치적 권리와 엘리트의 계속되는 권력 과점 사이의 균형을 추구했다. 공화국 탄생기에 두 세력 간의 긴장은 새롭게 등장한 정치 구조와 불가분의 관계였다.

2장

로마 공화국 정부의 완성

리비우스에 따르면 사건의 발단은 술자리에서 벌어진 내기였다. '교만왕' 루키우스 타르퀴니우스 수페르부스가 전쟁을 치르느라 로마를 떠나 있는 사이, 왕의 아들들과 그들의 사촌 루키우스 타르퀴니우스 콜라티누스는 저녁 연회를 즐기다가 '술기운에' 문득 부인들이 지금 집에서 무얼 하고 있을지 궁금해졌다. 그들은 내기를 걸고 누가 답을 맞혔는지 확인하기 위해 각자 집으로 향했다. 연회에 참석하여 유흥을 즐기고 있던 다른 부인들과는 달리, 콜라티누스의 부인 루크레티아는 남편의 예상대로 집에서 여종들과 함께 길쌈을 하고 있었다.

왕의 아들 섹스투스 타르퀴니우스는 루크레티아의 미모와 미덕을 도발로 받아들였다. 그로부터 얼마 후 콜라티누스의 집에 손님으로 머무르던 그는 밤중에 루크레티아를 칼로 위협하면서 동침할 것을 요구했다. 루크레티아가 완강히 거부하자, 그는 그녀와 남자 노예 한 명을 죽인 다음 둘의 옷을 벗기고 마치 간통 장면을 발각한 그가 즉결심판을 내린 것처럼 보이도록 꾸미겠다고 협박했다. 루크레티아는 동침에 응하든 응하지 않든 불명예를 피할 수 없는 막다른 골목에 몰렸다. 리비우스의 표현에 따르면 "섹스투스 타르퀴니우스는 협박으로 그녀의 정조를 꺾고" 루크레티아를 강간했다.[1]

루크레티아는 아버지와 남편을 포함한 가문의 남자들을 불러 복수를 맹세시킨 후 스스로 목숨을 끊었다. 몇 세기 뒤 아우구스투스 황제 시절에 이 사건을 기술한 리비우스에 따르면, 그날의 맹세는 다음과 같았다.

> 나는 여러분과 신들 앞에서, 왕족의 불의로 인해 죄 없이 흘린 피로 맹세한다. 칼과 불, 그리고 가능한 모든 수단을 동원하여 루키우스 타르퀴니우스 수페르부스와 그의 사악한 아내, 그리고 그의 가문에서 자유인 신분으로 태어난 모든 자식에게 죄를 물을 것이며, 로마가 그들뿐만 아니라 어느 누구의 지배도 받지 않게 할 것이다.[2]

리비우스가 로마 공화국의 탄생과 발전을 둘러싼 정황을 이렇게 자세하게 묘사한 것은 그리 놀랄 일이 아니다. 로마가 공화정에서 제정으로 다시 바뀐 시대를 맞아 새로 집권한 단독 통치자를 위해 쓰인 그의 저작은 황제를 과거의 폭군들과 대조하여 은근히 추켜세우는 동시에(아우구스투스 황제는 그들과는 아주 딴판이었다), 로마의 대의를 위해 헌신한 영웅을 보여주는 데 공을 들였다. 리비우스는 매우 풍부한 역사적 사례 중에서 쓸 거리를 취사선택할 수 있었다. 아테네와 비교할 때 로마의 정치혁명은 사회적·정치적 갈등을 더욱 세심하게 조정하는 과정이 필요했고, 훨썬 오랜 시간이 걸렸기 때문이다.[3] 훗날 폴리비오스가 잘 설명하듯이, 전쟁이 끊이지 않았던 당시 로마의 상황도 로마 정치체제가 혼합정의 형태를 띠는 데 결정적인 영향을 미쳤다.

루크레티아의 시신은 로마 중심지로 옮겨져 도시의 심장인 포룸에 안치되었다. 추도사를 한 사람은 루키우스 유니우스 브루투스였다(훗날 아키우스가 쓴 희곡 『브루투스』의 주인공으로 극화된다). 플루타르코스에 따르면 그는 왕의 조카였고, 이 사실은 불리하게 작용했다. 그는 타르퀴니우스의 누이 타르퀴니아와 로마 최고의 부자로 손꼽히던 마르쿠스 유니우스 브루투스 사이에서 태어났다. 하지만 브루투스가 태어난 지 얼마 지나지 않아 아버지가 세상을 떠나자, 타르퀴니우스는 브루투스의 형을 살해하고 아버지의 땅과 재산을 몰수했다. 어린 브루투스도 왕에게 죽임을 당할 뻔했지만, '브루투스(어딘가 좀 모자란)'라는 별명이 붙을 정도로 위협이 되지 않는 아이로 여겨져 왕의 아들들과 함께 교육받으며 성장할 수 있었다.

플루타르코스는 브루투스의 '모자람'이 생존을 위한 영리한 계책이었다고 말한다. 그가 왕의 자제들과 함께 델포이를 방문했을 때, 그중 한 명이 왕이 죽은 뒤 그들 가운데 누가 로마를 지배하게 될 것인지 신에게 물었다. 여사제는 "어머니에게 가장 먼저 입을 맞추는 자"라고 답했다. 이 말을 듣고 어머니를 찾아 황급히 로마로 돌아간 왕자들과 달리, 브루투스는 그 자리에서 무릎을 꿇고 '어머니 대지'에 키스했다. 플루타르코스가 보기에 브루투스는 언젠가 영광스러운 자리에 오를 것이 틀림없었다. 실제로 그는 왕의 신임을 받아 출세를 거듭하여 로마의 이인자가 된다. 하지만 타르퀴니우스 치하에서 견뎌내야 했던 치욕의 세월을 고려할 때,

브루투스가 루크레티아 자살 사건에서 반란의 명분을 발견했던 것도 무리는 아니다.

왕이 부재중인 로마. 루크레티아의 시신이 광장에 놓인 가운데 브루투스가 추도사를 하기 위해 군중들 앞에 나섰다. 포룸은 단순한 시장이 아니라 로마의 진정한 심장부였다. 이곳은 로마 내부의 여러 경쟁적인 공동체 간의 회합 장소로 사용되었으며, 바로 여기에서 로마의 이념이 형성되었다. 그날 루크레티아의 시신을 직접 보고 브루투스의 연설을 듣기 위해 모인 군중은 로마의 창건, 수호신들, 정치적 계보, 그리고 원래 습지였던 땅을 광장으로 탈바꿈시킨 기술력을 상기시키는 기념비들에 둘러싸여 있었다.

루크레티아의 자기희생과 왕족의 극악무도한 행위를 왕의 폭정을 직접 목격하고 그의 손에 고통받았던 자의 입을 통해 들으며, 로마 시민들은 현 왕가의 저열한 행위가 로마의 설립 이념 및 명예와 어울리지 않음을 깨달았다. 브루투스의 열변은 로마 시민들의 피를 들끓게 했다. 그 결과로 로마가 창건된 바로 그 장소에서 혁명이 격발했다. 브루투스는 왕 다음가는 이인자였기 때문에 군부의 협조도 확보할 수 있었다.

타르퀴니우스 수페르부스가 전쟁을 마치고 로마로 귀환했을 때, 그는 아들들이 로마에서 쫓겨났을 뿐 아니라 자신도 로마 입성을 금지당했으며 군대도 등을 돌렸다는 사실을 알게 되었다. 타키투스가 기원후 1세기 말에서 2세기 초에 쓴 책의 첫 문장에서 명쾌하게 표현했듯이, "로마는 창건 이래 줄곧 왕이 다스렸다. 브루투스는 자유(리베르타스libertas)를 확립했다."⁴ 왕을 몰아내고 자유를 확립한 브루투스의 역할은 그의 후손 마르쿠스 유니우스 브루투스가 기원전 44년 이데스 오브 마치(3월 15일)에 율리우스 카이사르 암살 거사에 동참하는 계기가 된다.

로마 왕정: 폭군과 성군

때는 아마도 기원전 510~509년. 지난 25년간 로마를 다스린 타르퀴
니우스 수페르부스가 폐위되었다. 역사는 폐위의 정당성을 부여하기 위
해 그를 폭군으로 묘사한다. 그는 로마의 통치 기구를 무시한 채 독단적
으로 행동하고, 대대적인 하수도 건설 공사를 벌여 사람들을 죽을 때까
지 노역에 동원했으며, 반란이 일어날 것을 늘 두려워했다(리비우스에 따
르면 그는 어디를 가든 항상 호위병을 대동했다[5]).

타르퀴니우스 수페르부스의 잔혹함은 그가 권력을 잡은 과정에서도
부각된다. 그는 로마의 5대 왕 타르퀴니우스 프리스쿠스의 아들로 태어
났지만 왕위를 물려받을 자격은 없었다. 6대 왕 세르비우스 툴리우스의
딸과 결혼한 타르퀴니우스는 처제인 툴리아 마이노르와 작당하여 각자
배우자를 살해한 다음 결혼한다는 음모를 꾸몄다. 그는 몇몇 귀족을 자
기편으로 끌어들인 다음, 무장한 사병을 이끌고 원로원으로 가서 왕좌에
앉아 스스로를 왕으로 선포했다. 노쇠한 왕이 그에 맞서기 위해 모습을
드러냈지만, 타르퀴니우스는 그를 거리로 끌고가 내동댕이쳤다. 충격으
로 혼란에 빠진 세르비우스는 궁으로 돌아가는 길에 타르퀴니우스와 친
딸인 툴리아의 사주를 받은 것으로 추정되는 괴한의 습격을 받아 살해된
다. 툴리아는 아버지의 시신 위로 마차를 몰게 하여 옷에 피를 묻혔고, 이
후 이 거리는 '위쿠스 스켈레라투스vicus sceleratus(죄의 거리)'로 알려지게
된다.[6] '오만왕' 타르퀴니우스 수페르부스의 치세는 이렇게 시작되었다.

타르퀴니우스 수페르부스의 악명은 후대 역사가들에 의해 성군으로

묘사된 세르비우스 툴리우스와 극적인 대비를 이룬다. 세르비우스 툴리우스의 일생은 그야말로 역전사라 할 만하다. 그는 왕실의 노예였던 어머니에게서 태어나(불에서 솟아난 남근에 의해 잉태되었다는 설도 있다) 결국 왕의 딸과 결혼한다. 이후 세르비우스 툴리우스는 왕으로 '선출'되었다. 그러나 이전의 왕들과는 달리 대중의 선택이 아닌, 로마 최초로 귀족 의회인 원로원의 승인만으로 즉위했다. 그럼에도 불구하고 많은 역사가들은 그의 치세를 중요한 정치적·군사적 변화뿐만 아니라 경제적·예술적·건축적 확장이 이루어진 로마의 번영기로 평가한다. 현대 학자들은 고대 역사가들이 정부체제의 기원을 논할 때 그의 치세를 모범 사례로 활용했다고 지적한다. 타르퀴니우스 수페르부스와 달리, 세르비우스 툴리우스는 고대 역사가들에게 영웅이었다.[7]

그의 가장 중요한 업적은 로마의 모든 거주자에 대한 인구조사 및 그들이 보유한 재산에 대한 국세조사를 시행하고, 그것을 바탕으로 계급별로 분류하여 병역의 의무와 정치 참여 방식을 규정한 것이다. 첫 번째 계급 '에퀴테스equites(기사)'는 로마군의 기병대를 구성하는 로마의 가장 부유층 시민층으로 구성되었다. 그 아래로 재산 정도에 따라 1등급에서 5등급까지 5개의 계급이 있었다. 최하층 계급은 가장 가난한 시민, 흔히 '프롤레타리proletarii'라 불리는 이들로 구성되었다(프롤레타리는 '국가를 위해 생산할 수 있는 것이 자식밖에 없다'는 뜻으로, 프롤레타리아라는 용어가 여기서 나왔다). 각 계급은 '켄투리아centuriae' 또는 '백인대'로 세분되었다. 이는 정치와 군사적 기능을 모두 가진 소규모 공동체로, 시민들은 백인대 단위로 투표하고 전투에 참여했다.

이들 계급이 한자리에 모인 정치 의회를 '코미티아 켄투리아타comitia

centuriata(켄투리아회會)'라 불렀다. 각 켄투리아는 구성원 수와 무관하게 한 표씩 행사했다. 에퀴테스 계급은 18개의 켄투리아(따라서 18표)를, 공병과 군악대는 각 2개, '1등급'은 80개, 2등급부터 4등급까지는 각 20개, 5등급은 30개, 프롤레타리는 고작 1개의 켄투리아(와 표)를 보유했다. 유산계급에 편향된 체제였다. 투표 순서도 늘 상위 계급에 우선권이 주어졌다. 실제로 투표에서 과반수에 도달하면—에퀴테스와 1등급만으로도 과반수가 넘었기에, 이 두 계급이 동의하면 과반수 득표를 달성할 수 있었다—투표를 중단했으며, 따라서 가난한 계층은 투표권을 행사할 기회조차 드물었다. 리비우스는 이렇게 말했다. "모든 이가 투표권을 가진 듯 보이지만 사실상 모든 권력은 국가 지도층이 보유하도록 계급 차별이 도입되었다."[8]

이 체제는 정치적·사회적 현실만큼이나 군사적 현실도 반영했다. 전투에서의 승리, 곧 로마의 성공적인 방어는 기병대인 에퀴테스 계급과 그들이 보유한 말과 무기가 제 역할을 얼마나 잘 수행하느냐에 달려 있었다. 따라서 그들이 더 큰 발언권을 갖는 것도 당연하게 받아들여졌다. 세르비우스 툴리우스가 마련한 이 선거제도는 (이후 1등급의 켄투리아 숫자가 약간 바뀌기는 하지만) 로마 역사를 통틀어 변함없이 지속된 로마 정체의 기반이었다. 공화국의 최고 관료들을 '선출'하고, 법률을 마련하고, 전쟁과 평화를 선포하는 역할을 한 것도 바로 이 기구다. 선거를 앞두고 미리 공고문이 붙었으며, 후보 연설회나 정무관들이 새로운 법안 또는 대외 정책을 발표하는 집회가 열렸다. 그런 후 모든 시민이 켄투리아별로 소집됐다. 투표를 시작하기 전, 오늘이 큰 결정을 내리기에 적합한 길일인지 신들에게 묻는 의식이 열렸다. 제사장이 동물의 배를 갈라 내장을 살펴본 후 투표 진행 여부를 결정했다. 만일 길일이 아니라는 판결이 나오면 모두 집으로 돌아갔다.

시민이 모두 모이는 자리인 만큼 널따란 공간이 필요했기에, 켄투리아회 투표는 로마 성벽 밖 '캄푸스 마르티우스Campus Martius(마르스의 들판)'에서 치러졌다. 각 켄투리아는 투표할 차례가 오면 정해진 구획에 질서 있게 줄을 섰다. 모든 시민은 한 표씩 행사할 수 있었으며, 바구니에 자갈을 던져 넣어 가부를 표시했다. 투표가 끝나면 감독 책임을 맡은 관료들이 결과를 발표했다. 과반수를 얻은 쪽이 해당 켄투리아를 대표하는 의견이 되었다. 하층 계급은 더딘 투표 과정을 지켜보면서 어느 쪽에 투표할 것인지 의견을 주고받았다. 그들은 상층 계급이 어느 쪽에 표를 던지는지 관찰하면서, 그리고 과연 자신들에게 투표할 기회가 돌아오기나 할 것인지 궁금해하면서 몇 시간이고 들판에서 대기해야 했다. 과반수에 도달하기 위해 모든 켄투리아가 표를 던져야 하는 경우에는 이 과정이 하루 이상 걸리기도 했다.

기원전 510~509년 로마에서 혁명이 일어나기 반세기도 더 전에 세르비우스 툴리우스에 의해 도입된 선거제도는 타르퀴니우스 수페르부스가 축출된 후 구성된 새 정부의 중심을 이뤘다. 새로운 체제는 '로마인의 공공재'라는 의미의 라틴어 '레스 푸블리카 로마나res publica romana'로 불렸다. '공화국republic'과 특정 종류의 정체를 의미하는 '공화정체republicanism'라는 용어가 여기서 유래했다.[9] 리비우스에 따르면 로마인들은 켄투리아회를 통해 두 명의 집정관(공동 리더)을 선출하고 그들에게 시민과 군대를 소집하고 지휘하는 권한인 '임페리움imperium(명령권)'을 부여했다.[10]

신생 공화국, 불의 세례를 받다

기원전 509년에 최초의 집정관이 선출되었다. 한 사람은 브루투스, 또 다른 사람은 타르퀴니우스의 아들에게 치욕을 당하고 자살한 루크레티아의 남편이자 타르퀴니우스 축출에 앞장선 콜라티누스였다. '집정관consul'이라는 용어는 밭에서 '함께 쟁기를 끄는 사람co-ploughers'이라는 단어에서 파생된 것으로 보인다. 두 사람이 함께 운전대를 잡고 서로 감독하며 국가를 운영하는 방식이다.[11] 그 밖에 이제까지 왕이 수행했던 종교적 기능을 담당하는 제사장 '렉스 사크로룸rex sacrorum'이 정해졌다. 그는 원로원 의원이 될 수도, 공직에 오를 수도 없었다. 300여 명의 비선출 종신직 귀족 의원으로 구성된 원로원은 왕에게 그랬듯이 집정관의 자문 역할을 맡아 계속 큰 영향력을 행사했다.

로마 공화국은 바로 그해부터 가혹한 시험을 치러야 했다. 리비우스에 따르면 브루투스는 집정관이 된 후 제일 먼저 로마인들을 한자리에 모아 놓고 차후 왕정을 복구하지 않겠다고 맹세시켰다. 왕좌를 되찾으려는 왕이 어떤 거창한 약속이나 뇌물로 유혹한다 해도 흔들림이 없도록 조치한 것이다.[12] 또한 그는 공동 집정관인 콜라티누스가 타르퀴니우스 가문 사람(축출된 왕은 그의 당숙이었다)이기에 로마 공화국의 관직을 맡길 수 없으며, 왕과 마찬가지로 추방되어야 한다고 천명했다. 콜라티누스는 이에 반발하는 대신 조용히 집정관 자리에서 물러났다. 공석은 (시민들의 친구) 푸블리우스 발레리우스 '포플리콜라'가 채웠다.

로마에서 추방당한 타르퀴니우스 수페르부스는 자신의 운명을 순순히 받아들이지 않았다. 그는 선조인 에트루리아인들이 사는 근처 도시 공동체에 몸을 의탁했다. 당시 에트루리아는 로마나 로마가 속한 라틴도시연맹(라티움동맹)보다 강성했다. 로마는 북으로는 강대국 에트루리아, 남으로는 번창하는 '마그나 그라이키아Magna Graecia(위대한 그리스)' 도시들 사이에 끼여 압박받고 있었다. 로마는 남북과 동서 교역의 중심지로서 여러 혜택을 누렸지만, 강력한 이웃을 둔 덕에 항상 위협에 시달렸다. 에트루리아의 가장 강력한 도시 중 하나인 베이에서 로마는 하루 행군이면 닿을 거리였다. 게다가 다른 라틴 또는 오스코·움브리아 도시들이 로마와 유사한 정치개혁(특히 왕을 선출직 관료/집정관으로 대체한 것)을 거친 데 반해, 에트루리아는 굳건히 왕정을 고수했다. 에트루리아 출신의 전 로마 왕 타르퀴니우스는 빼앗긴 자리를 되찾고자 그들에게 도움을 요청했다.[13]

타르퀴니우스는 에트루리아의 거점 도시 타르퀴니아와 베이에서 모집한 군대를 이끌고 로마로 진군했다. 타르퀴니우스의 첩자들은 로마에서 활동하며 브루투스가 로마인들에게 맹세하도록 한 서약을 무용지물로 만들려는 모의를 꾸몄다. 이들은 심지어 브루투스의 아들인 티투스와 티베리우스까지 왕정 복고 모의에 가담시키는 데 성공했다. 브루투스는 사랑하는 두 아들과 로마 공화국의 안정 사이에서 하나를 택해야만 했다. 결국 그는 공화국과 자신의 생존을 택했고, 자식들이 반역죄로 처형되는 것을 지켜봐야 했다. 그동안 참아온 수많은 고통에 더해 자식까지 자신의 손으로 죽여야 했던 브루투스의 증오심은 극에 달했다. 타르퀴니우스를 단지 로마의 왕좌에서 끌어내린 것으로는 충분치 않았다. 브루투스는 자신이 겪은 고통을 원수도 똑같이 겪기를 바랐다. 기원전 509년 타르퀴니우스가 로마 교외의 아르시아숲에서 공격을 개시했을 때, 타르퀴니우스군의 기병대 지휘를 맡은 그의 아들 아룬스는 로마군 기병대를 지휘하는 브루투스를 발견하고 곧장 돌진했다. 브루투스는 타르퀴니우스의 아들이자 자신의 사촌을 죽일 기회가 온 것을 반겼다.

기병대의 말발굽 소리가 천지를 뒤흔드는 가운데, 아룬스는 이렇게 외쳤다.

> 저기 우리를 고국에서 추방한 자가 있다. 보라! 우리에게서 빼앗은 것들로 치장하고 교만하게 모습을 드러냈구나! 신들이여, 왕의 복수를 내리는 분들이여. 우리와 함께하소서![14]

브루투스와 아룬스는 서로를 향해 맹렬하게 돌진했고, 두 사람의 창이 상대방의 방패를 뚫고 방패 주인의 몸을 관통했다. 두 사람 다 몸에 창이 꽂힌 채 말에서 굴러떨어졌다. 그들의 몸에서 돛대처럼 솟아오른 창이 경련했다. 쓰러진 두 장수 주변을 또 다른 희생자들이 메우는 격렬한 전투가 이어졌지만 어느 한 편도 승세를 잡지 못했다. 이윽고 밤이 되자 양측은 결판을 내지 못한 상태로 후퇴할 수밖에 없었다. 리비우스가 전하는 전설에 따르면, 그날 밤 숲의 신 실바누스가 로마군이 근소한 차이로 승리했다고, 에트루리아군이 로마군보다 병사를 한 명 더 잃었다고 속삭였다고 한다.[15] 이로써 공화국은 구원받았다. 당분간은.

로마 공화국은 수립된 지 채 1년도 되지 않아 초기 집정관 두 사람을 모두 잃었다. 한 사람은 자발적으로 사임했고, 또 한 사람은 신생 공화국을 수호하기 위해 목숨을 바쳤다. 브루투스의 자리는 루크레티아의 부친이 대신했으나 그는 곧 세상을 떴고, 그 뒤를 이어 마르쿠스 호라티우스가 집정관이 되었다. 또 다른 집정관인 푸블리우스 발레리우스 '포플리콜라'는 아르시아숲 전투 승리를 기념하는 성대한 개선 행진을 벌였다. 그는 화려한 전차를 타고 의기양양하게 로마 중심지의 신성한 카피톨리노 언덕으로 가서 브루투스의 시신을 앞에 놓고 감동적인 추도사를 바쳤다. 이를 본 로마 시민들이 그가 공화국을 해체하고 왕이 되려 한다고 의심했고, 그는 이런 의혹을 해소하고자 만방으로 노력했다. 사람들이 포플리콜라의 저택이 이제는 철거되어 사라진 타르퀴니우스의 저택만큼이나 커졌다고 지적하자, '시민들의 친구' 포플리콜라는 한밤중에 자신의 저택을 허물어버리고 집정관으로 복무하는 동안 친구들의 집을 전전했다. 이런 대단한 절제력을 선보인 포플리콜라는 인기가 급등했고, 기원전 509년부터 504년 사이에 네 번이나 집정관으로 선출되었다.

타르퀴니우스 수페르부스의 야망을 좌절시켰다고 해서 로마가 외세의 침략으로부터 안전해진 것은 아니었다. 기원전 6세기 말과 기원전 5세기 초 이탈리아반도의 정세는 매우 불안정했다. 강대국 에트루리아도 북쪽 갈리아족의 위협에 시달렸다. 동시에 사비니족, 볼스키족, 아이퀴족 등 이탈리아 중부 산악 지역의 부족이 로마와 다른 라틴 도시들이 위치한 비옥한 평원 지역으로 내려오기 시작했다.

로마와 사비니족의 관계는 유서가 깊다. 신화에 따르면 로마의 창시자 로물루스는 사비니족을 축제에 초대한 뒤 잔치가 무르익은 틈에 사비니 여성을 납치하여 로마 남성들과 결혼시킬 계략을 꾸몄다. 로마의 인구를 늘리려는 계획이었다. '사비니 여인들의 약탈Rape of the Sabine Women' ('rape'는 '강탈하다'라는 뜻의 라틴어 'rapere'에서 유래했다)로 알려진 이 만행은 전쟁으로 이어졌다. 이후 두 부족은 평화협정을 맺었고, 협정의 조건에 따라 사비니 왕이 로물루스에 이어 로마를 다스리기도 했다. 수세기가 지난 지금, 로마인들과 사비니인들이 다시 한 번 서로에게 칼을 겨눴다.

집정관 포플리콜라가 이 상황을 해결할 적임자로 여겨졌다. 일설에 따르면 로물루스 시절 그의 선조가 로마와 사비니족의 평화협정을 성사시킨 주인공이었다. 사비니족을 물리친 포플리콜라는 사비니족 지도자 중 하나인 레길루스 출신의 아투스 클라우수스를 설득하여 5,000명에 달하는 휘하 부족민을 모두 로마로 이주시키는 또 하나의 전설적인 합의를 끌어냈다. 로마 인구는 다시 증가하기 시작했다. 그러나 이런 방식으로 완전히 무력화할 수는 없었던, 그리고 계속해서 로마의 영토뿐만 아니라 로마의 생존 자체를 위협하는 사비니족(과 다른 산악 부족들)은 여전히 건재했다. 포플리콜라는 기원전 503년 사비니족과 싸우다가 전사했다.

사비니족이 로마를 위협하는 가운데 타르퀴니우스 수페르부스에게 설득당한 또 다른 에트루리아의 왕, 클루시움 출신의 라르스 포르세나가 지난번 아르시아숲 전투 때보다 더 큰 규모의 부대를 이끌고 로마로 진군했다. 기원전 508년에 에트루리아 왕이 로마 성문 바로 앞까지 쳐들어왔던 상황을 전하는 최초의 기록은 그로부터 3세기 후 저술된 폴리비오스의 저작이다. 그 이후의 사건 전개에 대해서는 여러 고대 기록들이 상충한다. 타키투스와 플리니우스는 포르세나가 로마 점령에 성공하여 로마의 영토와 포로, 정권을 에트루리아에 넘기도록 강제했으며, 수년이 지난 후에야 로마가 마침내 에트루리아의 속박에서 벗어나 공화국을 재확립할 수 있었다고 전한다.[16] 그러나 폴리비오스를 포함한 다른 역사가들은 로마군과 특정 인물이 로마와 공화국을 지켰다고 주장한다.

포르세나와 대치하던 로마군 사령관 중에는 집정관 마르쿠스 호라티우스의 조카 '애꾸눈' 푸블리우스 호라티우스 코클레스라는 인물이 있었다. '애꾸눈(키클롭스Cyclops)'이라는 별명이 붙은 이유는 그가 전장에서 한쪽 눈을 잃었기 때문이다. 키클롭스는 로마 중심부로 이어지는 수블리키안 성문과 티베르강의 나무 다리에서 적을 막아 로마군이 성벽 안으로 후퇴할 시간을 번 다음 다리를 파괴했다. 전투 중 부상을 입은 키클롭스는 완전무장한 채로 티베르강을 헤엄쳐 건너려다 그만 익사하고 말았다.[17] 리비우스는 이 이야기의 신빙성을 의심하면서도, 보다 더 극적인 이야기를 기록으로 남겼다. 코클레스는 쓰러진 병사들의 시체를 방패 삼아 손에 닿는 모든 무기를 에트루리아군에 던지며 죽기 전에 적을 하나라도 더 죽이겠다는 듯 전장을 누볐다. 마침내 온몸에 부상을 입은 그는 티베르강에 뛰어들어 맞은편 기슭에 도달했다. 로마 시민들은 그를 열렬히 환영하며 개선 행진을 벌였고, 이후 그에게 온갖 명예를 수여했다.[18]

폴리비오스와 리비우스는 코클레스의 용맹함이 라르스 포르세나의 확장을 일시적으로 막았을 뿐 완전히 격퇴하지는 못했다고 전한다. 하지만 포르세나는 로마인이 보여준 용기에 강한 인상을 받았다. 코클레스에 이어, 대담한 용기를 보여준 이가 또 있었다. 에트루리아 왕을 암살하기 위해 포르세나 진영에 잠입했다가 잡힌 로마 귀족 가이우스 무키우스 스카이볼라(라는 이름을 곧 갖게 될 사람)였다. 리비우스에 따르면, 포르세나 앞에 끌려 나온 무키우스는 이렇게 말했다.

나는 당신의 적이다. 나는 당신을 기꺼이 죽였을 것이다. 나는 적을 죽이는 것을 주저하지 않는 만큼, 나 또한 기꺼이 죽을 각오가 되어 있다. 용감하게 행하고 용감하게 감내하는 것이 로마의 방식이다. 이런 결의를 가진 이가 나 하나뿐일 것이라 생각하지 마라. 내 뒤에는 나와 같은 영광을 추구하는 사람들이 길게 늘어서 있다. 침략을 중단하지 않는다면, 시시각각 당신을 찾아올 적과 목숨을 건 싸움을 벌일 각오를 해야 할 것이다. 이것이 바로 우리 로마 젊은이들이 당신에게 선포하는 전쟁이다. … 당신은 한 번에 한 명씩 찾아올 적과 전쟁을 치르게 될 것이다.[19]

이 말을 들은 포르세나는 무키우스가 로마의 음모를 낱낱이 불지 않을 경우 산 채로 불태우라고 명령했다. 무키우스는 이런 위협에 냉소하며 자신의 오른손을 스스로 불 속에 집어넣어 어떤 고문도 소용 없음을 보여줬다. 그의 행동에 깊은 인상을 받은 포르세나는 이렇게 말하면서 무키우스를 풀어줬다.

너의 용맹함이 나의 나라를 위해 발휘되었다면 나는 너의 성공을 빌어줬을 것이다. 현실이 그렇지 아니하니, 나는 너의 죗값을 묻지 않고 온전한 몸으로 풀어주겠다.[20]

로마로 귀환한 무키우스는 '스카이볼라(왼손잡이)'라는 별명을 얻었고, 그의 용맹과 헌신이 칭송됐다. 로마인의 용기에 경탄한 포르세나는, 이런 민족을 정복하기 위해 치러야 할 희생과 타르퀴니우스에 대한 의리를 저울질한 다음 로마와 평화조약을 체결하기로 결정했다.

그럼에도 타르퀴니우스는 왕위를 되찾으려는 노력을 멈추지 않았다. 기원전 496년(정확한 날짜는 논란의 여지가 있다), 이제 노년에 접어든 타르퀴니우스와 그의 아들 중 유일하게 살아남은 티투스가 로마의 동맹국이었던 여러 라틴 도시를 규합해 로마로 쳐들어갔다. 양측은 로마 동남쪽 투스쿨룸 지역에 위치한 레길루스호수에서 만났다. 로마군 사령관은 '독재관'으로 임명된 아울루스 포스투미우스였다. 독재관은 위기가 잦았던 공화국 초기에 등장한 직책으로, 국가 위기 상황에서 지휘 계통을 통일하기 위해 만들어졌다. 두 명의 집정관을 두고 원로원이 보조하는 구성도 좋은 체제였지만, 로마의 생존이 달린 상황에서는 임시 권력을 가진 단일 수장이 필요했다(고 주장되었다). 위기가 해결되면 독재관은 사임하게 되어 있었다.

일설에 따르면, 레길루스호에 결집한 로마군은 로마 최후의 왕과 그의 후계자를 징벌한다는 생각에 사기가 충천했다. 이때야말로 왕가의 계보를 끊고 왕정의 역사와 영원히 작별할 기회였다. 포스투미우스는 로마군의 선봉에 서서 병사들을 독려했다. 타르퀴니우스 수페르부스도 선봉에 서서 포스투미우스를 향해 곧장 달려왔으나 반격당해 후퇴했다. 하지만 얼마 지나지 않아 타르퀴니우스 연합군이 전세를 뒤집고 승기를 잡기 시작했다. 왕을 죽이자고 열을 올렸던 병사들이 등 돌려 달아나기 시작하는 모습을 본 포스투미우스는 개인 호위병들에게 후퇴하는 병사를 참수하라고 명령했다. 리비우스에 따르면 이 명령을 받은 로마군은 목숨을 걸고 전투에 임할 수밖에 없었지만, 그것만으로는 충분하지 않았다. 포스투미우스는 귀족으로 구성된 기병대에게 말에서 내려 지친 보병들과 함께 백병전에 가세하라고 호소했다. 모든 부대가 목숨을 걸고 싸우는 모습에 사기가 오른 로마군은 여세를 몰아 타르퀴니우스군을 궤멸시키기 시작했다. 포스투미우스는 적진에 가장 먼저 도달하는 병사에게 상을 내리겠다고 약속하며 마지막 돌격을 이끌었고, 결국 승리를 거뒀다.

공화국의 기반을 다지다

레길루스호 전투의 승리를 바탕으로, 기원전 5세기 초 로마는 라티움에서 가장 크고 부유하고 강력한 공동체가 되었다. 로마 시내 중심부는 공화국 초기 30년간 화려하게 장식되었다. 기원전 509년과 기원전 480년 사이에 대대적인 신전 건설 붐이 일었다. 유피테르, 유노, 미네르바, 사투르누스, 케레스, 리베르와 리베리아, 메르쿠리우스, 그리고 디오스쿠리(쌍둥이 형제 카스토르와 폴룩스)를 기리는 건물이 세워졌다(사투르누스 신전은 로마의 국고 역할을 했다). 포스투미우스가 레길루스호 전투에서 승리한 후 봉헌하고 포스투미우스의 아들이 완공한 디오스쿠리 신전은 특히 거대한 크기를 자랑했다. 로마의 신전은 그리스 신전과 달리 높은 기단 위에 세워졌고 정면에 큰 계단을 놓았다. 포룸에 위치한 카스토르와 폴룩스 신전은 전면 계단의 높이가 7미터에 달해서 연설가들의 강단으로 즐겨 사용되었다(이 신전에서 원로원의 회의가 열리기도 했다).

공화국 설립 직후 반짝 휘몰아쳤던 건설 열풍은 이후 그 세기가 끝날 때까지 되풀이되지 않는다. 기원전 5세기를 통틀어 로마는 에트루리아는 물론 사비니, 아이퀴, 볼스키 등 세력을 확장하려는 이웃 도시 공동체의 공격을 끊임없이 물리쳐야 했다. 로마는 이 기간에 거의 매년 전쟁을 치렀다. 심지어 기원전 390년에는 북쪽 갈리아족에게 도시가 함락되기도 했다. 로마가 이탈리아를 넘어 지중해 전역을 지배하게 된 것은 길고 치열한 투쟁에서 승리한 결과다.

신생 공화국은 항구적인 전시 상황이 불러온 사회 내부의 문제와 요구도 해결해야 했다. 타르퀴니우스 수페르부스를 상대로 벌인 전투에서 승리한 뒤 로마로 귀환한 병사들은 경제적 궁핍에 시달렸다. 이 시기 로마의 정치체제는 왕이 집정관으로 대체된 것 외에는 세르비우스 툴리우스 시대와 달라진 게 없었다. 그리스에서는 이미 한 세기 전에 솔론에 의해 불법화된 채무 노예제가 로마에는 남아 있었고, 적대 관계인 인접국들의 위협으로 인해 무역이 제한되어 경제도 침체되었다(이 시기 로마에 수입된 그리스 도기의 수가 확연히 감소했다). 동시에 인구가 증가하면서 식량 부족이 심화되었고, 토지 분배를 두고도 갈등이 커졌다. 로마는 공화국 초기의 반짝이던 성공을 뒤로한 채 급격하게 위기 상황으로 빠져들었다.

사태는 하층 계급 출신으로 구성된 보병들이 채무 노예제에 반대하며 로마 인근 언덕에 진을 쳤을 때 정점에 달했다. 로마 역사가 살루스티우스는 당시 상황을 이렇게 전한다.

> 원로원은 플레브스Plebs(사회 하층 계급, 평민)를 노예처럼 부렸고, 원로원 의원들은 마치 왕이라도 되는 양 평민들의 삶과 신체를 위협했다. … 폭정과 빚에 고통받으면서도 공세를 부담하고 끊임없는 전쟁에 복무해야 했던 플레브스가 마침내 무장봉기하여 몬스사케르와 아벤티누스 언덕을 점령했다.[21]

보병 병력이 절대적으로 필요했던 로마 원로원은 노련한 장군 메네니우스 아그리파를 대표로 급파하여 해결책을 모색했다. 리비우스에 따르면 메네니우스는 이렇게 말하며 플레브스를 설득했다. "'레스 푸블리카'는 신체와 같아서 몸통과 팔다리가 따로 살아남을 수 없다. 몸통은 팔다리가 음식을 가져와야 살 수 있고, 팔다리는 몸통이 있어야 영양분을 공급받을 수 있다. 만일 팔다리가 몸통에 음식을 조달하지 않는다면 몸은 곧 허약해진다. '레스 푸블리카'는 힘을 합쳐 단결해야만 한다."[22]

로마 근교 언덕에서 이루어진 합의는 로마 사회에 존재하는 가난과 빚을 뿌리 뽑는 것이라기보다는, 공화국에 평민 계급의 이해관계를 대변할 정부 관직을 신설하는 것으로 결론났다. 이때까지 로마 정무관magistrate은 전원 비선출직 귀족 원로원 의원 중에서 정해졌다. 기원전 494~493년경 최초로 평민 계급을 대표하는 두 명의 정무관이 선출되었다. 그들은 정부가 제안한 모든 정책을 검토하고 민중의 이익에 반할 경우 거부권을 행사할 수 있었다. 정무관에게는 불가침권이 보장되어서, 어떤 방식으로든 그들을 해하는 것은 중죄에 해당했다. 또한 그들은 평민으로 구성된 민회를 주재했다. 민회는 포럼 근처에 마련된 코미티움Comitium이라는 곳에서 영웅 코클레스의 청동상이 지켜보는 가운데 열렸다.

이 새로운 정무관은 '호민관tribune'이라 불렸다. 그러나 고대 로마 공화국에서 호민관의 선출은 플레브스와 파트리키Patricians 사이의 불안정한 균형을 암시했다. 파트리키는 특정 귀족 가문 출신을 말하며(라틴어로는 '젠테스gentes'), 그들을 제외한 나머지는 모두 플레브스에 해당한다. 두 세력은 공화국 대부분의 기간 동안 권력 구조를 두고 사회적·정치적 투쟁을 벌였다.

일부 사료에 따르면 로마 초기 왕의 후손인 가이우스 마르키우스 코리올라누스(훗날 셰익스피어 비극에서 극화되는 인물)는 플레브스의 신뢰를 확보하지 못해 집정관으로 선출되지 못했다. 이후 기근이 닥치자 가이우스 마르키우스는 플레브스가 호민관 선출권을 포기할 때까지 시칠리아로부터 당도한 곡물을 배분하지 말자고 주장했다. 하지만 그는 다른 원로원 의원들의 지지를 확보하는 데 실패했고, 호민관들에 의해 재판에 회부되어 로마에서 추방되었다. 반면 두 계급이 조화롭게 화합했던 때도 있었다. 귀족이 평민층의 지지를 얻어 집정관에 재선출된 사례도 많았다.

플레브스 내부에도 여러 계층이 존재했다. 플레브스에는 파트리키를 구성하는 특별한 가문에 속하지 않은 귀족과 부유한 가문들로 구성된 '엘리트'층이 존재했고, 정치 권력을 쟁취하고자 투쟁에 앞장선 것도 바로 이들이었다. 그에 반해 로마와 그 주변 시골 지역의 주민 다수를 구성하는 진짜 빈민층(사회 최하층 계급)은 플레브스에 속하기는 했지만 정치 투쟁에서 구경꾼 이상의 역할을 하는 경우가 드물었다.

기원전 460년대에 플레브스와 파트리키 사이의 사회적·정치적 긴장이 다시 고조되었다. 호민관들은 집정관의 권력 축소를 요구하면서 5년간 법률 통과를 거부했다. 당시 파트리키 집정관들은 매우 광범위한 권력을 갖고 있었다. 예를 들어 그들은 모든 법을 최종적으로 결정하고 해석할 권한을 가졌다. 기원전 457년, 파트리키는 호민관의 수를 두 명에서 열 명으로 늘리겠다고 평민층을 회유했지만 실패로 돌아갔고, 법률 제정 사보타주는 3년간 더 지속되었다. 기원전 454년, 호민관들은 국가 법률을 전면 재검토 및 성문화하라고 요구했다. 바로 이때 법률 검토를 맡은 세 사람이 그리스 아테네로 눈을 돌렸다. 그들은 아테네를 직접 찾아가서 솔론의 개혁이 어떤 과정을 거쳐 직접민주주의로 발전했는지 연구했다.

아테네가 기원전 7~6세기에 평등 원칙과 공동체 법질서를 실험한 유일한 도시국가는 아니다. 아테네보다 로마에서 더 가까운 곳에도 여러 다른 수준의 민주적 절차를 도입했던 도시들이 존재했다. 한 예로 시칠리아의 (그리스 식민지) 시라쿠사는 아테네의 도편추방제와 매우 흡사한 제도를 운용했던 것으로 보인다. 그러나 로마인들이 다른 곳을 모두 제치고 아테네로 향한 이유는 기원전 454년 무렵에는 아테네가 지중해 도시들 가운데 가장 성공적인 사례였기 때문이다. 아테네 민주주의는 페르시아의 침략을 격파했고, 도시를 번영시켰고, 이제 아테네로 하여금 에게해 제국을 이끌게 했다.

바다 건너에서 답을 찾다

로마 사절단이 아테네 페이라이에우스에 도착했을 때, 지중해 전역에서 온 선박들이 항구를 가득 채우고 있었다. 로마 사절단은 피레우스곶의 여러 천연 항구에서 막강한 아테네 함대를 눈으로 확인했다. 이 '트라이렘Trireme'(적선을 들이받아 파괴할 목적으로 뱃머리에 달린 충각에 청동을 입혀 강화한 3단 노 전선) 함대는 아테네의 기반이었다. 막강한 함대를 건조할 자금은 참주 페이시스트라토스 시절에 개발된 후 신생 민주주의체제하에서 계속 운영된 아테네 은광에서 조달되었다. 이 함대를 통해 아테네는 기원전 490년과 480~479년 페르시아의 그리스 침공을 막아냈다.

아테네에서 민주주의가 수립된 지 얼마 지나지 않아, 소아시아 서안을 따라 자리 잡은 그리스 도시에서 페르시아의 통치에 대항하는 반란이 일어났다. 아테네인들은 그들을 원조하기 위해 배를 몇 척 보내주었다. 페르시아 왕 다리우스 1세는 반란을 진압한 후 자신의 제국 가장자리에 삐죽 솟은 그리스를 정복하기로 결정했다. 다리우스 곁에서 아테네 침공 계획을 세운 자는 아테네에서 추방당한 참주 히피아스였다. 기원전 490년, 페르시아군이 아테네로부터 42킬로미터 떨어진 마라톤만에 상륙했다.

뒤이은 전투는 아테네의 대승으로 끝났다. 후대 기록에 따르면 아테네군은 192명의 병사를 잃었을 뿐이며, 이때 전사한 이들을 함께 묻은 거대한 무덤이 위풍당당한 모습으로 오늘날까지 그 자리를 지키고 있다.

다리우스가 세상을 떠난 후 왕위에 오른 아들 크세르크세스 1세가 아버지의 목표를 이어받았다. 크세르크세스는 기원전 480년에 엄청난 규모의 육군과 해군을 이끌고 그리스와 아테네를 파멸시키기 위해 돌아왔다. 많은 그리스 도시들이 페르시아에 항복하기로 결정했다. 델포이 신탁조차도 처음에는 저항은 불가능하다고 말했다. 아테네인들은 아크로폴리스 맞은편 프닉스 언덕에서 민회를 열고 대책을 논의했다. 쟁점은 "너희들의 나무 벽에 의지하라"고 말한 두 번째 델포이 신탁이었다. 나무로 된 벽이라니, 이게 무슨 뜻인가? 어떤 이들은 아크로폴리스 주변을 빙 둘러싸고 있는 오래된 목재 방벽을 가리키는 것이라고 해석했다. 도시 중심부의 요새로 대피한다면 신들이 보호해줄 것이라는 주장이었다. 그러나 다른 이들은 그 신탁이 배를 타고 싸우라는 뜻이라고 주장했다. 격렬한 토론이 이어졌고, 마침내 배를 뜻한다는 쪽으로 결론이 났다. 아테네인들은 도시를 포기하고 노약자와 부녀자를 아테네 연안 살라미스섬으로 대피시킨 후, 몸이 성한 남자는 모두 바다로 나가 노를 잡았다.

그들은 페르시아군이 아테네 시내를 휩쓸면서 도시를 불태우는 것을 지켜봐야 했다. 크세르크세스는 페르시아 해군이 아테네군을 집어 삼키는 모습을 지켜보기 위해 살라미스만이 내려다보이는 언덕에 자리 잡았다. 뒤이어 벌어진 일은 전설이 되었다. 살라미스 해전은 전 세계 해전 사상 가장 치열한 전투 중 하나이자, 탁월한 전략이 가져온 눈부신 승리로 기록되었다.

페르시아 함대는 살라미스섬과 본토 사이의 좁은 해협에 갇혔다. 아테네군은 그 바다를 속속들이 파악하고 있었다. 빠르고 날렵한 배를 탄 아테네군은 대부분의 페르시아 함선과 4만 명에 달하는 병사를 바다 속으로 가라앉혔다. 크세르크세스는 자리를 박차고 일어나 페르시아로 돌아갔고, 그가 남기고 떠난 페르시아 육군은 이듬해 그리스 폴리스 연합군에 격퇴당했다.

살라미스 해전의 승리는 아테네가 그리스의 맹주로 부상하는 계기가되었다. 그리스동맹은 페르시아에 복수할 기회를 바라긴 했지만 기본적으로 방어적 성격의 동맹이었고, 에게해를 장악한 아테네의 트라이렘 함대가 핵심 전력이었다. 살라미스 해전이 있던 기원전 480년부터 로마 사절단이 아테네를 방문한 기원전 454년 사이에 아테네의 역할은 완전히 변모했다. 로마 사절단이 도착했을 때 아테네는 에게해 중앙 델로스섬에있던 동맹의 금고를 아테네로 옮겨왔다. 이 사건은 아테네가 에게해 제해권을 장악하고 제국주의화한 기점이다.

로마 사절단은 새로 놓은 길을 따라 항구에서 아테네 시내로 갔다. 항구와 시가지를 잇는 통로의 양편에는 높은 '긴 벽Long Walls'이 세워졌다. 아테네인들이 이 길을 따라 강력한 함대를 통솔하고 항구에 도착한 식량과 물자를 시내로 운반했다. 사절단은 통로를 따라 걸으며 제국의 전리품으로 휘황찬란하게 치장한 도시를 목격했다. 그 한가운데에 아크로폴리스가 솟아 있었다. 한때 신들의 언덕으로 불리던 아크로폴리스는 이때는 폐허로 변해 있었다. 페르시아의 2차 침공 때 크세르크세스의 군대가신전을 불태웠기 때문이다. 아테네인들은 페르시아에 복수할 때까지 신전을 새로 짓지 않겠다고 맹세했다(그로부터 채 5년이 지나지 않아 아테네는 페르시아와 평화조약을 맺고 이것을 승리라 칭하면서, 제국 각지에서 거둬들인 세금으로 파르테논 신전 건설에 돌입했다).

의회의 회합 장소이자 모든 법이 공표된 스토아 바실레이오스Stoa

Basileios(왕의 회랑)가 있는 아고라에 들어선 로마 사절단은 아테네제국의 성세를 실감했다. 끊임없는 전쟁에 시달리는 도시, 많은 적에 둘러싸여 생존을 위협받는 도시, 아테네만큼이나 오래되었지만 내부 화합이나 대외적 실력 면에서 비교가 안 되는 정치체제를 가진 로마에서 온 사절단은 활기 넘치는 아테네 민주주의와 제국의 심장을 바라보면서 강한 질투심을 느끼지 않을 수 없었을 것이다.

아테네의 민주주의는 페르시아의 침공에 대응하는 과정에서 강철처럼 단단해졌다. 다리우스 왕의 페르시아군이 마라톤에 상륙했을 때 아테네 민주주의는 아직 걸음마 단계에 불과했으나, 아테네의 시민계급으로 조직된 '호플리테Hoplite(중장보병)'가 활약하여 얻은 승리는 아테네 군사조직을 재편한 신생 민주주의에 대한 신뢰감을 한층 북돋웠다. 하지만 그보다 훨씬 더 중요한 사건은 값비싼 말을 보유한 귀족이나 두꺼운 갑옷을 마련할 재력이 있는 유산 시민층이 아니라 온전히 트라이렘의 노를 잡은 남자들의 힘으로 승리했던 살라미스 해전이었다. 하층 계급은 땀과 악취로 가득 찬 격군실에서 아테네를 구하기 위해 필사적으로 노를 저었다. 살라미스 해전 이후 '데모크라티아'라는 말이 처음 등장하고 아테네 정체의 진화가 가속화된 것은 우연의 일치가 아니다. 기원전 454년경, 아테네의 모든 시민에게 민회에서 발언할 권리와 불레(일반 시민을 제비뽑기로 선발하여 1년간 정치 활동에 종사하도록 한 직접민주주의 민회) 의원으로 복무할 권리가 주어졌다. 심지어 최고 행정관도 선거가 아니라 전체 남성 시민 가운데서 추첨으로 결정되었다. 당시 아테네 남성 시민—대략 5만 명—의 3분의 2가량이 적어도 일생에 한 번은 불레 의원으로 복무했을 것으로 추정된다.

로마 공화국은 한 세기 가까이 거의 매년 전쟁을 치르고 있었다. 어떤 면에서 이 압력은 로마를 아테네와 같은 방향으로 떠밀었다. 전쟁의 위협과 그로 인한 시민의 이탈을 감당할 수 없었던 로마 원로원은 호민관 제도를 신설하는 등 민중의 요구를 빠르게 수용할 수밖에 없었다.[23] 하지만 다른 한편으로는 도시를 방어할 수단을 가진 자에게 더 큰 정치적 권리를 부여했다. 왕정을 폐지했음에도 불구하고 도시 방어를 위해 일시적일지언정 한 사람에게 독재권을 부여한 것이다.

기원전 458년, 로마는 사비니족 및 아이퀴족과 양면전을 벌이고 있었다. 로마 집정관 한 명이 적에게 포위되자 공포에 질린 원로원과 다른 집정관은 루키우스 퀸크티우스 킨키나투스를 독재관으로 임명했다. 그는 플레브스에게 더 많은 법적 권리를 부여하는 것을 줄기차게 반대했던 귀족으로, 아들이 호민관을 해했다는 죄목으로 유죄 판결을 받았을 때 모든 것을 잃고 몰락했다. 그 후 킨키나투스는 로마 근교에서 농사를 지었고, 전령이 독재관 임명 소식을 전하러 왔을 때에도 밭에서 쟁기질을 하고 있었다. 그는 토가를 차려입고 즉시 국가 비상사태를 해결했다. 보름 만에 전투 연령에 해당하는 모든 남성을 소집해 아이퀴족을 성공적으로 진압한 후 곧바로 시골로 돌아가 로마 공직자의 귀감으로 남았다.[24]

전쟁은 킨키나투스와 같은 영웅을 탄생시키는 토양이었지만, 동시에 로마 사회가 도시를 방어하고 외적을 물리친 '군인'에게 특별한 명예를 부여하게 된 배경이기도 하다.[25] 로마의 생존이 달린 핵심 전투가 모두 육지에서 치러졌다는 사실은 특히 중요하다. 로마인들은 그리스의 살라미스 해전처럼 하층 계급이 전투를 주도한 경험이 없다. 로마의 전쟁은 유산계급이 국가 방어의 책임을 내세워 자신들의 정치적 영향력을 정당화하는 계급사회가 자리잡는 계기가 되었다.

아테네에 도착한 로마 사절단은 아테네의 직접민주주의 모델을 로마에 도입하는 데에는 별 관심이 없었다. 오히려 그들은 아테네인들이 배심원단, 불레 의원, 최고 행정관을 추첨으로 결정한다는 사실에 혀를 내둘렀을 것이다. 일부 학자들은 로마 공화국이 특히 기원전 2세기 말과 기원전 1세기에 재산 요건에 따라 투표권을 제한하지 않았다는 점을 들어 민주주의에 해당한다고 주장한다.[26] 그러나 지금까지 살펴봤듯이, 그리고 폴리비오스가 얘기하듯이, 로마의 정체는 여러 사회계급의 요구와 권력 사이에서 균형을 유지하는 데 중점을 뒀다.

계급의 화합

로마 공화국이 스스로를 서로 이질적인 개별 집단이 모여 구성한 국가로 인식했다는 사실은 로마와 아테네의 차이를 이해하는 열쇠이다. 우리는 앞에서 레스 푸블리카는 몸통과 팔다리가 서로 협조하지 않으면 살아남을 수 없는 신체와 같다는 묘사를 보았다. 이 책의 3부에서 다룰 고대인도 사회에서도 찾아볼 수 있는 이런 주장이 아테네 민주정의 기반이 된 정치사상에는 등장하지 않는다. 로마가 여러 개별적 사회집단이 각자 다른 기능을 담당하며 작동하는 사회였다면, 아테네에서는 공동체 구성원들의 역할이 중첩되어 있었다. 아테네 시민은 유권자이면서 불레 의원 후보, 육군 중장보병 또는 해군 함선의 노군, 수석 아르콘 후보이자 잠재적 배심원이었다. 각 시민은 공동체의 생존을 위한 여러 가지 역할을 수행했다. 그러므로 아테네의 어떤 사회 집단도 한 가지 특정 기능만을 전담하는 집단이라고 설명할 수 없다.

로마 사절단은 스토아 바실레이오스에 새겨진 150년 된 솔론의 법전에 주목했다. 아리스토텔레스가 극찬했던 솔론의 '중도'를 강조하는 절충안과 '에우노미아(질서)' 원칙은 기원전 454년의 로마에 유용한 해결책으로 다가왔다. 후대의 연설가 키케로는 솔론의 개혁을 '콩코르디아 오르디눔Concordia ordinum(계급의 화합)'의 전형으로 평가했다. 사회계급 간에 화합을 이루고 같은 목적을 향해 나아감을 의미하는 이것을 키케로는 음악에 비유했다.

> 현악기나 관악기 연주, 또는 성악에서 서로 다른 소리의 화음이 유지되어야 하듯이 … 그리고 서로 다른 음색이 섞이면서 듣기 좋은 화음을 이루듯이, 사회의 상부와 하부 그리고 중간 계층이 악보 속의 음표처럼 서로 어우러지며 합의를 이룰 때 키비타스civitas(정치 공동체)도 조화로워진다. 음악가에게 화음이 국가에게는 화합이며, 이는 국가의 안녕을 보장하는 최선의 방법이다. 그리고 국가의 화합은 정의가 바탕이 되지 않으면 이루어질 수 없다.[27]

기원전 454년의 로마와 아테네가 서로를 어떻게 생각했을지에 대한 상상은 흥미롭다. 반세기 전 두 도시에서 각각 혁명이 시작된 이래, 그들은 비슷한 도전에 직면했고 유사한 포부를 가졌지만 판이한 정치체제를 발전시켰다. 로마로서는 얼마간 질투를 느끼지 않을 수 없었을 것이다. 아테네는 에게해의 맹주로 부상하고 눈부신 대리석으로 치장한 도시로 거듭났다. 반면 로마는 수년간 어떤 법률도 통과되지 못하는 정치적 교착에 빠져 있었고, 여전히 생존을 위협하는 이웃 나라의 침공에 시달리고 있었다.

아테네 또한 로마에 어떤 답답함을 느끼지 않았을까. 앞에서 언급했듯이 당대 그리스 역사가들은 그리스의 정치사를 기록할 때 클레이스테네스를 영웅으로 보고 그에게 집중했으며, 심지어 투키디데스는 솔론에 관해 일언반구조차 하지 않았다. 솔론의 법전을 탐독하는 로마 사절단을 지켜보던 아테네인들은 어쩌면 고개를 절레절레 흔들면서, 왜 그들이 눈앞에서 벌어지고 있는 직접민주주의를 보려 하지 않는지 의아해하지 않았을까. 다음 세기에 그들 중 다수가 현명하고 공정한 단독 통치자의 등장을 바라게 될 것이라고 예상했던 사람은 아무도 없었다.

로마로 돌아온 대표단은 3년간 검토를 거친 후 기원전 451년 아테네 민주주의에 관한 보고서를 파트리키 위원회(데켐비리)에 제출했다. 데켐비리는 1년간 모두가 동의할 수 있는 공화국 운영 방식에 관한 새로운 법률을 제정하는 임무를 위임받았다(이 기간에 정상적인 국가 운영 조직이 전격 해산되었다). 그 결과 10표법이 탄생했다. 이듬해에는 또 다른 데켐비리에 의해 2개의 법이 추가되었다. 그런데 이번 10인 위원회 위원들은 재임 기간이 끝났는데도 자리에서 내려오기를 거부했다. 그들의 오만함과 포악함이 너무나 지나쳐서 '10인의 타르퀴니우스'라는 공포스러운 별명이 붙었을 정도였다. 그 와중에 왕정의 종말을 불러온 루크레티아 강간 사건과 흡사한 사건이 터졌다. 10인 위원회의 수장 아피우스 클라우디우스가 한 소녀를 강간하려 했는데, 그 소녀가 딸의 명예를 지키길 원했던 아버지에 의해 죽임을 당한 것이다. 비극을 목격한 로마의 플레브스는 다시 한 번 봉기했다. 그들은 기원전 494년에 점거했던 바로 그 언덕에서 농성을 벌였다.

10인의 타르퀴니우스는 기원전 449년에 집정관 발레리우스 포티투스와 호라티우스 바르바투스에 의해 쫓겨났다. 하지만 이 시기는 현존하는 로마 공화국 최초의 성문법이라는 성과를 남겼다. 통칭 12표법으로 알려진 이 법은 개인의 권력 남용을 방지하고, 정무관의 불가침적 성격을 보장하고, 모든 로마인이 정무관의 결정에 항소할 기회를 보장하고, 플레브스 의회에서 결정된 사항에 법적 권위를 부여했다. 한편 12표법은 시체 처리법부터 누가 누구와 결혼할 수 있는지에 이르기까지 광범위한 영역에 대한 판결 기준을 담고 있었다. 공화국 내에 존재하는 서로 다른 사회적·정치적 집단 사이의 갈등을 완화하고자 만든 이 새로운 법률은 누가 '플레브스'이고 누가 '파트리키'인가 하는 구분을 강화하는 역할도 했다. 이를테면 파트리키는 플레브스와 결혼할 수 없도록 법제화되었다.

폴리비오스에게 12표법 도입은 반세기 전 왕정 타도보다 더 중요한 의미를 가진 로마 역사의 결정적인 전환점이었다.[28] 그 이유는 무엇일까? 12표법은 폴리비오스가 통치 모델의 전형이라 여긴 기틀을 제공했다. 즉 12표법은 군주(집정관), 귀족(원로원), 민주주의(켄투리아회와 평민회)적 측면을 모두 가지면서, 동시에 사회 각 집단의 권리와 책임을 법으로 규정했다.[29] 헤로도토스는 아테네가 압도적인 군사력을 가질 수 있었던 이유가 모든 이들이 자신과 자신의 삶의 방식을 지키기 위해 싸웠던 민주주의체제 덕분이라고 주장했다. 이에 반해 폴리비오스는 혼합정의 도입을 로마의 성공 이유로 꼽았는데, 혼합정이 서로 다른 기술과 전문성(그리고 경제력)을 가진 각 사회 집단의 잠재력을 최대한 끌어내고 그것이 계급 구조 안에서 효율적으로 작동하도록 했을 뿐만 아니라, 결정적으로 어느 한 계급이 국가를 독점하거나 다른 계급을 배제할 수 없도록 했기 때문이다.

로마를 특별하게 만든 것은—그리고 기원전 449년 이후 수세기 동안 강력한 국가로 자리매김할 수 있었던 이유는—사회 전 계층이 체제를 비판하는 것보다 유지하는 쪽이 더 혜택이 크다고 믿게 만든 정교한 견제와 균형 체제였다. 폴리비오스의 눈에 로마는 "수많은 투쟁과 소요를 극복"하고 마침내 콩코르디아 오르디눔(계급의 화합)을 이루었다. 폴리비오스가 글을 쓸 무렵에는 지중해 세계의 패권국으로 부상한 로마가 더 이상 아테네를 부러워할 이유가 없었다.[30]

12표법 제정 이후 폴리비오스의 시대까지 두 세기 반 동안 공화국 법률은 상당한 변화를 거쳤다. 플레브스와 파트리키가 시민권과 최고 집정관직 자격 요건을 두고 지속적인 투쟁을 벌인 결과다. 예를 들어 기원전 445년에 플레브스와 파트리키 사이의 결혼 금지 조항이 삭제되었다. 기원전 367년에는 플레브스도 집정관이 될 수 있도록 법이 바뀌었다.[31] 기원전 342년에 이르면 집정관 중 한 명은 반드시 플레브스여야 한다는 조항이 추가되었다. 많은 학자들이 이를 기점으로—로마의 정치체제가 계급 갈등을 해결한 후에야—로마가 이탈리아와 지중해 전역을 지배하는 세력으로 성장할 수 있었다고 평가한다.[32] 기원전 172년에는 로마 역사상 최초로 집정관 두 명이 모두 플레브스 출신이었다. 오랜 세월 끝에 로마를 지중해의 패자로 이끌 정치체제가 완성된 것이다.

3장

공자와 성군

소문에 의하면 노나라 정공은 여색을 탐했다. 기원전 497년과 495년 사이의 어느 날, 경쟁국 제나라 대부 여서가 노정공에게 80명의 미녀로 구성된 악단을 보내면서 그중 누가 가장 아름다운지 판단해달라고 청했다.[1] 아름다운 여인들이 춤을 추는 황홀한 광경에서 눈을 뗄 줄 몰랐던 정공은 그런 자신을 보며 머리를 가로젓는 이가 있음을 눈치채지 못했다.

그는 노나라에서 벼슬을 지내던 공부자였다. 본명은 공구, 서양에서는 예수회 선교사들의 라틴어 번역인 'Confucius'로 더 잘 알려진 인물이다.[2] 미녀들과 정공을 뒤로하고 돌아서면서 공자는 제자에게 이런 냉소적인 노래를 불렀다고 한다. "군주가 여인을 좋아하면 군자는 떠나고, 군주가 여인을 너무 가까이하면 나라는 망하는도다. 유유자적하며, 세상을 살리라."[3]*

일부 사료는 공자가 훤칠한 키에 매력적인 인물이었다고 전하지만, 대다수의 사료는 그의 용모를 툭 튀어나온 이마와 앞니, 어깨까지 늘어진 커다란 귀로 묘사한다.[4] 그는 행동가짐도 지나치게 까다로웠다. 이를테면 시장에서 사온 술과 포는 먹지 않았다고 하며, 방석이 똑바로 놓여 있지 않으면 밥상에 앉기를 거부했다.[5] 기원전 5세기 초엽 생전의 공자는 고향에서 환영받지 못하는 선지자 신세였다. 위대한 명성과 영향력은 사후에 찾아올 운명이었다.

역사가들은 고대 세계가 지중해 지역에 국한되지 않으며 그보다 훨씬 더 깊고 풍성했음을 안다. 고어 비달 같은 20세기 소설가는 페르시아 사신이 공자와 대면하는 장면을 상상하여 그려내기도 했다. 그럼에도 불구하고, 최근 부상하고 있는 그리스-로마-중국 비교연구 분야가 기원전 6세기 말부터 기원전 5세기 초까지의 시기에 주목하는 일은 드물다.[6] 그 이유 중 하나는 기원전 4세기까지 그리스와 로마가 중국에 대한 지식을 갖고 있지 않았다고 보기 때문이다.[7] 그리스와 중국 비교연구는 정치 분야보다 주로 윤리학, 철학, 과학이라는 렌즈를 통해 두 공동체의 학문 발전을 비교하는 데 주력해왔다.[8] 로마와 중국 간의 비교연구는 로마제국과 중국 한나라가 직접적인 교류를 시도했던 기원후 두 세기에 거의 전적으로 집중되어 있으며, 이 또한 로마와 중국 문화에 내재된 정치사상보다는 주로 제국, 경제, 무역, 위기, 기회에 초점이 맞춰졌다.[9]

아테네에서 민주주의가, 로마에서는 공화국이 발달하던 시기의 중국을 살펴보는 일은 사회혁명, 민중 봉기, 대중에 의한 정치 변화 대신에 소수의 헌신적인 추종자를 거느린 한 개인이 군주에게 새로운 정치사상과 통

---

* "彼婦之口, 可以出走 /彼婦之謁, 可以死敗 /善優哉游哉, 維以卒世", 「공자세가孔子世家」

치 방식, 그리고 인간 대 인간의 새로운 관계를 받아들이도록 차분하게 설득하려고 애썼던 역사적 순간을 관찰할 기회가 될 것이다.

로마나 아테네에서 실제로 구현된 정치체제는 처음 그들이 지향했던 목표가 현실화된 것이라기보다는 시간이 흐르면서 시대 상황을 반영한 타협의 결과물이다. 반면 중국에서 공자는 군주에게 정치적·법적·도덕적 지침 일체를 제공하려는 목적으로 자신만의 사상을 발전시켰다. 아마도 그는 중국 역사상 이런 일을 해낸 최초의 인물일 것이다. 정작 본인은 자신이 새로운 사상을 전파하는 혁신가가 아니라 과거 성인의 말씀을 전할 뿐이라고 하지만 말이다.

공자가 처한 사회·정치적 상황은 아테네와 로마에서 정치혁명을 유발했던 상황과 유사하다. 공자는 중국 역사의 격변기에, 어떤 면에서는 로마와 아테네가 감내했던 것보다 더 어지러운 전란의 시대에 자신만의 독특한 사상을 발전시켰다.

> 공자가 살았던 시대는 정치적 혼란, 혁명운동, 도덕적 타락, 부패한 선동 정치가의 득세 … 무정부주의의 발호, 극단적 개인주의, 정치 초월주의, 군부의 횡포, 이기적 제국주의, 그리고 비윤리적 중상주의로 얼룩졌다.[10]

고대 중국의 역사 기록과 영웅

아테네나 로마를 논할 때와 마찬가지로, 우리는 공자의 일생과 사상, 그리고 당시 사회상을 파악하려 할 때에도 '기록'이라는 문제에 봉착한다. 우선 그의 사후에 제자들이 편찬한 공자 어록 『논어論語』가 전해져 내려온다. 공자의 삶을 다룬 전기 중에서 가장 오래된 작품은 사마천에 의해 공자 사후 400년가량 지난 기원전 2세기 말에 쓰였다.[11] 이 전기는 상고시대 오제부터 한나라 무제까지 2,000여 년의 역사를 다룬 중국 최초의 통사 『사기史記』의 일부다.[12]

다행히도 그리스 로마 연구와는 달리 중국에는 『춘추春秋』를 위시한 문헌이 더 풍부하게 존재한다. 오랫동안 공자가 직접 편찬했다고 알려진 『춘추』는 기원전 722년에서 기원전 481년까지 총 242년의 역사를 다룬다. 『춘추』는 종주국인 주나라의 전체 인구가 대략 5,000만 명 규모이던 시대를 5만 2,000평방킬로미터의 영토와 100만 명의 인구를 가진 소국 노나라의 입장에서 기록한 역사서이다. 제후국들이 각축을 벌이며 전쟁과 고난으로 얼룩졌던 춘추전국시대의 사회상을 전하는 이 책은 간결한 서술이 특징이다. 예를 들어, 기원전 609년의 항목 중 하나는 다음과 같다. "겨울, 10월, 군주가 타계하다." 기원전 594년에는 이런 기록이 등장한다. "겨울. 메뚜기떼가 창궐했다." 그리고 기원전 479년(애공 16년)에는 슬픈 소식을 역시 간결한 어투로 전한다. "여름, 4월의 어느 날 공자가 세상을 떴다." 이것은 『춘추』를 쓴 인물이 공자가 아니거나, 최소한 집필에 관여한 유일한 인물은 아니었다는 증거다.[13]

다행히 『춘추』 외에도 공자와 동시대인인 좌구명이 썼다고 알려진 『좌전左傳』이 전해 내려온다. 기원전 722~468년의 역사를 다루는 『좌전』은 『춘추』의 함축적인 뜻을 풀어 쓴 춘추 삼전의 하나로, 공자의 일생을 둘러싼 수많은 일화를 담고 있다. 과거 주나라의 여러 중심지에서 진행되고 있는 고고학적 탐사의 결과도 이 시대를 연구하는 학자들에게 갈수록 많은 자료를 제공하고 있다.[14] 그럼에도 불구하고 우리가 다시 한 번 정확한 사실관계를 확인하기 어려운 시대를 다루고 있음을 염두에 두어야 한다. 더불어, 한 개인의 사상과 현실 세계의 통치 사이의 중요한 충돌을 기록하는 일에—주요 등장인물들과 밀접한 관계를 가진 이들을 포함한—후대 저술가들이 깊숙이 개입했다는 사실도 감안해야 한다.

공자는 노정공에게 성군이 되는 법을 가르쳐서 궁극적으로 백성들이 그의 모범을 따르도록 만들고자 했다(공자가 『논어』에서 말했다고 전해지듯이, "왕도로 천하를 다스리는 성군이 있다고 할지라도 필시 한 세대는 지나야 인덕에 의한 감화가 이루어진다"*).[15] 하지만 공자의 노력은 노정공이 80명의 미녀에게 한눈팔려 정사를 내팽개치면서 수포로 돌아갔다. 물론 이는 음모의 결과였다. 이웃의 경쟁국은 물론이고, 노나라 권세가들도 노정공을 무능한 군주로 만들어 자신들이 권력을 휘두를 수 있기를, 그게 아니라면 최소한 군주를 자기편으로 포섭하여 권세를 떨치기를 원했다. 그런 연유로 공자는 관직을 내놓고 천하를 주유하며 이웃 나라 군주들의 자문 역할을 하면서 생계를 이어야 했다. 공자는 『논어』에서 이렇게 한탄했다. "질서가 바로 선 세상에서는 문물제도와 군사명령이 주권자인 천자의 손에서 나오고, 질서가 문란한 세상에서는 문물제도나 군사명령이 제후들의 손에서 나온다."[16]**

현존하는 기록에 따르면, 공자가 조정의 요직을 지낸 것은 단 5년에 지나지 않는다. 그는 기원전 501년에 쉰의 나이로 노나라 중도재中都宰(중도 현령) 자리에 오르면서 정치적·행정적으로 비중 있는 관직에 발탁됐다. 그가 얼마나 높은 벼슬까지 올랐는지는 사료에 따라 다르게 전하며, 그가 사공司空 또는 대사구大司寇까지 올랐다는 기록도 있다. 공자를

---

*   如有王者, 必世而後仁.
**   天下有道, 則禮樂征伐自天子出; 天下無道, 則禮樂征伐自諸侯出.

불러들여 등용한 이는 다름아닌 노정공이었다.

쉰 살이 출사하기에는 다소 늦은 나이로 여겨질 수도 있다. 그러나 아테네에서 민주혁명이 벌어졌을 당시 클레이스테네스는 공자보다도 더 나이가 많았다. 훗날 공자는 그간의 인생 경험이 이 순간을 위한 준비였으며, 젊은 시절은 지혜를 쌓는 데 헌신했다고 말한 바 있다. 그는 『논어』에서 이렇게 말했다. "내 나이 쉰에 하늘의 뜻을 알았다."[17]*

그러나 노정공은 실권이 없는 미약한 군주였다. 그는 통치를 뒷받침할 재력이 없었고, 그의 선조들은 지난 수세대에 걸쳐 그저 형식적인 군주에 불과했다. 노나라의 실권은 주요 관직을 모조리 독점하고 세습하는 계손씨, 숙손씨, 맹손씨의 삼환이 나누어 갖고 있었다. 기원전 517년에 노정공의 형 노소공이 삼환의 권력을 축소시키고자 했던 시도는 실패로 돌아갔고, 노소공과 노정공은 노나라를 떠나 망명하는 신세가 되었다. 하늘이 내린 군주를 섬겨야 한다는 군은 소신으로 왕위 찬탈을 비판한 공자도 그들을 따라 망명길에 나섰다.

기원전 509년, 노소공이 객사했다. 그 후 노정공과 공자는 귀국이 허용되었으나 둘 중 누구에게도 실질적인 권력이 주어지지 않았다. 얼마 지나지 않아, 군주가 자리를 비운 노나라에서 권력을 독점했던 계손씨 가문의 수장 계평자가 세상을 떴다. 이로 인한 정치적 공백 속에서 막후 권력 다툼으로 정국이 어지러웠다. 한때 계손씨 집안의 가신 양호가 노나라의 실질적인 독재자로 행세하기도 했다. 우여곡절 끝에 노정공이 옹립되었고, 양호는 목숨을 부지하기 위해 달아났다. 노정공은 즉위 후 공자를 불러

---

*   五十而知天命.

관직을 내렸다. 이제 공자는 정공의 보좌역으로 사회적 지위를 인정받았다. 정공 앞에 80명의 미녀가 등장하기 전까지 말이다.

중국에서 역사를 기술하고 논의하는 방식을 보면, 중국 문화에서 개별 통치자가 가진 중요성(그리고 인품의 중요성)이 확연하게 드러난다. 전통적으로 중국 역사는 왕조 단위로 구분된다. 유능하고 도덕적인 군주가 등장하여 새 나라를 세우지만, 후대 왕들이 개국 군주처럼 위대한 통치자인 경우는 드물다. 결국 극도로 무능한 군주가 즉위하고, 그와 그의 왕조가 강하고 도덕적인 새 통치자에 의해 물갈이되고 신생 왕조가 탄생하는 흐름이 중국 역사의 전형이다.

중국에 전승되는 최초의 왕조는 오늘날 중국 동부 내륙 하남 지방에 위치한 낙양 근처 황허 유역을 기반으로 기원전 2200년부터 기원전 1750년까지 존재했던 하나라이다. 하나라 다음으로는 상나라(기원전 1766~1122년)가, 그 뒤에는 주나라(기원전 1122~256년)가 왕조를 세웠다. 그리고—춘추전국시대를 지나 마침내—기원전 221년에 진나라가 천하를 통일했지만 기원전 206년 멸망하였다. 진에 이어 기원후 220년까지 중국을 다스린 한나라는 영토를 크게 확장시켰다. 오늘날 점점 더 많은 학자들이 한나라를 로마제국과 함께 연구하는 추세다.

전해지는 가장 오래된 중국 역사서 중 하나인 『서경書經』은 상고시대를 왕조별로 정리한 산문집으로, 공자 시대 이래 국가의 통치 철학을 정립할 때 본보기로 삼아온 중요한 서적이다(공자가 편찬에 관여했다는 설도 있다). 『서경』은 상나라가 멸망한 이유로 마지막 왕의 결점을 지목하며, 왕의 잔혹한 통치를 견디다 못한 군대가 반란을 일으켰다고 명시한다. 앞서 살펴본 그리스와 로마에서도 통치자가 도덕적으로 타락한 결과 자

멸하는 이야기가 등장하지만(이를테면 히피아스나 타르퀴니우스 수페르부스),
『서경』에서는 특히 하늘이 내린 천명을 강조한다.[18] 주나라의 개국 군주
는 아버지인 문왕과 함께 상나라를 멸망시킨 무왕이다. 무왕이 "나는 전
쟁을 일으키기 위해서가 아니라 천하를 편하게 하고자 왔다"라고 외치
자, 그 말을 들은 "사람들이 항복의 표시로 땅에 머리를 박는 소리가 산
천을 뒤흔들었다."[19]

　문왕과 무왕은 문무 양면에서 수많은 업적을 남긴 성군으로 숭상된다.
문왕은 고대 중국의 또 하나의 고전인 『주역周易』을 지었다고 전해진다.*
무왕은 목야 전투에서 승리하고 상나라를 멸했다. 그가 목야로 진격해
오자 17만 명의 노예를 무장시켜 급조한 상나라 군대가 창끝을 돌려 함
께 상나라를 쳤다는 얘기가 전해진다(기록에 따르면 대세가 기운 것을 깨달은
상나라 주왕은 금은보화로 치장한 후 궁에 불을 지르고 그 속에 뛰어들어 자살했다).

　문왕과 무왕을 계승한 후계자들은 주나라의 명성을 한층 드높였다. 무
왕의 아들 성왕이 어린 나이로 즉위했을 때, 섭정을 맡은 숙부 주공 단은
어린 왕을 보좌하며 상나라 세력의 반란을 토벌하여 건국 직후의 불안을
일소했다. 이와 같은 주나라 시대의 영웅적 미담은 후대 중국 통치자들
이 본받아야 할 핵심 덕목이 되었다. 군주는 천명을 받아 나라를 다스렸
으며 하늘의 심판을 받았다. 따라서 군주는 덕으로 백성을 다스리는 것
을 최우선으로 해야 하며, 덕을 상실했을 때는 하늘이—먼저 불길한 징
조를 통해 노함을 드러낸 후—천명을 거두어 다른 이에게 넘겨준다는 왕
조 교체 사상이 확립되었다.

---

*　어느 한 사람에 의해 저술된 것이 아니라 오랜 세월을 거쳐 완성되었다고 보는 것이 통설이다.

로마 초기의 왕들도 신적 존재의 뒷받침이 있어야 즉위할 수 있었다. 로마의 왕위는 세습이 아니라 귀족들이 추천을 통해 후보를 선정했으며, 후보로 뽑힌 자는 정해진 의식에 따라 '체포'되어 시험을 거쳤다. 그 과정에서 신들의 결정을 묻는 의식을 치렀다('취임inauguration'이란 단어는 신의 계시를 해석하는 신관을 의미하는 라틴어 '아우구르augur'에서 유래했다). 일단 즉위한 후에는 왕이 종교적 권위를 행사했다. 로마의 마지막 왕이 추방된 후에도 공권력을 뒷받침하는 '신성'이라는 개념은 집정관이 행사하는 '임페리움'(로마인과 로마 군대를 지배하고 통솔할 권한)과 상서로운 계시가 있어야만 그 자리에 오를 수 있었던 선출직 제사장 렉스 사크로룸을 통해 계속 유지되었다.

주나라에서도 신적 존재가 군주 권력의 근거로 작동했다. 그리스나 로마에서처럼 중국에도 삶의 각 부분을 책임지는 신들이 무수히 존재했지만, 정치적·군사적 권위를 유지하는 데 결정적인 존재는 단 하나, 바로 천天이었다. 중국 사상에 따르면 '천'은 그 자체로 의지를 가진 신으로, 인간의 행위에 기뻐하거나 분노하고 천명을 내리거나 회수할 수 있으며 희생물을 바쳐서 달래야 하는 존재였다.

공자는 고결한 도덕률을 몸소 실행한 주나라 문왕과 무왕, 그리고 주공 단을 이상적인 성인으로 경모했다. 그는 그들이 명예롭고 현명하고 공정하게 처신하여 황금기를 창출했고, 결과적으로 도道―백성이 질서와 조화를 이루도록 통치하는 법―를 실현했다고 여겼다.

'중국中國'이라는 나라 이름이 주나라 시대에 쓰인 『서경』에 최초로 언급된 사실만 봐도, 중국에서 훌륭한 통치와 사회를 논할 때 주왕조가 얼마나 중요한 위치를 점유하는지 알 수 있다. 중국은 '중심/중앙에 위치한 나라'라는 뜻으로, 현대에 이르기까지 중국 역사 기록에서 자신들의 나라를 칭할 때 사용하는 주요 명칭이다(현대 중국의 공식 국가명인 '중화인민공화국'에도 포함되어 있다[20]). 중국은 수도를 지칭하기도 하고, 황허 일대에 한족이 세운 나라를 의미하기도 했다. 또한 중국 전체 영토와 중국문명을 통칭할 때에도 사용되며, 더 넓게는 중국 세계 전체를 뜻하기도한다. 기원전 3~2세기의 진나라와 한나라 시대에 '중국'과 같은 의미로사용된 또 다른 말은 '하늘 아래 모든 것'을 의미하는 '천하'다. 통치자는하늘로부터 통치권을 부여받았다고 여겨졌으므로, 그들의 통치 대상은'하늘 아래 모든 것'이었다. 중국 사상에서 훌륭한 통치란 세계의 중심적역할을 하는 것뿐만 아니라 세상 모든 것을 다스리는 일이었다.

쇠락 그리고 부활의 희망

공자 시대의 주나라도 앞서간 왕조들의 전철을 밟아 도덕적·정치적·군사적으로 점차 쇠락해갔다. 공자의 이십대 시절인 기원전 524년에는태풍으로 수해를 입거나, 큰불이 일어나 4개 제후국으로 번지는 등 주나라 통치자의 도덕성에 하늘이 노한 징조가 역력했다. 그러나 이런 계시는 모두 무시되었다.

주왕조의 역사는 크게 서주(기원전 1122~771년)와 동주(기원전 771년 이후)로 나뉜다. 카리스마적인 왕들이 통치했던 서주 초기에는 주나라의영토가 크게 확장되었고 그로 인해 왕은 각 지방을 통치하는 제후를 두어야 했다. 제후의 성격은 당시 소아시아 서안에서 중앙아시아까지 뻗어있던 페르시아제국의 사트라프satraps나, 몇 세기 후 로마 황제에 의해 각지역에 임명되었던 총독governors과 크게 다르지 않다. 권력이 분산되면서 시간이 갈수록 중국 각 지역은 독립국의 성격을 띠었으며, 그로 인해 왕권이 약화되었다. 주나라는 『이상한 나라의 앨리스』에 나오는 '매드 해터의 티파티'처럼 정해진 룰이 통하지 않는 땅으로 변해갔다.[21]

뿐만 아니라 기원전 771년에는 중국 북서쪽 지방에 본거지를 둔 이민족인 견융족이 침입해 황허의 최대 지류인 웨이허 일대의 중부 곡창 지대를 초토화시켰다. 비옥한 땅을 잃은 주나라는 수도를 낙읍으로 옮겨야 했다. 이것이 동주의 시작이며, 이 시대는 다시 전기인 춘추시대(기원전 771~481년)와 후기인 전국시대(기원전 475~221년)로 나뉜다. '춘추' 시대라는 명칭은 이 시기에 쓰인 『춘추』에서, '전국' 시대라는 명칭은 전국시대에 쓰인 사료를 기원전 1세기에 유향이 집대성한 『전국책戰國策』에서 유래했다. 동주 시대는 서주 시대보다도 더 심한 혼란과 전란의 시대였다. 학자들은 기원전 656년부터 기원전 211년 사이에 벌어진 전쟁이 256차례에 이른다고 추정한다.[22] 300년에 약간 못 미치는 춘추시대를 통틀어 전쟁이 벌어지지 않은 기간은 단 38년에 불과하다. 기원전 2세기의 역사가 사마천은 전국시대에 134년간 150만 명에 이르는 인구가 사망했다고 추정했다.

주나라 접경 지대에서 세력 확장의 기회를 넘보던 유목 민족들의 위협과는 별개로, 이 전란의 시대에는 170개에 이르는 제후국들이 영토와 권력을 차지하려 쟁탈전을 벌이기도 했다. 앞서 등장한 노나라도 그중 하나였다. 기원전 6세기 말에 접어들면 동주의 수도 낙읍은 쇠락하여 그 권세가 제후국의 수도에도 미치지 못했다.

공자가 세상을 떠날 무렵인 기원전 481년에 이르면 제후국의 숫자는 대략 10개로 축소된다.[23] 그중 하나인 제나라는 동주 시대에 35개에 달하는 제후국을 멸망시킨 것으로 여겨진다. 또 다른 나라는 무려 51개국을 제거했다. 어떤 나라들은 마치 메뚜기떼처럼 영토를 옮겨 다녔다. 한 예로 허나라는 70년 동안 1,000킬로미터나 되는 거리를 이동하며 다섯 번이나 이주했다.

공자의 세계는 대략 5,000만의 인구가 수세기에 걸쳐 끊임없이 전쟁을 벌이던 일촉즉발의 위태로운 세상이었다. 앞서 우리는 전쟁이 아테네와 로마에서 정치 변화를 추진한 원동력이었음을 보았다. 전쟁 혹은 전쟁의 위협은 기원전 508년에 아테네에서 시민의 봉기를 촉발했을 뿐만 아니라, 결정적으로 기원전 480년에 벌어진 살라미스 해전에서 도시 방어에 서민층의 역할이 얼마나 중요한지를 증명하며 신생 민주주의에 날개를 달아주었다. 이와는 대조적으로 로마에서는—왕정을 전복시켰음에도 불구하고—지속적인 전쟁의 압박이 도시 방어를 위해 갑옷, 전차, 말을 구입할 수 있는 유산층의 권력 장악을 수용하는 체제가 굳어졌다.

주나라는 페르시아제국과 같은 강력하고 거대한 외부의 적이 부재했다. 그러나 주나라 제후국들의 내부 갈등은 동원된 병사의 수나 전쟁의 지리적 범위, 그리고 지속 기간이라는 면에서 아테네인들이나 로마인들은 상상도 하기 힘든 규모였다.[24] 대규모 내전에 대한 군사적·경제적·정치적 대응으로—그리스 로마의 대응과 유사한 요소도 일부 존재했지만—새로운 형태의 힘의 균형이 창조되었다.

주변국을 집어삼키며 계속 몸집을 불리는 경쟁국을 상대로 끝없는 전쟁을 벌여야 하는 상황은 병력 구성에 근본적인 변화를 가져왔다. 귀족 가문이 보유한 전차에 의존했던 전차전 위주의 군대 구성이 대규모 농민병에 의존하는 방식으로 바뀌었으며, 어떤 제후국은 60만 명에 달하는

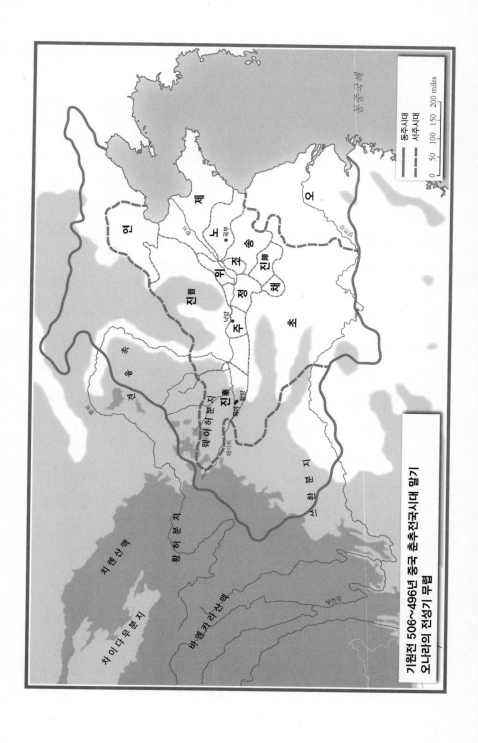

기원전 506~496년 중국 춘추전국시대 말기
오나라의 전성기 무렵

야전군을 보유하기도 했다.[25] 그런 이유로 하층 계급이 국가 생존의 핵심 요소로 부상했다.

다른 한편으로 주나라 제후국은 육지에서 지속적인 영토 방어전을 치르면서 통치 계급에게 권력이 집중된 구조를 그대로 유지했다. 그러나 로마와는 달리 군주의 힘만으로 대규모 군대를 육성하거나 그들을 먹이고 무장시키기 위한 물자나 자금을 조달할 수 없었다. 따라서 더 크고 중앙집권화된 행정 조직이 구축되었다. 그 결과 진정한 의미의 관료제가 탄생했다. 관료층은 학문과 기술을 익혀 직위를 획득한 신생 하급 귀족으로 채워졌다. 이렇게 능력을 중시하는 사회 환경 속에서 '사士(선비/문관)'라는 사회·정치적 계급이 발달했으며, 공자의 가문도 이 계급에 속했다. 관료제는 모든 시민이 민주주의 운영에 동등하게 참여하는 것이 원칙이었던 아테네에서는 상상도 할 수 없는 일이었다. 로마에는 중앙 관료 집단 대신 '쿠르수스 호노룸cursus honorum(출세의 사다리)'이 서서히 구축되어, 야망을 품은 로마인이라면 이 사다리를 타고 올라가야 했다. 노비 호미네스novi homines(새로운 사람들)는 귀족 가문 출신이 아닌 신흥 지배층을 뜻하며, 그중 가장 유명한 이는 키케로다.

주나라의 군사적·행정적 변화는 보다 광범위한 경제 변화를 수반했다(그리고 그것을 유발했음이 틀림없다). 농업 생산성이 증가하고 상공업이 크게 발달했으며, 농업 분야는 국가가 소유한 땅에서 공동 생산하는 방식에서 탈피하여 토지의 개인 소유와 상품의 매매가 이루어지는 자유시장으로 이행했다. 화폐의 도입도 변화를 촉진했다.[26] 기원전 594년—아테네에서 채무 노예제 폐지 등 솔론의 개혁이 시행된 해—중국 노나라도 조세 개혁을 시행하면서 소작농은 국가에 노역을 제공하는 대신 경작

하는 땅의 면적에 따라 일정한 세금을 내게 되었다.[27]

공자가 고위 관직에 등용되었던 기원전 6세기 말경, 노나라를 비롯하여 살아남은 제후국들은 매우 역동적이면서 동시에 안정된 사회를 구가했다. 이제 군대의 중추를 이루는 소작농과 농민이 중요한 존재로 인식되었고, 농업 관행의 변화와 상업의 활성화로 인해 개인의 삶을 개선할 기회가 확장되었다. 혹자는 그들의 처지가 19세기 중국의 소작농보다 나았다고 보기도 한다.[28] 각 제후국의 수도는 사냥과 양궁을 즐기는 귀족들, 대나무로 엮은 죽간에 몰두하는 학자들, 물품을 제조하고 운반하는 직공과 상인 등 다양한 사람들로 분주했다. 이 시기의 미적 감각을 잘 보여주는 대표적인 제품으로는 고급 비단옷, 청동 세공품, 그리고 정교한 도자기가 있다.

집권층의 통치는 아테네나 로마에서처럼 민중의 도전을 받지 않았다. 오히려 부국강병을 추구하고 더 많은 사람들을 기득권에 편입시킨 행정 관료제의 발달로 더욱 굳건해졌다. 국경이 계속 바뀌던 내전의 시대에 그 어느 나라도 끝까지 살아남으리라는 보장은 없었지만 정부 체제는 여러 면에서 그 어느 때보다도 포용적이며 안정적이고 탄탄했다.[29]

현자의 출현

공자의 가문은 관료층의 기반인 신생 선비/문관 '사' 계급이었다. 공자의 아버지 숙량흘(체격이 장대하고 추남이었다고 전해진다)은 노나라 권세가 맹손씨 가문에 소속된 무사였다. 그는 부인과의 사이에 딸만 아홉을 두었기에 대를 이을 아들을 얻는 것이 소원이었다. 후대 기록에 의하면, 숙량흘은 일흔 살의 나이로 가난하고 이름 없는 가문의 여식과 야합하여 공자를 얻었다. 공자의 모친은 공자를 잉태했을 때 16세에서 20세 사이였을 것으로 추정된다. 공자는 태어나면서부터 머리 위가 오목하게 들어갔다고 하여 구丘라는 이름을, 어머니가 니구산에서 기도한 뒤 공자를 얻었다고 하여 중니仲尼라는 자를 얻었다.[30] 숙량흘은 공자가 태어난 지 얼마 지나지 않아 세상을 떴다. 공자의 어머니는 신분이 낮아 장례식에 참석할 수 없었다고 하며, 그 후 어린 아들을 데리고 도읍 곡부로 거처를 옮겼다. 그곳에서 공자는 맹손씨 가문의 도움을 받아—아버지의 지위와 공로에 걸맞은—교육을 받을 수 있었다.*

공자는 열아홉 살에 혼인했으나 부인에 대한 기록은 남아 있지 않다. 스무 살에 어머니를 여의었다. 효는 공자 가르침의 근간을 이룬다. 효는 부모에게 복종하고 나이 든 부모를 봉양하며 예법대로 장례를 치르는 것이다. 공자는 부친의 묘를 수소문하여 모친을 그 곁에 묻고 삼년상을 치렀다(『논어』에 이르기를, "스승님의 도는 충서로 요약할 수 있다"[31]**).

공자는 젊은 시절 나라의 곡물 창고를 관리하는 위리와 나라의 가축을 관리하는 승전(또는 사직) 등의 말단직에서 일하다가, 마침내 사 계급을 이끄는 위치인 사사士師('leader of the knights')가 되었다.*** 행정에 집착했던 사 계급의 성격상 이 직책은 칼보다는 붓을 휘두르는 자리였을 것이다. 이 시기를 보내며 공자는 꾸준한 자아성찰을 좌우명으로 삼았다.

---

* 『공자세가』에 "공자는 가난하고 지위가 낮았다"는 구절이 나오고 『논어』에 공자가 "나는 젊어서 비천하여 비천한 일을 잘할 수 있다"라고 말하는 대목이 나오는 것을 보면, 공자의 어린 시절은 불우했다고 보는 편이 사실에 가까울 듯하다.

** 夫子之道, 忠恕而已矣.

*** 공자가 사사를 지냈을 것이라 추측하는 의견은 아서 웨일리의 『논어The Analects of Confucius』를 참조.

"배우기만 하고 사색하지 않으면 남는 것이 없다. 사색만 하고 배우지 않으면 오류나 독단에 빠지기 쉽다."[32]****

그러나 공자는 출신의 한계에 부닥쳤다. 노나라 군주를 변화시키고자 했던 그의 시도는 노나라 내부뿐만 아니라 국경 너머까지 영향력을 행사하던 유서 깊은 귀족 가문에 의해 번번이 좌절되었다. 그가 출세하지 못한 또 다른 이유는 직설적이고 비판적인 태도에 있었다. 그는 원칙이 가장 중요하다는 확고한 신념의 소유자로, 막강한 권세를 가진 계손씨 아래에서 일하며 부당한 세금을 걷은 제자를 꾸짖기도 했다.[33] 이후 공자는 제자 양성에 주력했고 점차 현자의 명성을 얻었다. 그러나 『논어』에서 그는 명성은 중요하지 않다고 공언했다. "나를 알아주는 사람이 없음을 걱정하지 않고, 남이 알아줄 만한 사람이 되기를 추구한다."[34]*****

그를 알아주는 사람이 없지는 않았다. 여러 제후국 군주들이 공자의 명성을 듣고 그의 견해를 구했다. 그는 제례 의식, 계보학, 예법, 의례에 조예가 깊은 전문가이자, 고대의 지식을 재해석하여 당대의 문제에 적용할 수 있는 사람으로 이름났다. 그는 양궁, 낚시, 마차 경주를 즐겼으며 비파를 연주했다고 전해진다(그는 인간과 사회가 널리 조화를 이루는 데 음악이 중요한 역할을 한다고 여겼다). 공자는 여러 능력이 조화를 이룬 철학자였으며, 천명을 늘 의식했던 군주들은 그의 말을 경청하고자 했다. 반드시 그 말을 따랐던 것은 아니지만 말이다.

기원전 517년에 공자가 노정공을 따라 망명 생활을 시작했을 때, 그들은 이웃 제나라에 몸을 의탁했다. 통치에 골머리를 앓고 있던 제나라 경

**** 學而不思則罔, 思而不學則殆.
***** 不患莫己知, 求爲可知也.

공이 나라를 다스리는 도리를 묻자, 공자는 간략하게 답했다. "임금은 임금다워야 하고, 신하는 신하다워야 하며, 아비는 아비다워야 하고, 자식은 자식다워야 합니다."* 남의 자리를 넘보지 않고 각자 자신의 분수에 맞게 행동해야 한다는 얘기였다.[35] 그러나 이 조언은 공자의 출세에 별 도움이 되지 않았다. 경공은 곧 공자의 말에 싫증을 내며 더 이상 그의 조언을 들으려 하지 않았다. 미덕이 악덕으로 타락하지 않도록 끊임없는 학습과 수양을 강조했던 공자의 가르침은 통치자에게 너무 높은 기준을 요구했다.[36]

삼환이 실세를 잡고 권력 다툼을 벌이던 노나라에서 왕위 찬탈에 반대하는 공자의 조언이 받아들여지지 않은 것은 안타까운 일이다. 그보다 공자가 삼환에게 이런 조언을 하지 않았던 것이 안타깝다고 해야 할까. 예를 들어 우리는 노정공이 귀국할 때까지 노나라의 실질적인 독재자였던 양호가 공자에게 최소한 한 차례 관직을 제안했으며, 공자가 그것을 거절했다는 사실을 알고 있다. 공자는 왜 젊은 노정공에게 모든 것을 걸었을까? 아마도 그만이 자신의 조언을 받을 자격이 있는 노나라의 적법한 군주라는 단순한 이유였을 것이다. 노나라는 고결한 혈통을 가진 나라였다. 노나라를 세운 군주는 바로 공자가 흠모했던 도덕적인 섭정이자 공자의 '도' 사상, 즉 궁극적으로 백성의 복지와 행복을 극대화하는 방식으로 나라를 통치하는 원리를 구현한 주공 단이다.

공자가 노정공에게 어떤 조언을 했는지는 그의 사상에 대한 전반적인 이해를 바탕으로 짐작할 수 있을 뿐이다. 『논어』에서 공자는 군주는 식량

---

* 　君君 臣臣 父父 子子.

　　　　　　　　　　　　　　1부 축의 시대의 정치

과 군비를 풍족하게 하고, 무엇보다도 백성들의 신뢰를 얻어야 한다고 말했다. 만일 한 가지를 버려야 한다면, 첫째는 군비요, 둘째는 식량이며, 그 이유는 백성의 신뢰를 얻지 못하면 "국가가 존립할 수 없기 때문"이다.[37] 로마 공화국의 그리스 출신 역사가 폴리비오스는 이와 다른 견해를 갖고 있었다. 그에 따르면, 국가 통합을 이루기 위해서는 통치자 그 자체보다 대중이 명예를 부여하고 형벌을 내릴 권리를 갖는 것이 핵심이다. 그것이 "왕국과 국가를 단결시키는 유일한 유대"이기 때문이다.[38]

공자의 사상 체계는 개인의 끊임없는 수신과 성찰이 본인과 타인의 삶, 그리고 역사의 흐름에 커다란 영향을 미칠 수 있음을 특별히 강조한다. 공자 사상의 핵심 개념 중 첫째는 '인仁(사랑, 박애, 어짊)'이다. 『논어』에 109번이나 등장하는 이 단어는 인간이 인간을 대하는 규범을 의미한다.[39] 인은 군주가 백성을 다스리는 법, 가족이 서로를 대하는 법, 그리고 온 국민이 개인적 탐욕을 극복하고 공동체 정신을 함양하는 법에 모두 적용된다. 또한 불요불굴의 도덕적 의지를 통해서만 성취할 수 있는 품성이다.

인과 함께 충忠과 서恕 개념도 중요하다. 『논어』에서 가장 유명한 어구 중 하나는 다음과 같다. 한 제자가 공자에게 사람이 평생 실행할 만한 도리를 묻자 그는 '서'라고 답하면서, "자기가 원하지 않는 일을 남에게 하지 말라"고 하였다.[40] 이는 우리가 떠올릴 수 있는 거의 모든 도덕 체계 및 종교에서 그 나름의 방식으로 설파했던 호혜의 '황금률'이다.

공자는 모든 사람에게 나무랄 데 없이 행동할 것을 요구했지만, 특히 군주의 기준은 더욱 엄격했다. "통치자가 스스로 선을 추구하면 백성들은 곧 선량해질 것이다. 군자의 덕은 바람이요 소인의 덕은 풀이니, 풀은 그 위에 부는 바람을 따라 쓰러지는 법"*이기 때문이다.[41] 그에 따르면, 훌륭한 군주는 세 가지 핵심 개념을 지킬 때 탄생한다. 첫째는 덕德이요, 둘째는 의義요, 셋째는 예禮다.[42] 의 없는 용기는 아무 의미가 없다. "군자가 용맹스럽고 의로움이 없으면 문란한 짓을 하고, 소인이 용맹스럽고 의로움이 없으면 도둑질을 한다."[43]** 만일 의로움과 양립할 수 없다면 삶의 모든 것을—삶 그 자체까지도—거부해야 한다.

'예'는 유교의 다른 덕목과 마찬가지로 평생 갈고닦아야 하는 덕목이다. 오랜 기간 독서와 교육, 자기 수양을 통해 사회적 의례와 전통을 익히고 따름으로써, 단순히 의식을 위한 의식을 치르는 것이 아니라 신념을 갖고 진심을 담아 따르고 행함으로써 통치자는 천명을 얻는다. 한 걸음 더 나아가 공자는 예가 귀족들의 도를 넘는 행위를 교화하고 통제하여 국가 전체에 혜택을 가져올 수 있다고 여겼다.

'예'의 본래 의미는 '제사'였지만, 훗날 그 의미는 관습화된 행동 규범과 관례로 확장된다. 유교 체제 내에서 종교와 행동 규범이 겹치게 된 이유이다. 실제로 중국에서는 공자가 체계화한 사상을 영어권에서 사용하는 '공자주의Confucianism'가 아니라 '유교儒教'라 칭한다. 유교의 '유儒'는 상나라 시대 제관 집단을 그대로 계승한 문관 계급과도 관련이 있다.

그렇다고 해서 공자의 사상을 종교 체계 또는 종교적 신념으로 이해하거나 공자를 종교의 창시자로 보는 것은 잘못된 접근이다. 그의 사상 체계는 하늘의 힘—그리고 하늘이 통치자에게 내리는 천명—이 중시되던 종교적 세계에서 작동했으나, 궁극적으로 인간 세계의 행위 규범에 관한

---

*   子欲善而民善矣. 君子之德, 風; 小人之德, 草. 草, 上之風, 必偃.

**   君子有勇而無義爲亂, 小人有勇而無義爲盜.

내용이다. 따라서 유교는 훌륭한 통치와 폭넓은 사회·정치적 조화를 위한 도덕 및 통치 체제라고 묘사해야 가장 적절할 것이다.

고대 정치체제에 대한 포괄적 접근

공자의 가르침과 정치관을 동시대 아테네와 로마에서 널리 받아들여지던 정치론과 비교한다면 어떤 평가를 내릴 수 있을까? 우선 그가 역사의 중심에서 활약하지 않았다는 점을 감안해야 한다. 그는 볼품없는 추남에다 완고하고 다루기 힘든 잔소리꾼 유형으로, 공부로 세월을 보내다가 말년에야 국정 운영에 참여했다. 공자는 변화를 위한 변화나 입신양명에는 관심이 없었다. 그보다는 당대의 군주들이 주나라 개국 군주들을 본받아 도덕적이고 공명정대하고 합당하게 통치함으로써 시대의 요구에 부응하도록 만드는 것이 그의 관심사였다.

로마에서는 대표단을 보내 아테네의 정치체제를 연구해 오게 했지만, 공자에게는 어느 쪽으로 방향을 틀어야 할지 기준이 되어줄 지시등이 없었다. 대신 그는 과거의 황금기를 재창조하는 것, 다시 말해 중국 역사의 선례에서 국가가 나아갈 길을 보여주는 최선의 답을 추출하여 전달하는 일에 초점을 맞추었다. 그런 의미에서 공자에게 역사란 군주로 하여금 자신의 과오를 깨닫게 하는 거울이다. 공자 본인이 얘기했듯이, 그는 새로운 사상의 창시자가 아니라 과거로부터 전해 내려오는 가장 훌륭한 사상의 전달자였다.

그런 면에서 공자는 기원전 6세기 말엽의 아테네인들과 유사하다. 그들은 '새로운 것'은 일단 의심하고 봤으며, 변화를 시도할 때면 '과거로의 회귀'라는 명분으로 포장하거나 최소한 신들의 허락을 구하는 방식을 취했다.[44] 그러나 공자는 아테네에서 터져 나온 급진적 민주주의 사상과는 거리가 멀었다. 공자의 사상이 귀족 계급이 실세를 장악한 로마의 정체와 맞아떨어지는 부분도 있지만, 그는 왕정을 폐지하고 성립된 로마 공화국의 선거제도와 제한적 임기의 필요성을 납득하지 못했을 것이다. 폴리비오스는 각 사회계급에 일정한 (그러나 과도하지 않은) 권력을 분배하여 견제와 균형을 이루고, 모든 사회 구성원이 체제 유지가 자신에게 더 이득이라고 여기게끔 하는 것이 로마 체제의 강점이라고 보았다. 공자도 사회적 균형—이 경우 하늘과 땅의 우주적 힘 사이의 균형—에 역점을 두기는 했지만, 조건을 걸고 충성심을 확보하는 것이 아니라 모든 이가 자신의 본분을 현명하게 깨닫고 명예롭게 지켜나가도록 이끌었다.

공자의 가르침에 '민주적'인 부분이 전혀 없었다고 보기는 어렵다. 일례로, 공자의 사상은 단지 통치자뿐만 아니라 모든 이에게 똑같이 적용된다. 공자는 백성이 정권의 일탈을 견제하는 데 중요한 역할을 한다고 보았다(실제로 21세기에 유교를 이야기할 때 강조되는 부분이 바로 이 '민주적' 요소다[45]).[46]

그러나 공자는 주로 수신을 위한 개인의 내적 투쟁에 중점을 뒀다. 특히 군주가 올바르게 행동하는 것이 그 무엇보다도 중요했는데, 이는 군주와 그의 인품이 다른 모든 것의 근원을 이루기 때문이다. 이런 사고방식은 중국식 사회적·정치적 계급 제도의 자연스러운 산물이었다. 고대 중국은 늘 강력한 개인이 통치해왔다. 주나라의 권력이 각 제후국으로 분산되는 한편 각 제후국을 다스리는 통치자들도 호시탐탐 권력을 노리는 강력한 귀족 가문에 위협받았던 공자의 시대에도 사회와 정치제도는 강력한 개인들이 이끌고 있었다. 물론 아테네와 로마, 좀 더 넓게 보면 그리스와 이탈리아도 혁명이 일어나기 전에는 중국과 비슷한 상황이었다. 로마는 왕에게서 등을 돌려 왕정을 폐지했고, 아테네는 참주에게서 등을 돌려 참주정을 폐지했다. 두 경우 모두 통치자 개인의 인품이 결정적인 요인으로 작용했다. 로마 왕 세르비우스 툴리우스는 공화국이 전승하고자 했던 많은 업적을 세운 훌륭한 인물로 추앙받지만, '오만왕' 타르퀴니우스 수페르부스는 통치자가 가질 수 있는 단점을 죄다 갖춘 듯했다. 마찬가지로 아테네에서 추방된 참주 히피아스는 극히 잔혹한 통치자라는 평을 받아 마땅한 인물이었다.

그러나 아테네 민주주의의 발달 과정에 (공자가 중시했던 것처럼) 한 사람의 성군이 미덕으로 백성을 교화하는 통치체제가 자리 잡을 여지는 별로 없었다. 아테네에서는 어떤 개인도 권력을 완전히 독점할 수 없었기 때문이다. 아테네는 모든 구성원에 의존했으며, 시민의 3분의 2가량이 적어도 일생에 한 번은 고위 공직을 맡을 것으로 기대되었다. 또한 아테네에서는 수신을 위한 학구적 욕망보다 군사적 능력이나 용기를 더 높이 샀고, 이런 덕목을 갖춘 이들이 명성을 얻었다. 아테네인은 시민 행사, 종교 행사, 의식, 축제 등에서 행해지는 복잡한 공동체 절차를 통해 민주 시민이 되는 법을 배웠다. 이런 공적 행사에 전혀 참여하지 않는 사람은 '나쁜 시민'이었고, 그들에게는 '이디오테스idiotes(공인과 반대되는 사인)'라는 경멸 섞인 이름이 붙었다. 아테네에서 공자와 비슷한 사람을 찾아보자면 소크라테스가 떠오른다. 그도 따지기 좋아하는 잔소리꾼이었던 데다 외모도 남들의 호감을 사지 못했지만, 높은 이상을 품고 자신의 견해를 강하게 설파했던 인물임은 틀림없다. 이 때문에 소크라테스는 공자보다 훨씬 비극적인 운명을 맞이했다. 그가 때 이른 죽음을 맞은 이유 중

적어도 일부분은 그의 끊임없는 비판에 아테네인들이 질려버렸기 때문이다.

아테네 민주주의의 전성기가 막을 내리고 권력의 축이 마케도니아의 필리포스 2세나 알렉산드로스 대왕 같은 독재적 군주에게로 다시 옮겨간 기원전 4세기 말이 되어서야 그리스에서 개인의 중요성과 개인적 특성을 강조하는 경향이 부활한다. 플라톤이나 아리스토텔레스 같은 철학자들은 이상적인 개인상, 그중에서도 '공명정대한 통치자'상에 관심을 가졌으며, 직접 정계에 발을 담그는 것도 마다하지 않았다(플라톤은 시라쿠사의 디오니소스 1세와 디오니소스 2세를 더 나은 왕으로 교육하려는 야심을 품고 시칠리아를 거듭 방문했지만 안타깝게도 성공하지 못했다). 정치철학자 이소크라테스는 마케도니아의 필리포스 2세에게 그리스에 절실히 필요한 왕이 되기를 기대하고 기도하고 촉구하는 공개 서한을 보내기도 했다.[47]

마찬가지로, 로마 사회에서 중시했던 미덕과 공자가 꼽은 훌륭한 군주의 자질이 겹치는 부분도 많지만(예를 들어 '인'은 후마니타스humanitas, '덕'은 디그니타스dignitas, '의'는 아욱토리타스auctoritas와 놀라울 정도로 흡사하다), 로마 공화국의 지도자들에게는 끊임없는 금욕적 수양이 강조되지 않았다. 포플리콜라와 같은 공화국 초기의 핵심 인물들은 권력에 집착한다는 오해를 받고 사람들의 불신을 샀다. 포플리콜라는 자신의 저택에 불을 지르고 시민에게 복종하는 자세를 취했기 때문에 '시민들의 친구'가 되었던 것이지, 검약하고 성실하게 수신해서 명성을 얻은 것은 아니다. 밭 갈던 쟁기를 내려놓고 로마를 위해 임시 독재관의 자리에 올랐던 전설적 킨키나투스도 권력을 장악할 기회를 거부하고 물러났기 때문에 존경받았던 것이지, 공정하고 도덕적인 방식으로 통치했기 때문이 아니다.

로마 공화국에서 개인의 도덕성, 공정함, 학습, 고결함의 중요성이 다시 대두되는 것은 원로원 의원 소小카토 같은 비판자들이 당시 지도층에 만연한 도덕성 부재를 한탄한 공화국 말기에 이르러서다. 이런 경향은 공자 시대의 중국과 유사한 방식으로 국가를 통치한 로마 제정 시대까지 지속되었다. 이 시기의 로마와 그리스 저작에서는 품성의 중요성과 통치자의 결함이 드러날 때(대표적인 예로 네로 황제처럼)의 위험을 논하기 시작했다.

공자는 당대 군주들에게 외면당했다. 전쟁의 위협이 상존하던 난세에 군주 개인에게 엄청난 노력을 요구하는 해결책이—직설적으로 설파되었을 때—호응을 얻지 못한 것도 무리는 아니다.

노정공을 교육하려는 공자의 시도가 80명의 미녀를 이용한 계략에 의해 좌절된 후, 그는 몇몇 제자들을 대동하고 전쟁으로 피폐해진 동주 땅을 가로질러 두 번째 망명길에 나섰다. 첫 번째 목적지는 위나라 영공의 왕실이었으나, 그곳에서도 그의 가르침은 환영받지 못했다. 그 후 공자는 주나라의 여러 제후국들—초나라, 정나라, 위나라, 포나라, 채나라, 조나라—을 떠돌며 유세했다.[48] 공자가 자처한 두 번째 망명 기간은 대략 한 세기 전 솔론이 아테네를 떠나 있었던 햇수와 비슷하다. 일종의 도덕적 균형과 정의의 성취를 찬미했던, 그리고 아마 공자도 마음에 들어 했을 시를 남긴 솔론은 결과적으로 생전에 공자보다 훨씬 큰 보상을 받았다. 그가 아테네를 떠나 있던 시기에도 여러 나라의 사회 지도층이 솔론에게 조언을 구했다. 그는 지중해 연안, 이집트, 키프로스 문헌에 등장하며, 리디아 왕 크로이소스에게 부가 행복을 가져오지는 않는다는 조언을 하기도 했다. 그러나 솔론도 사람들이 현자의 조언을 따르는 경우가 극히 드물며, 설사 그럴 의지가 있더라도 불완전하게 수용할 뿐이라는 현실을 깨닫게 된다.

자격 미달의 통치자들에게 협력한다는 비판에 공자가 보인 반응이 『논어』에 남아 있다. 인생이 제대로 풀리지 않는 것에 대한 비통함과 지조를 지키지 못한 것에 대한 씁쓸함이 드러나는 대목이다.

> "옛날에 선생님께서는 '군자는 선하지 않은 짓을 하는 자들 틈에 들어가지 않는다'라고 하셨습니다. … 선생님께서 필힐佛肸에게 가시겠다니 어찌 된 일입니까?"
>
> 공자가 대답했다. "그렇다. 내 그런 말을 한 적이 있다. 그렇지만 단단하면 갈아도 닳지 않는다고 하지 않더냐? 희면 검은 물이 들지 않는다고 하지 않더냐? 내가 아무도 따먹지 못하는 박처럼 매달려 있어야 되겠느냐?"[49]*

공자는 69세의 나이로 10년간의 망명을 접고 제자들과 함께 노나라로 돌아갔다. 노나라에 남아 새로 즉위한 애공의 총애를 받게 된 제자가 손을 써준 덕분이었다. 그러나 공자는 귀국 후 관직에 오르지는 못했다. 마지못해 그를 받아들인 조정에서는 그의 가르침을 계속 무시했고, 얼마 지나지 않아 아끼던 제자 두 명과 아들이 세상을 떴다.

공자는 말년에 후학 양성에 힘썼다. 그는 중국 역사상 최초로 사학을 창립했으며, 이는 그때까지 귀족의 전유물이었던 교육을 신분과 무관하

---

* "昔者, 由也聞諸夫子曰: '親於其身爲不善者, 君子不入也.' 佛肸以中牟畔, 子之往也如之何?" 子曰: "然. 有是言也. 不曰: '堅乎磨而不磷'? 不曰: '白乎涅而不緇'? 吾豈匏瓜也哉! 焉能繫而不食?

게 누구에게나 열어주었다는 점에서 획기적이었다. 『논어』에서 공자는 이렇게 말한다. "최소한의 성의를 보인 사람이면 누구에게나 가르침을 주었다."[50]** 공자는 아테네가 페르시아의 침략을 물리치고 민주주의 실험을 성공시켰던 기원전 479년에 세상을 떴다. 얼마 남지 않은 제자들이 그의 무덤 곁에 초가를 짓고 삼년상을 치렀다. 공자의 생애를 가장 잘 요약한 구절이 『논어』에 남아 있다. 한 문지기가 공자가 보낸 제자에게 이렇게 말한다. "공자? 안 될 줄 뻔히 알면서도 해보겠다는 그 사람 말인가?"[51]***

제자백가

공자는 어떻게 역사에 이름을 남길 수 있었을까? 당대 권력자들이 가까이 두기를 꺼려해 천하를 주유해야 했으며, 말년에는 학비로 육포 따위를 받으며 선생 노릇을 하다 생을 마감한 인물이 아닌가. 게다가 공자는 당시 제후국 군주와 조정을 설득하고자 노력하던 수많은 인재 중 하나에 불과했다. 춘추전국이라는 난세는 어떻게 사회를 발전시킬 것인지에 대한 '사상의 시장'을 창조했고, 수많은 사상가들이 출현하여 같은 문제에 대한 서로 다른 답을 내놓았다. 공자가 특유의 도 이론을 설파하고 있을 때 다른 쪽에서는 '무위이위, 무위이치, 무위자연' 사상을 강조한 전혀 다른 도 개념이 형성되었다. 도가로 알려진 이런 접근 방식을 구체화한 주요 문헌은 『도덕경道德經』이다.[52] 후대 기록에 따르면 이 문헌의 저자는 노자다.

**　　自行束脩以上, 吳未嘗無誨焉.
***　　是知其不可而爲之者與?

오늘날 대부분의 학자들은 노자가 실존 인물이 아니라는 데 동의한다.[53] 노자는 사람의 이름이 아니라 '나이 든 또는 공경할 만한 스승'을 뜻하며, 노자가 단독으로 집필했다고 알려진 『도덕경』은 사실 여러 명이 장기간에 걸쳐 집필한 공저다. 후대의 기록들은 노자와 공자가 서로 상반된 견해를 주장하며 치열하게 경쟁한 것으로 묘사한다. 사회 운영에 대한 두 사상의 견해차를 한마디로 요약하면, 유교는 사람이 도, 즉 세계에 영향을 미친다고 주장했던 반면 도교는 사람이 도를 따라야 한다고 주장했다. 일부 도교 고전에서는 공자를 노자의 문하에서 공부했던 제자, 혹은 도덕적 의무 같은 헛소리로 통치자를 현혹시키는 사기꾼으로 묘사하기도 한다.[54] 유가와 도가 사상의 경쟁은 두 사람(한 사람의 실존 인물과 한 사람의 가상 인물)이 세상을 떠난 후에도 오랫동안 계속되었다.

노자가 당시 사상계에서 공자의 유일한 경쟁자였던 것도 아니다. 공자와 시대가 겹치는 또 다른 인물로 묵자가 있다. 그는 공자가 중시했던 의례나 음악이 시간 낭비에 불과하다고 주장하며 검약과 절제, 간소화를 강조했다. 성공을 무엇보다 중시했던 병가도 자신의 사상을 소리 높여 주장했다. 또한 과거의 선례나 역사적 사례에 의지하기보다는 논쟁을 통해 답을 내야 한다고 주장했던 명가도 있다.[55] 춘추시대와 이후 도래한 극심한 패권 투쟁의 시기인 전국시대(통일 왕조 진나라의 등장으로 종식된다)라는 백가쟁명의 상황에서, 공자의 가르침은 이 시기에 등장한 여러 사상가와 학파 중 하나에 불과했다.[56]

초기에 단지 몇몇 제자들에 의해 명맥을 이어가던 공자의 가르침은 훗날 새로운 해석가와 대변자를 만나면서 확장된다. 플라톤과 아리스토텔레스가 정의로운 통치자라는 개념을 논하던 기원전 4세기에, 중국에서는 공자를 사숙하고 후계자를 자처한 맹자가 등장했다.

맹자는 공자와 마찬가지로 제자를 거느렸으며,.남아 있던 공자의 어록을 모아 『논어』로 집대성하는 작업에 기여한 인물로 여겨지기도 한다. 맹자는 이렇게 단언했다. "세상에 사람이 생겨난 이래 공자만 한 분은 없었다."[57]* 맹자는 공자의 가르침을 보존하는 것에서 한 걸음 더 나아가 그의 가르침을 정립하여 자신만의 사상으로 발전시켰다. 맹자의 저서는 그때까지 대체로 소극적인 태도(조언을 청하기를 기다리고 선택받지 못하면 망명길에 오르는)를 취했던 유가가 백성을 교육하는 적극적인 사회적 역할을 담당하도록 발전시켰다(말년에 모두에게 문을 열어놓고 가르침을 주었던 공자의 노력을 잘 반영한다고 할 수 있다).

맹자는 의사결정 과정에서 백성의 역할을 중시했다. 공자는 대중의 견해가 반영되어야 한다고 주장하지 않았으나, 맹자는 "백성이 나라에서 가장 귀중하다. 사직이 그다음이며, 군주는 가벼운 존재다"**라고 했다. 민중의 손에 명예와 처벌을 내릴 권한을 부여한 것이 로마 공화국의 성공 요인이라고 평가한 폴리비오스의 견해와 유사하다.[58]

유교의 가장 큰 경쟁 상대는 상앙이 싹을 틔우고 기원전 3세기에 한비가 본격적인 통치 철학으로 발전시킨 법가였다.[59] 위나라 출신 상앙은 주나라 서쪽 변방의 작은 후진국에 불과했던 진나라의 군주에게 중용되었다. 상앙과 한비의 철학은 부국강병을 이루는 데 필요한 모든 권력을 국가에 부여해야 하며, 국가의 이해관계가 윤리적·도덕적 문제보다 중요하다고 주장했다. 그 일환으로 포괄적인 법률을 마련하고 법을 어긴 자

---

*　　自有生民以來, 未有孔子也.
**　　民爲貴, 社稷次之, 君爲輕.

에 대한 형벌 체계가 갖춰져야 한다고 믿었다. 유교처럼 이상화된 과거에 의존하거나 공정하고 현명한 통치자가 백성에 모범을 보이는 데 연연하는 대신 법가는 모든 이의 삶의 방식을 법으로 규제하고자 했다.

약육강식의 힘의 논리가 지배하는 전국시대, 군주들의 곁에는 전국을 떠돌며 다양한 통치 철학을 제공하는 사상가들이 있었다. 마치 신기하고 새로운 것들이 놀라운 속도로 번식하는 배양기처럼, 전국시대 제후국들은 살아남기 위해, 그리고 승자로 부상하기 위해 제자백가의 인재를 적극적으로 등용했다. 상앙과 한비의 법가는 진나라가 전국칠웅을 통합하고 천하를 제패하는 데 결정적으로 기여했다. 법가의 눈부신 성공은 한때 유교의 전승에 커다란 위협으로 작용하기도 했으나, 세월이 흐르면서 결국 유교는 반대 세력을 극복하고 중국에서 가장 영향력 있는 사상으로 도약하게 된다.

1부 축의 시대의 정치

맺음말

카를 야스퍼스가 '축의 시대'라는 개념을 선보인 이래, 일부 학자들은 사유의 원형이 형성된 이 시대의 다양한 고대 문명 사이에 과연 어느 정도의 통일성이 존재하는가라는 의문을 제기해왔다. 가장 최근의 예로는, 실제로 관찰 가능한 유일한 '통일성'은 동양과 서양 사상의 **다양성**뿐이라는 의견을 피력했던 이언 모리스가 있다.[1] 하지만 그런 그도 기원전 첫 번째 밀레니엄 중반에 어떤 흔치 않은 사건이 **발생했으며**, 이런 변화가 여러 고대 사회에서 동시에 진행되었다는 점을 인정한다. 모리스는 지난 수천 년간의 인류 역사에서 대체로 문명의 확장이 유발한 혼란이 해당 문명의 붕괴를 초래할 때 역사의 '전환점'이 도래했다고 분석한다. 그런데 지금까지 우리가 다룬 시기는 사회 혼란이 사회 붕괴로 이어지지 **않았다**는 점에서 특별하다. 다시 말해서, 모리스의 표현을 빌리면 이 시기는 '역사가 전환하지 않았기' 때문에 역사의 전환점이다.[2] 이 시기 고대 사회들은 계속 진화하며 그들이 초래한 혼란을 극복해나갔다.

이것이 가능했던 이유는 이 시대에 1부에서 살펴본 것처럼 인간과 사회의 관계에 대한 근본적인 재검토가 이루어졌기 때문이다. 이 시기에 탄생한 정치혁명과 정치철학이 고대 사회가 직면했던 문제에 대응하고 한발 앞서 나가는 데 중추적인 역할을 했음은 의심의 여지가 없다. 아테네, 로마, 그리고 중국 노나라는 몇 차례의 대내적 사회 변혁과 대외적 전쟁을 경험하면서 몇몇 인물의 주도하에 국가 구성원들의 요구를 조율하고 외부의 위협으로부터 공동체를 방어할 수 있는 정치적 대안을 모색했다. 그 결과 세 나라에서 각각 새로운 정치 이데올로기가 출현했다. 세 이데올로기 모두 그 시작은 미약했고, 세월이 흐르면서 수정되었으며, 대부분 후대의 기록을 통해 알려졌다. 일부 기록은 서로 다른 혁명의 역사를 연결하여 기술하고자 했으며, 후대의 모든 기록은 기록 당시의 정치적 과제와 우선순위를 반영하여 역사적 사건의 배경과 탄생, 발전 과정을 각색하여 기술했다. 물론 역사란 원래 그런 것이다. 다만, 축의 시대에 등장한 정치적 이상이 오늘날까지 살아남아 우리의 삶에 여전히 커다란 영향을 미치고 있음을 감안할 때, 우리가 당연시하는 체제들에 내재한 불확실성과 취약성을 분명히 인식할 필요가 있다.

운명의 장난을 강조하는 고대 그리스 로마 역사에서 내가 가장 좋아하는 이야기 중 하나는 헤로도토스의 『역사』에 등장하는 이른바 '페르시아 논쟁'이다.[3] 반란을 진압한 (장래 페르시아의 왕 다리우스를 포함한) 페르시아의 지도자들은 장차 어떤 정치체제를 도입하여 제국을 이끌어나갈 것인지를 두고 토론을 벌였다. 한 사람(다리우스)은 군주정을, 다른 사람은 과두정을 주장했으며, 또 한 사람은 민주정을 제안했다(민주정의 타락을 경험한 헤로도토스 시대의 그리스 독자들은 이 주장이 완전히 시대착오적이었다고 여겼을 것이다). 논쟁은 군주정으로 결론이 났으나, 누가 왕이 되어야 할지에 대해서는 합의를 보지 못했다. 결국 그들은 이 문제를 운명과 신들에게 맡기기로 하고, 동이 튼 후 처음으로 우는 말의 주인이 왕좌를 차지하기로 했다. 다리우스는 부하를 시켜 말이 가장 좋아하는 암말의 생식기를 손으로 문지르다가 해가 뜨면 말의 코에 손을 갖다 대도록 하는 간계를 썼다. 과연 말은 흥분하여 울음을 내질렀고, 그렇게 다리우스가 왕위에 올랐다. 헤로도토스의 이야기를 접한 그리스인들은 페르시아의 왕좌가 속임수로 결정되었다는 대목에서 커다란 즐거움을 느꼈을 것이다. 그러나 '페르시아 논쟁'은 우리에게 더 큰 교훈을 제공한다. 헤로도토스나 고대 그리스 독자들은 외면하고 싶었을지 몰라도, 속임수와 운명의 장난이 모든 사회에서 결정적인 역할을 했다는 사실 말이다.

오늘날 우리는 혁명적 열의를 젊음과 결부하는 경향이 있으며, 이런 기준에서 볼 때 클레이스테네스나 공자는 다소 노쇠한 인물로 비칠 수도 있다. 왕에 맞서 로마 시민들을 이끌었던 루키우스 유니우스 브루투스는 30대 중반으로 비교적 젊었다. 하지만 1부에 등장한 핵심 인물들 중에서 오직 공자만이 자신의 목표를 분명히 알고 있었다. 로마와 아테네는 대체로 자신들이 '원하지 않는 것'만을 알았을 뿐이다. 그러나 개혁 사상이 즉각 현실화된 곳은 로마와 아테네다. 생전의 공자는 겨우 소수의 제자들에게만 영향을 미쳤을 뿐이다.

지금까지 대체로 유사한 문제와 상황에서 촉발된 세 가지 정치적 변화가 세 가지 매우 이질적인 통치 형태로 이어졌음을 살펴보았다. 직접민주주의, '혼합정체', 그리고 공자가 주창한 수기치인의 덕목을 갖춘 공정하고 현명한 군주가 모든 이를 다스리는 왕정이 그것이다. 서로 다른 도전에 직면했던 사회에서 등장한 서로 다른 성격의 이 세 체제의 차이점은 명백하다. 하지만 더욱 흥미로운 것은 세 체제의 공통점이다. 공자, 로마인들, 그리고 아테네인들도(기원전 4세기 이후) 솔론처럼 책임을 동등하게까지는 아니더라도 자격에 따라 적절하게 배분했던 통치자, 즉 국가를 믿고 맡길 수 있는 개인의 필요성과 중요성에 동의했다.

고대와 현대 역사가들은 정치체제의 형성은 각 도시가 경험한 흥망성쇠와 밀접한 관련이 있다고 본다. 헤로도토스는 아테네가 기원전 6세기 말 이후 다른 그리스 도시국가들(그리고 이후 페르시아)보다 군사적 우위에 설 수 있었던 것은 모든 이가 동등한 참여권을 갖는 새로운 정치체제를 수호하려는 시민들의 결의와 직접적인 관련이 있다고 분석했다. 최근 조시 오버는—외국인의 기술과 능력을 활용할 줄 알았던 아테네의 역량과 함께—솔론 시대 이후 아테네의 정치체제 변화는 상품의 거래와 지식 교환을 촉진했고, 그 결과 아테네는 지속적인 혁신과 지식 축적, 그에 따른 경제 성장을 통해 기원전 6세기에 다른 그리스 도시들을 앞서 나아갈 수 있었다고 주장했다.[4]

기원전 첫 밀레니엄이 막을 내리기 전에 아테네, 로마, 중국은 모두 단독 통치자의 권력 장악을 목도한다. 아테네에서 민주주의가 출현한 지 두 세기가량 지난 후, 아테네를 포함한 그리스 전체는 마케도니아의 필리포스 2세, 알렉산드로스 대왕, 그리고 이후 헬레니즘 왕조의 지배하에 들어갔다. 로마는 폴리비오스가 이상적 형태로 여겼던 혼합정체를 기반으로 하여 기원전 2세기 초에 지중해(와 그리스)를 장악했으나, 정치적 균형이 무너지면서 내전 끝에 다시 제정이 이어졌다. 중국에서는 계속해서

한 사람의 단독 통치가 이어졌으며, 로마 공화국이 지중해의 패권을 장악했던 것과 같은 시기에 진나라가 나머지 제후국을 정복하고 새 왕조와 새 시대를 열었다.

이제 기원전 3~2세기로 무대를 옮길 시간이다. 이 시기에는 새로운 세대의 젊은 군사령관들이 출현하여 전쟁을 주도하면서 고대 세계의 지도를 다시 그렸다. 1부에서 정치체제와 사회구조의 재정립이 각 공동체 사이의 관계(예를 들어 로마와 아테네의 관계) 및 인간과 신의 관계(예를 들어 로마, 아테네, 중국에서 정치적 변화를 뒷받침하는 신의 승인에 의지했던 것)에 영향을 미친 과정을 다뤘듯이, 2부에서는 이 지역에서 만개한 정치체제가 지정학적 조건의 재조정 시대를 맞아 어떻게 발달하였는지 살펴볼 예정이다.

로마가 지중해의 강자로 부상한 시대를 살았던 폴리비오스는 로마의 정치체제가 어떤 방식으로 로마의 성공에 기여했는지 분석했다. 법가 사상을 도입한 진나라가 천하 통일의 위업을 이뤘던 중국에서 유가 사상은 소멸될 위기에 처했다. 병사들의 행군 소리와 유목 민족의 말발굽 소리가 고대 사회 전역에 울려 퍼지던, 그리고 정치사상을 두고 계속되는 논쟁이 벌어지던 이 시기는 지중해 내부와 소아시아와 중앙아시아 사이, 그리고 중앙아시아와 인도, 중국 사이의 연결성이 확립된 역사적 순간이기도 하다. 전쟁의 시대에 각국의 통치자들은 점점 더 넓은 영역에서 펼쳐지는 여러 인물들의 책략과 계획을 계산에 넣어야 했다. 그뿐만 아니라, 이 시대에 드디어 동양과 서양이 중앙아시아 한가운데에서 만났고, 양쪽을 가로지르는 영구적인 네트워크가 생성되었다.

전쟁과 변화하는 세계

연대표

기원전 323년   알렉산드로스 대왕, 바빌론에서 사망.

기원전 300년경   셀레우코스 대사인 메가스테네스, 찬드라굽타 마우리아의 수도 파탈리푸트라로 파견.

기원전 281년   에페소스의 피로스, 이탈리아 침략.

기원전 280년   셀레우코스 왕 안티오코스 1세, 아이 하눔을 건설.

기원전 268년   인도 마우리아왕조, 아소카 대왕 즉위.

기원전 264년   로마와 카르타고, 제1차 포에니전쟁 시작.

기원전 256년   진나라 군대가 동주의 도읍 낙읍을 함락, 주나라 멸망.

기원전 250년   셀레우코스제국의 사트라프 디오도토스가 안티오코스 1세에 반기를 들고 중앙아시아에서 그리스-박트리아왕국을 건국.

기원전 247년   한니발 태어남.

기원전 241년   로마 해군, 아에가테스제도 해전에서 승리하며 제1차 포에니전쟁 종전.

기원전 232년   마우리아제국의 아소카 대왕 사망.

기원전 229년   카르타고의 장군이자 한니발의 아버지인 하밀카르 바르카 사망.

기원전 223년   안티오코스 3세, 셀레우코스제국의 황제로 즉위.

기원전 221년   마케도니아, 필리포스 5세가 공식적으로 실권을 장악.
진시황제가 전국칠웅을 제패하고 중국 통일.
에우티데모스, 디오도토스 2세를 축출하고 박트리아 왕으로 즉위.

기원전 218년   진시황제, 국경 방어를 위해 기존의 장성을 보강한 만리장성 축조.
제2차 포에니전쟁 발발. 한니발이 군대를 이끌고 피레네산맥과 알프스산맥을 넘다.

기원전 217년   한니발, 트라시메노호 전투에서 가이우스 플라미니우스가 이끄는 로마군 격퇴.
이집트 프톨레마이오스 4세, 라피아에서 셀레우코스 왕 안티오코스 3세를 상대로 승리.

기원전 216년	한니발, 칸나에 전투에서 로마군 대파.
기원전 215년	필리포스 5세, 한니발과 동맹.
기원전 213년	중국의 '분서' 사건.
기원전 212년	안티오코스 3세, 박트리아왕국을 향해 동진.
기원전 210년	진시황제 사망, 병마용과 함께 매장.
기원전 208년	안티오코스 3세, 박트리아 왕 에우티데모스를 상대로 아리우스(하리)강 전투에서 승리.
기원전 206년	안티오코스 3세, 그리스-박트리아왕국과 에우티데모스왕조를 인정. 중국 진나라 붕괴, 내전의 시작.
기원전 205년	로마 장군 스키피오 아프리카누스, 아프리카의 카르타고 본토를 공격하여 승리.
기원전 203년	안티오코스 3세가 필리포스 5세와 이집트 분할 조약에 조인.
기원전 202년	스키피오 아프리카누스, 자마 전투에서 한니발을 상대로 승리하며 제2차 포에니전쟁 종전. 유방, 항우를 무찌르고 한나라 건국.
기원전 200년	한고조, 흉노족 선우 묵특과 평화조약 체결. 박트리아에서 데메트리오스 1세 즉위.
기원전 197년	로마, 키노스케팔라이 전투에서 필리포스 5세를 격파. 한니발, 카르타고를 떠나 티레로 망명.
기원전 196년	티투스 플라미니누스, 로마에서 승전식 거행. 안티오코스 3세, 헬레스폰트해협을 도해. 한고조, 유가 사상을 반영한 칙령 선포.
기원전 195년	한고조 사망. 여태후가 정권 장악.
기원전 192년	로마, 안티오코스 3세와 한니발의 진군에 맞서기 위해 그리스로 군대를 파병.
기원전 190년	소아시아로 밀려난 안티오코스 3세, 마그네시아에서 로마군에 패배.
기원전 187년	안티오코스 3세 사망.
기원전 185년	인도 마우리아왕조 공식적으로 해체.
기원전 183~182년	스키피오 아프리카누스와 한니발 사망.

기원전 176년	흉노에 패한 월지가 서쪽으로 이주.
기원전 145년	사카족(스키타이인), 아이 하눔을 점령.
기원전 141년	한무제 즉위. 영토 확장의 시대를 열다.
기원전 126년	대사 장건, 서역을 10년간 탐사한 후 귀국하여 무제에게 보고.

머리말

그들은 생전 처음 보는 풍경을 마주했다. 가파른 산봉우리를 휘감은 눈보라 속에서 고갯길을 따라 휘몰아치는 매서운 칼바람을 맞으며, 카르타고군 사령관 한니발은 알프스산맥 고지에 집결한 병사들 앞에 섰다. 그는 손을 들어 탁 트인 풍경을 가리켰다. 여러 날 동안 깎아지른 암벽과 빙벽, 눈보라를 뚫고 나온 그들 앞에 마침내 탈출구가, 낙원이, 그리고 로마의 땅이 모습을 드러냈다.

험준한 알프스산맥 아래로 포강이 흐르는 이탈리아 북부의 푸르고 비옥한 평원이 펼쳐졌다. 알프스를 넘는 동안 병사들은 동상에 시달리며 수없이 많은 전우를 잃었다. 쓰러진 이들의 시체는 곧 얼어붙었고, 눈에 덮여 자취를 감추었다. 무사히 산맥을 넘어온 병사들은 이제 넉넉한 식량과 말들을 먹일 목초지를 확보할 수 있게 되었다.

한니발은 마지막으로 한 번만 더 기운내서 전진하면 이 추위와 고생도 끝이라고 병사들을 독려했다. 그리고 저 평화로운 엘리시움(천국) 너머에 그들의 최종 목표인 로마가 있음을 상기시켰다. 그는 평원에 도달하면 최근에 로마에 정복당한 갈리아족이 카르타고군을 두 팔 벌려 환영할 것이라고 장담했다. 얼어붙은 알프스에서 벗어나 휴식의 땅에 도달하려는 갈망, 그리고 로마와의 대결이라는 궁극적 목표에 고무된 병사들은 하산을 준비했다.

*

기원전 218년 11월 군대를 이끌고 알프스를 넘은 한니발의 위대한 원정은 후대인들의 마음을 사로잡았으며, 역사상 가장 유명한 군사작전 중 하나로 남았다. 이 원정은 웰링턴과 나폴레옹 같은 장군뿐만 아니라(나폴레옹은 아예 이와 비슷한 모험을 감행했다) 고야, 푸생, 터너 같은 예술가에게도 용기와 불굴의 정신으로 역경을 이겨낸 사례로 영감을 주었다. 더욱 놀라운 것은 당시 한니발의 나이가 갓 서른 살에 불과했다는 점이다. 지금 그가 향하고 있는 도시에서 과거 브루투스가 로마 왕에 맞서 혁명의 불을 지폈던 때보다도 훨씬 더 젊은 나이였다.

한니발의 원정은 궁극적으로 지중해의 주인을 결정하게 될 일련의 사건을 촉발하게 된다. 한니발의 용맹은 의심할 여지가 없지만, 그럼에도 그가 활동했던 시대의 맥락을 함께 고려해야 한다. 그는 강대국 간의 세력 균형을 바꿔놓고, 글로벌 공동체 관계의 성격과 균형을 재정의한 소수 집단의 활동을 잘 보여주는 예이다. 기원전 3세기 말부터 기원전 2세기 중반까지는 지중해에서 중앙아시아를 거쳐 중국에 이르는 '고대 세계'에서 대부분 젊은이로 구성된 일단의 통치자들과 장군들이 국경을 다시 굿고, 새로운 영토를 개척하고, 생존을 보장하기 위해 행군하고 항해하고 전투를 벌이고, 계략을 꾸미고, 통치하고, 목숨을 잃던 파란만장한 역사의 한 시기였다.

이 시기가 글로벌 고대사의 관점에서 특히 중요한 이유는 각국 통치자의 행위가 그들의 운명뿐만 아니라 서로의 계획, 결정, 성취에 점점 더 큰 영향을 미쳤기 때문이다. 이 시대 통치자들은 전투를 알리는 나팔 소리와 행군하는 병사들을 앞세워 연결된 세상을 구축해나갔다. 그 결과 한니발이 알프스를 넘은 지 고작 80년 만에 지중해와 중국, 동서양의 두 세계가 처음으로 만나게 된다. 이 순간부터 고대 세계는 모든 개별 행동이 전체에 영향을 미치는 체스판 같은 성격을 띠게 되었다.

알프스산맥의 마지막 고비를 앞두고 한니발의 연설을 듣던 병사들은 이 지중해 분쟁에 걸린 이해관계와 이곳에 도달하기까지 견뎌야 했던 고생을 곱씹을 시간이 충분했다. 그들은 지난 이틀간 정상 부근에 진을 치고 기다랗게 꼬리를 문 낙오자들의 행렬이 도착하기를 기다렸다. 그들은 지난 아흐레 동안 사방에서 몰려드는 극한의 추위 속에서 알프스 고갯길을 따라 더디게 전진했다. 한니발의 군대는 그리스 영웅 헤라클레스 이래 최초로 알프스를 넘은 부대로 일컬어진다. 전설에 따르면, 헤라클레스는 알프스를 지나며 길을 가로막는 산악 부족을 격퇴하고 병사와 보급품 수송대가 지나갈 길을 냈다.[1] 그러나 한니발군이 알프스산맥 깊숙이 진입할수록 산길은 협소해졌고, 과거 헤라클레스가 무찔렀던 산악 부족의 후손들이 다시 출몰하여 그들을 괴롭혔다.

기원전 218년 초여름 스페인 남부 기지에서 출병한 이래, 한니발의 군세는 격감했다. 출병 당시 그들은 보병 9만 명, 기병 1만 2,000명, 그리고 코끼리 37마리에 달하는 대부대였다.[2] 하지만 일부는 스페인 북부를 점령한 로마군을 상대하도록 남겨두어야 했고, 일부는 해산시켰으며, 더 많은 수의 병사가 탈영했다. 피레네산맥을 넘는 과정에서도 사상자가 속출했다. 갈리아 지방에 진입하여 오늘날 프랑스를 가로지르는 론강으로 향할 때는 규모가 보병 5만 명과 기병 9,000명으로 줄어 있었다. 다행히 코끼리 부대는 건재했다.[3]

마침내 알프스산맥 기슭에 도달했을 때, 병사들의 동요를 감지한 한니발은 주저하는 그들에게 호통쳤다. 우리는 스페인을 정복한 위대한 카르타고군이 아닌가? 피레네산맥도 넘지 않았던가? 얼마 전 갈리아를 제압했고, 코끼리와 함께 론강의 거친 물살을 헤치고 건너오지 아니했던가? 저 너머에서 우리를 기다리는 동맹 부족이 보낸 사절단도 지금 우리 앞에 놓인 이 길을 지나왔다. 저 앞에 로마라는 커다란 보상이 기다리고 있는데 어떤 어려움을 견디지 못할쏘냐![4]

한니발군이 알프스 등반을 시작한 것은 11월 초순이었다.

*

한니발의 전설적인 이탈리아 원정과 이후 벌어진 전투를 다룬 카르타고 측 기록은 전혀 남아 있지 않다.[5] 폴리비오스는 (지금은 소실되고 없는) 당대 그리스의 기록 2개를 언급하면서 "이발소에서나 들을 수 있는 평민들의 가십거리"라고 일축했다.[6] 반면 자신은 직접 해당 지역을 답사하고 한니발의 루트를 따라 여행하여 정확성을 기했다고 주장했다.[7]

로마의 혁명과 공화국체제로의 전환을 다룬 가장 오래된 기록 가운데 하나를 남긴 폴리비오스는 정치와 전쟁의 역사, 그중에서도 "로마가 어떻게, 그리고 어떤 정치체제하에서 53년 만에 문명 세계 대부분의 지역을 지배하는 역사상 유일무이한 성취를 이룰 수 있었는지"를 예리하게 분석했다.[8] 그는 로마의 성공이 지리적으로 유리한 입지나 풍부한 자원을 보유한 것 외에도, 거의 3세기에 걸친 대외 분쟁 및 파트리키와 플레브스 간의 내부 갈등을 통해 형성된 균형 잡힌 혼합정체 덕분이라고 보았다.[9] 폴리비오스는 한니발의 로마 원정 이야기를 잠시 멈추고 "한니발 전쟁* 당시 절정에 달했던, 그리고 완벽에 가까웠던" 로마의 정체에 관해 자세히 논한다.[10]

로마인 최초로 공화국의 기원을 (그리스어로) 쓴 퀸투스 파비우스 픽토르는 한니발전쟁에 참전했던 군인이다. 그로부터 약 200년 후에 로마 역사를 저술한 리비우스는 한니발의 침략으로 인해 로마가 직면했던 위기를 다루는 데 집중했으며, 로마군의 역사를 기록한 아피아노스를 비롯한 다른 후대 역사가들도 마찬가지였다.

그러나 이런 중요한 자료들에도 불구하고, 오늘날 알려진 6개의 알프스 등반로 중에서 한니발이 어떤 길을 택했는지는 정확히 밝혀지지 않았다. 우리는 한니발군의 길게 늘어선 수송대가 등반 첫날 매복하고 있던 알로브로게스족(갈리아족)의 습격을 받았지만 뛰어난 지략으로 그들을 물리쳤다는 사실을 안다. 하지만 한니발과 병사들이 더 이상의 습격 없이 알프스를 넘었다고 생각한다면 큰 오산이다. 물자를 가득 실은 보급대는 알로브로게스족에게 너무나 큰 유혹이었다.

그로부터 7일 동안 카르타고군은 측면에서 이어진 맹공격에 시달렸

---

* 폴리비오스는 제2차 포에니전쟁을 이렇게 불렀다.

다. 습격이 있을 때마다 말들이 놀라 날뛰고 대오는 혼란에 빠졌다. 산악 부족 전사들은 협곡 비탈을 따라 바위를 굴려 대열을 무너뜨렸고, 한니발군이 지나간 길에는 시체가 줄을 이었다. 동물이나 사람 할 것 없이 무차별적으로 밟히고 찔리고 베였다. 평지였다면 즉시 대처가 가능했겠지만, 그들은 피할 공간이 없는 좁은 비탈길을 따라 전진하고 있었다. 게다가 상당 구간은 길 한편이 낭떠러지였다. 혼란에 빠진 짐승들이 벼랑으로 떠밀려 추락했고, 그렇지 않아도 부족했던 물자가 짐승과 함께 절벽 아래로 사라졌다. 한니발은 병력 손실을 감수하고 선제공격을 벌이는 것 외에는 선택의 여지가 없었다.

9일째 되던 날, 살아남은 병사들은 마침내 포강 유역의 녹색 평원이 내려다보이는 위치에 도착했다. 그들은 진을 치고 휴식을 취하면서 하산을 준비했다. 스페인 남부를 출발해서 여기까지 오는 데 여섯 달이 넘게 걸렸다. 막강한 로마와 결전을 벌이기도 전에 물자는 바닥을 드러냈다. 한 부하는 인육을 먹자고 제안했을 정도였다.[11] 한편 눈발은 날이 갈수록 거세졌다.

12일째 되던 날, 한니발은 더 이상 지체할 수 없었다. 군대는 다시 전진을 시작했다. 이제 적은 산악 부족 전사들이 아니라 험악한 날씨와 지형이었다. 폭설로 인해 어디까지가 길이고 어디부터가 허공인지 알 수 없는 상황에서 한 발만 헛디뎌도 까마득한 낭떠러지행이었다. 하산을 시작한 지 하루 만에 한니발의 군대는 산사태로 길이 막혔다. 코끼리나 짐을 실은 동물을 데리고 장애물을 돌아가는 것은 불가능했다. 다른 길을 찾으려고 애쓰던 한니발은 다시 시작된 눈보라로 인해 방향을 바꾸는 것이 불가능하다는 사실을 깨달았다. 새로 쌓인 눈 아래로 지난 겨울에 쌓

2부 전쟁과 변화하는 세계

인 눈이 두껍게 얼어붙어 있었다. 병사들은 미끄러지기 일쑤였고, 등에 짐을 실은 짐승들은 더 이상 움직일 수 없게 되었다.

유일한 길은 오직 전진뿐인 상황에서 한니발군은 알프스의 지형 자체를 바꿔야 했다. 병사들은 절벽을 파내고, 구할 수 있는 모든 것을 동원해 무너진 지면을 메꾸었다.[12] 그들은 하루 만에 말과 동물이 지나갈 수 있을 너비의 길을 만들었다. 한니발은 먼저 가축을 목초지로 내려보낸 뒤, 정예 부대와 함께 협곡으로 되돌아가 코끼리가 지나갈 넓고 튼튼한 길을 내고 있는 병사들을 도왔다. 이 불쌍한 짐승들은 얼어붙은 좁은 절벽에 사흘이나 발이 묶인 상태로 굶주려 있었다.[13] 마침내 코끼리가 이동할 수 있는 길이 완성되었고, "사람이라기보다는 야수에 가까운 형상"을 한 병사들이 코끼리 떼를 몰고 평원(오늘날 토리노 지역)으로 내려왔다.[14]

한니발은 육로로 지중해 연안을 빙 돌아 이탈리아에 도착했다. 포강 유역—로마 진격작전의 시작점—에 도달했을 때, 그는 이미 7만 명의 보병과 절반의 기병을 잃었다. 살아남은 병사와 짐승들의 사기는 바닥을 쳤다.[15] 그러나 전쟁은 이제 시작에 불과했다.

한니발이 지중해 중부와 서부에서 로마의 패권에 도전할 무렵, 지중해 동부와 중앙아시아, 그리고 중국에서도 비슷한 움직임이 있었다. 각지의 젊은 지도자들은 주변을 정복해 영토를 확장하고 고대 세계의 관계를 재정립하게 될 중요한 결정을 내렸다.

인도에 파견된 그리스 대사 메가스테네스의 세계는 알렉산드로스 대왕에 의해 지중해 동부와 중앙아시아, 그리고 인도가 연결된 세계였다. 알렉산드로스 대왕 사후 그가 정복한 땅은 장군들에 의해 여러 개로 분할되었으며, 이들은 서로 경쟁하면서 지중해 서부 정세에도 깊이 관여하게 된다.

한니발이 스페인에서 이탈리아 원정을 준비할 무렵, 그리스 마케도니아에서는 필리포스 5세가 열여섯의 나이로 왕위에 올랐다. 필리포스 5세는 그리스에서 세력을 확대하고 로마에 더 큰 타격을 입히기 위해 지중해를 가로질러 한니발과 공조하고자 했다(로마의 가공할 힘에 밀려 결국 방어 전략으로 회귀하게 된다). 하지만 그의 계획은 실패했고, 그는 자신에게 맞서 단결한 동맹과 경쟁하게 된다.

동쪽에는 지중해 연안부터 중앙아시아와 인도 북부에 이르는 광대한 지역을 지배했던 셀레우코스제국이 있었다(메가스테네스를 인도로 파견한 사람이 바로 셀레우코스왕조의 초대 군주다). 한니발이 알프스 횡단을 감행할 무렵, 셀레우코스의 지배자는 이십대 초 홍안의 청년 안티오코스 3세였다. 그에게는 거대한 영토를 통합, 연결하고 안정시키는 임무가 주어졌다. 그는 제국의 동쪽과 서쪽 변방의 침입에 맞서 영토를 가로지르며 동에서 서로, 다시 동으로 이동하면서 전쟁터에서 일생을 보냈다. 선대 왕들과 마찬가지로, 안티오코스 3세는 서쪽 로마에 더해 이집트라는 골치 아픈 문제까지 해결해야 했다. 동쪽의 중앙아시아에서는 새로운 강자들, 특히 금이 풍부하고 대를 이어 야심 찬 전사 왕들이 지배하는 박트리아 왕국(오늘날 아프가니스탄의 대부분에 해당하는 지역)의 도전을 받았다. 찬드라굽타 마우리아가 건국한 한때 눈부시고 강력했으나 이제 힘을 잃고 분열되어가는 인도의 마우리아왕국도 좌시할 수는 없었다. 박트리아의 통치자들은 찬드라굽타의 위풍당당했던 왕국을 호시탐탐 노리고 있었다.

중국에서는 법가 사상을 통치 이념으로 수용한 진나라가 주나라 서쪽 변방에서 세력을 키워 기원전 221년 마침내 모든 경쟁국을 평정했다. 새로운 제국을 이끄는 수장은 20년 전 열네 살의 나이로 권력을 장악하고 이제 진나라의 초대 황제로 등극한 진시황제였다. 셀레우코스왕조의 안티오코스 3세처럼, 그리고 지중해 전역으로 영향력을 확대했던 로마처럼, 진시황제도 광대한 제국의 5,000만 백성을 철권 통치했다. 진시황제가 중국 북쪽 및 서쪽 유목민의 침입을 방어할 목적으로 구축한 만리장성은 이후 한나라 시대에도 계속 보수, 증축되었다. 변방의 안정이 국가 통합에 필수적이었기에, 한나라 황제들은 유목민 문제를 평생 고심했다. 정벌, 봉쇄, 협상, 뇌물을 통한 회유 정책이 번갈아 동원되었다. 정벌과 봉쇄 작전은 특정 유목민 부족을 서방으로 몰아내는 결과를 가져왔다. 또한 협상과 회유 정책으로 중국 국경 지대에 강력한 흉노제국이 형성되어 더 많은 유목민을 서쪽으로 몰아냈다. 흉노의 확장은 박트리아, 파르티아, 셀레우코스, 인도, 그리고 인도-그리스왕국의 통치자들이 영토를 확장하고 세력을 키우기 위해 각축전을 벌이던 중앙아시아를 민족 대이동의 물결 속으로 몰아넣었다.

기원전 218년 알프스 원정을 통해 카르타고와 로마의 지중해 패권 투쟁의 새로운 장을 열었던 한니발은 자신의 결정이 내포한 중대성을 분명 알고 있었을 것이다. 그는 포강 유역을 내려다보며 다가올 전투를 준비하라고 병사들을 독려하면서, 그들 앞에 놓인 도전의 거대함과 어려움을 실감했을 것이다. 그러나 이 전쟁이 몰고 올 파장은 그의 예상보다 훨씬 더 컸다. 이후 수십 년간 한니발과 동시대인들은 점차 확장되어가는 세계에서 살아남기 위해 권력을 행사하고 전투에 나서게 된다. 그리고 우리가 1부에서 관찰했던 정치체제들이 이 새로운 세계의 지도를 다시 그리고 공동체 관계를 재정립한다.

카르타고를 파괴하고 그리스의 코린토스를 쑥대밭으로 만든 로마는 기원전 140년대와 130년대에 지중해의 패자로 부상했다. 한편 한무제는 서쪽으로 눈렸고, 그 압박은 중앙아시아 유목민이 박트리아를 집어삼키게 만든다. 이는 동서양의 역사가 서로를 향해 다가가기 시작한 최초의 사건이다. 두 세계의 접촉이 로마에서 중국 낙읍에 이르는 영구적인 네트워크로 발전하는 데는 그리 오랜 시간이 걸리지 않았다.

　　　　　　　　　　　　　　　　　　2부 전쟁과 변화하는 세계

4장

새로운 세대의 부상

한니발은 소년 시절부터 아버지 하밀카르에게 군사 교육을 받으며 군인으로 성장했다. 전해지는 이야기에 따르면 하밀카르는 어린 한니발에게 로마에 대한 불타는 적개심을 심어줬다.

스페인 남쪽 절반을 식민지화한 카르타고군 사령관 하밀카르는 기원전 229년에 그곳에서 사망했다. 북아프리카 연안 카르타고에서 태어난 한니발이 아홉 살 때 동생 하스드루발과 함께 아버지를 따라 스페인에서 건너간 지 9년 만의 일이었다. 어머니는 카르타고에 남았기에, 한니발이 어머니와 생전에 재회했는지는 확실치 않다. 그는 아버지 곁에서 성장했으며, 스파르타인 가정교사에게 그리스어와 그리스 문학을 배운 것으로 추정된다.[1]

하밀카르는 한니발 형제와 함께 이베리아 부족과 전투를 벌이던 중 사망했다. 기원전 1세기의 역사가 디오도로스 시켈로스에 따르면, 하밀카르는 적에 포위당하자 적을 따돌리기 위해 아들들과 반대 방향으로 말을 몰아 달아났고, 추격자들이 따라붙자 완전무장한 채로 강으로 뛰어들어 말과 함께 익사했다. 하밀카르의 희생으로 한니발과 하스드루발은 적진에서 탈출했다.[2] 당시 한니발의 나이는 열여덟 살. 그는 성인의 문턱을 넘기 직전에 그때까지 자신을 이끌어준 아버지를 잃었다. 한니발 형제는 카르타고군이 점령하고 있지만 언제 위험이 닥칠지 모르는 이베리아반도에 발이 묶였다. 그러나 그는 가슴에 원대한 목표를 품고 있었다.

한니발은 말년에 동쪽 셀레우코스제국의 안티오코스 3세를 만나서 스페인으로 출항하기 전에 아버지가 자신에게 절대 로마인들과 친교를 맺지 않겠다고 (일부 기록에 따르면 로마를 영원히 증오하겠다고) 맹세시켰다는 이야기를 한 것으로 잘 알려져 있다.[3] 또 다른 로마 기록에 따르면, 하밀카르는 한니발 형제를 두고 "로마를 멸망시키기 위해 키우고 있는 어린 사자들"이라며 자랑스러워했다.[4] 역사는 늘 승자에 의해 기록되지만, 로마 역사가들은 한니발을 로마의 패권에 도전하는 일에 평생을 바친 자, 로마를 거의 정복할 뻔했던 자, 그러나 결국 패배해 로마의 영광만을 빛내준 위대한 패배자로 기렸다.

한니발이 아버지의 죽음을 애도하던 기원전 229년, 그리스에서는 여덟 살 소년 필리포스 5세가 섭정인 당숙에게 마케도니아 왕이 될 훈련을 받고 있었다. 당시 마케도니아의 대외 정책은 남으로 세력을 확장하고, (아마도 로마의 지원을 받았을) 서쪽 국가들의 위협에 대처하며, 북쪽 변방 부족을 퇴치하는 것이었다.

중앙아시아 셀레우코스제국의 셀레우코스 2세(안티오코스 3세의 아버지)는 제국 서쪽 변방에 개입하려는 로마의 위협에 직면했다. 한편 셀레우코스제국 동쪽에서 세력을 확장하던 박트리아는 야심 찬 디오도토스 2세를 새로운 왕으로 맞았으며, 이 지역을 다시 복속시키려던 셀레우코스 2세의 시도는 실패로 돌아갔다.

한편 인도는 마우리아왕조 최후의 왕 아소카가 세상을 뜨면서 혼란이 가중되었다. 한때 찬란했던 찬드라굽타 마우리아의 제국이 분열하기 시작했고, 이웃 나라들이 먹잇감을 포착한 독수리 떼처럼 몰려들었다.

중국에서는 장차 진시황제로 불리게 될 젊은 군주가 이끄는 진나라가 전국칠웅 가운데 하나인 한나라를 멸망시키면서 중국 통일의 첫걸음을 내디딘 참이었다.

이처럼 기원전 229년 무렵의 고대 세계는 지중해에서 중국에 이르기까지 격동에 휩싸였다. 서방의 로마는 세력을 확장하는 과정에서 여러 가지 난관과 저항에 부닥쳤고, 중앙부는 격렬한 경쟁과 왕위 쟁탈전으로 불안정했으며, 동방에서는 진나라가 파죽지세로 성장했다. 이 시기는 각 지역에서 대두한 젊은 통치자 및 사령관 집단의 의식구조와 그들이 주도한 군사적·정치적 지형이 점차 구체화된 중요한 기점이다. 불과 10년 만에 전 세계에서 권력의 세대 교체가 일어났다. 이십대 중반의 한니발은 카르타고군을 전장으로 이끌었다. 필리포스 5세는 열여섯 나이로 마케도니아를 장악했고, 갓 스물을 넘긴 안티오코스 3세는 거대한 셀레우코스제국을 통치했다. 이집트는 스물한 살의 프톨레마이오스 4세가 장악했다. 이제 젊은이들이 국가의 운명을 걸고 도박을 벌이는 새 시대가 열렸다.

서쪽에서 로마에 저항하다

로마 기록에 따르면, 하밀카르는 카르타고를 건국한 전설적인 여왕 디도의 아버지 또는 형제의 후손이다. 디도는 로마의 건국 시조 아이네이아스에게 버림받고 실의에 빠져 불에 몸을 던졌다고 하니, 그 후손들이 왜 로마에 원한을 품게 되었는지 어렵지 않게 짐작할 수 있다.[5]* 그러나 하밀카르가 로마를 경계했던 이유는 따로 있었다.

하밀카르가 두 아들을 데리고 스페인으로 떠난 기원전 237년, 로마와 카르타고의 관계는 악화일로로 치닫고 있었다. 불과 4년 전, 카르타고는 지중해의 양대 강국이 충돌한 제1차 포에니전쟁에서 패배했고, 함대는 시칠리아 근방에서 벌어진 아에가테스제도 해전에서 대패했다. 이제 카르타고군은 시칠리아와 인근 섬에서 철수하고, 로마인 포로를 모두 돌려보낸 뒤 은화 3,200달란트라는 막대한 배상금을 향후 20년간 분납해야 했다. 카르타고는 용병들에게 밀린 급료조차 지불할 수 없었다.

폴리비오스는 시민군과 동맹군을 동원했던 로마와 달리 용병에 의존했던 것이 카르타고의 치명적인 약점이었다고 지적한다.[6] 돈으로 용병을 고용하는 동안 군대 육성에 충분한 노력을 기울이지 않았고, 그들에게는 고향과 가족의 생존을 걸고 싸우는 시민군과 같은 충성심을 기대할 수 없었다.[7] 더 심각한 문제는 결정적인 순간 용병의 창끝이 카르타고를 향해 돌아섰다는 점이다. 기원전 240년, 보수를 받지 못한 2만 명의 용병이 카르타고를 포위하고 북아프리카 부족들을 선동했다. 일부 고대 기록에

---

* 트로이전쟁의 생존자 아이네이아스를 건국 시조로 보는 신화는 로물루스와 레무스를 시조로 하는 신화와는 별개로 로마가 이탈리아반도에서 세력을 확장하며 수용한 것이다. 기원전 1세기에 베르길리우스에 의해 오늘날 알려진 형태로 확정되었다.

따르면 그 뒤 벌어진 전투는 사상 유례가 없을 정도로 잔인했다. 용병들은 고용주들을 잡아서 거세했다. 카르타고인들은 용병들의 손을 자르고 팔다리를 부러뜨린 후 구덩이에 던졌다. 하밀카르는 반란에 가담하지 않은 카르타고 육군을 이끌고 수천 명의 반란군을 '톱The Saw' 협곡에 몰아넣은 다음 포위하여 굶겨 죽였으며, 투항하는 자들마저 무자비하게 살해했다.

용병의 반란은 진압되었지만, 카르타고는 로마의 계속되는 무리한 요구에 시달렸다. 기원전 238년에 로마는 카르타고의 소유였던 사르데냐섬을 넘기라고 요구하면서, 만일 즉시 철수하고 1,200달란트의 추가 배상금을 내지 않으면 전쟁을 재개하겠다고 협박했다. 카르타고는 로마와 다시 전쟁을 할 수 있는 상황이 아니었다. 제1차 포에니전쟁은 기원전 264년 카르타고의 세력 확장에 위협을 느낀 시칠리아 도시들이 로마에 보호를 요청하면서 시작되었으나, 곧 지중해 중심부의 패권을 다투는 전쟁으로 확대되었다. 전쟁 초기에는 카르타고의 승리가 확실해 보였다. 지금까지 로마는 모든 정복 전쟁을 육지에서 치렀던 반면, 카르타고는 강력한 해군을 보유하고 오랫동안 지중해 해로를 통제해온 해양 대국이었다. 로마는 카르타고 군함을 본뜬 전투선에 '코르부스corvus'라는 갈고리 달린 이동식 다리(적함에 떨어뜨려 갈고리를 단단히 박은 다음 로마군이 갑판에서 백병전을 벌일 수 있게 하는 장치)를 추가하는 등 해군을 새로 구축하여 맞섰다.

한편 카르타고도 아프리카에서 시칠리아로 전투 코끼리 부대를 이동시켜서 육군 병력을 강화했다. 처음 이 거대한 짐승을 마주한 로마군은 공포에 질렸다. 그들은 기원전 250년이 되어서야 코끼리를 투창으로 제압하는 전술을 개발했다. 카르타고에 관한 정보를 축적한 로마는 먼저 시칠리아 내 카르타고 근거지를 포위한 다음, 바다에서 카르타고 해군을 격파하여 지중해를 장악했다.

하밀카르는 제1차 포에니전쟁이 막바지에 접어든 기원전 247년에 시칠리아의 카르타고군 사령관으로 파견되었다. 그는 용병 부대를 이끌며 게릴라전으로 교착 상태를 유지하는 전술을 택했다. 하밀카르는 본국의 지원이 부족한 상태에서는 로마에 승리할 수 없다는 사실을 알고 있었다.

카르타고의 정치체제는 로마 공화국과 크게 다르지 않았다. 매년 최고 부유층 가문에서 두 명의 '왕'이 선출되었다(리비우스와 폴리비오스는 이를 로마의 집정관 체제에 견줬다). 원로회(로마 원로원과 유사한 조직), 백인회, 재판단panel of judges, 그리고 왕과 원로회가 합의에 이르지 못할 경우 명목상 최후 결정권을 갖는 민회가 두 명의 왕과 함께 국가를 통치했다. 폴리비오스는 군주정, 귀족정, 민주정이 혼합된 로마의 균형 잡힌 정체와는 달리, 카르타고의 민회 투표권은 민중에게 과도한 권력을 주어 결국 카르타고가 로마에 패하게 된 결정적인 요인으로 작용했다고 보았다.[8]

폴리비오스는 카르타고 체제의 부정부패가 로마보다 훨씬 심각한 수준이었다고 전한다. 공공연하게 뇌물이 오갔고, 돈이 되는 일이라면 부끄러움을 몰랐다.[9] 강력한 귀족 가문(하밀카르 집안을 포함하여)은 대중의 지지를 확보하기 위해 여론을 돈으로 매수하고 국가기관을 마음대로 주물렀다. 귀족층은 2개의 진영으로 갈라져 카르타고의 대외 정책을 두고 대립했다. 하밀카르 측은 로마의 위협에 적극적으로 대처할 것을 주장한 반면, 대大한노 2세가 이끄는 파벌은 아프리카에서 세력을 확장하는 데 집중하기를 원했다. 결국 한노파가 주도권을 잡았다. 하밀카르가 시칠리아 전선에서 본국의 지원을 제대로 받지 못하고 패배한 데에는 이런 사정이 있었다.

제1차 포에니전쟁 종전 후, 하밀카르는 로마의 팽창주의적 야망에 대한 분노와 자신에게 등을 돌린 고국에 대한 배신감에 치를 떨었다. 기원전 240년 카르타고가 용병의 난을 치르고 있을 때에도 하밀카르파와 한노파는 백인회와 민회에서 그리고 거리에서 대립했다. 카르타고에는 전쟁에서 패배한 장군을 처형하는 관습이 있었기에, 이는 하밀카르의 목숨이 달린 문제였다. 이 정쟁에서 한노가 승자로 부상하지만, 용병 반란을 가차 없이 진압한 하밀카르는 처형을 면하고 정치적 지위도 유지할 수 있었다. 하지만 그는 두 아들을 데리고 스페인으로 떠났다.

스페인은 하밀카르에게 새 출발의 기회였다. 스페인은 아직 주변 강대국의 손이 닿지 않은 상태로 카르타고와 긴밀한 무역 관계를 맺고 있었다. 이곳을 장악하면 국가 재정을 살찌우고 시칠리아와 사르데냐를 빼앗긴 손해를 메꿀 수 있었다. 로마의 관심이 피레네산맥 너머로 뻗기 전에 빨리 움직여야 했다. 하밀카르는 스페인을 점령해 본국의 원로회와 민중들 사이에서 자신의 영향력을 강화하려 했다.

*

막강한 국력을 바탕으로 팽창 정책을 추진하던 로마와 대립한 세력은 카르타고뿐만이 아니었다. 그리스 북부에 위치한 마케도니아도 과거에는 멀리 인도까지 뻗은 광대한 제국의 심장부였다. 마케도니아는 그리스 남·중부의 도시국가와 성격이 달랐다. 아테네가 민주주의혁명으로 분주할 때, 마케도니아는 왕정을 굳건히 고수하면서 여러 나라와 사치품을 거래하고 죽은 왕들을 위해 거대하고 호화로운 기념비를 세웠다. 알렉산드로스 대왕의 제국이 분열된 후에도 마케도니아는―예전에 비할 바는 아니지만―그리스의 강국으로 남았다. 군사적·외교적 압력을 적절히 사용하여 남쪽의 그리스 도시 동맹과 서쪽의 에피루스를 위시한 여러 왕국, 북쪽의 다르다니아 등의 야만 부족들, 그리고 스파르타나 아테네 등 몇몇 독립적인 그리스 도시 사이에서 까다롭고 섬세한 세력 균형을 유지함으로써 강대국의 위상을 보존했다.

아테네의 자랑스러운 민주주의는 이즈음 어떤 모습을 하고 있었을까? 알렉산드로스 대왕은 아테네의 전통을 높이 사서 아테네를 특별 대우했으며(그에게 대항한 다른 도시처럼 잿더미로 만들지 않았다), 실제로 그곳에서 민주주의가 계속 기능하도록 허용했다. 알렉산드로스는 아시아 정복 과정에서 해방시킨 에페소스, 키오스, 에리트라이 등에서도 민주주의를 지지했다.[10] 그러나 알렉산드로스 대왕 사후, 아테네는 강력한 마케도니아 총독들의 지배하에 들어갔다. 그들은 시민권 자격에 재산 요건을 추가하는 등 아테네 정치에 개입했으며, 심지어 아테네 민주주의의 근간인 부족 제도에도 손을 대 마케도니아 총독과 그의 아버지의 이름을 딴 2개의 부족을 새로 만들기도 했다. 기원전 287년, 더 이상 참을 수 없게 된 아테네인들이 봉기했다. 역사는 새로운 민주혁명이 일어났다고 기록하지만, 아테네가 어느 정도의 통제권을 되찾았는지, 과연 전성기 시절의 급진적 직접민주주의로 회귀했는지는 알 수 없다.[11]

기원전 3세기의 민주주의를 정확히 관찰하려면 다른 지역으로 눈을 돌려야 한다. 학자들은 코스섬과 소아시아 연안의 밀레토스, 이아소스, 칼림노스를 꼽는다. 정복지의 민주주의를 파괴하는 데 열심이었던 셀레우코스의 안티오코스 1세는 기원전 270~260년경 당시 에게해 북동쪽

리시마키아가 민주주의를 운영하고 있다고 언급한 바 있다.[12] 그러나 아테네인들의 자존심을 뭉개놓은 것은 아테네에서 훨씬 가까운 곳에서 민주주의의 꽃을 피우던 아카이아동맹Achaean League이었을 것이다. 폴리비오스는 아카이아동맹을 이렇게 묘사한다. "평등, 표현의 자유, 그리고 진정한 민주주의 원칙을 이보다 더 소중히 하는 곳은 세상 어디에도 없다."[13]*

하밀카르가 사망한 기원전 229년, 마케도니아의 데메트리오스 2세가 북쪽 변방의 야만 부족과 싸우다 전사했다. 후계자 필리포스는 고작 여덟 살로, 왕위를 잇기에는 너무 어렸기에 데메트리오스의 사촌 안티고노스가 섭정이자 후견인 역할을 맡았다. 마케도니아는 사방에서 위협에 직면해 있었다. 안티고노스 3세는 북방 부족을 마케도니아 국경 밖으로 몰아낸 후 그리스 중·남부에서 벌어진 반란으로 주의를 돌렸다. 그러나 그 사이 그리스 북서쪽 변방에서 새로운 전쟁이 터졌다. 상대는 로마였다.

로마는 그동안 그리스에 별 관심을 두지 않았다. 기원전 264년 이후 카르타고와의 전쟁에 전력을 집중했기 때문이다. 하지만 제1차 포에니전쟁이 끝나고 공화국의 힘이 사르데냐 및 스페인 북부까지 미치게 되자, 원로원은 동쪽으로 눈을 돌렸다. 그리스 북서쪽으로 아드리아해를 따라 이탈리아반도로 연결되는 지역에 자리 잡은 한 부족이 특별한 관심의 대상이었다. 테우타 여왕이 이끄는 일리리아인들이었다.

테우타 여왕은 일리리아 내정에 간섭하면서 협박을 일삼던 로마의 특사를 처형했다. 기원전 229년, 로마는 테우타 여왕이 자신들의 외교관을

---

* 폴리비오스는 아카이아동맹에 속한 메갈로폴리스 출신이다.

살해했다는 명분으로 지중해 최강의 함대를 이끌고 일리리아로 진군했다. 그러나 진짜 이유는 아드리아해를 종횡무진하며 로마뿐 아니라 이탈리아 동해안의 동맹 도시에 막대한 손해를 끼치던 일리리아의 해적을 소탕하기 위해서였다. 로마는 그리스 북서부 해안에 길이 200킬로미터, 너비 30~60킬로미터의 땅과 근처 케르키라(오늘날 코르푸)를 포함한 도서 지역을 합병하고 군대를 주둔시켰다.

과거 로마가 시칠리아와 이탈리아 남부에서 그리스 식민 도시를 점거한 적은 있지만, 그리스 본토를 점령한 것은 이때가 처음이다. 게다가 로마의 새 점령지는 계곡 하나만 넘으면 마케도니아 땅이 시작되는 곳이었다. 그러나 안티고노스 3세와 어린 필리포스는 코앞까지 다가온 로마군을 위협으로 간주하지 않은 듯하다. 특히 안티고노스 3세는 10년 넘게 지속된 전쟁에 지친 군대가 반란을 일으켜 그것을 진압하느라 여념이 없었다. 또한 로마 때문에 발이 묶인 일리리아 해적들이 마케도니아를 공격했다. 안티고노스 3세는 죽는 날까지 이들에게 시달렸다. 안티고노스 3세와 필리포스가 로마의 야욕에 주목하지 않은 것은 결국 화를 불러온다(일부 역사가들은 일리리아의 마케도니아 침략 배후에 로마가 있었다고 본다[14]).

로마의 야심은 그리스에서 멈추지 않았다. 기원전 229년, 로마 원로원의 공문을 실은 배가 지중해를 천천히 가로질렀다. 목적지는 중앙아시아, 수신자는 셀레우코스제국의 황제 셀레우코스 2세.[15] 공문은 에게해에 맞닿은 소아시아 도시 일리온의 독립을 인정하라는 내용이었다. 일리온은 한때 트로이라는 이름으로 알려졌던 도시다. 1000년 전에 트로이가 그리스인들의 침략을 받고 10년간 버티다가 결국 점령되었던 사건은 호메로스의 『일리아드Iliad』를 통해 후대에 알려졌다. 로마가 일리온에 관심을 보인 이유는 자신들의 선조가 그곳에서 왔기 때문이다. 로마인들은 스스로를 트로이전쟁 후 피난을 떠난 아이네이아스의 후손이라 여겼다. 따라서 트로이는 로마에 매우 중요한 도시였다.

로마가 셀레우코스 2세에게 보낸 메시지는 아시아에 대한 관심과 국력에 대한 자신감을 보여주는 징표다. 로마는 카르타고를 무찔렀고, 사르데냐와 시칠리아를 획득했으며, 그리스에 교두보를 확보했고, 스페인 북부에 진출했다. 심지어 올림피아 제전에도 선수단을 파견했다. 이제 그들은 셀레우코스제국의 왕에게 요구 사항을 제시할 만큼 담이 커졌다.

*

어수선한 국내 상황으로 골머리를 앓고 있던 셀레우코스 2세는 로마라는 새로운 위협이 달갑지 않았다. 그는 지중해의 소아시아 연안부터 아래로는 중동, 동으로는 중앙아시아까지 뻗은 광대한 제국을 이끌 책임을 지고 있었다. 아마 셀레우코스 2세만큼 얼기설기 얽힌 거대한 고대 세계의 현실을 잘 이해한—그리고 그 부담을 통감한—사람은 없을 것이다.

셀레우코스에는 독립성을 유지하고 있는 다양한 문화, 부족, 언어, 정치체제가 한 지붕 아래 모여 있었다. 왕이 모든 곳에 동시에 존재할 수는 없으므로, 예전에 알렉산드로스 대왕과 페르시아 군주들이 했던 것처럼 각지에 왕의 이름으로 통치하는 사트라프(총독)를 파견했다. 광대한 영토와 인구를 다스리기 위해 각지에 제후를 봉한 주나라 통치자에 비하면, 셀레우코스는 비교적 강한 권력을 유지하고 있었다. 하지만 셀레우코스의 체제도 중국과 마찬가지로 왕권 약화를 초래했다. 여러 도시와 부족이 반란을 일으키거나 독립을 선포했고, 사트라프가 더 큰 권력을 꿈꾸

며 반역을 꾀했으며, 심지어 황실 내부의 라이벌이 왕좌에 도전하기도
했다.

기원전 229년까지 10여 년간 이런 문제들이 한꺼번에 셀레우코스 2세
를 덮쳤다. 그로부터 7년 전, 소아시아 서해안의 도시 페르가몬이 독립을
선포하고 아탈로스 1세가 스스로 왕위에 올랐다. 셀레우코스는 이 문제
에 손을 쓸 수 없었다. 기원전 239년에 동생 안티오코스 히에락스가 왕
을 참칭하며 북쪽 변경의 강력한 부족들과 동맹을 맺고 모반을 일으켰기
때문이다. 설상가상으로 얼마 후 제국에서 가장 부유하고 강력한 도시
바빌론에서 반란이 일어났다. 셀레우코스 2세는 바빌론 진압에는 성공
했지만, 기원전 235년에 안티오코스 히에락스와 맞붙은 전투에서 굴욕
을 당하고 소아시아 북쪽의 넓은 땅덩어리를 동생에게 할양했다.

셀레우코스 2세는 왕실 권력 투쟁을 신물 나게 경험했고, 동생과 벌인
전면전은 권력 다툼의 마지막 장이었다. 셀레우코스 2세의 아버지 안티
오코스 2세는 두 명의 부인에게 자식을 두었다. 소아시아 출신 라오디케
1세는 셀레우코스 2세와 안티오코스 히에락스를 낳았다. 다른 부인 베레
니케는 이집트 프톨레마이오스 2세의 딸로, 이집트는 오랫동안 셀레우
코스제국의 골칫거리였다. 프톨레마이오스 왕조—알렉산드로스 대왕의
제국이 분열하면서 탄생한 왕국—와는 지난 100년간 국경 문제로 이미
두 차례 전쟁을 치렀다.* 특히 코엘레 시리아(오늘날 이스라엘과 팔레스타인
지역)가 분쟁의 쟁점이었다. 가장 최근에 벌어진 전쟁에서 상황이 셀레우
코스 측에 불리하게 돌아가자, 안티오코스 2세는 평화협정의 일환으로

* 제1·2차 시리아전쟁.

2부 전쟁과 변화하는 세계

라오디케와 이혼하고 베레니케와 정략 결혼했다.

안티오코스 2세가 세상을 뜨자, 라오디케의 장남과 베레니케의 아들 중 누가 왕위를 승계할지를 두고 갈등이 불거졌다. 베레니케가 프톨레마이오스 2세에게 손자의 즉위를 도와달라고 요청하자, 라오디케는 재빨리 베레니케와 그 아들을 살해하고 셀레우코스를 왕위에 앉혔다. 이집트 왕은 딸과 손자의 죽음에 격분했고, 기원전 246년 셀레우코스 2세가 즉위하자마자 제3차 시리아전쟁이 일어났다. 이 전쟁은 카르타고가 로마에 패한 기원전 241년까지 계속되었다. 코엘레 시리아 지역을 떼어주고 소아시아 서해안 안티오케이아 항구까지 내주며 성사된 평화조약은 셀레우코스 2세의 불안한 지위를 다시 드러냈다.

이집트와의 분쟁은 주나라나 셀레우코스제국 같은 강대국이 안고 있는 또 다른 문제를 잘 보여준다. 제국의 국경은 너무 길어서 늘 허술했고 모든 지역을 방어하고 유지하기란 불가능에 가까웠다. 기원전 229년에 제국 서쪽 변경에 위치한 일리온의 자주권을 요구하는 로마의 서한을 받았을 때에도 셀레우코스 2세는 제국 동쪽 변경에 온 신경을 쏟고 있었다.

불안정한 중앙부

오늘날 아프가니스탄 북부에 해당하는 지방에 거점을 둔 박트리아왕국은 바빌론에서 동쪽으로 약 3,000킬로미터 떨어진 셀레우코스제국의 변방이었다. 서로는 소아시아 헬레니즘 문화권이, 동으로는 중앙아시아의 광대한 스텝 지대와 평원, 그리고 남쪽으로 인도가 교차하는 지점에 위치한 박트리아는 알렉산드로스 대왕이 한 세기 전에 구축한 그리스제국의 최전방이기도 했다. 박트리아는 어깨를 맞댄 매우 이질적인 세계에서 유입된 다양한 문화유산이 뒤섞인 '용광로'였다. 역사학자 아널드 토인비는 박트리아를 "동서남북에서 뻗어나온 모든 길이 만나고, 모든 길이 다시 동서남북으로 뻗어나가는" 회전 교차로라고 설명한다.[16]

주변의 소그디아나, 파르티아, 마르기아나, 아리아, 그리고 드랑기아나(일부는 박트리아 세력권 안에 있었고, 나머지는 독립국이었다)와 마찬가지로, 박트리아도 제국의 변방이라는 입지에 익숙했다. 과거 페르시아가, 그리고 아마도 그 이전에는 아시리아가 이 지역을 정복하려 했고 상당한 성공을 거뒀다.[17] 기원전 330~320년대 알렉산드로스 대왕의 페르시아 원정 당시 박트리아는 페르시아에 등을 돌리고 알렉산드로스에게 협조했지만, 그를 새로운 지배자로 받아들이는 것은 거부했다. 하지만 알렉산드로스는 무력과 회유를 병용하여 이 지방을 정복했다. 그는 소그디아나 출신 여인과 결혼하고, 이 지역에 그리스인들을 이주·정착시켰다. 그리고 오늘날 아프가니스탄의 칸다하르를 비롯하여 그가 (자신의 이름을 따서) 창건/개명한 10여 개의 도시는 이 지역을 통과하는 활발한 무역과 상업을 바탕으로 크게 번영했다. 알렉산드로스는 내부 반란과 동쪽 및 북쪽 유목민 부족의 침공을 무자비하게 진압했다. 하지만 이런 모든 노력에도 불구하고 박트리아의 정국은 안정되지 않았다. 기원전 323년에 알렉산드로스 대왕이 사망하자, 박트리아 통치권을 두고 그리스 용병 세력들의 갈등이 벌어졌다. 스스로 왕을 선포한 이가 얼마 지나지 않아 경쟁자에게 암살당하는 사건이 줄을 이었다.

알렉산드로스 대왕 사망 직후 예하 장군들이 박트리아를 예속시키고자 나섰으나 별다른 성과를 거두지 못했다. 제국을 분할하여 통치하는 것으로 상황이 정리되고 각 왕국의 영역이 어느 정도 확정되자, 이번에는 셀레우코스의 왕 셀레우코스 1세가 박트리아에 대한 지배권을 확립하기 위해 나섰다. 기원전 305년, 그는 알렉산드로스 대왕의 방식을 그대로 모방하여 승리를 거두었다. 셀레우코스 1세와 소그디아나 여인의 결혼, 대규모의 그리스 식민지 개척과 정복민을 고려하는 통치, 그리고 도시 건설을 위한 투자와 필요할 경우 무력이 사용될 것이라는 위협이 효과를 발휘했다. 셀레우코스 1세는 이제 약 3,000만 명의 인구와 390만 평방킬로미터에 달하는 제국을 통치했다. 이는 중국 주나라에 견줄 만한 규모다.

셀레우코스 1세와 그의 아들 안티오코스 1세는 새로 획득한 영토의 방어 문제로 고심했다. 특히 알렉산드로스 시절부터 동쪽에서 출몰하는 유목민 부족이 심각한 문젯거리였다. 기원전 293~292년에 유목민 침략자들이 도시 하나를 완전히 파괴하자, 셀레우코스 1세는 군사력 확충의 필요성을 인식하고 아들에게 제국의 동쪽 절반을 맡겼다. 안티오코스 1세는 박트리아에 사령부를 설치하고 10년 넘게 동쪽 국경을 방어했다. 이때가 박트리아의 황금기였다. 말을 기르기 좋은 비옥한 토지, 동서 교역의 중개지이며 인도 무역의 혜택을 누리는 입지, 거기에 아테네 표준 은화 제도의 도입으로 인한 경제 활성화까지 더해져 박트리아는 크게 번창했다.

이 시기에 건설된 도시 중 하나인 아이 하눔(오늘날 아프가니스탄 북동부에 위치)에서는 새 화폐를 찍어냈다. 아이 하눔의 건축 양식은 이 지역의 다양한 전통문화에 그리스 문화가 깊숙이 녹아들었음을 보여준다. 도시를 요새처럼 둘러싼 튼튼한 성벽 안에는 오리엔탈 양식으로 지은 김나시온, 그리스 양식 열주와 오리엔탈 양식의 사원, 6,000명을 수용할 수 있는 거대한 극장, 그리고 이 지역 특유의 진흙 벽돌로 짓고 회칠을 한 왕궁과 대규모 주거지가 건설되었다.[18] 또한 당시 박트리아의 국제 도시로서의 면모를 잘 보여주는 대표적인 증거가 아이 하눔에 세워졌다. 그들은 도시를 창건한 키네아스라는 그리스인에게 델포이 신전의 잠언을 새긴 석비를 바쳤다. 기원전 275년경 클레아르코스가 아이 하눔에서 그리스 중부 델포이까지 1만 킬로미터에 달하는 거리를 왕복하며 그 내용을 베껴 왔다. "어려서는 예의를 배우라. 젊어서는 스스로를 절제하라. 중년이 되어서는 공정하라. 노년에는 좋은 조언을 주라. 그리고 후회 없이 죽으라."[19] ('인간의 시대Ages of Man'에 관한 이 논리정연한 설명은 『논어』에서 공자가 한 말과 비견할 만하다. "나는 열다섯에 학문에 뜻을 두고, 서른에 자립하였고, 마흔에는 미혹되지 않았으며, 쉰에는 하늘의 뜻이 무엇인지를 알았고, 예순에는 한 번 들으면 그 이치를 알았으며, 일흔이 되어서는 하고 싶은 대로 해도 법도에 어긋나지 않았다."[20])

박트리아의 황금기는 오래 가지 않았다. 기원전 281년에 셀레우코스 1세가 암살당하자 안티오코스 1세는 승계 문제를 확실히 하기 위해 박트리아를 떠나 수도로 복귀했다. 그와 그의 아들인 안티오코스 2세, 그리고 손자 셀레우코스 2세는 앞에서 언급했듯이 제국의 서쪽에서 전쟁을 치르면서 박트리아로부터 조달되는 병사와 말에 의존했지만, 박트리아 내부 사정에 관심을 기울일 여력은 없었다. 멀리 떨어진 '통치자'의 계속되는 요구에 박트리아와 주변 지역이 고갈되었다. 그 결과 사람과 말, 통치자가 떠난 박트리아는 동쪽에서 온 유목 민족의 약탈에 속수무책이었다. 분노한 주민들이 혁명을 일으킨 것은 당연한 수순이다. 안티오코스 2세의 통치 기간 혹은 셀레우코스 2세가 왕실 권력 투쟁에 휘말려 있는 동안 박트리아와 파르티아는 자력 구제를 결심했다.

박트리아 지방의 총독 디오도토스가 독립을 선언하고 디오도토스 1세로 즉위했다. 파르티아에서도 총독 안드라고라스가 왕위에 올랐다. 기원전 245년, 디오도토스는 주변 소그디아나, 마르기아나, 아리아 지역을 아우르는 그리스-박트리아왕국의 공식 통치자가 되었고, 239년에는 파르티아처럼 셀레우코스제국과 모든 관계를 단절했다. 셀레우코스 2세는 제국 동쪽 변방의 주요 속주 두 곳의 독립을 받아들일 수밖에 없었다. 서쪽의 페르가몬(아탈로스왕조)까지 포함하면 즉위 10년 만에 주요 지방 셋을 잃은 셈이다.

카스피해 남쪽의 파르니족도 세력 확장의 기회를 노리며 정세를 주시하고 있었다. 파르티아 왕을 자처한 안드라고라스가 권위와 국경을 유지하는 데 어려움을 겪자, 이 기회를 틈타 아르사케스가 이끄는 파르니인들이 파르티아를 점령했다. 한편 박트리아에서는 디오도토스 1세가 사망하고 디오도토스 2세가 즉위하면서 모든 일이 순조롭게 풀려가는 듯했다. 스스로 왕위에 오른 왕의 후계자가 탈 없이 왕위를 승계함으로써 본격적인 디오도토스왕조를 열었을 뿐 아니라, 파르티아의 새로운 왕 아르사케스와 평화조약을 맺었다. 이제 디오도토스 2세는 남쪽으로 눈을 돌려 인도로 세력을 확장할 기회를 노렸다.

*

알렉산드로스 대왕이 세상을 뜬 기원전 320년대 말엽, 마우리아왕조의 젊은 황제 찬드라굽타 마우리아가 인도를 휩쓸고 권력을 잡았다. 플루타르코스에 의하면, 찬드라굽타는 십대 시절에 알렉산드로스를 만난

적이 있다.

> 안드로코투스[찬드라굽타]는 풋내기 시절 알렉산드로스를 직접 목격했으며, 훗날 종종 알렉산드로스가 당시 왕이 미천한 출신이라 미움받고 경시받던 이 나라를 지배할 기회를 아깝게 놓쳤다고 말하곤 했다는 얘기가 전해 내려온다.[21]

찬드라굽타는 인도의 전설로 남은 위대한 왕이다. 특히 백성의 신망을 잃은 난다왕조의 수도 파탈리푸트라를 공략하여 마침내 난다왕조를 멸망시킨 이야기는 널리 알려져 있다.* 난다왕조는 인도 북부를 100년 가까이 지배했으며,** (플루타르코스에 의하면) 알렉산드로스 대왕의 침략을 간신히 막아냈다. 알렉산드로스 대왕 사망 후 찬드라굽타는 알렉산드로스가 생전에 점령했던 인도 북서부 지방을 수복하여 영토를 더욱 확장했다.

기원전 305년경 셀레우코스 1세가 인도를 침략했을 때, 예전 알렉산드로스 대왕의 점령지는 이미 찬드라굽타의 지배권에 속해 있었다. 셀레우코스는 별수 없이 평화조약을 맺고 카불과 칸다하르 일대, 그리고 힌두쿠시산맥부터 게드로시아사막에 이르는 북서쪽 지역을 마우리아의 영토로 인정했다. 대신 셀레우코스는 전투용 인도코끼리를 500마리 받았고, 이를 제국 서쪽에서 벌어진 전투에 유용하게 활용했다(일부 고대 기

---

* 플루타르코스가 기록으로 남겼으며, 산스크리스트어 역사극 〈무드라락샤사Mudrarakshasa〉로 극화되었다.

** 『비슈누푸라나』 등의 힌두교 문헌을 기준으로 한 수치로 보인다. 통상 난다왕조의 존속 기간은 기원전 345년부터 기원전 321년까지로 본다.

록에 따르면 이 협상에 메가스테네스가 참여했다. 이때의 활약 덕분에 이후 셀레우코스 대사로 찬드라굽타 왕실에 파견된다[22].

셀레우코스제국과 인도의 활발한 문화적·경제적 교류가 시작됐다. 그리스인들은 인도에 대해 더 많이 알고 싶어 했으며, 인도는 조형미술, 화폐, 언어, 그리고 어쩌면 극장까지 포함한 여러 그리스 전통을 흡수했다. 헬레니즘 문화에 관심이 많았던 찬드라굽타의 아들 빈두사라는 셀레우코스 1세에게 그리스의 와인과 무화과, 그리고 그리스인 소피스트(그리스 문화를 배울 지식인)를 공식적으로 요청했다(전하는 바에 따르면 셀레우코스는 와인과 무화과는 보냈지만, "그리스에서는 소피스트를 파는 것이 법으로 금지되어 있다"며 문화 전수자의 파견은 거절했다).

마우리아 궁궐은 그리스에서 들여온 장식품 없이도 충분히 호화로웠다. 메가스테네스에 따르면 사치품을 사랑하는 페르시아인도 마우리아 왕실의 사치에는 비할 바가 못 됐다. 하지만 부귀영화에는 대가가 뒤따랐다. 찬드라굽타는 늘 암살 위협에 시달렸다. 후대 불교 전설에 따르면 찬드라굽타는 자진해서 왕위를 빈두사라에게 물려주었고, 기원전 270년 아소카가 그 뒤를 이었다. 그러나 다른 고대 기록들에 의하면 아소카의 승계는 치열한 권력 다툼의 결과였다. 왕위 계승권을 가진 자들이 오랫동안 각축을 벌이다가, 마침내 아소카가 99명의 형제를 죽이고 왕위에 올랐다.[23]

인도 곳곳에 남아 있는 거대한 바위에 새겨진 명문은 이와 상반되는 이야기를 전한다. 아소카의 법, 포고문, 업적을 새긴 명문에는 그의 형제들이 멀쩡하게 살아남아 왕실에서 중책을 맡았다는 내용이 새겨져 있다. 아소카 비문은 서쪽 셀레우코스제국과 접경 지역인 칸다하르 등에서 발견된 동굴 벽과 거대한 암석, 제국 전역에 세워진 12~15미터짜리 거대한 석주에서 찾아볼 수 있다. 무게가 51톤에 달하는 석주는 머리 부분이 동물 조각으로 장식되어 있으며, 네 마리의 사자가 기둥을 수호하고 주변 땅을 감시하며 등을 맞대고 앉아 있는 형상이 대표적이다.* 아소카 비문은 (현재 20여 개가 남았다) 인도의 가장 오래된 기록물로, 당시 인도 사회가 가진 복합적인 성격뿐만 아니라 아소카의 제국이 방대한 지역을 다스리면서 주변의 다양한 공동체들과 관계를 맺었음을 보여준다. 아소카는 자신의 업적을 제국 안팎의 가능한 한 많은 사람이 읽을 수 있도록 그리스어(이 지역에서 그리스어가 계속 사용되었다는 증거), 이란·아람어, 그리고 프라크리트어로 새겼다. 비문에는 지중해 동쪽을 지배하는 대부분의 왕조가 등장하는데, 이 또한 당시 지중해와 인도가 서로 연결되어 있었음을 보여주는 증거다.

기록은 아소카 대왕의 무자비함과 잔혹함뿐만 아니라, 그의 성격과 세계관이 천지개벽을 겪었다는 사실도 전한다. 산스크리트어 문헌 『아소카바다나Ashokavadana』는 아소카 대왕의 불교 개종 이야기를 담고 있다. 불교는 기원전 6~5세기 '축의 시대'의 산물로, 부처의 삶과 가르침에서 유래했다. 불교에 귀의한 아소카 대왕은 정복 전쟁을 멈추고 공공사업에 헌신했다(뒤에서 자세히 살펴보겠지만 불교의 가르침을 널리 전파하기도 했다).[24] 아소카 대왕은 자신의 비전을 솔선수범하고자 전 재산을 기부하는 등 나라를 다스리는 데 지장을 줄 정도로 이타적으로 변했다. 그 비전의 중심은 '다르마dharma(法)'였다. 다르마는 힌두교와 불교의 핵심 개념으

---

* 인도의 국장國章으로 지폐와 동전에 등장한다.

로, 정확한 의미는 종교별로, 시대별로, 심지어 개인별로도 다르다. 개인 차원이든(이를테면 '바르게 사는 방법') 우주 차원이든('우주의 질서') 다르마의 근원에는 질서라는 개념이 자리 잡고 있다. 다르마를 어떻게 정의하든 핵심은 다르마의 존재와 유지가 균형 잡힌 사회와 세계를 이루기 위해 절대적으로 필요하다는 믿음이다. 이를 어떻게 달성할 수 있을까? 아소카 석주에 따르면, "다르마의 고귀한 행위와 실천은 자비, 자선, 정직, 검약, 관용, 그리고 덕을 전파하는 것이다."[25]

이것은 공자의 통치 철학과 유사해 보이지만 사실 크게 다르다. 공자는 통치자에게 끊임없는 수신을 통해 백성의 모범이 되어 천명을 얻으라고 조언했지, 백성을 교화하기 위해 전 재산을 포기하라고 권하지는 않았다. 경제학자이자 노벨상 수상자인 아마르티아 센은 불교라는 신앙과 아소카의 불교 통치 이념은 고대 세계에 민주주의 사상이 개화한 사례이며, 따라서 보통 기원전 6세기 말 아테네로 여겨지는 민주주의의 기원이 꼭 서방에 한정된 것은 아니라고 주장한다.[26] 그러나 아소카 대왕이나 그 시대 다른 불교 사상가들이 고대 아테네의 급진적 민주주의자들과 동질감을 느꼈을지는 의문이다. 더구나 아소카 대왕의 실험은 성공하지 못했다. 『아소카바다나』에 따르면, 대신들과 아들의 경고에도 불구하고 계속해서 재산을 기부한 끝에 아소카에게는 과일 반쪽과 자신의 무력한 처지에 대한 한탄만 남았다고 한다.

아소카 대왕은 기원전 234년에 세상을 떠났다(디오도토스와 아르사케스가 박트리아와 파르티아에서 각각 독립국을 세운 무렵이다). 그 후 누가 왕위를 승계했는지 알려져 있지 않다는 사실은 의미심장하다. 셀레우코스제국이 사방에서 허물어지고 있을 때, 한때 위대했던 마우리아제국도 절정기를 지나 붕괴하기 시작했다. 일부 학자들은 아소카 대왕이 불교로 개종하고, 왕국을 방어하는 대신 백성의 삶을 향상시키려고 노력했던 것에서 그 원인을 찾는다. 아소카 대왕 이후 여러 계승자들이 제국을 분할통치했다는 얘기도 있고, 한 군주가 계속해서 정권을 유지했다는 기록도 있다. 하지만 이 무렵에 인도 북서부 지역(오랫동안 그리스인과 인도인이 혼재했고, 한때 알렉산드로스 대왕에 정복당한 후 마우리아왕조에 편입된)에서 독립적인 소규모 정치 공동체가 형성되기 시작했다는 사실은 의심할 여지가 없다. 더 중요한 것은 기원전 229년 박트리아 왕으로 즉위한 디오도토스 2세가 힌두쿠시산맥 북쪽의 마우리아 영토로 세력을 확장할 기회를 포착했다는 점이다. 마우리아제국의 나머지 영역도 위협받고 있었다. 한 인도 학자가 말했듯이, "인도는 포로스나 찬드라굽타와 같은 능력을 갖춘 자의 보호가 필요했으나, [아소카 같은] 몽상가를 왕으로 두었다."[27]

동방의 제국

때는 기원전 246년. 카르타고에서는 얼마 전 한니발이 태어났다. 중앙아시아에서는 디오도토스 1세가 그리스-박트리아왕국을 수립했다. 로마에서 동쪽으로 8,000킬로미터 떨어진 곳에서는 '조정'이라는 이름의 열네 살 소년이 관중분지의 함양(오늘날 중국 중부 산서성 서안 인근)을 도읍으로 한 진나라를 물려받았다. 즉위 후 첫 6년간은 승상 여불위의 섭정을 받다가, 스무 살에 이르러(기원전 240년) 친정을 시작했다. 그는 믿기 힘든 대성공을 거두었다. 전국시대 여러 제후국 중 하나에 불과했던 진나라는 그의 치세 아래에서 기원전 221년 중원을 통합하고 중국 역사상 최초의 통일 제국으로 우뚝 섰다. 그가 바로 진시황제다.

2부 전쟁과 변화하는 세계

조정의 성공은 진나라의 위치 덕을 어느 정도 봤다. 진나라의 심장부 (관중분지)는 동주의 서쪽 변경으로, 중국의 중심부로부터 멀리 떨어진 지역이었기에 빈번한 외침을 피할 수 있었다(로마가 초기에 그리스라는 당시 지중해의 중심지에서 빗겨나 있었기에 발달할 수 있었던 것과 마찬가지다[28]). 또한 진나라는 황허와 험준한 산맥으로 둘러싸인 천혜의 요새였다. 관중분지는 매우 비옥하고 생산성이 높은 땅이어서 농산물도 풍족했다(로마도 천연자원이 풍부한 지역이 지척에 있었다).

진나라가 채택한 통치 원리도 성공의 바탕이 되었다. 천혜의 입지에도 불구하고 진나라는 전국시대 초기 100년간 그리 성공적이지 못했다. 기원전 361년에 진효공이 법가 사상가 상앙을 등용하고 기원전 359년 법가 사상을 공식 통치 철학으로 받아들이면서 비로소 변화의 물결이 일었다. 법가의 신조는 '지혜로운 자는 법을 만들고, 어리석은 자는 법으로 제한한다'였다.

법가는 유교의 가르침과는 정반대에 가까운 사상 체계다. 법가는 강력한 법의 수립·유지와 가혹한 집행을 통해 중앙정부의 절대적 통치권을 확립하고 부국강병을 도모했다. 공자의 가르침은 그의 생전에 단 한 명의 통치자에게도 받아들여지지 않았기 때문에 맹자는 유교의 가르침을 보다 받아들이기 쉽도록 고쳐야 했다. 반면 상앙은 한 국가를 법가 사상으로 개조시켜 커다란 결실을 거뒀다.

이후 100년간 진의 국운이 극적으로 상승하면서 질서와 평화가 자리잡았다. 대외적으로는 남쪽의 고촉국과 파국을 정복하여 영토를 확장했다. 늘어난 영토에서 대규모 관개 공사를 추진하여 농업 생산량을 증가시키고, 늘어난 인구로 강력한 군대를 구축했다. 이런 업적이 아무 희생

없이 이루어지지는 않았다. 상앙은 그의 영향력을 시기한 왕실 정적들의 모함을 받았다. '역모죄' 누명을 쓴 그는 자신이 직접 만든 법에 의해 네 방향으로 달리는 수레에 사지가 찢기는 거열형을 당했다.

기원전 240년, 젊은 조정이 진나라 실권을 장악하고 기존의 장점(지리적 이점, 통치 철학, 효율적인 중앙집권적 관료제)을 발판 삼아 본격적인 영토 확장에 나섰다. 이 무렵, 법가를 통치 원리로 발달시킨 또 다른 인물인 한비가 지난날의 상앙처럼 높은 벼슬을 기대하며 진나라에 도착했다. 조정은 법가 사상을 집대성한 그의 저서를 대환영하며 탐독했으나, 정작 한비 자신은 부귀영화를 누리지 못했다. 그는 자신의 자리를 빼앗길 것을 두려워한 진나라 승상—한비와 동문수학했던 이사—이 꾸민 음모에 휘말려 처형되고 말았다.

진나라는 주변 제후국을 차례로 점령했다. 기원전 230년에 한나라, 228년에 조나라, 225년에 위나라, 그리고 221년에 마지막 남은 제나라가 진의 깃발 아래 무너졌다. 오기가 썼다고 알려진 병법서의 고전 『오자병법吳子兵法』은 진나라의 군사력에 이렇게 감탄한다. "진나라는 사람들이 사납고 지세가 험하다. 정사가 엄격하며 상벌이 분명하다. 백성들은 양보를 모르고 호전적이다."[29]* 대규모 정복 사업과 국가 통합 과정에서 진시황제는 적어도 세 번의 암살 시도(단검, 납을 채운 축筑, 철퇴)를 모면했다. 그는 암살자(또는 악령)에게 모습을 드러내지 않고 이동할 수 있도록 왕궁 지하에 수백 개의 터널을 건설했다고 전해진다.

천하를 통일한 진시황제는 서쪽과 북쪽으로 펼쳐진 중앙아시아의 광

---

* 秦性强, 其地險, 其政嚴, 其賞罰信, 其人不讓, 皆有鬪心.

대한 유목민의 땅을 넘보기 시작했다. 이후 반세기 동안 벌어진 유목 민족의 대이동이 중국뿐 아니라 박트리아와 파르티아에까지 미치게 될 파급 효과는 진시황제도, 서쪽으로 수천 킬로미터 떨어진 땅의 지배자들도 전혀 예상하지 못했다.

*

기원전 229년의 고대 세계는 격동에 휩싸여 있었다. 로마는 끈질긴 저항에 부닥쳤지만, 결과적으로는 지중해 세계를 제패했다. 중앙부는 혼란에 빠졌고 동방에서는 진나라가 세력을 확장했다.

제1차 포에니전쟁에서 패한 카르타고는 지중해에서 입지를 강화하기 위해 하밀카르의 지휘하에 스페인에 새로운 세력 기반을 구축하는 데 여념이 없었다. 로마 공화국은 서쪽으로는 스페인, 동쪽으로는 그리스로 세력을 확장하면서, 심지어 그 너머 셀레우코스제국에도 촉수를 뻗었다. 셀레우코스 2세 치하의 제국은 동쪽과 서쪽 변방에서 벌어진 분쟁에서 패색이 짙었다. 디오도토스 1세나 아르사케스와 같은 기회주의적 군주들이 박트리아와 파르티아 같은 새로운 왕조를 수립했다. 디오도토스를 비롯한 통치자들은 아소카 대왕의 선한 의도가 파멸적인 결과를 불러와 허물어져가는 오래된 제국을 호시탐탐 넘봤다. 중국에서는 조정이 이끄는 진나라가 통일 제국 수립을 눈앞에 두고 있었다.

역사를 돌이켜 볼 때 특히 로마의 부상은 당연하고 불가피했다고 설명하려는 유혹에 빠지기 쉽다. 로마는 분명 성공적이었지만, 기원전 220년대에 이 시나리오는 결과를 예상할 수 없었다.

하밀카르 사망 직후 카르타고군의 통솔권은 한니발이 아니라 하스드루발에게 넘어갔다.* 전쟁보다 외교를 선호했던 하스드루발은 이후 8년 간 노련한 협상을 통해 북으로 스페인 중부의 타구스강(스페인과 포르투갈 을 동에서 서로 가로지르며 리스본 근처에서 대서양으로 흘러 들어가는 강)까지 카 르타고의 세력권을 확장했다. 하스드루발의 대표적인 성과는 로마와 스 페인을 분할 지배하는 협상을 성사시킨 것이다. 피레네산맥을 넘어 남진 한 로마와 북진한 카르타고가 스페인에서 경쟁하고 있었다. 하스드루발 과 로마 사령부는 스페인 북부 피레네산맥에서 발원해 산맥과 거의 평행 하게 흐르다 스페인 동중부 연안에서 지중해에 합류하는 에브로강(타구 스강 다음으로 큰 강)을 두 세력의 분계선으로 정했다. 카르타고는 에브로 강 남쪽에 설립된 로마인 정착촌을 공격하지 않는다는 조건으로 스페인 의 광대한 영토 대부분을 자유롭게 통치할 수 있었다.

로마는 제1차 포에니전쟁의 승자로 부상했지만 하스드루발과의 합의 에 만족했을 것이다. 그들은 이탈리아 북부를 침공한 중유럽의 갈리아인 들로 인해 스페인에 신경 쓸 여력이 없었다. 로마가 스페인으로 세력을 넓히고, 그리스에 교두보를 구축하고, 소아시아 트로이의 독립을 요구하 고, 카르타고에게서 빼앗은 지중해 패권을 만끽하는 동안, 북쪽에서 온 갈리아인들은 이탈리아 북부를 초토화시키면서 로마가 새로 점령한 지 역의 갈리아족을 선동했다.[30] 향후 5년간 로마는 이탈리아 북부에 군대 를 투입하여 반란을 진압하고 침략자들을 내쫓는 일에 집중해야 했다.

동쪽에서는 사면초가에 몰린 셀레우코스 2세가 거대한 제국을 통치하 는 일에 한계를 느꼈다. 위협이 발생할 때마다 광대한 제국을 가로지르

---

* 이때의 통솔권은 한니발의 동생 하스드루발이 아니라 하밀카르의 사위 하스드루발Hasdrubal the Fair에게 넘어갔다.

며 행군하던 그는 마침내 기원전 225년경, 적의 칼이 아니라 말에서 떨어져 사망했다. 군주로서 매우 굴욕적인 죽음이었다. 그의 뒤를 이은 아들 셀레우코스 3세는 기원전 223년 동생 안티오코스에게 수도를 맡기고 페르가몬의 아탈로스 1세에게 빼앗긴 영토를 되찾으러 떠났다. 하지만 그는 행군 도중 자신의 군대에 의해 죽임을 당하고 만다. 아마 그들은 전투 경험이 전무한 사령관 밑에서 아탈로스처럼 전장에서 뼈가 굵은 베테랑과 맞붙기를 원치 않았을 것이다. 이제 스무 살도 안 된 안티오코스 3세가 셀레우코스제국의 왕위를 물려받았다.

마케도니아에서는 기원전 221년에 열여섯 살이 된 필리포스가 섭정인 당숙의 그늘에서 벗어나 필리포스 5세로 등극했고, 같은 해 이집트에서는 이십대 초반의 프톨레마이오스 4세가 코엘레 시리아의 지배권을 두고 셀레우코스제국과 분쟁에 휘말리게 된다. 한편 스페인에서는 하스드루발이 켈트족 왕의 노예에게 암살당했다. 스페인 주재 카르타고군은 즉시 스물여섯 살의 청년 한니발을 사령관으로 선출했고 카르타고 원로원이 이를 비준했다.

급변하는 정세 속에서 대대적인 권력의 세대 교체가 일어났다. 한니발은 그로부터 3년이 채 지나기 전에 하스드루발이 로마와 맺은 조약을 파기했다. 외교 대신 전쟁을 선택한 그는 에브로강 남쪽의 로마인 거주지 사군툼을 공격했다. 그리고 피레네산맥을 향해 행군을 시작했다. 그의 성姓이 '전광석화'라는 뜻의 '바르카'였다는 사실을 잊지 말자. 후대 로마 역사가의 표현처럼, "알프스산맥을 헤치고 혜성처럼 등장한 한니발이 마치 창공에서 던진 무기처럼 눈 덮인 산꼭대기로부터 이탈리아로 쏟아져 내려왔다."[31]

5장

관계의 성립

　기원전 215년 봄, 로마 함대는 아드리아해를 가로질러 그리스로 향하는 마케도니아 배 한 척을 발견했다. 로마군은 이 선박을 가로채기 위해 쾌속선을 띄웠다. 마케도니아 선박은 추격자를 따돌리려 노력했지만, 늘씬한 선체를 가진 로마 경비정은 파도를 헤치며 목표물과의 거리를 좁혀갔다. 도주가 불가능함을 깨달은 마케도니아인들은 뱃머리를 돌려 항복했다. 배에는 마케도니아 왕 필리포스 5세의 대사 크세노파네스와 복장, 말투, 행동거지로 봤을 때 카르타고인으로 판단되는 세 사람이 타고 있었다.

　로마군의 심문을 받은 크세노파네스는 원래 필리포스의 동맹 제안을 가지고 로마로 향하는 길이었으나 한니발의 카르타고군이 알프스를 넘어 파죽지세로 남하하는 바람에 길이 가로막혀 되돌아가는 길이라고 대답했다. 하지만 로마인들은 이 말을 곧이곧대로 믿지 않았다. 특히 크세노파네스와 동행한 카르타고인들이 수상했다. 그들은 배에 탑승한 노예와 수행원들을 심문하다가 문서 하나를 발견했고, 그 내용을 확인한 로마군 지휘관은 경악했다. 그는 즉시 이 문서를 가장 빠른 배로 로마로 이송하라고 명령했다. 포로들은 각각 다른 배에 나눠 태워서 서로 말을 맞출 수 없도록 조치했다.[1]

문서는 필리포스 5세와 로마가 아니라, 필리포스 5세와 한니발의 동맹조약 초안이었다. 내용은 간단했다. 마케도니아는 200여 척의 배로 이탈리아 동해안을 침공, 해안 지역을 유린하고 로마와 전쟁을 벌여 한니발의 로마 정복을 돕는다(따라서 로마가 그리스 영토를 넘보는 것을 미연에 방지한다). 로마가 패한 후 한니발이 이탈리아 전역과 모든 로마 영토를 지배한다. 대신 한니발은 군대를 이끌고 그리스로 와서 필리포스 5세가 그리스 내부의 적들을 제압하고 마케도니아의 패권을 확립하는 것을 돕는다.

카르타고와 마케도니아는 1,500킬로미터나 떨어진 서로 다른 대륙에 위치한 나라임에도 불구하고 양국을 위협하는 공동의 적을 제압하기 위해 단합했으며, 서로의 세력 확장을 기꺼이 지원하고자 했다. 필리포스 5세와 한니발은 국제 공조를 통해 입지를 다지려고 했다. 두 젊은이는 윗세대의 운명을 보며 지도자로 살아남기 위해서는 군대의 존경을 획득하고, 국민은 물론 동맹국의 충성을 확보해야 할 뿐만 아니라, 적들로부터도 인정받아서 그들이 함부로 움직이지 못하게 만들어야 한다는 사실을 똑똑히 배웠다.

이집트에서는 최근 즉위한 젊은 프톨레마이오스가 셀레우코스제국의 젊고 미숙한 왕 안티오코스 3세와 힘을 겨루면서 명성을 키워갔다. 안티오코스 3세는 이집트의 도전에 맞서 자신의 능력을 증명하는 동시에 아버지에게 물려받은 광대한 영토를 방어해야 했다. 중국의 진시황제도 같은 문제를 해결해야만 했다. 그는 수세기 동안 전화가 휩쓸고 간 땅을 새 질서 아래 통합하고, 갈수록 팽창하는 유목민 세력으로부터 국경을 방어하고, 신생 제국의 생존을 보장해야 하는 무거운 책임을 지고 있었다.

그들은 끊임없이 확장하는 체스판 같은 고대 세계에서 살아남고 번영하기 위해서는 동맹을 활용한 전략적 공격과 방어가 유일한 방법이라 여겼음이 틀림없다.

지중해에서 동맹이 형성되다

필리포스 5세가 로마를 적으로 하고 한니발과 동맹을 맺은 데에는 그럴 만한 이유가 있었다. 그의 아버지와 당숙은 마케도니아 북부 및 서부에서 변방 부족의 침략에 시달렸고, 그들을 (간신히) 제압한 것은 비교적 최근의 일이었다. 게다가 마케도니아는 남쪽에도 적을 두고 있었다. 기원전 221년 필리포스가 마케도니아 왕으로 즉위했을 때, 그는 '헬라스동맹 총사령관'이라는 공식 직함도 함께 얻었다. 다시 말해 그는 그리스 중부 지역의 라이벌 도시 연합 아이톨리아동맹의 확장세에 위협받던 동맹의 수장이었다.

기원전 220년, 필리포스 5세는—헬라스동맹의 수장으로서—아이톨리아동맹에 전쟁을 선포했다. 전쟁은 난항을 거듭했다. 군사작전이 시작될 때마다 필리포스 5세는 그리스 중·남부로 (남부 펠로폰네소스반도의 스파르타도 아이톨리아 측에 합세했으므로) 진격했다가 번번이 본국 침략이라는 루머를 듣고 회군하거나 불만을 갖고 발을 빼려는 동맹 도시들을 회유하느라 시간을 허비했다. 로마가 그리스 땅에 다시 발을 들여놓으면서 필리포스 5세의 골칫거리가 가중되었다. 로마는 (그리스 서해안에 교두보를 마련한 뒤) 일리리아 선박이 로마의 허가 없이 일정 지점 아래로 항해할 수 없다는 조건을 강제한 바 있다. 그런데 기원전 220년에 두 명의 일리리아 사령관이 선박 90척을 이끌고 아드리아해로 진출하여 해적질(일리리아 전사들의 전통적인 생계 수단)을 재개했다. 기원전 219년 여름, 로마군은 조약을 위반한 일리리아를 벌하기 위해 그리스 북부로 진군했다. 필리포스 5세는 전쟁을 일시 중단하고 로마의 행보를 주시했다. 이제 로마의 관심이 일리리아와 그리스로 집중되어 있었다. 로마의 집정관은 그해의 군사작전 지역 가운데 가장 중요한 두 지역에 각각 배치되는데, 기원전 219년에 로마 집정관 두 명이 모두 그리스에 투입되었다는 사실은 로마의 의도를 명백히 보여준다.

그리스에 전쟁의 먹구름이 드리운 가운데, 필리포스 5세는 사면초가의 심정이었을 것이다. 그러던 중 기원전 218년 한니발이 알프스를 넘어 이탈리아로 진군하고 있다는 소식이 들려오면서 로마의 (그리고 필리포스 5세의) 전력이 서쪽으로 급히 옮겨갔다. 일부 역사가들에 따르면 필리포스 5세가 한니발과의 동맹을 고려하기 시작한 것은 바로 이즈음이다. 해적 활동을 벌여 로마군을 그리스로 불러들인 장본인이자, 이제 필리포스가 믿고 의지하는 참모 겸 사령관이 된 일리리아 군주 데메트리오스를 포함한 몇몇 심복이 이 계획을 적극 지지하고 나섰다.

필리포스 5세와 데메트리오스는 한니발의 동정을 최대한 빠르게 알 수 있도록 릴레이식 전령 체제를 구축했다. 기원전 217년 여름, 필리포스 5세는 마케도니아에서 남쪽으로 600킬로미터 떨어진 네메아에서 제우스신에게 바치는 네메아 제전Nemean Games을 관전하고 있었다. 선수들이 경기를 앞두고 몸을 풀고 관중들이 열광적인 환호를 보내는 가운데, 전령이 도착했다. 한니발이 이탈리아 중부에 집결한 로마군을 대파하고 승기를 잡았다는 소식이다.

필리포스 5세는 즉시 제전에 흥미를 잃었다. 추진 중이던 다른 군사작전도 그의 관심 밖으로 밀려났다. 그는 그리스가 단합하여 더 큰 그림을 봐야 할 중요한 시기라고 강조하면서 두 그리스 동맹 간의 전쟁을 평화조약으로 마무리 지었다. 폴리비오스에 따르면, 평화조약을 조인하는 자리에 참석한 대표 한 사람이 이런 말을 했다. "왕께서 활약할 무대를 원하신다면 서쪽으로 눈을 돌려 이탈리아에서 벌어지고 있는 전쟁을 주시하십시오. 현명하게 때를 기다리다보면 언젠가 세상의 패권을 두고 힘을 겨룰 기회가 올 것입니다."[2] 필리포스 5세는 이 충고를 받아들였지만, 때를 기다리라는 말을 들을 생각은 없었다. 기원전 217~216년 겨울, 그는 참모 데메트리오스와 전쟁에 필요한 함대 구축에 전력을 기울였다.

로마가 한니발과 씨름하는 기회를 틈타 필리포스 5세는 일리리아 해안선을 따라 구축된 로마 보호령에 5,000명의 병사를 상륙시키는 동시에 육로로 군대를 보내 해당 지역을 점령하는 양면 전술을 시도했다. 이 작전이 성공할 경우 마케도니아의 세력권이 확대될 뿐 아니라, 이후 이탈리아를 침공할 탄탄한 전초기지를 확보할 터였다.[3]

하지만 필리포스 5세는 초전에 기세가 꺾였다. 또 다른 일리리아 군주의 요청을 받은 로마가 지원군을 보냈다는 소식이 들려왔다. 고작 함선 10척에 불과한 규모였지만, 필리포스 5세는 로마 해군이 죄다 몰려오는 줄 알고 공포에 빠졌다. 그는 즉각 후퇴를 명했고 필리포스 5세의 함대는 안전한 항구를 찾아 이리저리 흩어졌다. 아직 오지도 않은 (소규모) 함대에 겁먹은 필리포스 5세는 두고두고 웃음거리가 되었다.

　한니발과의 동맹 협상은 이 시점에 이미 진행 중이었다. 기원전 215년 봄에 사절을 태운 배가 로마군에 나포되었음에도 불구하고, 그해 여름 양국의 조약이 성사되었다. 폴리비오스는 이 공식 문서를 기록으로 남겼는데, 그 내용은 봄 무렵의 초안과 상당히 달랐다. 필리포스 5세는 더 이상 단독으로 이탈리아를 침공할 것을 약속하지 않으며 오직 한니발군을 지원하기 위해서만 그렇게 할 것이었다. 만일 양국 중 하나가 침략을 당하면 서로 돕는다고 합의하고, 한니발이 로마와 평화협정을 맺을 경우 로마가 필리포스 5세에게로 화살을 돌리지 않는다는 조건을 요구하기로 했다.[4] 필리포스 5세의 군사적 성취에 대한 기대는 현실적인 수준으로 축소되었다. 마찬가지로, 기원전 215년 무렵 한니발의 이탈리아 정복도 난관에 빠져 있었다.

*

　한니발은 불후의 업적을 남긴 위대한 장군임에도 불구하고 베일에 싸인 인물이다. 동상, 흉상, 동전 등을 통해 얼굴이 전해 내려오는 알렉산드로스 대왕과 달리 한니발은 공식 초상이 존재하지 않는다. 그는 이탈리아 남부 신전 벽에 새긴 글을 제외하고는 어떤 기록도 남기지 않았다. 그의 일생을 기록한 문헌은 죄다 로마인이나 그리스인에 의해 작성되었으며, 그것도 그가 활동한 시기가 아니라 후대의 시각에서 기록되었다. 어떤 이들에게 한니발은 다국적군을 이끌고 엄청난 끈기와 용기를 요구하는 도전을 통해 로마를 극한으로 내몰았던, 때로 냉소적인 유머 감각을 선보이기도 했던 용맹하고 전술에 능한 장수였다. 다른 이들에게 그는

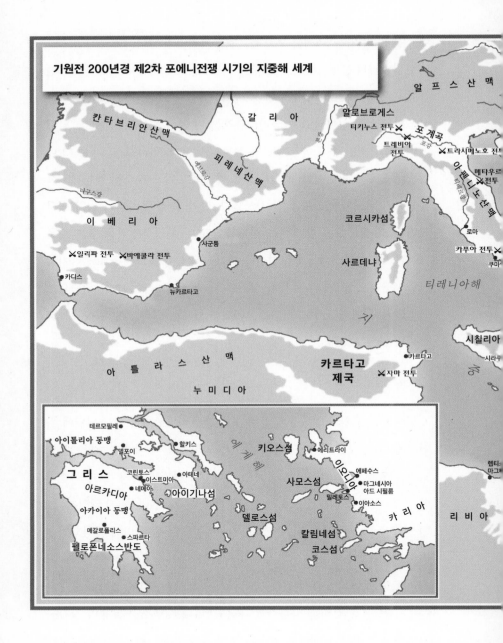

기원전 200년경 제2차 포에니전쟁 시기의 지중해 세계

알프스산맥

칸타브리안산맥

갈리아

알로브로게스

티키누스 전투 포 계곡

트레비아 전투

트라시메노호 전투

메타우르

전투

피레네산맥

코르시카섬

로마

이베리아

사군툼

카푸아 전투

쿠마

일리파 전투 바에쿨라 전투

사르데냐

카디스

뉴카르타고

티레니아해

아틀라스산맥

카르타고 제국

카르타고

시칠리아

시라쿠

자마 전투

누미디아

테르모필레

아이톨리아 동맹

할키스

키오스섬

에리트라이

델포이

에페수스

그리스

코린토스

이스트미아

아테네

사모스섬

마그네시아

아드 시필룸

아르카디아

네메아

아이기나섬

밀레토스

이아소스

아카이아 동맹

델로스섬

카리아

리비아

메갈로폴리스

스파르타

칼림네섬

렙티

마그

펠로폰네소스반도

코스섬

카르파티아산맥

다뉴브강

드라바강

사바강

일리리아

아드리아해

다뉴브강

흑 해

다르다니아

로도피산맥

트라키아

마케도니아

펠라

리시마키아

핀도스산맥

에피루스

소 아 시 아

셀레우코스제국

키노스케팔라이

트로이

나에 전투

타렌툼 전투

크로토나 전투

코르키라

이오니아해

토로스산맥

해

크레타섬

키프로스

티레

파나움

가자

라피아

알렉산드리아

프톨레마이오스제국

시와 오아시스

0   100   200   300 miles

원칙이나 정의감이라고는 찾아볼 수 없고 승리를 위해서라면 뭐든지 하는 교활한 악마의 화신이었다. 또 다른 이들은 그의 "내면 깊숙한 곳에서 인간의 피에 대한 갈증이 타올랐다"고 했다.[5] 하지만 그게 누구든 끊임없는 역경과 결핍, 불확실성을 극복하고 살아남은 한니발의 능력에 감탄해 마지않았다. 바위가 지각변동 과정에서 더욱 단단해지는 것처럼, 한니발도 극한의 압력 속에서 가장 강인한 모습을 보여줬음을 부인하는 이는 드물다.[6]

그는 시작부터 자신을 둘러싼 적들의 압박을 받았다. 그가 상대해야 할 적은 전장의 적병이 전부가 아니었다. 한니발이 하스드루발과 로마가 맺은 조약을 파기하고 사군툼을 포위하자, 로마는—당시 집정관 두 명을 파견했던 일리리아와 그리스에 집중하기 위해—한니발을 제치고 이 문제를 직접 카르타고 측과 외교적으로 해결하고자 했다.[7] 한니발의 운명은 지난 수십 년간 하밀카르의 군사작전을 방해했던 본국의 정적들에게 달려 있었다. 로마 역사가 퀸투스 파비우스 픽토르는 한니발이 기원전 218년에 이탈리아 원정을 떠난 주된 이유가 카르타고의 정적들이 그를 사령관직에서 파면할 것을 우려했기 때문이라고 주장했을 정도다.[8] 실제로 로마는 최고위급 대사를 파견해 이 젊고 제멋대로인 장군을 제어하라고 카르타고 원로회에 직접 요구했다. 그러나 이 긴장된 자리에서 양측 다 자존심을 세우며 벼랑 끝 전술을 펼쳤던 듯하다. 폴리비오스에 따르면, 로마 대사는 토가를 펄럭이며 "이 안에 전쟁과 평화가 모두 담겨 있다"고 말했다. 이에 카르타고인들이 둘 중 로마가 원하는 것을 내놓으라고 답했고, 그 말을 들은 로마 대사는 전쟁을 내놓겠다고 선포했다. 카르타고 원로회는 단 한마디로 응수했다. "받아들이겠소."[9]

한니발은 여러 개의 전선에서 전쟁을 준비했다. 사군톰을 공격하기 전, 로마가 보복으로 카르타고를 침공할 것에 대비하여 2만 명의 병사를 아프리카로 보냈다. 또한 카르타고가 지배하던 여러 북아프리카 부족에서 비슷한 수의 병사를 차출해 스페인으로 파병했다. 한니발은 지중해 최대 규모의 육군을 이끌고 헤라클레스-멜카르트Heracles-Melqart(메가스테네스가 인도에서 탄생했다고 말했던 헤라클레스와 동일한 그리스-카르타고의 신) 신전에 참배하기 위해 스페인 서해안 카디스까지 600킬로미터 거리를 왕복하며 자신의 힘을 과시했다. 과거 페르시아의 침공을 앞두고 아테네인들은 신탁을 받으러 델포이를 찾았고, 한 세기 전 알렉산드로스 대왕은 정복 전쟁을 떠나기 전 이집트 사막 도시 시와에 있는 제우스 암몬Zeus Ammon 신전을 방문했다.[10] 한니발은 지중해 동쪽의 위대한 선조들의 선례를 따르고자 했다(소년 시절 그리스인 교사로부터 배운 것이라 짐작된다).

그러나 한니발의 전망은 그리 밝지 않았다. 지중해를 장악한 로마 함대는 로마군을 카르타고나 스페인 어디로든 실어나르는 우회 기동 작전을 펼칠 수 있었다. 한니발은 자신이 이탈리아에 도착하면 이탈리아 북부의 갈리아족이 그의 기치 아래로 모여들 것이라 큰소리를 쳤지만, 사실 그들을 완전히 신뢰할 수는 없었다. 그들은 어느 쪽이든 이기는 편에 붙을 것이기 때문이다. 제대로 된 보급 없이 피레네산맥을 넘으며 병력이 대폭 줄어든 한니발의 군단이 이탈리아에 도착했을 때, 그 앞에는 숙련된 로마 군단이 기다리고 있었다.

적어도 그는 적의 예상을 깨는 데는 성공했다. 기원전 218년 11월 중순에 한니발이 보름 만에 알프스를 넘었다는 소식을 들은 로마는 공황에 빠졌다. 무엇보다도 로마군 주력이 다른 곳에 가 있었기 때문이다. 푸블리우스 코르넬리우스 스키피오가 지휘하는 로마군은 한니발을 공격하기 위해 스페인으로 가던 중에 한니발이 이미 갈리아 지방에 도달했다는 소식을 들었다. 스키피오 집안은 로마의 유명한 귀족 가문이다(폴리비오스를 후원한 덕분에 이 집안은 그의 유명한 『역사』에서 굉장히 호의적으로 묘사된다). 스키피오는 급히 귀국하여 포강 유역에 진영을 설치했다. 이후 한니발의 하산 소식을 들은 스키피오는 그를 저지하기 위해 티키누스강(오늘날 밀라노 바로 남쪽)으로 진군했다.

한니발은 감동적인 연설 솜씨로 유명하지만, 로마군과의 전투를 앞둔 이번에는 좀 다른 전략을 시도했다. 그는 알프스 횡단을 방해한 갈리아인 포로 중 두 명을 뽑아 카르타고 병사들 앞에 세우고, 죽을 때까지 싸운 뒤 승자만 자유롭게 풀어주겠다고 약속했다. 병사들에게 앞으로 임하게 될 전투의 성격을 보여주려는 의도였다. 한니발은 이렇게 외쳤다. "승리하거나, 죽거나, 아니면 산 채로 적에게 잡히거나 셋 중 하나다. 패자와 탈영병, 또는 다른 방법으로 목숨을 부지하려는 자에게는 모든 악과 불운이 닥칠 것이다."[11]

뒤이은 티키누스 전투에서 양측 군대는 너무나 사기가 충만한 나머지 곧장 백병전에 돌입했다고 전해진다. 보통 때라면 적군 부대와 거리를 좁히는 과정에서 로마군 투창 부대가 활약하지만, 이번에는 창 한 자루를 던질 기회도 없었다. 집정관으로서, 그리고 사령관으로서 능력을 증명하고 싶었던 스키피오는 부상을 입고 쓰러졌고, 그를 구출하기 위해 용감하게 달려간 아들(당시 열일곱 살) 덕분에 겨우 목숨을 건질 수 있었다. 아버지와 똑같이 푸블리우스 코르넬리우스 스키피오라는 이름을 가졌던 이 청년은 훗날 '스피키오 아프리카누스'라고 불리는 한니발의 강적으로 부상한다.

한니발의 승리는 로마인들의 간담을 서늘하게 했을 뿐만 아니라, 그 지역 갈리아 부족이 대거 한니발 편에 투항하는 결과를 가져왔다. 그러나 한니발은 그들을 신용하지 않았다. 기원전 218년 겨울을 나면서, 한니발은 거짓 투항한 갈리아인을 경계하며 다양한 가발을 써서 위장했다고 한다.[12]

한편 푸블리우스 코르넬리우스 스키피오는 티키누스강으로부터 약간 남쪽에 위치한 트레비아강으로 후퇴했다. 도의를 중시하는 그는 패배의 책임을 지고 로마군 지휘권을 공동 집정관인 티베리우스 셈프로니우스 롱구스에게 넘겨 전세를 뒤집고자 했다. 그러면서 그는 현명한 조언을 남겼다. 스키피오는 한니발이 위태로운 균형을 유지하고 있다는 점을 간파했다. 또한 로마군은 한니발의 거점인 스페인에서 카르타고군의 보급로를 공격하기 시작했다. 전쟁이 장기화된다면 카르타고군은 식량을 구하기 위해 주변을 약탈할 수밖에 없고, 그러면 한니발 편에 섰던 갈리아 부족이 다시 적으로 돌아설 것이었다. 폴리비오스에 의하면, 공동 집정관 티베리우스는 스키피오의 충고를 무시하고 자신의 명성을 드높이는 데 급급했다.

기원전 218년 12월 21일, 양측은 트레비아강을 사이에 두고 대치하고 있었다. 한니발은 특유의 기발한 전술을 준비했다. 한니발의 병사들은 미리 푸짐한 식사를 하고 몸에 올리브유를 발라 매서운 추위에 대비했다. 그런 후 로마군 진지를 기습 공격하여 영광에 목마른 집정관 티베리우스와 로마군을 카르타고군 진지로 유인했다. 로마군은 아침 식사도 하지 못한 채 얼음장처럼 차가운 강을 건너 만반의 준비가 된 한니발의 병사들을 상대해야 했다. 선두의 코끼리 부대는 로마군의 대열을 파괴했고 뒤따른 기병과 정예 보병대는 흩어진 로마군을 궤멸시켰다.[13] 이 전투에서 살아남은 젊은 스키피오는 한니발의 전략과 로마군 사령관의 실수를 가슴에 새겼다.

한니발의 지략이 다시 한 번 승리했지만, 그해 겨울은 혹독했다. 알프스를 넘느라 체력을 소모한 데다 또다시 추위와 궂은 날씨에 노출된 병사들이 줄줄이 죽어나갔다. 군마들 사이에 피부병이 돌았고, 코끼리도 병들어 한 마리만 남고 모두 죽었다. 기원전 217년 초봄, 한니발은 유일하게 살아남은 코끼리('수루스Surus', 즉 '시리아 출신'이라고 알려진)를 타고 이탈리아반도를 따라 남하했다. 코끼리의 부러진 상아는 한니발의 약점을 상징하는 듯했다. 행운의 여신도 그를 버린 것인지, 한니발은 비위생적인 습지대를 통과하다 눈병에 걸려 한쪽 눈을 잃었다.

로마는 여전히 한니발이 스스로 나가떨어질 때까지 기다리자는 스키피오의 조언에 귀를 기울이지 않았다. 기원전 217년에 집정관 자리에 오른 이들은 전임자들이 실패한 과업을 성공시켜 자신의 이름을 역사에 남기고 싶어 했다. 이것은 로마 체제의 결정적인 허점이다. 폴리비오스는 로마의 체제는 용맹하다는 명성을 얻기 위해 모든 것을 극복하는 인물을 길러내도록 조직되었다고 설명했다.[14] 이는 로마에 과도한 위험을 무릅쓰도록 조장하는 풍토가 만연했다는 뜻이기도 하다. 게다가 집정관의 임기가 정해져 있었기 때문에―다시는 어느 한 사람이 로마에서 독재적·군주적 권력을 가질 수 없도록 고안된 것이지만―집정관들은 단기간에 자신의 용맹을 입증해야 했다. 그들은 전략적으로 참을성 있게 대응하기보다는 성급하게 행동했고, 이 경향은 때로 공화국에 불리하게 작용했다. 로마 사령부의 성급함은 한니발에게 유리하게 작용했다.

　기원전 217년 6월 21일, 집정관 가이우스 플라미니우스는 한니발군이 로마로 진격하기 전에 섬멸하기 위해 추격 중이었다. 플라미니우스 휘하의 로마군은 정찰 부대도 없이 리비우스가 "천혜의 매복지"라 칭한 지역으로 곧장 전진했다.[15] 이탈리아 중부 움브리아 지방에 위치한 트라시메노호에서 로마군은 언덕과 호안선 사이의 좁은 지대로 진입했다. 호수에서 피어오른 물안개 때문에 군기조차 제대로 보이지 않을 정도로 시계가 나빴다. 로마군은 매복해 있던 한니발의 부대가 언덕에서 돌진해오는 것을 보지 못했다. 짙은 안개 속에서 불과 세 시간 만에 1만 5,000명의 로마군이 도살당했다. 수많은 병사가 호수 안에서 자비를 호소하다 죽임을 당했다.[16] 마침내 해가 떠오르고 안개가 걷혔을 때 집정관 플라미니우스의 시신이 발견되었다.

　1,300킬로미터 떨어진 마케도니아의 필리포스 5세가 네메아 제전 중에 보고받은 소식이 바로 트라시메노호 전투의 결과였다. 그는 곧바로 그리스 연맹 간의 전쟁을 중단하고 한니발과의 동맹을 결심했다. 필리포스 5세는 로마 원로원이 며칠에 걸쳐 새벽부터 해가 질 때까지—로마 역사상 유례가 없는 일이다—트라시메노호에서 벌어진 재앙에 어떻게 대응할지를 두고 필사적인 논의를 거듭하고 있다는 소식을 들었을 것이다. 거침없이 남쪽으로 진군하는 한니발의 부대가 약탈품의 무게에 비틀거린다는 소식도 섞여 있었으리라.

　기원전 216년, 동맹 협상 중이던 필리포스 5세는 한니발이 이탈리아 남동부 칸나에에서 또 대승(트라시메노호 전투보다 더 큰 승리)을 거뒀다는 전령을 받았다. 기원전 216년 8월 2일의 칸나에 전투에 로마는 사상 최대 규모인 보병 8만 명을 투입했지만 절반은 전투 경험이 없는 신병이었다. 그들 앞에 연이은 승리로 사기가 하늘을 찌르는 한니발의 부대가 트레비아와 트라시메노호에서 획득한 로마군 갑옷으로 무장한 채 나타났다. 로마군의 규모는 카르타고군의 두 배였지만, 칸나에는 로마 역사상 최악의 패배로 남았다. 이날은 서양에서 벌어진 무수한 지상전 가운데 가장 많은 사상자를 낸 하루로 기록되었다.[17]

한니발이 칸나에에서 승리할 수 있었던 이유는 두 가지다. 첫째, 두 명의 로마 집정관이 하루씩 번갈아가며 군사를 지휘한다는 정보를 바탕으로 보다 야심 찬, 따라서 더 경솔한 집정관이 지휘하는 날 전투를 벌이기로 결정했다. 둘째, 이렇게 몸이 단 적장을 상대로 한니발은 각 부대를 최상의 위치에 배치함과 동시에 자신의 통제에 따라 전군이 일사불란하게 움직일 수 있는 형태로 전열을 짜는 비상한 능력을 발휘했다. 한니발은 전투 중 상황에 맞게 각 부대의 배치와 진형을 바꾸면서 그물 안에 파리를 가둔 거미처럼 로마군을 상대했다. 전투에 참가한 젊은 스키피오는 수만의 로마군이 적에게 살육당하는 것을 지켜봐야 했다. 그날 집정관 루키우스 아이밀리우스 파울루스를 비롯해 집정관 대행proconsul 한 명, 재무관quaestor 두 명, 군사 호민관 29명, 원로원 의원 80명, 그리고 수 명의 전직 집정관, 법무관, 조영관aediles 등 로마군 사령부의 절반 이상이 전사했다. 일부 병사들은 패배의 치욕을 참지 못하고 스스로 진흙 속에 머리를 묻어 질식사했다는 얘기도 전해진다.[18] 한니발은 로마 집정관 파울루스의 장례식만을 허용했다. 나머지 전사자들은 쓰러진 자리에서 여름의 뜨거운 태양 아래 썩어갔다.

파울루스는 죽기 전 동료 로마 지도자들에게 유언을 남겼다. "이곳에서 승리한 적이 몰려가기 전에 로마 수비를 강화하고 단단히 지키라고 원로원 의원들에게 전하라!"[19] 한니발의 부하들은 기세를 몰아 로마로 진격해 닷새 뒤에는 유피테르 신전에서 만찬을 벌이자고 외쳤다. 로마는 절망감에 휩싸였고 흉흉한 루머가 돌았다. 한니발군이 성문 밖에 도착했다는 소문이 돈 것도 여러 번이었다. 파울루스의 유언을 전해 들은 로마는 퀸투스 파비우스 픽토르(훗날 저명한 역사가로 이름을 남긴다)를 델포이로 파견해 신탁을 구했다. 한편 로마 시내에서는 신들의 가호를 빌기 위해 갈리아인 남녀 한 쌍과 그리스인 남녀 한 쌍을 생매장하는 필사적이고 잔혹한 제사가 열렸다.

폴리비오스는 『역사』에서 로마가 칸나에 전투에서 최악의 패배를 경험한 시점의 로마 정체를 논한다. 그는 한니발에 대한 로마의 대응에 훗날 로마를 성공으로 이끄는 체제와 로마인 특유의 굽힐 줄 모르는 의지와 성격이 잘 드러난다고 설명한다. 극한의 공포가 도시 전체를 덮쳤지만 로마 체제는 정상적으로 작동했다. 멸망의 위협은 오히려 공화국을 구성하는 여러 기구(집정관, 원로원, 민회)가 서로 협력하도록 강제했다.[20] 로마의 정치 및 군사 체제는 영웅적으로 도시를 방어한 역사를 바탕으로, 그 용맹함을 선보인 자에게 드높은 명예를 약속함으로써 유지되는 구조다. 패배에 직면하자 로마인들의 생존 의지는 더욱 굳건해졌다.[21] 한니발은 칸나에에서 사로잡은 로마군 포로들을 몸값과 교환하겠다고 제안했으나, 로마 원로원은 로마가 처한 절망적인 상황에도 불구하고 이를 거부했다. 폴리비오스에게 이것은 로마 체제가 탄생시킨, 그리고 결과적으로 로마가 지중해의 패권을 차지하는 데 결정적인 역할을 하게 될 불굴의 의지를 보여주는 궁극적 사례였다.[22]

제2차 포에니전쟁은 끝날 기미가 보이지 않았다. 한니발의 약점은 전력의 대부분을 차지하는 갈리아인 용병의 지속적인 협조를 유지하기 어렵다는 데에 있었다. 또 하밀카르의 오랜 정적 한노 2세의 영향력 아래서 언제라도 적대적으로 돌아설 수 있는 카르타고 정계도 한니발의 발목을 잡았다. 한니발은 카르타고 정치인들을 자기편으로 끌어들이기 위해 노력했다. 칸나에 전투 후 그는 로마군 시체를 수색하여 금반지를 모두 수거한 후 이것을 카르타고로 보내 원로회에 쏟아붓도록 했다. 이 책략은 효과를 발휘했다. 카르타고 원로회는 즉시 한니발에게 추가 병력과 코끼리를 보내주기로 결의했다(하지만 시칠리아 도착 직후 전염병이 돌아 대거 몰살당하고 만다).

한니발은 로마시에 대한 공격을 미루고 이탈리아 남부로 진군했다. 이후 한니발군은 누wildbeest 주위를 맴도는 파리 떼 같은 로마군의 끊임없는 저항에 시달렸다.[23] 로마가 칸나에에서 붙잡힌 로마군 포로에 대한 몸값 지불을 거절한 후, 한니발은 사절단을 보내 평화협상을 종용했다. 하지만 로마인들은 이마저 거부했다(후대 역사가는 이를 '의연한 용기'라고 칭송했다). 한니발은 단지 지중해의 세력 균형을 바로잡고 로마의 야욕을 제한하고 카르타고의 영향력을 회복하기 위해 그들을 협상 테이블에 앉히려 했을 수도 있다. 그러나 그는 자신보다 더 완강하고 결연한 적을, 참담한 패배를 겪고도 포기를 모르는 끈질긴 적을 상대하고 있었다.

한니발의 병사들은 끝이 보이지 않는 이탈리아 원정에 지쳐갔다. 전투에서 연이어 승리하며 사기는 고무되었지만, 병사들에게는 맘껏 먹고 마시며 쉴 수 있는 땅이 필요했다. 칸나에 전투 후 한니발과 병사들은 그해 겨울 내내 "캄파니아 스타일의 호화로움, 폭음, 오입질 등 온갖 종류의 방탕함을 즐기며" 보냈다.[24] 기원전 215년 한니발은 다시 전열을 정비했지만 쿠마이 점령에 실패했다. 이탈리아 원정에서 처음으로 겪은 패배다. 리비우스는 이를 지난 겨울의 방탕한 생활 탓이라고 봤다. 패배는 한니발군의 사기를 꺾었고, 로마에 투항하는 병사들이 나오기 시작했다.

설상가상으로 스페인 본진을 공격하는 아버지 스키피오의 전략이 효과를 보기 시작했다. 로마군의 승리를 목격한 일부 스페인 도시가 로마 편으로 돌아섰고, 한니발은 어쩔 수 없이 병력을 떼어 그곳에 파견해야 했다. 그리고 마케도니아 필리포스와의 동맹을 제외하면 한니발이 추진했던 다른 동맹 시도는 별다른 성과를 거두지 못했다. 그가 협상을 시작했던 시칠리아 시라쿠사의 참주 히에로니무스는 곧 반反카르타고 진영에 의해 살해당하고 말았다. 그 후 2년간 로마 해군의 시라쿠사 봉쇄가 이어졌다. 시라쿠사가 그나마 2년간 버틸 수 있었던 것은 아르키메데스 덕분이다. 물체의 밀도를 잴 방법을 떠올리고 '유레카!'를 외치며 욕조에서 뛰쳐나온 일화로 잘 알려진 바로 그 아르키메데스다. 그는 지렛대와 도르래의 원리를 이용한 투석기와 기중기, 태양 광선과 반사경을 이용해 적선을 불태우는 '광선 무기' 등 온갖 종류의 기계장치를 개발하여 도시를 방어했다.

기원전 210년대가 다 지날 때까지 로마와 한니발은 이탈리아와 스페인 전선에서 승패를 거듭하는 소모전을 이어갔다. 제2차 포에니전쟁의 장기화는 지중해 연안 다른 나라의 통치자들에게도 영향을 미쳤다. 안티오코스 3세처럼 멀리 떨어진 지역의 통치자들은 로마의 확장 야욕으로부터 해방되어 다른 문제에 전념할 수 있었다. 지중해 중심부에서는 시칠리아 시라쿠사의 젊은 참주가 목숨을 잃었다. 하지만 마케도니아의 필리포스 5세만큼 이 분쟁에 농락당한 사람은 없을 것이다. 로마 해군이 일리리아 해안에 도착한 것을 목격하고 공황 상태에 빠진 그는 자국 함선을 모두 불태우고 육로를 따라 마케도니아로 회군했다.

필리포스 5세가 봉착한 문제는 단지 로마군과 맞서 싸우는 데 실패한 것에 그치지 않았다. 로마는 지중해에 동맹을 구축하여 필리포스 5세의 관심이 로마로 향하지 못하도록 조치했다. 필리포스의 적들을 부추겨 그가 로마를 방해하지 못하게 하는 전략이었다. 그리스의 아이톨리아동맹은 물론, 셀레우코스제국에서 독립한 후 세력 확장 기회를 노리던 에게해 너머 페르가몬 왕 아탈로스 1세까지 로마에 포섭되었다. 리비우스와 폴리비오스에 따르면, 필리포스 5세는 계속 치욕을 당하면서 극도로 난폭해지고 무절제해졌다. 기원전 209년 7월, 그의 불운은 극에 달했다. 아탈로스 1세가 군대를 이끌고 아테네 연안 아이기나섬에 도착했고 동시에 로마군이 그리스 북서부에 주둔하며 협공을 준비하고 있었다. 카르타고 지원군은 도착하지 않았다.

필리포스 5세는 구석으로 내몰렸다. 네메아 제전에 참석한 그는 술에 취해 광장을 비틀거리며 돌아다녔다. 그는 원하는 것이 있으면 무엇이든 요구하고 빼앗았으며, 마음에 드는 여자에게 막무가내로 잠자리를 강요하고 불응하면 남편과 아들을 위협했다.[25] 그는 인근을 침략한 로마군을 물리치러 나섰다가 부상을 입고 돌아온 뒤에도 난봉질을 멈추지 않았다.

이 무렵 로마는 중대한 결정을 내렸다. 기원전 210년, 전통적으로 요구되는 고위직 경력이 없는 스물다섯 살 청년이 스페인 지역 총사령관으로 선출되었다. 로마 역사상 유례가 없는 승진이었다. 주인공 푸블리우스 코르넬리우스 스키피오는 이때까지 전장에서만 활약했을 뿐 로마 정계의 '쿠르수스 호노룸'을 밟을 기회가 없었다. 대신 그는 한니발의 전술을 지척에서 목격했고, 전투에서 적을 과소평가하거나 경솔하게 움직인 사령관이 어떻게 패배하는지 똑똑히 기억했다. 스키피오는 한니발 못지않은 활력과 투지로 불타올랐다. 두 사람의 경쟁은 카르타고와 로마의 마지막 결전을 장식하게 된다.

아시아와 중국의 단독 통치자

한니발과 로마가 대치하고 필리포스 5세가 술에 취해 허송세월하고 있을 무렵, 동쪽으로 8,000킬로미터 떨어진 땅에서는 진시황제가 승리를 만끽하고 있었다. 전국시대 제후국 중 마지막 남은 제나라를 점령하고 천하통일을 이룬 그는 제국을 더욱 긴밀하게 통합한다는 목표를 가차 없이 추진했다. 그는 로마는 아직 꿈꾸지 못하는 성공을 거두었다.

진시황제는 정복한 지역의 병기를 모두 녹이고 각 제후국의 수도를 파괴했으며, 백성을 여러 집단으로 나눠 모든 이가 서로를 감시하는 체제를 구축했다.* 동시에 그는 진나라 수도 함양으로부터 뻗어나가는 총 6,800킬로미터에 달하는 도로망을 건설하여 제국 전역의 물리적 접근성을 높였다. 또한 도량형부터 화폐, 문자 등 모든 것을 표준화했다. 기원전 221년 이후 진시황제가 벌인 건설 사업에 중국 인구의 10분의 1이 동원된 것으로 추정된다.

이 모두를 뒷받침한 것은 확고부동한 법가 철학과 가혹한 집행으로 지탱되는 법질서였다. 훗날 중국을 다시 통일한 한나라는 시황제의 폭정을

---

* 전국의 백성을 5가, 10가 단위로 묶어 이웃 간에 상호 감시하고 위법 행위를 고발하게 했던 십오제十五制.

기록했는데(따라서 사실 여부가 의심스럽다), 그 가운데 유명한 것이 분서 사건이다. 시황제는 기원전 213년에 박사관博士官이 아닌 사람이 법가를 제외한 제자백가 시대에 출현한 모든 정치·사회·철학 도서를 소지하는 것을 금하고, 압수한 책을 모두 불태웠다. "옛일을 들먹이면서 현실을 비판하는 자는 일가족을 몰살한다"는 조칙이 내려왔다. 황제의 방침에 반발한 학자 470명이 죽임을 당했으며, 일부는 생매장당했다고 한다.[26] 잿더미가 된 책 중에는 공자와 그 제자들의 책도 있었다. 후대 기록은 당시 유교가 존폐의 위기에 처했다고 전한다. 유교의 운명은 시황제의 관료들이 경전을 얼마나 철저하게 압수하고 소각하는지에 달려 있었다.

시황제는 모든 지방 관리들이 황실 법률 기관의 명령을 따르도록 강제했으며, 이 기구는 사형, 거세, 중노동과 같은 가혹한 형벌을 자주 내렸다. 그러나 시황제의 개혁은 단순히 법제도 재편성에 그치지 않았다. 기원전 2세기 말 중국 최초의 역사서 『사기』를 쓴 사마천에 따르면, 시황제는 비문에 자신의 노력을 이렇게 요약했다.

> 시황제께서 제위에 임하시어 법과 표준, 원칙을 세우시니 … 하늘 아래 모두가 한마음으로 기꺼이 따랐다. 도량형을 통일하고 글자도 통일하셨다. … 서로 다른 풍습을 바로잡으셨다.[27]

다시 말하면, 시황제는 기존의 '천명天命' 개념이 시대에 뒤떨어졌다고 선언한 것이다. 이제 천하뿐 아니라 통치자, 현자, 천명까지 하나로 통일됐다. 통치자가 세상이 필요로 하는 모든 것을 한 몸에 구현한 이상 더이상 공자 같은 현자의 조언은 필요 없었다. 그러나 이렇게 신성한 존재

2부 전쟁과 변화하는 세계

를 자처했음에도 불구하고, 시황제는 평생 암살의 위협에 시달렸다. 그는 적어도 한 번 이상 도적 떼의 공격을 받았으며, 암살자를 피하고자 그늘에 숨어 통치했다고 전해진다.

시황제도 한니발처럼 전모를 분석하기 힘든 인물이다. 수많은 후대 기록이 의도적으로 그를 사악하고 오만방자한 인물, 자격 미달의 통치자로만 묘사하고 있기 때문이다. 이를테면 그는 첩의 몸에서 태어난 사생아라고 전해지며, 자신을 가리킬 때 쓰던 짐朕이라는 말을 오직 황제만이 사용할 수 있도록 독점했다고 한다. 그러나 그는 자신이 점령한 거대한 영토를 통합하고 극대화하고자 했던, 그리고 북쪽과 북서쪽의 유목민 부족으로부터 국경을 방어한 강하고 야심 찬 통치자였다.

장성은 오랫동안 중국인이 선호한 국경 방어 전략이다. 기원전 450년, 북동부 제후국 제나라가 북쪽 국경을 따라 방어벽을 세웠다. 기원전 300년에는 진나라, 위나라, 연나라가 국경에 흙더미로 된 벽을 쌓았다. 진시황제는 통일 직후 가장 신임하는 장군과 수십만 명의 인부를 직도(함양에서 내몽고까지 1,000킬로미터를 연결하는 직통 도로)를 따라 변경으로 보내 제국의 국경에 800킬로미터가 넘는 장성을 건설하게 했다.

진나라는 춘추전국시대의 제후국이 쌓은 낡은 방어벽을 연결하여, 동쪽의 요동반도부터 서쪽으로 적도까지 5,000킬로미터 길이의 방어선을 확보하고 이민족의 침략을 차단했다. 흙무더기를 두드려 쌓은 토성 형태의 높은 벽은 유목민 기마병의 기습을 막는 데 유용했다. 이에 더해 눈앞에 솟은 장성은 신생 제국에 더 큰 일체감과 공동체 의식을 심어주었다. 진시황제는 불가능을 이룬 위대한 인물로 역사에 남았으며, 만리장성은 오늘날까지 중국을 대표하는 문화유산이다.

장성 축조는 막대한 대가를 치러야 했다. 경제적인 비용 외에도 수많은 백성이 공사 현장에서 목숨을 잃었다. 만리장성과 관련한 한 애절한 이야기가 중국 민간 고사에 전해 내려온다. 인부로 차출된 남편을 찾아 나선 '맹강녀'는 그가 죽어 벽에 묻혔다는 사실을 알게 되었다. 맹강녀가 슬피 울자 시신이 묻힌 벽이 무너져 수백 구의 유골이 드러났다. 맹강녀는 남편의 유골을 수습하여 장례를 치르고 물속에 몸을 던져 자살했다.

국가 통합 및 강화 작업과 함께 영토 확장도 추진되었다. 장성 너머에서는 중국 사료에 월지, 흉노, 동호라고 기록된 세 유목민 부족이 진나라와 대적하고 있었다. 장벽의 건설은 이들을 동요시켰다. 그들은 느슨한 유목 생활을 버리고 보다 조직적인 전투 집단으로 거듭났다. 진나라 군대가 오늘날 내몽고 지역의 목초 지대(하투河套 지역)로 진격하여 흉노족을 북쪽으로 몰아내자 충격파는 더 넓은 지역으로 퍼져나갔다. 당시 흉노는 동호에 위협받고 월지국 왕실에 정기적으로 인질을 보내던, 세 부족 가운데 최약체였다.

기원전 215년경, 흉노의 선우 두만은 아들 묵특을 월지에 인질로 보내 월지를 급습하는 계략을 꾸몄다. 사마천에 의하면, 묵특은 이것이 아버지가 총애하는 다른 아들을 후계자로 삼기 위해 월지로 하여금 자신을 살해하도록 하려는 획책임을 간파했다. 묵특이 빠른 말을 훔쳐 대담하게 고향으로 탈출하는 바람에 두만의 계획은 수포로 돌아갔다. 아들의 용기를 높이 산 두만은 묵특을 기병대 1만의 대장으로 삼았다.

묵특은 이 부대를 엘리트 정예 부대로 양성했다. 진시황제의 병사들처럼 그들도 절대복종을 훈련받았다. 그중에는 묵특이 화살을 쏘는 방향으로 일제히 화살을 쏘는 훈련도 포함되어 있었다고 한다. 병사들의 충성심을 시험하기 위해 (그리고 아버지에 대한 복수로) 묵특은 먼저 자신이 가장 아끼는 말을 쏘았다. 화살이 해일처럼 말을 덮쳤다. 그다음으로는 자신의 부인을 쏘았다. 부인은 화살촉이 가득 꽂힌 채로 죽었다. 그다음에는 부친이 가장 아끼는 말을 쏘았다. 말은 순식간에 1만 개의 화살이 꽂힌 벌집으로 변했다. 마지막으로 묵특은 아버지를 향해 활을 겨눴다. 늙은 두만이 마지막으로 본 광경은 하늘을 까맣게 덮은 한 떼의 화살촉이었다.

묵특은 의붓어머니, 동생, 그리고 그에게 충성을 맹세하지 않는 이를 모두 처형하고 기원전 209년경 흉노의 권력을 장악했다. 이후 7년간 그는 흉노군을 이끌고 동호와 월지를 상대로 승리를 거둔다. 그 결과 월지는 서쪽 중앙아시아의 광대한 스텝 지대로 이동했다. 월지는 60년에 걸쳐 서쪽으로 2,500킬로미터 이상 이동하여 중앙아시아 박트리아왕국의 국경에 도달했다. 월지의 대이동이 초래한 변화는 뒤에서 다시 설명한다.

내부의 경쟁 상대를 모두 제거한 묵특은 시선을 진나라로 돌렸다. 그의 눈에 비친 진은 힘겹고 고통스러운 재탄생의 과정을 거치고 있었다. 기원전 210년 9월 10일 진시황제가 천하 순행 중 사망했다. 재위 기간 내내 고집했던 '진인眞人'의 칭호를 현실로 구현하기 위해 불로장생의 영약을 찾아 헤맨 그는 아이러니하게도 방사들이 처방한 수은 환약을 먹고 명을 재촉했다고 한다.

1974년 우물을 파던 한 농부가 진시황릉을 발견한 후, 진시황제는 다른 의미의 불멸을 얻었다. 무덤 축조 공사는 그가 진나라 왕으로 즉위하자마자 시작되었고, 황제로 등극한 후에는 아마 그 규모가 크게 확대되었을 것이다. 사마천에 따르면 그의 무덤은 옥이 풍부하고 풍경이 아름다운 여산 기슭에 70만 명의 인부를 동원해 만들어졌다. 봉분은—현재도 봉쇄되어 있다—피라미드 형태로, 축구장 크기의 발굴 지역 아래 깊숙이 묻혀 있다. 황릉 안에는 그가 다스렸던 도시의 축소판이 펼쳐져 있으며, 그가 사후세계에서 사용할 모든 것이 갖추어져 있다고 한다. 통설에 의하면, 능 안에는 수은으로 된 100개의 하천이 흐르고, 천장에는 별과 달의 천문도를 그렸다고 한다.

그뿐만 아니라, 황제를 보호하기 위해 8,000명의 병사가 무덤 속에 도열했다. 지위와 소속을 드러내기 위해 각기 다른 모습으로 만들어지고 다양한 색깔로 채색된 실물 크기의 병마용이다.[28] 보병 외에도 130대의 전차, 150마리의 기마, 관리, 광대, 악사, 갑옷과 무기가 부장품으로 매장되었다. 고대 사료에 따르면 산 사람도 무덤 속에 던져졌다. 자식을 두지 못한 후궁뿐 아니라 황릉과 병마용을 만든 장인들도 비밀을 발설하지 못하도록 생매장되었다.

시황제 생전의 모든 노력에도 불구하고 신생 제국은 빠르게 분열되었다. 시황제 사망 직후에 제국이 당면한 문제는 황제의 시신을 도성까지 옮겨오는 일이었다. 황제가 도읍에서 두 달은 족히 걸릴 거리에서 세상을 떴기 때문이다. 지금 그의 죽음이 알려진다면 반란이 일어날지도 몰랐다. 수행단은 시황제의 시신을 실은 마차가 썩은 내를 풍기자 뒤에 생선을 실은 마차를 붙여 악취를 가리면서 필사적으로 그의 죽음을 비밀에 부쳤다.

더 중요한 문제는 후사였다. 시황제는 여러 명의 아들을 두었고, 각각의 배후에는 그들을 후계자로 미는 관료 세력이 포진해 있었다. 시황제 사후 환관 조고와 승상 이사는 몽염 장군(만리장성 축조와 북쪽 유목민 토벌을 관장한 인물)에게, 그리고 몽염과 그의 세력이 후계자로 밀었던 시황제의 아들에게 자결을 강요했다. 이사와 조고는 시황제의 막내아들 호해를 즉위시키고 권력을 나눠 가졌지만 곧 서로 반목했다. 조고는 이사를 처형하고 젊은 황제를 겁박하여 대권을 장악했다.

황실에서 벌어진 권력 다툼보다 더 큰 문제는 따로 있었다. 제국의 균열을 틈타 각지의 세력가들이 제후국을 부활시켰고, 난세에 팔자를 고치고 출세할 기회를 포착한 이들이 여기에 합세했다. 그 가운데 제후 항우와 미천한 신분의 진나라 관리 유방이 강력한 지도자로 대두했다. 유방은 병마용 건설 인부를 감독하는 일에 실패한 후 관직을 떠났던 인물로, 진시황제 사후 항우에게 합류했다. 이후 항우와 유방은 수도 함양을 먼저 점령하고자 경쟁했다.

전국이 반란으로 들끓자 조고는 황제를 죽이고 새로운 황제를 즉위시키는 것으로 대응했다. 그러나 조고가 같은 수법을 쓸 것을 경계할 만큼 현명했던 새 황제는 먼저 조고를 살해한 뒤 도읍에 가장 먼저 입성한 반군에게 권력을 넘겼다. 수혜자는 바로 유방이다. 기원전 207년, 시황제 사후 불과 3년 만에 진제국도 사멸했다. 진의 강하고 튼튼한 국경이 보장했던 안전과 평화도 함께 무너졌다. 흉노는 이 모든 과정을 유심히 지켜봤고, 기원전 221~210년에 빼앗긴 영토를 수복할 기회를 포착했다. 지키는 병사도 없고 관리하는 사람도 없는 흙벽을 넘어 흉노가 쏟아져 들어왔다.[29]

그 후 많은 일이 일어났다. 수도를 지킬 힘이 없었던 유방은 항우에게 함양을 넘겨줘야 했다. 항우는 즉시 퇴위한 진나라 황제를 참하고 통일제국을 19개의 제후국으로 나눈 후 스스로 패왕의 자리에 올랐다. 유방에게는 벽지인 파촉을 하사했다. 이 조치에 불만을 품은 유방이 군사를 일으켰고, 기원전 202년 그의 승리와 함께 중국 역사상 두 번째 통일 왕조인 한나라가 시작되어 전한과 후한 사이의 잠시간을 제외하고 400년간 중국을 통치했다.

*

만약 하급 관리, 도망자, 변절한 장수였던 유방이 당대에 본받을 만한 단일 통치자의 사례를 찾고자 했다면, 셀레우코스제국의 안티오코스 3세의 초기 치세가 훌륭한 예시가 되었을 것이다.

안티오코스 3세가 즉위했을 무렵의 상황은 순탄하지 않았다. 먼저 왕위에 앉은 형이 자국 병사들에게 살해되는 바람에 급작스럽게 그 자리를 물려받은 안티오코스 3세는 제대로 된 통치 경험을 쌓을 기회도 없이 거대하고 다스리기 힘든 제국에서 잇달아 터지는 문제에 대처해야 했다. 첫 번째 고비는 그가 죽거나 살해당할 경우의 왕위 승계 문제였다. 스무 살도 안 된 안티오코스 3세는 아직 자식이나 후계자 문제를 생각해본 적이 없었다. 그러나 왕실의 대신들은 이보다 더 중요한 문제는 없다고 닦달했다. 그는 흑해 연안 폰토스의 왕 미트리다테스 2세의 딸(자신의 사촌)과 결혼했고, 기원전 220년 첫 아이가 태어났다(이후 그는 총 여덟 명의 자식을 두었다).

그 밖에도 안티오코스 3세에게는 해결해야 할 문제가 산적했다. 지중해 동해안부터 중앙아시아까지 뻗은 (적어도 명목상으로는) 그의 제국 서쪽에서 전운이 몰려오고 있었으며, 동쪽 여러 왕조에서도 지각변동이 일어나고 있었다. 이집트는 제3차 시리아전쟁의 분쟁 지역이었던 레반트의 코엘레 시리아뿐 아니라 북쪽의 안티오케이아까지 정복했고, 젊은 프톨레마이오스 4세는 영토를 더욱 확장하여 자신의 능력을 증명하고자 했다. 한편 셀레우코스 2세와 3세가 잇달아 사망하고 안티오코스 3세가 후계자 문제에 집중하는 동안 소홀히 했던 동쪽에서는 권력의 공백 속에 반란이 일어났다. 메디아 총독 몰론이 이끌고, 그의 동생인 페르시스 지방 사트라프 출신의 알렉산드로스가 가세한 반란은 안티오코스 3세가 마냥 뒤로 미룰 수 있는 문제가 아니었다.

서쪽이냐, 동쪽이냐? 안티오코스 3세가 먼저 가야 할 곳은 어디인가? 그는 자원을 분산하여 동서 전선에 군대를 동시에 투입하기로 결정했다. 안티오코스 3세는 직접 군대를 이끌고 이집트군을 치러 서쪽으로 향하면서 동쪽으로는 장군들을 보냈다. 그러나 전쟁을 치를 물자가 부족하고 병사들의 훈련도 제대로 되어 있지 않았기 때문에 장군들은 몰론 형제와 싸우기를 거부했다. 기회를 포착한 몰론과 알렉산드로스는 남진하여 셀레우코스제국의 문화와 농업 중심지인 바빌로니아와 메소포타미아로 세력을 확장했다.

서부전선에서 이 소식을 들은 안티오코스 3세는 분산된 병력으로 동서 양 전선에서 고전할 바에야 동쪽의 반역자들을 상대하는 데 집중하기로 결정하고 이집트와의 전투가 시작되기 전에 회군했다. 문제는 자금이었다. 몰론 형제는 셀레우코스제국에서 가장 부유한 땅을 장악하고 안티오코스 3세의 돈줄을 압박했으며, 월급을 받지 못한 병사들은 반란을 일으킬 태세였다. 안티오코스 3세는 대신 중 한 사람에게 돈을 빌리는 대가로 그가 정부 고위 관직을 유지할 수 있도록 약속했다.

간신히 군대의 충성심을 유지한 안티오코스 3세는 마침내 제국의 동쪽 아폴로니아에서 몰론 형제와 대적했다. 왕은 왕실의 권위를 최대한 과시하며 대형을 정렬했다. 셀레우코스 왕과 그가 이끄는 제국군의 규모를 보고는 반란군의 우익이 사기를 잃고 탈주하기 시작했다. 기선을 잡은 안티오코스 3세는 나머지 반란군을 비교적 손쉽게 제압했다. 전투가 끝난 후 그는 포로가 된 반란군에게 관용을 베풀어 다시 제국군으로 받아주었다. 어쨌거나 그는 병사가 한 사람이라도 더 필요했기 때문이다. 몰론은 패배를 확인하고 스스로 목숨을 끊었지만, 이에 만족하지 못한 안티오코스 3세는 그의 시신을 십자가에 못박았다.

안티오코스는 동쪽의 반란을 성공적으로 진압했지만, 바로 두 번째 반란이 일어났다. 이번에는 왕의 사촌인 아카이오스가 반역의 주인공이었다. 아카이오스는 셀레우코스 3세가 페르가몬의 왕 아탈로스를 무찌르기 위해 북으로 출정했다가 살해당했을 때 그 현장에 있었다. 그러나 누구의 얘기를 들어봐도 그는 왕의 암살에 관여하지 않았고, 이후 왕의 죽음에 대한 복수에 나서며 명예롭게 행동했다. 안티오코스 3세는 그 공을 치하하여 아카이오스를 소아시아 지역의 총독으로 임명했다. 그러나 복잡한 왕실 정치는 충성스러운 부하를 반역자로 바꿔놓았다. 안티오코스 3세는 여러 파벌이 서로를 반역죄로 모함하는 정쟁의 한가운데에 있었다. 충성이 의심스럽거나 세력이 강하다 싶으면 바로 처형해버렸던 안티오코스 3세의 행동도 이런 풍조를 조성하는 데 한몫했다.

아카이오스는 자신이 억울하게 반역죄를 뒤집어썼다고 여겼으나, 안티오코스 3세가 반역자를 처벌하는 방식을 잘 알고 있었기에 다른 방법이 없었다. 그는 군대를 이끌고 곧장 시리아로 진군하여 셀레우코스 왕실을 점령하려 했다. 하지만 휘하의 군대는 왕을 공격하기를 거부했고,

　　　　　　　　　　　　　　2부 전쟁과 변화하는 세계

아카이오스는 스스로를 소아시아 왕이라 선포하는 것에 만족해야 했다.

안티오코스 3세는 대담하게도 아카이오스를 무시하기로 결정한다. 이집트를 상대로 승리를 거두면 반란의 열기가 저절로 가라앉을 것이라는 데 도박을 걸었다. 바빌로니아와 메소포타미아를 되찾은 그는 이집트의 프톨레마이오스 4세와 결전을 벌이기 위해 진군했다. 기원전 219년, 두 젊은 군주가 코엘레 시리아에서 맞붙으며 제4차 시리아전쟁이 시작되었다.

서쪽으로 3,500킬로미터 떨어진 곳에서 한니발과 카르타고군이 기나긴 행군을 시작할 무렵, 안티오코스 3세는 레반트 해안을 따라 느리지만 꾸준히 전진하며 부친이 이집트에 빼앗겼던 도시들을 탈환했다. 한니발과 안티오코스 3세는 마치 시곗바늘처럼 지중해라는 시계 판의 양편에서 전진했다. 기원전 218년 한니발이 알프스를 넘고 있을 때, 안티오코스 3세는 안티오케이아와 셀레우키아를 수중에 넣었다. 카르타고인들의 고향이자, 지역 특산물인 뿔고동의 분비선에서 짜낸 자줏빛 염료로 유명한 지중해 남동쪽 구석의 요새 도시 티레도 그에게 함락됐다. 기원전 217년 초 한니발이 이탈리아 전장에서 승리를 만끽하고 있을 때, 안티오코스 3세는 요르단강 남단까지 영토를 확장했다. 그렇다고 프톨레마이오스 4세가 완패한 것은 아니었다. 안티오코스 3세가 과거의 영토를 수복하는 2년 동안, 프톨레마이오스 4세는 육군을 재구축해 전쟁에 투입할 준비를 마쳤다.

기원전 217년 6월 22일, 안티오코스 3세의 군대는 라피아(오늘날 가자 지구의 라파)의 흙먼지 날리는 벌판에서 프톨레마이오스 4세의 군대와 맞붙었다. 라피아 전투는 다음 해 한니발이 칸나에에서 로마군과 대적했을 때와 비슷한 규모의 대충돌이었다. 이때까지 양측은 소규모 접전을 벌여 왔다. 안티오코스 3세는 프톨레마이오스 진영에서 넘어온 전향자들에게 야음을 틈타 이집트 왕을 암살하라는 임무를 줘서 되돌려 보냈다. 암살자는 이집트 왕의 막사에 잠입하는 데 성공했으나, 왕은 이런 시도를 예상하고 다른 막사에서 자고 있었다.

안티오코스의 계략을 괘씸히 여긴 프톨레마이오스 4세는 대대적으로 군대를 집결시켜 전투를 준비했다. 비슷한 나이의 두 사람이었지만, 안티오코스 3세는 즉위 후 6년간 수차례 반란을 진압하고 서쪽에서 동쪽으로, 또다시 서쪽으로 수천 킬로미터에 달하는 거리를 가로지르며 많은 도시를 정복한 경험으로 나이보다 훨씬 성숙했다. 한편 프톨레마이오스 4세는 이번이 즉위 후 처음으로 지휘하는 대규모 전투였다. 하지만 그는 대규모의 잘 훈련된 육군을 보유하고 있었다. 폴리비오스는 양측의 병력을 프톨레마이오스군 7만 5,000명, 안티오코스군 6만 8,000명으로 추측한다. 라피아 전투는 거대한 동물들의 전투이기도 했다. 안티오코스 3세는 인도코끼리 102마리를 보유했고, 프톨레마이오스 4세는 아프리카코끼리(크기는 인도코끼리보다 작지만 더 공격적이고 다루기 힘든) 73마리를 보유했다. 갑옷으로 무장한 안티오코스의 코끼리 등에는 장창으로 무장한 병사들이 타고 있었다. 이 느릿한 후피 동물들의 움직임은 속도를 낼수록 점점 규칙적이 되어갔다. 육중한 무게가 땅을 때릴 때의 울림이 적진을 공포로 뒤덮었다. 코끼리가 만들어낸 거대한 그림자가 해를 가렸고 울음소리는 쓰러진 병사들의 신음을 덮으며 귓전을 때렸다.

프톨레마이오스의 아프리카코끼리들은 인도코끼리들의 이상한 냄새와 위협적인 몸집에 겁을 먹고 뒤돌아 달아났다. 그 후 두 군대가 대격돌하는 과정에서 안티오코스 3세는 알렉산드로스 대왕이 애용했던 전술, 즉 직접 선두에 서서 용감하게 돌격하는 전술을 택했다. 그러나 안티오코스 3세가 전세를 파악하고 작전을 지시하기 위해 되돌아왔을 때는 이미 안티오코스군 본대가 프톨레마이오스군에 밀려 도주한 상태였다. 안티오코스 3세도 후퇴할 수밖에 없었다.

기원전 217년 이집트 사제들이 세운 프톨레마이오스 4세 승전 기념비가 오늘날까지 전해 내려온다. 비문 상단은 앞발을 든 말 위에서 적에게 창을 던지는 프톨레마이오스 4세와 그를 바라보는 왕비의 이미지로 장식되어 있다. 비문은 프톨레마이오스 4세의 업적을 그리스어, 이집트 민중문자와 이집트 신성문자(이집트인들이 사용했던 두 종류의 문자)로 자랑스럽게 선포한다.

> 그는 [안티오코스 3세를] 위대하고 장엄하게 물리쳤다. 그는 전투 중에 가까이 다가온 적들에게 죽음을 펼쳐 보였다. … 그는 안티오코스 3세가 왕관을 버리고 달아나도록 몰아세웠다. 안티오코스 3세는 한심하고 비참한 모습으로 … 호위병들과 함께 달아났다. 그의 군대 대다수는 극심한 곤경을 겪었다. … 그들은 굶주림과 목마름에 고통받았다. 그가 남기고 간 것은 모두 전리품이 되었다. 왕은 수많은 병사와 코끼리를 생포했고, 그때까지 안티오코스 3세가 여러 장소에 분산시켜 보유하고 있던 막대한 양의 금, 은, 그리고 다른 보석을 획득했다. 왕은 이 모두를 이집트로 운반했다.[30]

프톨레마이오스 4세는 이집트 사제단에게 이집트의 진정한 파라오로 공인받는 보상을 얻었다. 이 젊은 통치자는 지중해의 모든 젊은 지도자들이 원하는 것—공동체의 존경과 국민의 충성심—을 얻었다. 폴리비오스에 따르면, 안티오코스 3세는 자신의 실패를 병사들의 비겁함 때문이라고 비난했고, 이후 프톨레마이오스 4세와 분쟁 지역을 분할하는 평화협정을 맺었다.[31]

　이집트와의 전쟁에서 역전패한 안티오코스 3세는 반란을 일으킨 사촌을 처단하는 것을 다음 과제로 삼았다. 이후 3년간—한니발이 이탈리아를 휩쓸고 필리포스 5세와 협상을 진행하는 동안—안티오코스 3세는 끈질기게 아카이오스를 추격했다. 기원전 214~213년, 마침내 그는 사르디스(오늘날 터키 이즈미르에서 멀지 않은 곳)라는 도시에서 아카이오스를 포위하는 데 성공했다. 아카이오스는 안전한 곳으로 탈출할 기회를 가장한 함정에 빠져 안티오코스군에 사로잡혔다. 사르디스를 약탈, 파괴하고 도시 주민을 남김없이 죽인 후 안티오코스 3세는 사촌을 끌어냈다. 어쩌면 오랫동안 그를 추격하면서 쌓인 분노 때문에, 또 어쩌면 이집트의 프톨레마이오스 4세에게 패한 좌절감 때문에, 그도 아니라면 진시황제처럼 가혹한 징벌이 넓고 복잡한 제국을 이끄는 데 필수적인 도구라는 사실을 터득했기 때문인지 안티오코스 3세는 아카이오스에게 끔찍한 형벌을 내렸다. 먼저 산 채로 생식기를 자른 다음 목을 베고, 그의 머리를 당나귀 가죽에 꿰매는 모욕을 주었다. 그리고 시신을 난자한 뒤 십자가에 못박는 불명예를 더했다.

　이로써 안티오코스 3세는 자신의 권위를 만천하에 과시했다. 비록 이집트를 상대로는 승리하지 못했지만, 이제 감히 도전하는 자가 없는 제국의 지배자로서 입지를 확고히 다졌으며, 반란을 잠재우고 왕국 전역의 자원을 수중에 넣었다.

이제 모든 과업 중 가장 어려운 도전, 그리스 세계의 동쪽 최변방에서 셀레우코스제국의 통치를 재확립할 때가 되었다. 기원전 212년부터 205~204년까지 안티오코스 3세는 지중해에서 벌어지는 사건에 관여하지 않았다. 이것은 분명 도박이었으나, 아마도 반드시 필요한 도박이었을 것이다. 로마는 기원전 229년에 트로이의 독립을 요구하면서 셀레우코스제국의 심기를 거슬렀다. 하지만 그들이 이탈리아와 스페인에서 한니발을 막아내고 마케도니아의 필리포스 5세를 그리스에 묶어두는 동안, 안티오코스 3세는 로마를 걱정할 필요가 없었다. 로마는 페르가몬의 아탈로스와 협력하여 필리포스 5세를 압박하는 과정에서 안티오코스 3세가 제국 서쪽 국경에서 처리했어야 할 일을 대신 해주기까지 했다.

안티오코스 3세는 이제 여덟 살이 된 아들을 공동 왕으로 지명하고 7만에서 10만에 달하는 군대를 이끌고 동쪽으로 출병하여 아르메니아, 메디아, 그리고 심지어 완강한 파르티아까지 휩쓸며 승리를 거듭했다. 기원전 208년, 안티오코스 3세는 가장 커다란 포상인 박트리아로 눈을 돌렸다. 기원전 245년부터 독립 왕국이었던 박트리아는 1,000개의 번영한 도시를 거느린 중앙아시아의 반짝이는 보석이었다. 당시 이곳을 지배하던 인물은 총독 출신으로 왕을 참칭한 디오도토스 1세의 아들 디오도토스 2세가 아니라, 에우티데모스 1세였다. 에우티데모스가 테살리아의 마그네시아 출신인지 아니면 소아시아 출신인지, 또는 그가 쿠데타로 집권하기 전에 총독이었는지 지방 장군이었는지, 심지어 그 쿠데타가 언제 벌어졌는지조차 정확히 알려져 있지 않다(아마도 몰론의 반란 직후인 기원전 221년경이었을 것으로 추정된다). 어쨌든 안티오코스 3세는 박트리아 수도 박트라로부터 사흘 거리인 아리우스강에서 에우티데모스와 마주했다.

자신이 선봉에 서서 돌진하는 안티오코스 3세의 전술은 라피아 전투에서는 실패했지만 아리우스에서는 승리에 결정적인 역할을 했다. 에우티데모스는 뛰어난 전략가라는 명성을 얻고 있었지만 군의 선두에 모습을 드러내지는 않았던 반면, 안티오코스 3세는 전장 한복판에서 활약했다. 안티오코스 3세는 이날 승리를 거뒀고, 피로 칠갑한 얼굴에 만면한 승리의 미소는 가히 볼 만했을 것이다.

안티오코스 3세는 기세를 몰아 박트라로 진군하여 2년간 그곳을 포위했다. 결국 에우티데모스는 협상 테이블로 나올 수밖에 없었다. 박트리아의 지배자에게는 그가 비장의 카드라고 믿었던 두 가지가 있었다. 첫째, 그는 안티오코스 3세의 아버지에게 반역을 저지른 자의 아들로부터 왕위를 탈취했기에 자신이 적이 아니라 동맹으로 대우받아야 한다고 생각했다. 둘째, 만일 안티오코스 3세가 지중해로 돌아간다면 동쪽 변방에 강한 동맹이 절실히 필요하리라는 계산이 있었다. 셀레우코스 1세가 서쪽을 다스리고 아들 안티오코스 1세가 동쪽에 주둔하며 유목민의 침략에 맞섰던 기원전 3세기 초 셀레우코스제국의 황금기처럼 자신이 제국의 동쪽을 지키겠다는 제안이었다. 이 두 번째 주장이 기나긴 국경 방어의 어려움을 절감하고 있던 안티오코스 3세를 설득시켰다.

당시 안티오코스 3세와 에우티데모스는 몰랐겠지만, 진나라(그리고 곧 한나라)가 세력을 확장하면서 쫓겨난 유목민들이 그리스 세력권의 가장자리에서 유목 생활을 하던 사카 부족들을 압박하면서, 이후 박트리아는 유목민들의 침략에 점점 더 시달리게 된다.

안티오코스 3세는 에우티데모스의 제안을 받아들였으나, 그가 약속을 지킬 능력이 있다고 생각하지는 않았다. 오히려 에우티데모스의 아들 데메트리오스에게서 장래 동맹의 가능성을 발견했다. 그리하여 그는 박트리아가 식량, 군대, 코끼리를 제공한다는 조건하에 에우티데모스에게 왕의 칭호를 부여했다. 성공에 힘입은 안티오코스 3세는 인도 북서쪽 힌두쿠시산맥 기슭의 그리스 공동체와 인도인들에게로 관심을 돌렸다. 거기서 그는 망해가는 마우리아왕조로부터 이 지역 통치권을 확보한 소파가세노스라는 이름의 통치자를 만나 우호 관계를 맺기로 합의하고 더 많은 수의 인도코끼리를 얻었다. 7년의 원정 후 다시 제국의 서쪽으로 돌아왔을 때, 안티오코스 3세가 보유한 코끼리 부대는 고대 세계 최대 규모였다. 더 중요한 것은 그가 어떤 셀레우코스 통치자도 해내지 못한 일, 즉 지중해부터 중앙아시아에 이르는 방대한 세계에 대한 지배권을 확립했다는 점이다. 그는 왕국을 자신의 지배 아래 통합했으며, 존경과 두려움을 한몸에 받는 통치자가 되었다.

기원전 205년 4월 안티오코스 3세는 바빌론으로 귀환했다. 그는 불리한 조건을 극복하고 살아남았다. 비록 그의 승리가 영토 확장으로 이어지지 않은 적도 많지만, 그 선전 효과는 대단했다. 알렉산드로스 대왕이 사망한 전설적인 도시에서 안티오코스 3세는 알렉산드로스와 그에 앞서 이 지역을 다스렸던 페르시아 왕들을 본떠 스스로를 '대왕'으로 선포했다. 이제 안티오코스 대왕은 바빌론의 왕좌에 앉아 다시 지중해를 지배할 기회를 모색했다.

이집트의 프톨레마이오스 4세는 라피아 전투에서 안티오코스 3세를 격파한 후 급격히 몰락했다. 알코올 중독에 빠진 그는 다섯 살짜리 후계자를 남기고 세상을 떴고, 어린 왕을 둘러싼 참모와 조신 무리는 호시탐탐 대권을 노렸다. 로마는 더 이상 필리포스 5세를 상대로 대리전을 벌이도록 아이톨리아인들을 설득할 수 없었다. 아이톨리아인들은 평화조약을 청했고, 필리포스 5세는 이를 기꺼이 받아들였다. 한니발은 로마군과의 전투에서 끝없는 부침을 겪었다. 카르타고가 '새로운 제국'이라 여겼던 스페인은 이제 로마의 손에 넘어갔다. 한니발의 동생은 전사했고, 한니발에 대한 카르타고의 지지는 여전히 불확실했다. 그는 자신의 여정과 업적을 이탈리아 남단 케이프 콜로나의 헤라 신전 벽에 새겨 후세에 남기기로 결정했다. 로마를 굴복시킬 기회가 자신의 손을 떠났음을 예감했음에 틀림없다.

기원전 205년, 20년 전보다 더 성숙하고 현명해졌지만 전쟁에 지친 리더들이 고대 세계의 체스판을 응시하고 있었다. 그들이 처한 상황은 제각각 달랐다. 사십대에 접어든 한니발은 로마를 협상 테이블에 앉히려는 노력이 실패로 돌아갔음을 깨달았을 것이다. 서른 살의 로마 장군 스키피오는 스페인에서의 승리에 한껏 고무되어 한니발과의 정면승부를 고대하고 있었다. 삼십대의 필리포스 5세는 더 이상 자신이 로마의 목표물이 아니라는 사실에 안도했다. 역시 삼십대인 안티오코스 대왕은 지중해에서 중앙아시아를 연결하는 통일 제국의 전성기를 만끽하고 있었다. 그는 분열된 지중해에서 벌어지는 전쟁과 정치에 발을 들일 준비를 마쳤다. 한편 그의 오랜 적수였던 이집트는 프톨레마이오스 4세 사후 극심한 혼란에 빠졌다.

중앙아시아의 박트리아에서는 에우티데모스와 젊은 아들 데메트리오스가 동쪽 유목민으로부터 셀레우코스제국을 지키는 수호자 역할을 확립해나갔다. 중국에서는 새로운 왕조의 수장 유방이 통일 제국 한나라를 통치했다. 그리고 이 신생 제국의 북서쪽 국경 너머에서 고도로 훈련된 흉노 부대를 이끄는 젊고 대담무쌍하며 무자비한 묵특이 한나라를 넘보고 있었다.

이들은 모두 나름의 방식으로 각자가 속한 공동체 관계를 재정립했으며, 그 과정에서 고대 세계를 더욱 가까이, 주로 폭력을 사용하여 연결했다. 그들이 각자의 세력권을 확장하고 동맹을 구축하면서 전쟁이 여러 지역에서 동시다발적으로 벌어지는 양상이 나타났다. 일부 지역에서는 단일 통치자의 지배하에 거대하고 통합된 공동체가 탄생했다. 이런 움직임의 결과—특히 동쪽에서 외견상 무질서하게 시작된 대이주로 인해—세계는 더욱 긴밀하게 연결되었다. 이 중요한 시대의 마지막 장이 이제 머지않았다.

6장

동방과 서방의 제국

전해지는 이야기에 따르면 유방은 젊은 시절 술과 여자를 밝히는 백수 건달이었다. 그러나 한나라를 세우고 스스로 황제 자리에 오른 후 그는 집념의 사나이로 다시 태어났다. 후대 역사가들이 젊은 시절 그의 몸에 용의 기운이 서렸다느니, 툭 튀어나온 이마와 높은 콧날, 멋들어진 수염이 용을 닮아 범상치 않은 기상을 보여줬다느니 하는 기록을 남긴 것도 그리 놀랍지 않다.

진시황제 같은 선대 군주들처럼, 혹은 머나먼 셀레우코스제국의 안티오코스 대왕처럼, 한고조도 재위 7년 동안 두 가지 중대한 문제를 해결해야 했다. 방대한 영토를 어떻게 효율적으로 통치하고 방어할 것인가?

이상적인 통치체제를 두고 벌어진 논쟁은 공자와 그의 제자들이—권력자에게 발탁되기 위해 경쟁하는 제자백가의 한 학파로서—고심했던 문제다. 한고조는 5,000만이 넘는 백성을 다스리기 위해 권력의 균형을 유지하기란 보통 힘든 일이 아님을 몸소 경험했다. 군주는 신하들에게 권력을 적절히 분배하여 지지 세력을 확보해야 하는 동시에, 너무 많은 권한을 줘서 경쟁심과 야망을 부추겨서도 안 된다. 자신이 바로 그런 상황에서 지금의 자리에 오를 기회를 잡지 않았던가.

두 번째 문제인 국경 방어는 기원전 5세기에 최초로 방어벽이 축조된 이래 늘 중국 역사의 일부분이었다. 그러나 지금은 이 문제가 그 어느 때보다도 더 절박하게 다가왔다. 묵특의 등장 때문이다. 그 역시도 용의 기상을 가진 카리스마 넘치는 지도자였다.

방대한 제국의 통치와 방어라는 이중의 도전은 로마 공화국이 수십 년 내에 직면하게 될 문제이기도 했다. 한니발이 이탈리아 남부 신전 벽에 자신의 업적을 새기며 지난 세월을 반추할 무렵, 젊은 스키피오를 로마군 사령관으로 임명한 로마는 카르타고에 대한 대대적인 반격을 준비하고 있었다. 또한 이집트에 보다 직접적으로 개입하기 위해 다시 한 번 마케도니아의 필리포스 5세를 공격할 예정이었다. 게다가 안티오코스 대왕이 지중해를 넘보고 있었기에 셀레우코스제국과의 충돌도 불가피했다.

고대 세계의 강대국들은 각자의 세력권 내에서 지배권을 다지고 경계선을 방어하기 위해 다양한 전략을 시도했다. 그 결과 고대 세계의 양쪽 끝에서 2개의 대제국이 탄생했으며, 그 사이에 위치한 수많은 경쟁 집단들은 불안정한 정세에 휘말렸다.

세력권을 방어하다

유방이 중원의 패권을 다투고 있을 무렵, 흉노의 선우 묵특은 한나라의 북쪽과 북서쪽 변경을 따라 무리 지은 경쟁 부족들을 차례로 제압해

나갔다. 사마천은 『사기』에 흉노열전을 따로 마련하여 그들의 이야기를 자세히 다루었는데, 그에 따르면 묵특은 경쟁자를 다루는 요령이 뛰어났다. 이웃의 동호가 묵특에게 두만 선우가 생전에 아끼던 천리마를 요구하자 묵특은 선선히 내주었다. 동호가 이번에는 그가 가장 아끼는 부인을 요구하자, 평화를 유지하기 위해—혹은 어쩌면 적을 방심시키기 위해—아내도 내주었다. 하지만 동호가 땅을 요구하자, 묵특은 땅이야말로 국가의 근간이라며 거절했다. 그는 그길로 동호에 쳐들어가 왕을 죽이고 그 두개골로 술잔을 만들었다.

묵특은 흉노군을 이끌고 진시황제가 세운 방어벽 너머 황허 유역의 기름진 땅을 점령했다. 기원전 202년에 유방이 한나라 황제로 즉위했을 무렵 흉노는 이 비옥한 지역을 완전히 장악했으며, 그 결과 훨씬 더 조직적이고 위계적인 정주 국가로 변모했다. 흉노와 중국의 대결은 다윗과 골리앗의 싸움이었지만—흉노는 기껏해야 인구가 100만에 불과한 데 반해 한나라 인구는 5,000만 명 규모였다—이후 30년간 승세를 잡은 쪽은 흉노였다.

한고조는 기원전 201~200년에 친히 군대를 이끌고 흉노를 몰아내기 위해 나섰다. 유방은 치열한 전투를 거듭한 끝에 정권을 잡은 인물이었지만, 이번 군사작전은 시작부터 예기치 못한 실패의 연속이었다. 엄동설한에 북방 동토로 정벌을 떠났기에, 병사 열에 셋은 동상에 걸려 전투에서 무용지물이 되었다. 흉노는 말을 탄 채로 재빠르게 치고 빠지는 기습 공격으로 한나라군의 피해와 혼란을 극대화하면서 자신들의 수적 열세를 만회했다. 게다가 묵특은 이 전략에 한 가지 꾀를 더했다. 기습 공격후 패주를 가장하여 한나라군을 유인하는 전술이었다. 한나라 황제는 흉

2부 전쟁과 변화하는 세계

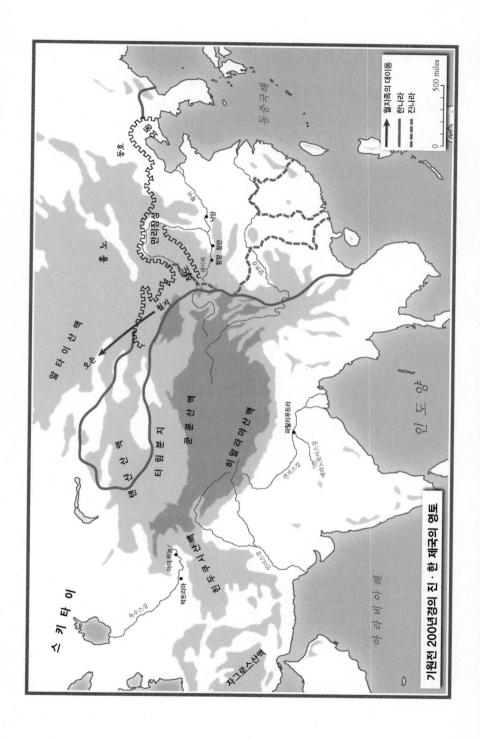

기원전 200년경의 진·한 제국의 영토

노군을 추격하다가 포위되어 백등산에 7일간 고립되기도 했다.

후대 중국 기록에 따르면, 한고조는 교묘한 책략을 사용하여 궁지에서 빠져나왔다. 그는 묵특의 부인에게 접근하여 자신을 풀어주도록 남편을 설득할 것을 청하면서, 협조하지 않으면 묵특에게 미녀 군단을 보내 남편의 애정을 빼앗고 찬밥 신세가 되게 하겠다고 협박했다(어쩌면 한고조는 노정공이 80명의 미녀에게 정신을 잃어 공자를 쫓아낸 고사를 알고 있었는지도 모른다).

그의 계략이 효과를 발휘했는지, 묵특은 한고조가 동상 걸린 개처럼 꼬리를 말고 귀국할 수 있도록 허락했다. 기원전 200년에 그는 묵특의 힘을 인정하고, 흉노 선우를 한나라 황제와 동등하게 대우하며 화친—결혼을 통한 우호 관계—을 맺었다. 한나라는 공주를 흉노 선우에게 출가시키고, 막대한 물량의 비단, 옷감, 곡식, 술도 함께 보내기로 했다.[1] 그 대가로 흉노는 앞으로 한나라를 침략하지 않겠다고 약속만 하면 됐다.

비로소 평화를 확보한 고조는 국가의 통치 문제로 관심을 돌렸다. 과거 진나라는 법가 사상을 통치 이념으로 삼았으며, 진시황제는 자신이 통치자이자 현자이며 동시에 '천하'를 다스리는 자라는 새로운 패러다임을 주창했다. 이 조합은 궁극적으로 진나라의 생존을 보장하지 못했다. 대안을 물색하던 한고조는 말년에 유가 사상을 통치 이념으로 삼는 방향으로 선회했다.

유가 사상은 기원전 213년 진시황제의 분서 사태 때 가까스로 소멸을 피할 수 있었다. 한고조는 기원전 196년에 지식층을 다시 관직에 등용하는 칙령을 발표했다. 이는 공자가 속했던 사 계급의 재부상을 위한 첫걸음이자, 유가 사상의 핵심 요소인 교육에 다시 중점을 두겠다는 의지의 표현이었다.

새로운 관료 집단이 일하고 거주할 장소가 필요해지면서 도읍을 옮기자는 주장이 제기되었다. 진나라의 옛 수도 함양은 그로부터 몇 킬로미터 떨어진 곳에 새로 지어진 도시에 자리를 내어주었다. 이 신도시가 바로 장안이다. 기원전 195년에 건설되어 다른 지역으로부터 강제 이주된 15만 인구로 시작한 장안은 머지않아 학자 관료층, 정치가, 군사 고문으로 북적대고 나중에는 외국 상인들까지 모여드는 대도시로 번창한다.

한고조는 장안의 완성을 보지 못하고 세상을 떠났다. 죽음을 앞두고 고향에서 잔치를 벌이던 그는 친구들 앞에서 즉석으로 〈대풍가大風歌〉를 지어 부르며 외세의 침략을 걱정했다.

큰바람 일어나니 구름이 날리네.

천하에 위엄을 떨치고 고향에 돌아왔도다.

어찌하면 용맹한 군사를 얻어 사방을 지킬꼬?[2]*

이 서글픈 노래에 후계자 문제에 대한 고심이 더해졌어도 그리 이상하지 않았을 것이다. 한고조의 공식 후계자는 장안성 건설을 책임진 아들 한혜제였으나, 실세는 모후인 여태후가 장악했다. 여태후가 죽은 남편의 후궁 척부인과 그 자식인 유여의를 어떻게 처리하는지 목격한 혜제는 자진해서 어머니에게 권력을 넘겼다. 유여의는 독살당했다. 척부인은 죄수처럼 머리카락이 잘리고 강제 노역에 동원되었다. 그 후 여태후는 이 불쌍한 여인의 사지를 자르고 눈을 도려내고 귀를 자른 후 변소에 던져 넣

---

* 大風起兮雲飛揚. 威加海內兮歸故鄉. 安得猛士兮守四方.

었다. 혜제는 어머니가 만든 '인체人彘(인간 돼지)'를 목격하고 그 충격으로 1년간 자리에서 일어나지 못했다고 전해진다. 그는 자신은 이런 잔인한 짓을 할 수 없다며 어머니에게 대권을 넘기고 술과 여자로 여생을 보냈다.

기원전 192년, 여태후는 또 한 명의 울먹이는 공주를 흉노로 보내야 했다. 공주는 그녀를 기다리는 운명 앞에서 비탄에 잠겼다. 한 황실의 고급품, 향수, 비단에 둘러싸인 안락한 삶과는 거리가 먼 유목민의 생활상이 흉노를 방문한 사신들을 통해 익히 알려져 있었다. 그들은 천으로 벽을 두른 돔형 막사에서 생활하며 말고기를 먹고 발효시킨 암말의 젖을 마신다고 했다. 비단이 없어서가 아니었다. 한나라는 공주와 함께 엄청난 양의 비단을 흉노에 보내고 있었다. 그런데 흉노는 이 고급품을 사용하기보다 서방에 판매하는 것을 더 선호했다. 비단은—중앙아시아 유목민의 탁월한 운송 기술과 박트리아 및 셀레우코스제국의 무역 네트워크를 따라—지중해까지 도달하여, 이후 수세기 동안 로마에서 가장 인기 있는 수입품이 되었다.

여태후 자신은 흉노 선우와 정략결혼하는 운명을 가까스로 피했다. 한나라의 실세가 누구인지 간파한 묵특이 자신과 여태후의 결혼을 제안했던 것이다. 그녀의 답은 외교적이었다. 먼저 그의 관심에 감사를 표한 후, 자신의 나이와 볼품없는 머리카락과 치아를 강조했다.

묵특은 여태후를 얻는 데는 실패했으나, 그의 영토 확장 전쟁을 막을 자는 없었다. 이번에는 다른 유목민 부족이 희생자였다. 흉노의 세력권은 기원전 174년에 묵특이 사망할 때까지 계속해서 확장되었다. 사마천에 따르면, 묵특은 세상을 뜨기 두 해 전 한나라 황제(여태후가 기원전 180

년에 사망하면서 마침내 그 영향력에서 벗어난)에게 이런 글을 보냈다.

> 활을 무기로 삼은 민족이 이제 완전히 통합되어 북쪽 지방은 안정을 찾았습니다. 따라서 나는 무기를 내려놓고 병사와 말을 쉬게 하며, 최근의 사태[한나라 국경 재침략]는 그만 잊어버리고 기존의 조약을 부활시켜 변경 백성들이 예전처럼 편안히 살게 되기를, 아이들이 무사히 성장하고 노인들이 안전한 노후를 보내며 대대로 태평성대를 누리기를 희망합니다.[3]

흉노제국이 완성되면서 잠시 동안 한나라와 흉노가 어깨를 맞대고 평화롭게 살아갈 수 있을 것처럼 보였다. 그러나 묵특의 꿈은 오래 가지 않았다. 그의 아들 계육은 정기적으로 한나라 땅을 침범했다. 한나라 황제는 현상 유지를 위해 계속해서 비단을 비롯한 수많은 값진 물건과 함께 공주를 보내야 했을 뿐만 아니라, 흉노 침략에 대비해 황허를 따라 전방 지역에 대규모 수비군을 주둔시켜야 했다.

기원전 162년, 한나라 황제는 흉노 선우에게 '장성 이북의 활쏘기에 능한 나라 백성은 선우의 명을 받고, 장성 아래 의관속대를 행하는 나라 백성은 짐이 다스린다'는 선제의 조명을 거론하면서, "짐과 선우는 만백성의 부모"라고 간원했다.[4] 하지만 이 호소는 묵살되었다.

기원전 170년대에 묵특에게 패한 부족 중에는 흉노 서쪽의 월지가 있었다. 그 결과 월지의 상당수가 영토를 버리고 새로운 땅을 찾아 서쪽으로 떠났다. 기원전 160년대 말경, 월지는 또 다른 유목 민족인 오손의 영토를 점령했다. 한 황제의 화평 제의를 거절한 묵특의 아들은 여전히 승리에 목말라 있었다. 아버지처럼 공적을 세워 위대한 선우로 군림하고,

휘하 제후들에게 전리품을 하사하여 충성심을 확보하기 위해서는 전쟁이 필요했다. 기원전 160년대 말, 그는 오손을 도와 월지를 쳤다. 그는 월지 왕을 죽인 후, 아버지의 선례를 따라 적장의 두개골을 술잔으로 만들었다고 전해진다.

월지는 더 머나먼 서쪽으로 피난을 떠났다. 흉노와의 동맹에 어떤 환상도 갖고 있지 않았던 오손도 영토를 버리고 남쪽으로 향했다. 월지의 민족 대이동은 기원전 140년대에 박트리아 인근 (오늘날 아프가니스탄 최북단) 옥수스강 북안에 도달할 때까지 계속된다. 그때는 로마가 카르타고와 코린토스를 쑥대밭으로 만들고 지중해의 패권을 장악한 시점이었다.

*

동방에서 한고조가 한나라의 명실상부한 단독 통치자로 올라선 기원전 202년, 로마는 지중해 제국 건설을 위한 기념비적인 첫걸음을 내디뎠다. 로마 세력권의 가장자리에 위치한 카르타고 본진에서 지난 16년간 겨뤄온 적과 정면대결을 벌인 것이다. 한니발이 신전에 자신의 행적을 새긴 기원전 210~209년 이래, 제2차 포에니전쟁은 카르타고에 불리하게 흘러갔다. 특히 한니발에게는 매우 암울한 나날이었다. 기원전 207년에 한니발에게 지원병을 조달하기 위해 스페인에서 이탈리아로 육로로 이동하던 동생 하스드루발이 두 로마 집정관이 이끄는 군대에 패했고, 로마군은 하스드루발의 목을 잘라 한니발 진영에 투척했다. 기원전 205년에는 카르타고가 점령하고 있던 스페인의 마지막 보루가 로마의 수중에 떨어졌다. 한니발의 동맹이었던 마케도니아의 필리포스 5세는 로마와 평화협정을 맺었다. 같은 해에 카르타고는 마지막으로 한니발을 원조하기 위해 30척의 군함과 1만 5,000명의 병사를 이탈리아로 보냈지만, 한니발의 진영으로부터 1,000킬로미터 떨어진 북쪽에 상륙하는 바람에 아무 도움이 되지 못했다.

로마가 자국 영토에서 적을 완전히 몰아내지는 못했지만, 로마 측 기록에 따르면 한니발은 이미 오래전에 측근들에게 이탈리아반도에서 승리할 가능성은 없다고 속마음을 털어놓았다.[5] 그는 그토록 염원하던 로마 정복을 더 이상 기대할 수 없게 된 '카르타고의 운명'을 받아들인다고 말했다.[6] 오랫동안 로마인을 공포에 떨게 했던 한니발은 놀랍게도 이제 "이탈리아 땅에 존재하지도 않는" 양 취급되었다.[7]

기원전 204년, 의기충천한 스키피오가 군대를 이끌고 아프리카에 상륙하여 카르타고의 뒷마당에서 싸움을 걸어왔다. 카르타고 원로회는 한니발의 또 다른 동생인 마고 바르카와 휘하 병력을 본국으로 불러들였지만 마고는 귀국길에 사망하였다. 카르타고인들은 한니발을 소환하여 도시 방어를 맡기는 것 외에는 선택의 여지가 없었다. 그러나 카르타고의 지배자들은 병사를 모두 태울 만큼 배를 충분히 보내지 않았다. 한니발의 기대는 다시 한 번 무참히 짓밟혔다. 한니발은 언제 도착할지 모르는 추가 선박을 기다리거나, 얼마가 걸리든 직접 배를 건조하거나, 그도 아니면 상당수의 병사와 말을 남겨둔 채 귀국하는 선택지 가운데 하나를 골라야 하는 절박한 상황에 직면했다.

그는 일단 배를 건조하기로 했다. 지중해의 풍랑을 견뎌낼 선박을 건조하느라 분주한 이탈리아 해안가 한편에 시체 더미가 산처럼 쌓여갔다. 전장에서 주인을 충실히 섬겨온 3,000마리의 군마, 한니발의 군사작전에 필요한 물품과 노획물을 쉬지 않고 운반해온 동물, 그리고 로마의 지배에서 벗어날 기회라고 생각해 투항했으나 고향을 떠나 아프리카에서 싸우라는 명령을 거부하다 한니발에게 처형된 이탈리아 부족 2만 명의 시체였다.[8]

한편 카르타고 원로회는 공황 상태에 빠졌다. 스키피오는 계속 진군해 오는데 수평선에 배가 나타날 기미가 보이지 않자, 그들은 스키피오에게 강화를 요청하면서 원로회의 뜻을 거역한 한니발이 혼자 전쟁을 시작한 것이라고 책임을 전가했다. 리비우스가 논평했듯이, "한니발의 무릎을 꿇린 것은 한니발에게 수없이 패하고 치욕을 당한 로마인들이 아니라 카르타고인들의 중상모략과 질투였다."[9] 반면 이것이 한니발에게 시간을 벌어주기 위한 지연 작전이었다고 보는 시각도 존재한다. 어느 쪽이 사실이든, 카르타고는 기원전 203년에 스페인과 이탈리아, 그리고 스페인과 아프리카 사이에 위치한 모든 섬에서 철수했다. 카르타고는 함대 대부분을 로마에 넘기고, 막대한 배상금을 물고, 곡식을 제공하기로 잠정 합의했다. 한니발과 하밀카르가 카르타고를 위해 분투하며 획득한 모든 것을 다시 내어준다는 뜻이었다.

평화협상이 최종 단계에 이를 무렵, 마침내 한니발이 카르타고에서 동남쪽으로 160킬로미터 떨어진 소小렙티스(오늘날 리비아) 해안에 상륙했다. 그에게 고국 땅이 얼마나 낯설게 느껴졌을지 우리는 그저 짐작만 할 수 있을 뿐이다. 아홉 살에 북아프리카를 떠난 그는 이제 사십대 초에 접어들었다. 그는 카르타고의 힘과 영향력을 확장하는 일에 일생을 바쳤다. 어린 시절 잠시 머물렀을 뿐인 나라, 자신과 아버지에게 배신을 일삼았던 지도자들이 다스리는 땅을 위해서 말이다. 카르타고 시민들은 한니발의 귀환 소식에 기세가 등등해진 것인지, 기원전 202년 봄에 돌연 로마의

2부 전쟁과 변화하는 세계

보급 선단을 공격하여 평화협상을 깼다. 스키피오는 카르타고 주변 마을을 약탈하고 불태우는 것으로 대응했다. 궁지에 몰린 카르타고인들은 한니발에게 전령을 보내 즉시 스키피오를 공격하라고 재촉했다. 한니발은 준비가 되면 어련히 공격할 거라고 대수롭지 않게 답했다. 그리고 기원전 202년 초여름, 그는 카르타고에서 닷새 거리인 자마로 진군했다.

스키피오에게 이 전투는 평생 기다려온 기회였다. 다른 사령관의 지휘하에 아군이 도륙당하는 것을 목격해야 했던 티키누스, 트레비아, 칸나에 전투와는 달리, 드디어 직접 로마군을 지휘하여 한니발과 겨룰 기회가 왔다. 스키피오는 자마 전투에 2만 9,000명의 보병과 기병 6,000기를 투입했다. 그중에는 칸나에 전투에서 아버지를 잃은 젊은 병사들뿐만 아니라, 스키피오처럼 그 전투에 직접 참여했던 노장들도 포함되어 있었다. 칸나에에서 치욕을 당한 패잔병들은 이후 2개의 군단으로 편성되어 시칠리아에 투입되었으며, 전쟁이 끝날 때까지 이탈리아로의 귀환이 금지되었다. 당시 시칠리아 사령관을 맡고 있던 스키피오는 본인도 칸나에의 생존자로서 이들의 잠재력을 알아보았고 그들에게서 신뢰와 충성을 얻었다. 복수심에 불타는 노병으로 구성된 칸나에 군단이 스키피오의 지휘 아래 명예를 회복하기 위해 아프리카로 건너왔다. 그들이 무덥고 건조한 기후에서 전투를 벌인 경험이 없다는 점은 문제가 되지 않았다. 한니발도 고국에서 싸운 적이 없기는 마찬가지였다.

한니발은 스키피오군의 규모를 소상히 알고 있었다. 한니발이 보낸 정찰병이 로마 병사들에게 붙잡히고 말았는데, 스키피오가 이들을 처형하는 대신 로마군 진영을 구경시켜준 다음 보급품에 호위대까지 붙여서 한니발에게 돌려보냈기 때문이다. 스키피오의 행동에 강한 흥미를 느낀 한니발은 만남을 요청했다. 군대를 남겨둔 채 소수의 기병과 통역자들만 데리고 한니발과 스키피오가 전장 한가운데에서 대면했다. 스키피오의 아버지에게 부상을 입히고 로마군을 궤멸시키며 공화국을 위협했던 한니발은 열일곱 때 자신과의 전투에서 아버지를 구출했던 자, 이후 잇달아 참패하던 전투에서 살아남아 마침내 자신의 운명을 손에 쥔 자와 마주 섰다.

한니발은 운명의 여신의 변덕을 얘기하면서, 스키피오에게 무모한 도박을 하지 말라고 권고했다. 한때 이탈리아의 정복자가 될 뻔했던 자신도 지금 이렇게 고국을 방어하는 처지가 되지 않았는가? 그는 기존의 평화조약을 카르타고가 좀 더 받아들이기 쉬운 조건으로 변경하는 것을 고려해달라고 설득했다. 스키피오는 그런 그를 엄하게 꾸짖었다. 카르타고가 이미 동의한 평화의 조건을 깨트렸는데, 어떻게 로마가 더 나은 조건을 제시할 수 있겠나? 스키피오는 그럴 수는 없다고 대답했다. "당신과 카르타고를 우리의 처분에 맡기든지, 아니면 싸워서 이기시오."[10]

다음 날인 기원전 202년 10월 19일, 한니발과 스키피오는 흙먼지가 몰아치는 자마평원에서 맞붙었다. 스키피오의 3만 5,000명의 병력에 맞서 한니발은 보병 3만 6,000명과 기병 4,000기에 더해 전방에 80마리의 전투 코끼리를 배치했다. 한니발군에는 알프스를 넘을 때부터 함께한 백전노장들도 있었지만, 대다수는 북아프리카 부족에서 급하게 차출한 병사였다. 코끼리도 아프리카에 도착한 후 급히 조달했던지라 대부분 어리고 제대로 훈련받지 못한 상태였다. 스키피오는 코끼리 부대를 상대할 기발한 전략을 짰다. 이 거대한 짐승들이 로마군 대열로 돌진하는 순간, 병사들이 열을 옮겨 대열 사이 사이에 통로를 만들었다. 일직선으로 돌격할 줄밖에 모르는 코끼리들은 활짝 열린 통로를 따라 그대로 로마군 진영을 빠져나갔다. 스키피오의 나팔수들이 큰 소리로 나팔을 불어댄 통에 방향 감각을 잃은 일부 코끼리들은 되돌아가 되려 한니발군을 짓밟았다.

뜨거운 태양 아래 온종일 전투가 계속되었다. 먼저 양군의 기병이 맞붙었고, 곧 카르타고 측이 밀려 달아나자 로마 기병이 그들을 집요하게 추적했다. 한니발과 스키피오는 계속해서 보병 부대에 돌격을 명령했다. 어느 한 편도 확실한 승기를 잡지 못했다. 칸나에에서 치욕을 당하고 살아남은 자들이, 역시 칸나에에서 승리한 역전의 용사들과 백병전을 벌였다. 병사들의 비통함, 분노, 좌절감이 하늘을 찌르고 비명 소리와 적군을 베고 내지르는 환호성이 뒤섞인 전장은 아비규환 그 자체였다. 폴리비오스에 따르면, 이 유혈이 낭자한 교착 상태가 해소된 것은 해가 저물어갈 무렵이었다. 초전에 카르타고 기병대를 따라 지평선 너머로 사라졌던 로마군 기병이 되돌아와 카르타고 보병의 배후를 쳤다. 앞뒤로 포위된 카르타고군은 더 이상 버틸 수 없었다.[11] 수천 명의 카르타고군이 죽고, 수천 명이 포로로 잡혔다. 한니발을 포함한 일부는 탈출에 성공해 200킬로미터 거리를 이틀에 걸쳐 전속력으로 도망쳤다. 자마 전투는 한니발이 마지막으로 치른, 그리고 처음으로 패배한 육상전이었다.

이듬해 초, 한니발은 카르타고로 귀환하여 카르타고 원로회 앞에서 자마 전투의 패배를—따라서 카르타고가 전쟁에서 패했음을—공식적으로 보고했다. 카르타고는 로마에 항복했다. 스키피오는 카르타고의 함선을 항구에 모은 뒤 모두가 보는 앞에서 불태웠다. 불길이 하늘로 솟구쳤고, 그만큼 스키피오의 명성도 치솟았다. 그는 자신이 거둔 가장 위대하고 중요한 승리에서 유래한 칭호(스키피오 아프리카누스)를 받은 로마 최초의 장군이 되었다.

자마 전투는 지역 패권 다툼의 최종전이었고, 이 전투에서 승리한 로마는 지중해 서부와 중부, 그리고 그 둘레 해안 지역의 명실상부한 지배자로 부상했다. 로마는 세력권의 가장자리에서 가장 완강하게 맞서던 적을 꺾고 명성과 지배권을 다졌다. 한편 지중해 동부 지역은 로마의 손아귀를 용케 벗어나 있었다. 로마는 그리스에 군대를 주둔시켰음에도 불구하고 기원전 205년에 마케도니아의 필리포스 5세와 평화조약을 맺었다. 북아프리카 침공을 앞두고 2개의 전선을 유지하는 것은 무리라고 판단했기 때문이다. 이제 세 가지 이유로 인해 상황이 바뀌었다.

첫째로 가장 명백한 이유는 로마가 카르타고 전선에서 해방되어 지중해 동쪽에 집중할 여력이 생겼다는 점이다. 그러나 후방에서 완전히 눈을 뗄 수는 없었다. 한니발은 지난 10년간 이탈리아를 누비며 북부의 갈리아 부족들이 로마에 대항하여 싸우도록 선동했다. 한니발이 사라진 지금, 그들에게 반란의 대가를 치르게 하고 로마의 지배를 다질 필요가 있었다. 지난 기원전 220년대에 그랬듯이(같은 이유로 로마는 하스드루발과 스페인 문제를 두고 벌인 협상 테이블에서 불리한 조건을 감수할 수밖에 없었다), 기원전 200년부터 190년까지 10년간 로마는 갈리아족 반란을 진압하느라 숨돌릴 틈이 없었다.

두 번째 이유로 필리포스 5세는 로마와 평화협정을 맺은 후에도 계속해서 그리스와 에게해에서 무력을 과시하고 있었다. 그는 자금 모집을 위해 해적질에 손을 대 지중해 무역의 중심지인 로도스섬을 비롯한 에게해 섬나라들의 원성을 샀다.[12] 과거 로마군을 보고 겁에 질려 함대를 불태워버렸던 필리포스 5세는 기원전 203년 봄에 해상에서 약탈한 재물을

2부 전쟁과 변화하는 세계

바탕으로 새로운 함대를 구축하기 시작했다. 이듬해 로마가 마침내 한니발을 상대로 승리를 거뒀을 때, 필리포스 5세는 흑해 연안 도시들과 키클라데스제도의 사모스를 공격하고 로도스 해군을 격퇴시켰다. 그는 한때 로마의 동맹이었던 아탈로스 1세의 페르가몬과 소아시아 연안 카리아 지역 도시들까지 넘보고 있었다. 필리포스 5세는 백전백승의 명장과는 거리가 멀었으나, 로마인들은 의혹을 떨쳐버릴 수 없었다. 필리포스 5세가 지금까지의 실패와 부침을 극복하고 제2의 한니발로 부상하지는 않을까? 그리스 지역의 위협을 제거하지 않는다면, 이탈리아가 다시 전장으로 변하지 않을까?

그러나 로마가 동쪽을 주시한 세 번째 이유이자 가장 중요한 이유는 안티오코스 대왕이 지중해 연안에 다시 모습을 드러냈기 때문이다. 파르티아와 박트리아에서 승리하고 돌아온 셀레우코스 왕의 기세는 하늘을 찌를 듯했다. 박트리아의 군주 및 인도의 통치자들과의 협상에서 얻은 전투 코끼리 부대로 전력도 보강되었다. 그의 왕권에 도전하는 자는 모두 죽거나 달아났다. 지중해 연안으로 돌아온 그는 지난날 이집트에 당한 수모를 갚기 위해 벼르고 있었다. 하지만 로마도 안심할 수는 없었다. 지중해를 면한 그 어느 나라보다도 크고 강한 제국을 통치하는 삼십대의 안티오코스가 과연 현재의 영토에 만족할 것인가? 셀레우코스제국이 제2의 카르타고가 되지 않으리라는 법이 어디 있단 말인가?

지중해의 패권을 장악하다

셀레우코스제국의 움직임에 신경을 곤두세우고 있던 나라는 로마만이 아니었다. 이집트의 프톨레마이오스 4세와 그 뒤를 이은 소년 왕 프톨레마이오스 5세의 왕실에서 권력 암투를 벌이던 대신들도 셀레우코스제국의 동향을 예의 주시하고 있었다. 마케도니아의 필리포스 5세도 마찬가지였다.

필리포스 5세와 안티오코스 3세는 늘 경쟁 관계였다. 안티오코스 3세는 기원전 223년에 십대 후반의 나이로 왕위에 올랐고, 필리포스 5세는 기원전 221년에 비슷한 나이로 즉위했다. 그들은 이십대 시절을 서로의 권력 투쟁 소식을 들으며 보냈다. 기원전 203년에 이르러 그들은 삼십대 중후반에 접어들었다. 최근 '대왕' 칭호를 획득한 안티오코스는 안정된 제국과 풍족한 국고를 자랑했다. 반면 필리포스 5세의 형편은 즉위 당시에 비해 별로 나아진 게 없었다. 개인적인 질투심은 제쳐놓고라도, 안티오코스 대왕의 야망은 당장 필리포스 5세와 그가 흑해 및 소아시아 연안에서 벌이고 있는 활동에 실질적인 위협으로 다가왔다. 그리하여 기원전 203~202년, 필리포스 5세는 에게해를 유린하느라 바쁜 와중에도 이집트와 손을 잡고 안티오코스 대왕에 공동 대응하기 위한 협상에 돌입했다. 그 결과 어린 파라오 프톨레마이오스 5세와 필리포스 5세의 딸의 결혼을 통한 동맹이 성사되었다.

사실 필리포스 5세에게는 다른 꿍꿍이가 있었다. 기원전 201년, 로마 원로원은 필리포스 5세가 에게해에서 자행하고 있던 침략 행위를 보고하러 온 로도스섬의 사절로부터 필리포스 5세와 안티오코스 대왕이 이집트 영토를 분할 점령하는 협정을 맺었다는 소식을 들었다. 로마로서는 필리포스 5세가 이탈리아에 드리우는 위협, 안티오코스 대왕이 이집트로 제국을 확장할 가능성, 그리고 장래 필리포스와 이집트 또는 필리포스와 안티오코스의 동맹이 최근 지중해 중·서부를 장악한 로마의 패권에 미칠 영향을 우려하지 않을 수 없었다. 이것은 새로운 종류의 지정학적 현실이었다. 이제 지중해와 아시아의 방대한 지역이 모두 얽힌 복잡한 동맹 관계와 그것이 미칠 영향과 결과를 고려해야 했다. 그리스 역사가 폴리비오스는 갈수록 '심플로키symploke(상호 연결)'가 증가하는 고대 세계의 현실을 바탕으로 필리포스 5세와 전쟁을 재개하기로 한 로마의 결정을 비난했다.[13]

로마의 군사 지도자들은 또 다른 전쟁이 불가피하며 반드시 필요하다고 여겼을지 모르나, 대다수의 로마인들은 그 생각에 동의하지 않았다. 기원전 200년, 로마 집정관 푸블리우스 술피키우스 갈바는 그리스 북부 지역을 관장하고 있었다. 그는 민회를 소집하여 필리포스 5세와의 전쟁을 표결에 부쳤다. 그런데 뜻밖의 상황이 전개되었다. 압도적인 수의 시민이 원로원의 조언과 집정관의 바람을 무시하고 전쟁에 반대표를 던진 것이다. 리비우스에 따르면 "장기간에 걸친 혹독한 전쟁에 피폐해지고 전쟁이 요구하는 위험과 고생을 원치 않았던" 시민들은 또 다른 전쟁을 반대했다.[14]

원로원은 로마 시민의 근성이 부족하다고 분개하면서 푸블리우스에게 로마 성벽 밖 마르스 들판에서 비공식 회의를 열도록 촉구했다. 원래 로마 최후의 왕 타르퀴니우스 수페르부스의 소유였던 이 땅은 그를 축출한 이래 시민을 위한 공공장소로 지정되었다. 마르스 평원은 로마인들의 투표 장소로 이용되었을 뿐 아니라, 로마군 훈련장이면서 개선식이 열리는 곳이기도 했다. 그곳에 오랜 전쟁에 지친 로마인들이 모였다. "한니발이 스페인에서 여기까지 오는 데는 다섯 달이 걸렸지만, 필리포스가 코린토스에서 출발해 이탈리아에 상륙하는 데는 닷새밖에 걸리지 않습니다."

푸블리우스는 소리 높여 경고했다. "피로스[기원전 3세기에 이탈리아를 침략했던 그리스 장군]를 떠올려보세요. … 피로스가 침공했을 때 이탈리아 도시국가들의 근간이 흔들리고 로마도 위태롭지 않았습니까!"[15] 협박에 가까운 열변을 들은 로마인들은 재투표에 동의했다. 공격이 최선의 방어라는 주장에 설득당한 시민은 결국 아프리카에서 한니발을 상대로 싸웠던 병사들을 본인의 의사와 무관하게 그리스전에 투입하지 않는다는 조건으로 전쟁에 찬성했다.

곧 전시 체제가 가동되었다. 로마 사절단이 동맹을 모집하기 위해 그리스와 에게해의 도시국가로 파견되었다. 아테네에서 필리포스 5세를 만난 로마 대사는 그에게 계속 그리스에서 문제를 일으킨다면 로마의 분노를 감당해야 할 것이라는 최후의 통첩을 던졌다. 필리포스 5세는 경고를 무시하는 것으로 대응했다. 이에 아테네는 필리포스 5세를 기리기 위해 한 부족에 그의 이름을 붙이기로 했던 계획을 취소했다. 기원전 6세기 클레이스테네스 이래로 아테네의 부족 체제는 모든 시민이 소속되어 함께 투표하고 전투를 치르는 민주주의의 기본 단위다. 아테네 민주주의의 영광스러운 나날은 이미 오래전에 지나갔지만 그 문화적·역사적 유산은 지속되었다. 아테네의 사회적·정치적·문화적 구조의 일부인 부족에 누군가의 이름을 단다는 것은 가장 큰 명예였는데 그 계획이 철회된 것이다. 대신 아테네인들은 한때 로마의 동맹이자 오랫동안 필리포스 5세에게 눈엣가시 같은 존재였던 페르가몬의 왕 아탈로스 1세의 이름을 딴 새로운 부족을 추가했다.[16]

필리포스 5세는 그리스 북부와 흑해에서 침략 행위를 계속했다. 이에 분노한 로마인들 사이에서 전쟁에 대한 확고한 결의가 불타올랐다. 필리포스 5세에게 그리스에 끼친 손해를 배상하지 않으면 전쟁을 면치 못할 것이라는 최후 통첩이 전달되었다. 필리포스 5세는 해볼 테면 해보라는 배짱으로 로마의 도전을 받아들였다. 기원전 200년 9월 중순, 로마군 2만 5,000명이 그리스 서해안에 상륙했다. 제2차 마케도니아전쟁의 시작이다.

필리포스 5세는 헬라스동맹의 수장으로서, 그리스 중·남부를 중심으로 한 다른 동맹들뿐만 아니라 잔존하는 독립 도시국가인 스파르타, 아테네와 오랜 세월 대적해왔다. 기원전 217~215년경 그는 한니발과 손잡고 로마에 집중하기 위해 이들과의 전쟁을 중단했으나, 기원전 205년 로마와 평화조약을 맺도록 강요당한 후 다시 주변국을 괴롭히기 시작했다. 로마는 필리포스 5세로부터 그리스를 보호한다는 명분으로 그리스를 침략했다. 로마와 필리포스 5세, 그리스의 동맹들과 도시국가들 간에 전투와 외교, 배신이 교차하는 드라마가 뒤따랐다. 갈등은 기원전 197년 정점에 도달했다.

안개가 자욱했던 어느 날, 그리스 중부에서 필리포스군을 추적하던 로마군은 테살리아의 키노스케팔라이(직역하면 '개의 머리'라는 뜻) 구릉 지대에서 그들과 맞닥뜨렸다. 양측 정찰대 간의 척후전은 점차 언덕과 그 주변에서의 전면전으로 확대되었다. 로마 측에는 크레타섬의 그리스군과 함께, 최근 획득한 영토 누미디아의 병사 및 코끼리 부대가 가세했다. 그러나 이번 전투에서 결정적인 역할을 한 것은 코끼리가 아니었다. 그보다 훨씬 더 중요했던 것은 로마군의 전투 방식이었다. 로마 군단은 하나의 단위를 이뤄 싸우도록 훈련받았으나, 동시에 단독 전술 행동도 익혔다. 반면 필리포스의 군대는 항상 예외 없이 밀집 전투 대형으로 전투에

임했다. 탁 트인 벌판에서는 밀집 대형이 유리하지만, 키노스케팔라이의 험한 산비탈에서는 로마군의 융통성 있는 전투 방식이 진가를 발휘했다.

그리하여—중국에서 묵특이 번개같이 치고 빠지는 전술로 한고조를 궁지에 몰아넣고 승리했다면—로마는 이 전투에서 로마군의 유연한 전술을 지중해 세계에 널리 알렸다. 놀랍게도 마케도니아군이—아니, 어떤 그리스군도—그리스 땅에서 벌어진 전투에서 로마군에 패한 것은 이번이 처음이었다. 혼쭐이 난 필리포스는 강화를 제의했다.

두 차례의 전쟁에서 승리한 로마는 지중해 세계의 적절한 균형점을 찾는 문제에 봉착했다. 막대한 인력을 투입할 수 없는 상황에서, 그리스에서 로마의 영향력을 강화할 최선의 방법은 무엇인가? 한편으로 그리스 내 필리포스 5세의 적들은 복수를 원했다. 게다가 필리포스 5세는 과거 로마의 권위에 도전했던 자다. 만일 로마가 약한 모습을 보인다면 그가—그리고 나머지 그리스 국가들도—이 지역의 다른 강자들, 특히 안티오코스 대왕 편에 붙어 대항하지 않으리라고 확신할 수 없었다.

그렇다고 필리포스 5세를 처형하거나 권좌에서 축출해버릴 수도 없었다. 로마는 지중해 남부에 든든한 완충지대가 필요했던 것과 마찬가지로 (일부 과격한 원로원 의원들의 요구에도 불구하고 카르타고를 완전히 파괴하지 않은 것은 이런 이유가 컸다), 지중해 세계의 북부 변경에도 강력한 통치자를 둘 필요가 있었다. 관용이 최선의 방법이 아니듯이, 홧김에 자기 발등을 찍는 것도 어리석은 일이다. 로마는 안티오코스 3세가 셀레우코스제국을 통치하면서 직면했던 것과 같은 진퇴양난에 빠졌다. 안티오코스 3세도 박트리아의 음흉한 에우티데모스가 제국 동부의 강력한 수호자 역할을 수행하는 조건으로 계속 왕위에 머무르도록 허용하는 정치적 거래를 수용했다. 그러나 로마가 풀어야 하는 문제는 그리스 내부의 여러 상충하는 견해들로 인해 훨씬 더 복잡했다.

기원전 197년 이스트미아 제전이 열렸을 때, 제2차 마케도니아전쟁을 승리로 이끈 로마 장군 티투스 플라미니누스는 누구도 예상치 못한, 고대 사료에 기록된 것 중 가장 뜻밖이라 할 수 있는 연설을 했다. 로마는 마케도니아의 필리포스 5세로부터 그리스를 해방시킨다는 명분으로 전쟁에 개입했지만, 누구도 로마가 그 약속을 지킬 것이라 여기지 않았다. 특히 로마가 지중해 중·서부의 새로운 지배자로 떠오른 마당에 어찌 그런 낙관적인 기대를 품을 수 있겠는가. 코린토스운하 근처에 위치한 자그마한 이스트미아 성소에서 열리는 제전에 참석하기 위해 에게해 전역에서 모여든 그리스인들 사이에서는 향후 로마의 행보에 관한 루머가 무성했다.

그곳에서 플라미니누스가 자유를 이야기하기 시작했다. 그는 유럽과 아시아의 모든 그리스 도시가 자유로워질 것이라는 로마 원로원의 선언을 공표했다. 또한 마케도니아의 필리포스 5세는 로마 원로원에 직접 복속되며, 그가 저지른 죄에 대한 배상금을 물게 될 것이라고 밝혔다. 연설이 채 끝나기도 전에 군중들 사이에서 거대한 환호성이 터져 나왔다. 연설은 함성에 묻혀버렸고, 전령이 군중 사이를 돌며 선언을 못 들은 사람, 이게 꿈인지 생시인지 믿기 어려운 사람, 그리고 들었지만 다시 한 번 더 듣고 싶어 하는 사람들에게 선언문을 반복해서 들려줬다. 사람들의 고함소리가 너무나 커서, 하늘을 날던 까마귀들이 떨어질 정도였다고 한다.[17] 그날의 행사는 완전히 관심 밖으로 밀려났고, 티투스 플라미니누스는 감사의 악수를 청하기 위해 몰려온 군중 때문에 팔이 떨어질 지경이었다.

이날 기쁨에 취한 수많은 그리스인들 가운데 로마 장군의 연설에 담긴 역설을 눈치챈 이는 없는 듯했다. 로마가 그리스의 자유를 보증한다고 하지만, 그 자유를 정의하는 것도 로마라는 사실 말이다. 실제로 로마는 몇 년 지나지 않아 기원전 207년부터 스파르타를 다스려온 왕을 '자유를 억압하는 압제자'로 몰아 축출한다.

이스트미아 제전에서 발표를 마친 로마 사절단은 안티오코스 대왕이 보낸 대표단과 만났다. 기원전 205년 셀레우코스 왕이 바빌론으로 귀환하여 지중해에 다시 발을 들인 이래, 로마는 그를 정중하고 우호적으로 대해왔다. 로마는 로도스섬 대사로부터 안티오코스 대왕의 팽창주의 정책을 경계하라는 경고를 들었다. 이집트 왕실의 도움 요청도 받았다. 그러나 로마는 속으로는 어떤 우려를 품고 있었는지 몰라도 지금까지는 한니발과 필리포스 때문에 이 문제에 개입할 여력이 없었다. 그저 안티오코스 대왕의 행보를 지켜보기만 했고, 기원전 198년에는 친선 관계를 유지하기 위해 그를 직접 만나기도 했다.

로마가 수동적인 태도로 관망할 수밖에 없었던 사이, 안티오코스 대왕은 활발하게 영토 확장 전쟁을 전개해나갔다. 기원전 203년, 그는 그동안 셀레우코스제국의 품에서 떨어져나간 소아시아 도시들을 탈환하기 위해 나섰다. 이듬해에는 필리포스 5세와 이집트를 분할한다는 협정을 맺고 코엘레 시리아 지역에서 이집트와 제5차 시리아전쟁을 개시했다. 이 지역은 기원전 217년 라피아 전투에서 안티오코스 3세가 프톨레마이오스 4세에게 패한 이래 이집트의 영토였다. 장기간의 전쟁으로 피폐해진 도시들은 대부분 별 저항 없이 안티오코스 대왕에게 투항했으나, 한 도시만은 끝까지 버텼다. 안티오코스 대왕이 일생일대의 치욕적인 패배

를 당한 라피아로부터 고작 33킬로미터 떨어진 성곽도시 가자였다. 가자
는 알렉산드로스 대왕이 이집트로 진격하기 전에 마지막으로 공략했던
곳이기도 한데, 당시에도 다섯 달 이상 농성하며 버텼다. 그런 가자가 안
티오코스 대왕에게 쉽사리 항복할 리 없었다. 폴리비오스는 가자 사람
들이 용감하고 꿋꿋하게, 그리고 독창적으로 안티오코스의 대군에 저항
했다고 칭송한다.[18] 하지만 기원전 201년 가을, 가자도 끝내 무너지고 말
았다.

그해 12월—제2차 포에니전쟁이 로마의 승리로 마무리되고, 제2차 마
케도니아전쟁이 터지기 전—이집트는 필리포스 5세가 안티오코스 대왕
과 이집트를 양분하기로 합의했다는 정보를 입수하고 혼란에 빠졌다. 당
시 이집트는 혁명이 일어나 나라가 갈라진 상태였다. 술독에 빠져 살던
통치자가 죽고 새로 즉위한 파라오의 나이는 채 열 살도 되지 않았고, 믿
었던 필리포스 5세는 이집트를 배신했다. 오랫동안 이집트가 지배해온
분쟁 지역을 모두 탈환한 안티오코스 대왕은 이집트 본토 진입을 앞두고
있었다. 풍전등화 같은 이집트의 운명을 알리기 위해 알렉산드리아에서
로마로 사신이 파견되었다. 로마의 반응은 미적지근했다. 한 로마 고위
관료에게 어린 프톨레마이오스 5세의 스승 역할을 맡기겠다는 로마의
응답은 이집트가 기대했던 것과는 거리가 멀었다.[19]*

그럼에도 불구하고 기원전 200년 이집트는 안티오코스군에 성공적인
반격을 가해, 그가 지난해에 점령한 지역 일부를 수복했다. 로마가 필리

---

* 이집트 측에서 어린 파라오의 후견인 역할을 할 사람을 보내달라고 요청했고, 로마가 이를 수
락하여 마르쿠스 레피두스Marcus Lepidus를 보내 섭정으로 통치를 돕게 했다는 해석도 있다.
유스티누스, 『필리포스 역사』, J. S. 왓슨 영역본 참조.

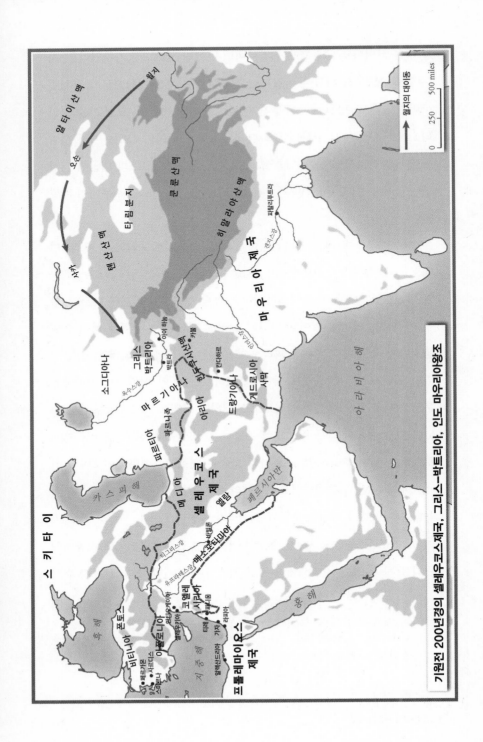

기원전 200년경의 셀레우코스제국, 그리스-박트리아, 인도 마우리아왕조

포스 5세를 상대로 제2차 마케도니아전쟁을 개시했을 때 안티오코스 대왕은 골란 고원 기슭의 파니움에서 이집트군과 맞섰다. 그와 동행한 동명의 장남은 약관의 나이로 왕의 재목임을 증명했다. 그는 기병대를 이끌고 이집트 기병을 궤멸시킨 후, 아버지와 합세하여 이집트 보병을 양면 공격했다. 안티오코스 대왕은 무용을 떨친 아들이 몹시 듬직했을 것이다.

이집트는 본토가 침략당할 위기였다. 소아시아 북안도 마찬가지 상황이었다. 필리포스 5세가 로마와 전쟁에 휘말리면서 모든 이목이 그리스 중부로 쏠려 있었기에, 필리포스 5세가 (에게해를 휩쓸고 다니며 침략, 약탈하는 과정에서) 점령 또는 정복했던 여러 그리스 도시국가들은 물론, 한때 셀레우코스제국의 일부였다가 독립하여 이제 로마의 동맹이자 아테네에서 명예를 수여받은 페르가몬의 아탈로스 등도 안티오코스 대왕의 침략에 속수무책이었다.

기원전 199~198년, 안티오코스 대왕은 북으로 방향을 돌렸다. 셀레우코스군은 소아시아를 거쳐, 유럽과 아시아를 가로지르는 좁은 헬레스폰트해협—오늘날 터키 북서쪽에 위치—으로 진군했다. 이곳은 기원전 480년에 그리스 침공을 앞두고 페르시아 왕 크세르크세스 1세의 대군이 머물렀던 장소다. 그로부터 300년 가까이 흐른 지금, 셀레우코스제국의 안티오코스가 중대한 결정을 앞두고 군대를 집결시켰다. 과거 알렉산드로스 대왕은 유럽에서 시작하여 아시아 대륙에 걸친 대제국을 세웠다. 반대로 아시아에서 출발한 안티오코스 대왕은 유럽을 점령하고 그에 상당하는 대제국을 세우는 위업을 이룰 수 있을까?

로마가 안티오코스 대왕의 급작스러운 목표 전환을 모르지는 않았다.

그가 북진하면서 공격했던 스미르나 등으로부터 속속 전령이 도착했기 때문이다. 일부는 안티오코스 대왕이 필리포스 5세를 도우러 오는 것으로 추정했다. 다른 이들은 그가 아시아에서 셀레우코스의 세력권을 극대화하려는 목표를 가졌지만 유럽 대륙으로 건너오지는 않을 것이라고 생각했다. 안티오코스의 의도가 무엇이건 간에, 로마 원로원에는 적색 경보가 켜졌다. 특히 지금 막 이스트미아에서 로마 장군 티투스 플라미니누스가 그리스 본토 도시뿐만 아니라 소아시아 연안의 그리스 도시에도 자유를 보장한다고 선언한 참이 아니던가. 그 도시들은 이제 안티오코스 대왕의 세력권에 들어가 있었다.

플라미니누스를 비롯한 로마 관료들은 그리스의 자유를 기뻐하는 환호성이 여전히 귓가에 울리는 채로 안티오코스 대왕의 대표단과 만났다. 로마 측 주장은 명확했다. 안티오코스 대왕이 점령한 필리포스 5세와 프톨레마이오스 5세 소유의 도시에서 물러날 것, 그리고 헬레스폰트에서 그리스로 항해하지 말라는 것이었다. 문제는 안티오코스 대왕이 이미 유럽으로 향하고 있었다는 사실이다.

기원전 196년 그는 케르소네소스에 상륙했다. 오늘날 갈리폴리반도로 불리는 이곳은 마르마라해 왼편의 유럽 대륙에서 에게해 쪽으로 길게 돌출하여 헬레스폰트의 좁은 해협을 형성하는 지역이다. 그 후 안티오코스 대왕은 군대를 리시마키아(1년 전 제2차 마케도니아전쟁 때 파괴된 도시)로 이동시켜, 재빨리 도시를 재건하고 흩어진 인구를 모아서 유럽 침공의 기지로 활용하고자 했다.

기원전 196년 10월, 리시마키아에서 셀레우코스 왕을 접견한 로마 대사는 처음에는 공손한 태도를 취했다. 격식을 차리지 않은 비공식 석상

　　　　　　　　　　　　2부 전쟁과 변화하는 세계

에서 양측의 대화가 자연스럽게 이어졌다. 그러나 폴리비오스에 따르면, 공식 회담 자리에서 로마 사절은 일부러 무뚝뚝한 태도를 취하며 로마의 요구를 피력했다. 먼저 기존에 필리포스 5세의 지배권하에 있던 소아시아 도시들은 제2차 마케도니아전쟁에서 승리한 로마에 속한다고 선포하면서, 셀레우코스 왕이 유럽에서 정확히 뭘 하고 있는지 물었다. 그리고 "로마를 공격할 의도라는 설명을 빼면, 합리적으로 납득할 수 있는 어떤 이유도 남아 있지 않습니다"라는 말을 끝으로 입을 다물었다.[20]

뒤이은 침묵을 깨고, 노회한 안티오코스 대왕이 외교적인 회피, 엄포, 그리고 직설을 능란하게 뒤섞은 답을 내놓았다. 어린 프톨레마이오스와 자신의 딸의 결혼으로 두 왕국이 공평한 동맹을 맺을 것이니 로마는 이집트에 신경 쓸 필요가 없다. 유럽에 진출하고 리시마키아를 재건한 것은 새 영토 정복이 아니라 선조들이 정복했던 땅을 수복한 것이다. 그리고 로마가 소아시아 연안에 영향력을 행사하겠다는 요구에 대해서는 이렇게 덧붙였다. "로마가 소아시아 도시들에 어떤 권리가 있기에 이를 문제 삼는 것인지 이해할 수 없다. 근거가 전무하지 않은가. 내가 이탈리아 문제에 전혀 개입하지 않듯이, 로마는 아시아 문제에 관여하는 것을 전적으로 삼가라."[21] 안티오코스 대왕은 자유를 희망하는 도시는 로마가 아니라 자신의 은혜로 자치권을 얻을 것이라고 말했다.

접견은 끝났고, 로마 사절단은 꼬리를 말고 물러났다. 이 회견에서 한 가지 분명해진 것이 있다면, 로마와 셀레우코스제국의 경계였다. 그리스와 지중해 서부는 로마의 영역이고, 아시아, 이집트, 그리고 유럽 일부 지역은 안티오코스 대왕과 그의 사위인 프톨레마이오스 5세에게 속했다. 한고조와 묵특이 한나라와 흉노의 관계를 평화적으로 유지했던 것처럼,

로마와 안티오코스 대왕도 서로의 비위를 건드리지 않으며 공존할 수 있을까? 아니면 어느 한쪽이, 또는 양쪽 다 현재 그려진 지도에 만족하지 못하는 때가 도래할 것인가?

프톨레마이오스가 고작 열세 살에 불과했기 때문에 혼례는 2년 후에 치러졌다. 그는 안티오코스 대왕의 열 살 난 딸 클레오파트라 1세와 결혼했다. 이 결혼은 패배한 이집트에 강요된 것이었지만, 결혼식 장소는 이집트 측이 정하도록 허용된 것으로 보인다. 식은 20년 전 프톨레마이오스 4세가 안티오코스 3세를 상대로 승리를 거둔 역사적인 도시 라피아에서 열렸다. 이 시기에 안티오코스가 참석한 결혼식은 이것만이 아니었다. 그는 아들이자 공동 왕인 젊은 안티오코스와 딸 라오디케를 결혼시켰다. 자신의 누이와 결혼하는 것은 이집트 왕실의 오랜 전통이었지만, 셀레우코스에서 시행되기는 이번이 최초였다. 안티오코스 대왕은 페르가몬과의 동맹을 강화하기 위해 또 다른 딸과 페르가몬 왕 에우메네스 2세의 결혼을 제안했으나 거절당했다고 전해진다. 그런데 두 건의 결혼식이 열리는 사이에 안티오코스 대왕은 자신의 왕국을 찾아온 한 저명한 방문자의 존재를 알게 되었다. 다름 아닌 한니발이었다.

스키피오 아프리카누스는 카르타고 함대를 불태우고 카르타고에 무거운 평화협정 조건을 강요했지만, 한니발을 로마에 넘기라고 요구하지는 않았다. 기원전 201~197년에 아홉 살 이래 처음으로 카르타고로 돌아온 한니발의 생활은 순탄하지 않았다. 리비우스에 따르면 그는 법률 개혁을 시도하고, 15년 이상 전쟁을 치르고 로마에 배상금을 지불하느라 바닥난 도시 재정을 재구축하고자 애썼다. 하지만 카르타고 내부에 포진하고 있는 그의 적들은 한니발이 로마의 적들과 함께 모반을 꾀한다는 이야기를 꾸며내어 로마에 밀고했다.[22] 스키피오 아프리카누스는—한니발과의 전장에서 이긴 자의 권위를 내세우며—원로원에서 오랜 적수의 명성을 변호했다. 그럼에도 로마는 카르타고에 사절을 보내 진상을 조사하도록 명령했다. 로마가 카르타고를 직접적으로 통치하지 않고도 통제력을 유지하려는 외교의 일환이었다.

고국에 절망한 한니발은 조사 결과를 기다리지 않고 카르타고를 탈출했다. 말을 타고 산책을 나가는 척하다가 밤새 쉬지 않고 달려 해변가 영지에 도착한 그는 배를 타고 카르타고 연안의 조그만 군도로 향했다. 도중에 상인들에게 신분을 들키자, 그들을 저녁 식사에 초대하여 만취하게 만든 다음 북아프리카 해안을 따라 동쪽으로 달려 마침내 선조들의 땅 티레에 도착했다. 이곳에서 한니발은 "모든 분야에서 탁월함을 성취한 인물"로서 환영받았다.[23] 반면 카르타고는 한니발을 국가의 적으로 공표하고 그의 집을 불태웠다.

한니발은 티레로부터 지중해 연안을 따라 셀레우코스제국 영토 깊숙한 지역으로 이동했다. 그는 안티오케이아에서 안티오코스 대왕의 아들 안티오코스를 만났다. 안티오코스와 라오디케의 결혼 준비가 한창이던 기원전 195년, 한니발은 휘황찬란한 도시 에페소스에서 안티오코스 대왕과 대면했다. 한니발은 그의 고문으로 일하겠다고 제의하면서, (리비우스의 말을 그대로 믿는다면) 자신과 안티오코스 대왕이 손잡고 로마와 대결하는 야심 찬 계획을 제안했다.[24] 이 자리에서 한니발은 어린 시절 아버지가 "절대 로마의 친구가 되지 않겠다"는 맹세를 시켰던 이야기를 들려주었다.[25]

아시아에서 안티오코스 대왕과 한니발이 머리를 맞대고 전쟁을 모의

할 무렵, 로마는 그리스에서 눈을 떼고 이탈리아 방어—특히 북부 포강 유역과 그 주변 지역에서 반란을 일으킨 갈리아족과 리구리아족—에 집중하고 있었다. 기원전 194년에 아드리아해 동쪽에는 단 한 명의 로마 병사도 주둔하고 있지 않았다. 로마는 그리스의 자유를 보장하고 안티오코스 대왕의 뱃전에 경고의 화살을 날리고 카르타고 정계를 예의 주시했으나, 대외 군사작전의 규모는 축소했다. 이는 이탈리아 내부의 위협에 대처하기 위해서이기도 했지만, 다른 한편으로는 완전히 파괴하지 않고 남겨둔 카르타고에 로마 세력권의 보루 역할을 맡긴다는 더 큰 전략에 따른 정책이기도 했다.

동시에 로마는 카르타고와 마케도니아의 필리포스 5세에게 받아낸 막대한 배상금을 만끽하고 있었다. 이스트미아 제전에서 감사 인사를 하기 위해 몰려온 그리스인들에게 깔려 죽을 뻔했던 플라미니누스는 그리스에서 취득한 막대한 전리품을 로마로 실어왔다. 제2차 마케도니아전쟁 승리를 기념하는 행렬은 온갖 종류의 대리석 동상과 무기, 2톤이 넘는 가공되지 않은 은, 은제 방패, 114개의 금관, 금 1.8톤, 그리고 10만 개에 달하는 각종 동전을 자랑했다. 그 대열에는 그리스의 평화를 보장하기 위해 인질로 잡혀 온 필리포스 5세의 아들 데메트리오스도 포함되어 있었다. 그러나 안티오코스 대왕이—어쩌면 한니발에게 설득당하여—트라키아를 침공하면서 잠시 동안의 평화는 산산이 부서지고 말았다.[26]

기원전 194년, 안티오코스 대왕은 케르소네소스의 근거지로부터 에게해 북안을 따라 트라키아 영토로 진군함으로써 로마 대사들과 가진 언짢은 회담에서 합의된 경계선을 침범했다. 이에 로마는 안티오코스 대왕의 대리인에게 유럽을 떠나지 않으면 전쟁을 각오하라는 경고를 다시 한 번 강조했다. 이듬해 원로원은 그리스와 소아시아에 위원단을 파견하여 해당 지역 주요 인물들의 심중을 파악하고자 했다(그 지역에 대한 로마의 지배권을 막무가내로 휘두르지 않았음을 보여주는 또 다른 사례다). 그들은 페르가몬의 에우메네스 2세와 면담했고(그는 안티오코스 대왕에게 선전포고를 하라고 촉구했다), 한니발도 만났다(그가 어떤 조언을 했는지는 알려져 있지 않다). 심지어 그들은 라피아에서 딸의 결혼식에 참석하고 자신의 왕비를 여신으로 선포한 후 막 귀환한 안티오코스 대왕까지 접견했다. 하지만 안티오코스 대왕의 궁극적인 목표가 무엇인지는 여전히 오리무중이었다. 로마가 언제까지 참을지 도발해보는 것인가? 아니면 그보다 더 큰 어떤 계획을, 예를 들어 로마 침공까지 염두에 두고 있는가?

고대 지중해의 강대국들이 교착 상태에 빠진 가운데, 그리스 중부의 소규모 아이톨리아동맹은 갈등을 부채질하여 이익을 취할 기회를 포착했다. 그들은 그리스가 로마 지배의 멍에를 얼마나 증오하는지, 그리고 자유를 얼마나 갈망하는지 (엄밀히 따지면 그리스의 자유는 로마에 의해 보장되고 있음에도) 안티오코스 대왕의 귀에 속삭였다. 기원전 192년, 한니발의 조언을 받은 안티오코스 대왕이 이미 아이톨리아로 진주했으며 이제 시칠리아로 항해할 준비를 하고 있다는 루머가 돌자 로마는 크게 당황했다. 스페인으로 파견되었던 사령관들이 그리스 군사작전을 위해 급히 지중해 건너편에 재배치되었다. 지난 전쟁에서 약탈한 그리스 금화를 세고 있던 플라미니누스도 평화 유지를 위해 재파견되었다. 하지만 그의 노력도 아이톨리아인들이 안티오코스 대왕에게 "그리스를 해방시키고 그들과 로마 사이를 중재해줄 것"을 공식적으로 요청하는 것을 막지 못했다.[27] 그리스에 대한 로마의 온건 정책은 실패한 것처럼 보였다.

그해 가을, 안티오코스 대왕은 일리온에서 희생제를 올렸다(이 도시는 여전히 셀레우코스 세력권 안에 있었다). 안티오코스 대왕은 과거의 영광스러운 정복 전쟁의 절차를 밟은 다음, 1만 명의 병사와 말 500마리, 코끼리 6마리를 이끌고 그리스로 출정했다. 역사가들은 안티오코스 대왕이 어떤 생각을 갖고 그리스로 향한 것인지 궁금해했다. 한니발의 부추김이 결정적인 역할을 했을까? 아니면 그리스인들이 로마 세력을 축출하기 위해 봉기할 것이라는 아이톨리아동맹의 이야기를 믿었던 것일까(한니발도 이탈리아를 침공할 때 병사들에게 이탈리아 북부 갈리아 부족이 카르타고군의 든든한 아군이 될 것이라고 장담했었다)? 실제로 아이톨리아인들은 도시 하나를 점령한 다음, 안티오코스 대왕이 온다는 소식에 그가 로마에 대항하여 반란을 일으켰다는 얘기를 꾸며내는 수고를 하면서까지, 그가 그리스의 해방자로 환영받을 거라고 믿게 만드는 데 상당한 공을 들였다.

안티오코스가 어떤 계획을 갖고 움직인 것인지, 심지어 로마와 대결하기 위해 어떤 준비가 필요한지 제대로 알고는 있었는지는 논쟁의 여지가 있다. 다만 그가 그리스인들을 '폭군'으로부터 해방시키기 위해 길을 재촉했던 것 같지는 않다. 폴리비오스에 따르면, 그는 할키스에 주둔하며 흥청망청 겨울을 났고, 노령에도 불구하고, 그리고 이미 여러 자식을 두었음에도 불구하고 그곳에서 젊은 그리스 여성과 다시 결혼했다.[28] 후대 로마 저술가이자 문법학자인 아울루스 겔리우스는 그와 한니발 사이의 대화를 전한다. 한니발에게 그리스로 진군하기 위해 집결한 군대를 보여주면서 안티오코스 대왕은 이 정도로 충분하겠느냐고 물었다. 한니발은 이렇게 대답했다. "로마인들이 아무리 탐욕스럽다고는 해도, 이 정도

2부 전쟁과 변화하는 세계

면 차고 넘칠 것 같군요."²⁹* 한니발의 대답을 듣고도 안티오코스 대왕은 전혀 기세가 꺾인 기색이 없었다. 기원전 192년 11월에 안티오코스 대왕에게 선전포고한 로마는 겨우내 전쟁을 준비했다. 로마의 실력이 얼마나 대단한지 단단히 보여줄 참이었다.

기원전 191년의 군사작전이 시작되면서, 지난 30년 이상 지중해와 중앙아시아 서부의 역사를 만들어온 지배자들이 그리스로 집결했다. 그간 광범위한 지역에 걸친 수많은 전선에서 국지전의 양상을 띠었던 패권 다툼은 이제 한 지역에 집중된 대격돌과 그 충돌의 폭발적 여파를 앞두고 있었다. 로마는 안티오코스 대왕을 축출하기 위해 그리스로 진군했다. 그리스의 '자유'를 되찾고 이 지역에서 로마의 권위를 회복하기 위해서였을 뿐만 아니라, 지중해 패권을 두고 로마의 권위에 도전할 수 있는 유일하게 남은 강대국을 제압하기 위해서였다. 안티오코스 대왕은 지중해 서부로 진출하면서 스스로를 해방자라 여겼을 것이고, 자신이 어떤 결말로 향하고 있는지 몰랐을 가능성도 있다. 군사고문 자격으로 안티오코스 대왕과 동행한 한니발은 오랜 적과의 격돌을 또 한 번 앞두고 있었다. 관건은 마케도니아의 필리포스 5세가 어떤 행보를 보이느냐였다.

한니발은 안티오코스 대왕에게 필리포스 5세를 다시 동맹으로 끌어들이거나 아니면 최대한 빨리 제압하라고 조언했다. 하지만 유감스럽게도 안티오코스 대왕은 마치 그가 보유한 코끼리 부대마냥 앞뒤 재지 않고 돌진하여 필리포스 5세의 자존심을 깔아뭉개고 말았다. 그는 또 다른 필리포스와 손을 잡기로 결정했다. 마케도니아의 왕위를 노리면서 필리

---

* 금은 장식으로 번쩍이는 값비싼 갑옷을 둘렀지만 비효율적인 군대를 한심하게 바라보던 한니발이 냉소적으로 던진 말이다.

포스 5세와 경쟁하던 메갈로폴리스의 필리포스였다. 안티오코스 대왕은 그를 키노스케팔라이 전장―기원전 197년에 필리포스 5세가 로마에 참패를 당한 곳―으로 보냈다. 그곳 구릉에는 6년 전 전사한 그리스 용사들의 시신이 로마의 명령에 의해 매장되지 못하고 뜨거운 태양과 차가운 바람에 노출된 채 맹금류와 짐승들에게 물어뜯긴 뼈를 하얗게 드러내며 흩어져 있었다. 안티오코스 대왕은 자신이 가져올 그리스의 해방을 상징적으로 보여주려는 의도로 메갈로폴리스의 필리포스를 보내 이 주검들을 묻어주게 했다. 그의 부하들이 해골을 모아 매장하는 사이에 필리포스 5세는 안티오코스 대왕에게 분노하며 자신의 병사들을 학살했던 로마 편으로 돌아서버렸다. 모르는 폭군보다 아는 폭군이 차라리 낫다는 생각이었을까. 그 대가로 필리포스는 남은 평생을 로마의 동맹으로서 부귀영화를 누리며 마케도니아를 통치했다.

안티오코스 대왕은 테르모필레에 군대를 집결시켰다. 그리스 북부와 중남부를 연결하는 이 좁은 통로는 지중해 역사에서 정치적·군사적으로 중요한 사건이 여러 번 벌어졌던 장소다. 테르모필레는 기원전 480년대에 300명의 스파르타군이 페르시아군의 침략에 저항했던 곳이자, 기원전 3세기에 침략해온 갈리아족을 궤멸시켰던 곳이다. 그리고 이제 로마군의 침략으로부터 그리스의 자유를 보호하는 안티오코스 대왕의 군대가, 역시 그리스의 자유를 보장하는 것은 자신들의 권리라며 안티오코스 대왕을 되돌려 보내기 위해 출정한 로마군에 맞서 도열했다.

안티오코스 대왕은 역사에 어둡지 않았다. 그는 병사들을 보내 '뜨거운 문'('테르모필레'의 직역)을 돌아가는 산길을 지키게 하여, 3세기 전 영웅적인 스파르타군을 전멸시켰던 포위 작전 가능성을 사전에 차단했다.

그러나 안티오코스 대왕과 병사들이 이곳에서 영웅적으로 버티며 장렬한 최후를 맞이하는 일은 벌어지지 않았다. 고대 기록에 따르면 안티오코스군은 궤멸당했고, 안티오코스 대왕은 500명의 생존자들과 함께 북쪽으로 달아났다. 얼마 지나지 않아 안티오코스 대왕은 그리스에서 얻은 부인과 함께 그리스 땅을 떠나 에페소스로 향했다.[30] 지중해의 패권을 건 마지막 결전은 이렇게 어이없이 끝났다. 하지만 그 여파는 엄청났다. 이제 로마가 지중해 세계의 명실상부한 지배자로 떠올랐다. 게다가 안티오코스 대왕을 상대로 손쉬운 승리를 거두고 나니 셀레우코스제국과의 대결을 주저할 어떤 이유도 남아 있지 않았다. 오히려 동쪽으로 세력을 더욱 확장하려는 열망이 자극된 듯했다. 로마가 아시아를 넘보기 시작한 것이다.

　　*

　기원전 190년 3월 18일, 루키우스 코르넬리우스 스키피오가 아시아를 향한 기나긴 행군을 시작하기 위해 로마군을 이끌고 이탈리아 남부에서 그리스 북부로 항해했다. 그의 곁에는 자마 전투의 영웅인 형 스키피오 아프리카누스가 서 있었다. 안티오코스 대왕에 대항하여 로마 편에 선 것에 대한 감사 표시로 로마에 인질로 잡혀 있던 아들을 돌려받은 마케도니아의 필리포스 5세는 스키피오 아프리카누스와 죽을 때까지 연락을 주고받는 절친한 사이가 되었다. 8월경에는 한니발이 이끄는 안티오코스 대왕의 함대가 로마 편에 선 로도스인들에게 격파당했다. 이제 에게해는 로마와 로마 동맹에 완전히 장악되었다.

　로마군은 그해 군사작전 기간이 거의 끝나갈 무렵 셀레우코스 영토에 진입했다. 사르디스로 가는 길과 에페소스의 해군기지는 안티오코스 대왕이 방어에 만전을 기한 요지였다. 시필로스산 기슭 헤르무스강 근처에 자리 잡은 도시 마그네시아 아드 시필룸(오늘날 터키 이즈미르에서 북동쪽으로 65킬로미터 거리)에서 로마군과 안티오코스군이 맞붙었다. 양측은 비슷한 규모였으며, 안티오코스군은 제국 전역에서 차출한 각양각색 전사들로 구성되어 있었다. 양측 모두 코끼리 부대를 보유했지만, 로마군은 이 짐승을 활용하는 법과 그들에 맞서 싸우는 법에 능숙했다. 평생을 전장에서 보낸 안티오코스 대왕은 기병을 이끌고 용감무쌍하게 나서서 로마 전열을 돌파하고 기세를 몰아 로마군 숙영지 앞까지 돌격했다. 그러나 그는 라피아 전투의 실책을 잊어버렸는지 다시 한 번 전군을 통솔하는 총사령관 역할을 망각했다. 그가 되돌아왔을 때는 이미 셀레우코스군의 다른 쪽 날개가 로마군에게 무너진 후였다. 그는 자신의 진영으로 쏟아져 들어오는 로마 병사들을 지켜봐야 했다.

리비우스에 따르면 마그네시아 전투에서 안티오코스군 전사자는 무려 5만 3,000명인 반면 로마 측 전사자는 단 394명에 불과했다.[31] 이 숫자의 정확성은 차치하고라도, 그날 로마의 승리는 절대적이었다. 안티오코스 대왕은 힘들게 얻은 아시아 연안과 타우루스산맥 서쪽 지역에 대한 지배권을 포기하는 조건으로 평화협정을 받아들여야 했다. 로마는 새 영토의 상당 부분을 동맹국에 ('로마의 선물'로) 분배했다. 그리스와 지중해 동부 지역을 구슬리기 위한 능숙한 외교 제스처였다.[32] 그 밖에도 안티오코스 대왕은 막대한 배상금을 물어야 했으나, 왕위와 나머지 제국은 그대로 유지하도록 허락되었다. 이것은 이제 전통으로 자리 잡은 로마의 전후 처리 방식이다. 그렇지 않으면 로마가 무슨 수로 지중해 동쪽 경계를 튼튼히 유지하겠는가? 한편 지중해에서 무너진 안티오코스의 권위는 (과거 그와 그의 선조들이 수없이 겪었듯이) 왕국 내부의 광대한 평원에서 연쇄적인 반란을 촉발했다.

무력으로 병합한 지 얼마 되지 않은 셀레우코스 동쪽 변방의 파르티아가 반란을 일으켰다. 박트리아에서는 에우티데모스 사후 통치자 자리에 오른 아들 데메트리오스 1세가 (두 사람 다 기원전 202년에 안티오코스 3세가 서쪽으로 되돌아가자마자 야망의 발톱을 드러냈다) 정복 전쟁을 벌여 동쪽과 힌두쿠시산맥 너머 인도로 영역을 확장했다.[3] 로마의 성공을 보고 간이 커진 지방 관료들이 잇달아 독립국을 선포하고 왕을 참칭했다. 안티오코스 대왕이 평생 일궈온 업적은 이렇게 허무하게 무너졌다. 그로부터 3년 후, 53세의 안티오코스 대왕은 길에서 실랑이를 벌이다 죽임을 당한다. 그는 제국 동쪽에서 권위를 재확립하기 위한 군사 자금을 마련하려고 엘람을 약탈하던 중이었다.

안티오코스 대왕은 단일 통치자 아래 제국을 통합하고 결속시키기 위한 일생의 노력이 두어 번의 패배로 무너져내릴 수 있다는 교훈을 후대에 남겼다. 서쪽의 로마는 확장된 세계의 지배권을 공고히하기 위해, 그리고 늘어난 영토에 부합하는 통치 능력과 인력을 기르기 위해 다양한 책략을 동원하며 부단히 애썼다.

저 멀리 동쪽의 한고조 역시 신생 한나라의 경계를 방어하고 확정했으며, 변경 지역의 세력을 회유하고자 노력했고, 방대한 영토와 인구에 부합하는 새로운 통치 방식을 발전시키는 데 초점을 맞추기 시작했다. 서쪽의 로마와 동쪽의 한나라는 각자의 세력권 안에서 계속해서 확장하고 발달하며 거대한 제국을 창조했다. 한편 두 제국의 중간 지역에서는 격화되는 혼란, 왕조 교체, 민족 대이동이 이어졌으며, 그 결과 머지않아 동과 서는 영구적으로 연결되기에 이른다.

마그네시아 전투 후 로마가 안티오코스 대왕에게 마지막으로 요구한 것은 한니발을 넘기라는 것이었다. 하지만 한니발은 그런 요구를 예상하고 셀레우코스 왕실을 떠났다. 3년 후, 그는 흑해 연안의 작은 왕국 비티니아의 통치자 프루시아스 1세의 고문으로 다시 모습을 드러냈고, 로마의 오랜 동맹인 페르가몬의 에우메네스 2세와 맞붙은 전투에서 활약했다. 한니발은 어린 시절의 맹세를 끝까지 저버리지 않았다. 그러나 로마의 풍자 시인 유베날리스에 따르면, 그가 처한 현실은 서글펐다. "패배 후 망명길에 오른 위대한 한니발은 대기실에 앉아 비티니아의 왕이 잠에서 깨어나기를 하염없이 기다리는 일개 탄원자의 처지로 몰락했다."[34] 기원전 182년, 로마는 프루시아스에게 한니발을 넘기라고 요구했다. 예순이 넘은 노장은 막다른 궁지에 몰려 집에서 음독자살했다. 리비우스에 따르면 그의 유언은 다음과 같았다. "이제 로마인들의 근심에 종지부를 찍자. 증오하는 늙은이의 죽음을 기다리기에 싫증이 난 모양이니."[35]

맺음말

한니발이 생을 마감한 기원전 182년, 그의 위대한 적수 푸블리우스 코르넬리우스 스키피오 아프리카누스도 눈을 감았다. 그는 일생 동안 지중해 세계가 어떻게 변화했는지, 특히 어떤 과정을 거쳐 로마의 지배가 확립되었는지를 남다른 위치에서 지켜봤다.

스키피오는 로마의 위기가 요구하는 바에 부응하며 초고속으로 승진했다. 그는 카르타고로 전장을 옮기고, 한니발과 전투를 벌여 그를 무찔렀으며, 북아프리카에서 로마가 지배를 확립하는 과정을 주관했다. 그 후에는 동생을 도와 로마 세력권을 동쪽으로 확장하는 군사작전에 참여했다. 비범한 삶의 여정에서 스키피오는 로마에 대한 저항이 확산되는 것을 확인했으며, 로마 영토가 지속적으로 위협당하는 것을 경험했다. 또한 로마 세력권을 지중해 전역으로 확장하고자 하는 노력과 집착, 그리고 그에 따른 문제에 직면했으며, 영토를 유지하고 방어하는 데 요구되는 까다로운 균형을 절감했다. 스키피오가 처음 전쟁에 참가했을 때 로마는 지중해의 여러 세력 중 하나에 불과했다. 그가 세상을 뜰 무렵에 이르면 지중해는 로마의 호수로 변했다.

스키피오는 로마의 정치체제가 로마의 발전을 저해하는 장면도 목격했다. 스키피오 가문은 로마 공화국의 역사를 통틀어 혁혁한 공을 세운 유서 깊은 집안이다. 기원전 146년, 폴리비오스를 동반하고 카르타고시를 철저히 파괴하는 과정을 주관한 인물이 바로 스키피오 아프리카누스의 양손자 스키피오 아이밀리아누스(소小스키피오)다. 앞서 살펴봤듯이, 당시 폴리비오스는 로마의 완벽하게 균형잡힌 혼합정체—압박을 받을 때 최고의 능력을 발휘하는—가 로마를 현재의 위치에 올려놓은 원동력이라고 평가했다. 이와는 대조적으로, 고대 아테네의 민주주의는 "민중이 무작위적 충동에 따라 모든 결정을 내리는 선장이 없는 배"와 같았다.[1] 그 결과 아테네는 민주주의와 국력이 모두 쇠퇴하고 그저 문화적·역사적 상징으로만 남았다. 폴리비오스의 견해에 따르면, 카르타고도 탐욕과 과도한 '민중의 힘'이 시민 사회의 쇠락을 초래했다.

젊은 시절의 스키피오가 로마 집정관들이 한니발을 물리치는 영광을 차지하려고 앞다투어 돌진하는 모습을 보면서 깨달았듯이, 로마 체제는 모든 남성에게 영웅이 되라고 장려하는 한편, 고위 공직자의 임기를 제한해 단기적 의사 결정을 선호하게 만들었다. 스피키오는 폴리비오스가 카르타고의 단점으로 지적했던 지도부의 불협화음이 로마라고 해서 예외가 아님을 절실히 깨달았다. 소아시아에서 안티오코스 대왕을 무찌르고 돌아온 그와 그의 동생은 자신들을 시기한 정치가들에 의해 셀레우코스 왕으로부터 뇌물을 수수했다는 혐의로 고발당했다. 그를 지지하는 대중을 동원하여 겨우 유죄 판결은 면하였으나, 이 사건으로 스키피오는 정계에서 은퇴했으며 로마 땅에 자신의 뼈가 묻히는 것조차 거부했다. 어쩌면 그는 앞으로 다가올 현실을 미리 내다봤는지도 모른다. 사리사욕을 추구하는 로마 수뇌부의 내분은 두 세기 후 공화국을 무너뜨리고 제정을 부활시킨다.

한니발과 스키피오가 죽고 4년 후에 마케도니아의 필리포스 5세도 세상을 떴다. 그의 재위 기간 42년을 통틀어 평화로웠던 기간은 단 8년에 불과했다. 필리포스 5세만큼 지중해 세계의 상호 연결의 증가가 개인과 국가의 흥망성쇠에 미친 영향을 온몸으로 느낀 사람도 드물 것이다. 필리포스 5세는 그리스 내부의 복잡한 동맹 네트워크와 대적했고, 자신도 한니발, 프톨레마이오스, 안티오코스 대왕과 동맹을 맺어 입지를 다지려 했다. 그러나 그는 결국 여러 적대적 동맹의 집중 타깃이 되는 위기에 처했고, 동쪽으로 진출한 로마에 굴복했다.

이들 가운데 기원전 187년에 먼저 세상을 떠난 안티오코스 대왕만큼 운명의 변덕을 통감한 이는 없었다. 그가 짊어진 짐은 누구보다도 무거웠다. 그는 유럽에서 중앙아시아에 이르는 방대한 지역을 통치하며 한 지역에서 발생한 문제가 전체를 위협하는 상황에서 제국을 유지·통합·안정시키는 과업을 이루느라 고군분투했다. 이는 지중해의 다음 패권국 로마가 물려받게 될 문제이기도 하다. 그가 동서를 가로지르며 확장시킨 제국은 끝내 로마 세력권과 어깨를 맞대게 되었다. 안티오코스 대왕이 변덕스러운 운명의 쓴맛을 보게 된 것은 바로 이 시점—특히 그가 라이벌의 세력권을 인정하지 않고 그 경계 너머로 진출하기로 결정했을 때—이다. 서쪽에서 로마에 당한 패배는 도미노처럼 제국 전역으로 퍼져나갔고, 그가 쌓아온 모든 것을 무너뜨렸다.

중앙아시아 통치자들은 '하늘은 용감한 자를 돕는다', 보다 정확하게
는 '하늘은 무자비한 자를 돕는다'를 좌우명으로 삼았던 것 같다. 이 지
역의 소왕국들 사이에서는 영역 다툼이 끊이지 않았고, 통치자들은 그들
보다 더 야심 찬 이들에 의해 죽임을 당했다. 박트리아의 '디오도토스'왕
조는 안티오코스 3세가 도착하기 전에 에우티데모스에 의해 종말을 맞
이했다. 한편 에우티데모스는 아들 데메트리오스에 의해 교체되었으며,
그는 안티오코스 대왕이 서쪽에서 흠씬 두들겨 맞고 있는 동안 박트리아
를 동쪽으로는 중앙아시아 깊숙이, 남쪽으로는 인도 마우리아왕조의 영
토까지 크게 확장시켰다. 그러나 머지않아 박트리아의 왕위는 또 다른
왕위 찬탈자 유크라티데스 1세에게 넘어갔다. 대내적으로 반란에, 대외
적으로는 새로운 전성기를 맞은 파르티아의 침략에 직면한 그는 인도로
박트리아의 세력권을 확장했고, 한 사료에 의하면 아들에게 죽임을 당했
다. 아들은 마치 적장을 죽이기라도 한 것처럼 당당하게 아버지의 피가
흥건한 길 위를 달렸고, 부친의 시신을 맹금류가 뜯어 먹도록 버려두라
고 명했다.[2]

동쪽의 진시황제 역시 제국 통치의 어려움을 통감했다. 통일 제국을
건설하는 과정에서 그는 로마는 물론 안티오코스 대왕조차도 감히 시도
하지 못한 무자비한 개혁을 시행해 전국을 통합하고 외부 세계와의 경계
를 확립했다. 그는 도로와 장벽을 건설했을 뿐만 아니라, 춘추전국시대
에 만개했던 (대개 상충했던) 사상의 다양성을 억압함으로써 위업을 이루
었다. 이 과정에서 수많은 학자와 사상이 스러지고 단 하나의 계파, 즉 법
가가 중국을 지배했다.

진시황제 사후 제국이 무너지고 중국은 다시 혼란에 빠져들었으며, 이 틈에 잠들었던 사상들이 부활했다. 이 혼란을 정리하고 부상한 유방과 한나라는 새 수도에서 다시 한 번 국가 통합과 결속 작업을 시작하면서, 어떤 통치 철학이 가장 적합할지 고민했다. 한편 영토 확장 과정에서 한 고조는 치욕스러운 패배를 당했다. 그 결과 한나라는 묵특과 그의 후계 자들에게 공주와 공물을 바치면서 변방 부족들과의 공존을 추구했다. 묵 특이 이끄는 흉노는 그들만의 제국을 건설했으며, 그 과정에서 이웃 유목민 부족(특히 월지)을 서방으로 몰아냈다. 불안정한 '원형 교차로'인 중 앙아시아를 향한 민족 대이동은 동과 서의 역사가 최초로 동시에 기록하는 사건이다.

기원전 145년경, 부유한 박트리아의 아름답고 화려한 도시 아이 하눔은 사카로 알려진 스키타이 유목민의 침략을 받았다.[3] 몇 년 후 또 다른 유목민 부족이 박트리아 영토를 습격했다. 진나라와 한나라 변경에서 벌어진 유목민 영역 다툼에서 밀려 계속 서쪽으로 이동한 월지였다.

그리스의 스트라본(기원전 1세기)이나 로마의 유니아누스 유스티누스(기원후 2~3세기) 같은 역사가들은 박트리아가 오늘날 전해 내려오는 월지의 모습에 부합하는 유목민에 의해 멸망했다고 전한다.[4] 비슷한 시기인 기원전 139년에 한나라 황제 무제가 숙적 흉노를 정벌할 동맹을 찾아 장건을 대사로 서역에 파견한 덕분에 동양의 역사서에도 유목 민족의 대이동이 기록될 수 있었다. 장건이 임무를 마치고 돌아올 때까지는 꽤 긴 시간이 필요했다. 그는 수천 킬로미터를 여행하는 과정에서 흉노에게 잡혀 10년간 포로 생활을 한 후 기원전 126년에야 귀국할 수 있었다. 그가 돌아와서 황제에게 올린 보고서가 사마천의 『사기』에 전해진다. 장건의 보고는 한무제에게 참으로 암울한 소식이었을 것이다. 장건이 천신만고 끝에 옥수스 연안에서 찾아낸 월지를 포함하여, 어떤 유목민 부족도 흉노 정벌에 동참하기를 거부했다. 장건에 의하면, 월지는 박트리아를 침략하는 데 그치지 않고 완전히 복속시켜 안락한 나날을 보내고 있었다.[5]

동양과 서양의 역사가 맞물려 떨어진다는 사실도 중요한 의미를 갖지만, 그보다 더 중요한 것은 이후의 전개다. 박트리아와 인도-그리스왕국들의 사치는 고대 기록을 통해 분명히 드러난다. 예를 들어 박트리아의 유크라티데스는 헬레니즘 문화권 전역에서 가장 크고 비싼 금화를 발행했다.[6] 장건의 보고서도 이 지역 사람들이 상업에 능하며 무역이 크게 발달했다고 설명한다. 그는 중국 사천성 지역의 대나무 제품과 옷감이 박트리아에서 팔리는 것을 보고 놀라움을 금치 못했다.[7] 흉노가 진상품으로 받아 내다 판 비단을 포함하여, 온갖 종류의 물건이 유목민을 따라 동서를 가로질러 이동하고 있었다.[8]

기원전 2세기 말에 여러 가지 요인—중앙아시아에서 벌어진 문화권 사이의 무력 충돌과 이후 중국의 확장, 생존을 위해 기동성과 연결성이 요구되었던 혹독한 물리적 환경, 그리고 장사와 무역에 타고난 수완을 보인 인간 공동체들의 노력—이 맞물려, 아시아 대륙을 가로지르는 공식 상업망이 출현했다. 수십 년 내에 이 네트워크는 중국(한나라 장안의 대규모 서시西市)에서 티레(지중해 동부 연안에 위치한 카르타고인 선조의 도시), 그리고 마침내 로마까지 연결된다. 훗날 이 동서 교역로는 주요 거래 상품의 이름을 따서 실크로드로 알려진다.[9] 장건은 기원전 114년에 사망할 때까지 이 길을 따라 아시아 다른 지역으로 몇 차례 더 탐사를 떠났다.

기원전 100년경, 또 다른 중국 사신단이 한나라 황제의 명을 받아 파르티아 왕을 만나러 떠났다. 파르티아 왕은 2만 명의 기병을 보내 사절단을 환영하고, 답례로 중국에 사신을 보냈다. 사마천에 따르면 한나라 황제는 이 접촉을 크게 기뻐했다.[10] 실크로드는 콜럼버스가 미대륙을 발견하고 바스코 다 가마가 아프리카 희망봉을 성공적으로 탐사해 새로운 동서 무역 항로와 시장을 개척할 때까지 1500년 동안 동서양의 가장 중요한 통로로 기능했다. 그리고 이 새로운 통로를 통해 물품뿐만 아니라 사상이 이동했다. 그중에서도 특히 신에 관한 다양한 개념이 고대 사회 전역에 거대한 영향을 미치게 된다.

연결된 세계의 종교

연대표

기원전 563년경
(또는 기원전 480년)   인도(현 네팔)에서 석가모니 탄생.

기원전 150년   메난드로스 왕, 승려 나가세나를 만나 불교로 개종.

기원후 25년   중국 후한 건국.

66년   아르메니아의 티리다테스 1세, 로마 황제 네로에게 왕관을 받기 위해 로마를 방문.

68~75년   후한 수도 낙양에 최초의 불교 사원인 백마사 건축.

148년   역경승 안세고, 중국에 도착.

220년   후한이 멸망하고 삼국시대 시작.

257년   장래 티리다테스 대왕(티리다테스 3세)의 아버지가 암살당하다. 티리다테스, 로마로(그레고리우스는 카이사레아로) 보내짐.

265년   중국 서진 건국.

284년   로마 황제 디오클레티아누스 즉위.

286년   축법호에 의해 최초의 불경 동시 번역.

300년   가토트카차굽타, 인도를 통치.

303년   디오클레티아누스 황제, 기독교 박해 시작.

303년
(또는 314년)   티리다테스 3세 기독교로 개종.

304년   흉노, 화북 지방을 장악. 5호16국 시대 개막.

306년   콘스탄티누스 1세, 휘하 장병들에 의해 아우구스투스(정제)로 추대.

310~311년   장안과 낙양 파괴.

312년   콘스탄티누스 1세, 밀비우스 다리 전투에서 막센티우스를 제압.

313년   콘스탄티누스 1세와 리키니우스, 밀라노 칙령을 통해 기독교 공인.

314년	콘스탄티누스 1세, 아를 공의회 소집.
317년	건강(남경)을 도읍으로 한 동진 시대 개막.
320년	찬드라굽타 1세, 북인도에 굽타왕조 창시.
324년	콘스탄티누스 1세, 크리소폴리스에서 리키니우스 제압.
324년	콘스탄티누스 1세, 티리다테스 3세, 그레고리우스, 그리고 교황 실베스테르 1세 회합.
325년	콘스탄티누스 1세, 제1차 니케아 공의회 소집. '조명자'성 그레고리우스 사망.
330년	비잔티움이 있던 자리에 '새로운 로마' 콘스탄티노플 창건. 티리다테스 3세 사망.
335년	사무드라굽타, 굽타왕조 통치자로 즉위. 로마제국에서 티레 공의회 개최.
337년	콘스탄티누스 1세 사망.
350년	훈족, 사산제국(사산조 페르시아) 침략.
353년	가톨리코스 네레세스, 제1차 아르메니아 공의회 소집.
360년	배교자 율리아누스, 로마 황제 즉위.
375년	찬드라굽타 2세, 인도 굽타왕조 통치.
376년	서고트인, 훈족에 쫓겨 동로마제국으로 피난.
380년	로마 황제 테오도시우스 1세, 기독교 정통 신앙을 규정하는 칙령 선포.
381년	동진 효무제, 불교를 중국 황실에 공식 수용.
386년	북위 건국.
387년	로마와 사산제국이 아르메니아를 분할.
391년	기독교를 로마제국의 공식 종교로 채택. 이교 탄압.
394년	테오도시우스 1세와 이교에 우호적인 서로마제국의 통치자 에우게니우스가 프리기두스강 전투를 벌임.
395년	스리랑카의 불교도 왕이 중국 효무제에게 선물을 보냄(405년에 도착).
395~398년	훈족, 로마의 변방을 침입.

395년	테오도시우스 1세 사망. 로마제국이 동로마제국과 서로마제국으로 영구 분리.
399년	중국 승려 법현, 불교 경전을 구하기 위해 도보로 인도 순례.
401년	구자국(쿠처) 승려 구마라습(또는 구마라집), 장안에 도착하여 왕실에서 불경 번역 사업 착수.
410년	알라리크 1세가 이끄는 서고트인, 로마 약탈.
415년	인도 왕 쿠마라굽타 1세, 날란다 대학 설립.

머리말

　과거의 위풍당당했던 모습은 온데간데없이 볼품없는 잔교로 변한 돌다리가 티베르강의 거센 물살을 받으며 묵묵히 서 있었다. 근처에는 나룻배를 엮고 판자를 덮어 급조한 부교가 물살에 들썩였다. 무너진 밀비우스 다리는 한때 위대한 플라미니아 가도를 티베르강 건너편의 로마 중심부로 연결했지만, 이제는 같은 로마인들의 손에 죽지 않으려 달아나는 사람들의 유일한 탈출구였다.

　여기저기서 칼이 맞부딪치는 소리, 단단한 갑옷이 땅을 구르는 소리, 후퇴하는 병사들의 비명 소리가 공기를 갈랐다. 대충 잘라 나룻배 위에 얹어놓은 판자는 군데군데 부서진 데다 병사들이 흘린 피로 미끄러웠다. 필사적으로 강 건너 로마 성벽 안으로 달아나기 위해 부교로 몰려든 병사들이 꼬리를 물었다.

　많은 이들이 강을 건너지 못했다. 부교는 공황, 탈진, 그리고 생존 본능에 사로잡힌 사람들의 무게를 견디지 못하고 그만 동강나고 말았다. 수천의 병사들이 갑옷의 무게와 부상을 이기지 못하고 강 속으로 사라졌다. 로마제국의 공동 통치자 네 명 가운데 하나인 막센티우스도 "달아나는 인파에 밀려 티베르강에 빠졌고", 물살에 휩쓸려 허우적거리며 떠내려갔다.[1] 그는 로마제국의 공동 황제 자리에 오른 지 딱 6년째 되는 날 죽었다. 때는 기원후 312년 10월 28일, 역사의 전환점으로 평가되는 날이다.

    *

로마제국과 한나라의 교류가 시작된 이래 약 450년 동안 고대 세계는 거대한 사건들, 위대한 강대국과 개인들에 의해 변화를 거듭했다. 예수가 탄생할 무렵, 두 제국은 세계 인구의 절반을 지배할 정도로 규모가 커졌다.

한무제와 그의 뒤를 이은 황제들은 무역과 통신을 향상시키고자 제국을 가로지르는 3만 5,000킬로미터 길이의 도로를 건설했으며, 유교를 통치 이념으로 도입했다. 실크로드의 동쪽 종착지인 수도 장안은 25만 명이 훌쩍 넘는 인구를 가진 거대한 상업 도시로 성장했다. 그들은 서쪽으로 중국의 세력권을 확장했다. 통칭 실크로드라고 알려진 무역 네트워크를 보호하기 위해서이기도 했지만, 동양인들이 서쪽의 보배라고 여겼던 중앙아시아와 서아시아 평원의 빠른 말, 중국 사료에서 한혈마汗血馬라 찬사를 보내는 명마를 확보하기 위해서이기도 했다.

한나라의 황금기는 기원후 9년에 왕망이 일으킨 정변으로 잠시 중단되었다. 하지만 무능했던 '신新'왕조는 10여 년 만에 농민반란으로 무너졌다. 그 후 한나라(후한)가 재건되고, 동쪽의 낙양(과거 주나라의 도읍)이

새 수도로 정해졌다. 이후 수세기 동안 한나라는 머나먼 지역의 교역 상
대에 대한 지식을 점점 더 많이 습득했다. 오늘날까지 전해지는 3세기 중
국 사료 『위략魏略』의 「서융전西戎傳」에는 각 민족의 특징과 교역품이 간
략하게 묘사되어 있다(이 책에 따르면 로마제국은 고급 리넨과 품질 좋은 금은 주
화의 산지이며, 중국 비단의 수입국이었다).[2]

　　같은 기간에 박트리아왕국을 점령한 월지는 실크로드상의 '원형 교차
로'라는 탁월한 입지에 힘입어 중앙아시아에 쿠샨제국이라는 자기들만
의 정주 국가를 건설했다.[3] 쿠샨은 국제적인 세계였다. 박트라(박트리아의
과거 수도)로부터 서쪽으로 100킬로미터 떨어진 틸리아 테페에서 발견된
1세기 무덤은 부유한 (아마도 왕족) 남성 무덤 1기와 귀족 여성 무덤 5기로
구성되어 있다. 시신은 금실로 장식한 화려한 옷을 입었다. 손에는 (그리
스식 장례 전통에 따라) 지중해산 향수병, 중국산 거울, 중앙아시아 금화가
쥐어져 있고, 그리스와 유목민의 전설, 신, 생물을 묘사한 중앙아시아와
북인도산 보석이 함께 묻혀 있었다.[4] 오늘날 아프가니스탄의 베그람 근
처 카피사에서 발견된 쿠샨 왕들의 (소유로 추정되는) 저장고 2개도 1세기
부터 2세기 초의 로마, 이집트, 인도, 중국산 물품으로 가득 차 있었다.[5]

　　쿠샨제국의 서쪽에서는 사면초가에 몰려 쇠락해가는 셀레우코스제국
이 독립한 파르티아에 천천히 잠식당하는 중이었다. 파르티아는 쿠샨제
국과 마찬가지로 실크로드 무역을 통해 부를 축적하고 제국을 형성했으
며, 두라 에우로포스(오늘날 시리아에 위치) 같은 주요 무역 도시가 번성했
다.[6] 기원전 1세기에 지중해 동쪽 연안에서는 셀레우코스제국 공주의 아
들이자, 훗날 로마에 의해 한니발에 비견할 만한 위험한 적으로 간주되
는 미트리다테스 6세가 이끄는 폰토스왕국이 강국으로 부상했다.

한편 로마의 공화정은 주변의 압력을 받으면서도 훌륭하게 작동했다. 지중해 지역에서 로마의 지배권은 갈수록 공고해졌다. 기원전 146년에는 카르타고와 코린토스를 멸망시켰고, 기원전 2세기 말엽에는 북아프리카 누미디아까지 세력을 확장했다. 기원전 1세기에는 유럽 중부로 진출하고 이탈리아반도에서 일어난 내부 반란을 진압했으며, 동시에 아시아로 세력을 확장하기 위해 폰토스의 미트리다테스 6세와 겨루었다.[7] 이 과정에서 로마 기술자들은 7만 7,000킬로미터가 넘는 도로를 건설하여 제국 전역을 연결했다.

스키피오 아프리카누스가 미리 내다보았듯이, 공화정은 기원전 1세기 말에 권력 쟁탈전이 초래한 내전으로 산산조각난다. 사회 격변을 초래한 선동자는 루키우스 코르넬리우스 술라 펠릭스, 줄여서 '술라'로 알려진 인물이다. 기원전 80년대에 그는 미트리다테스 6세의 전진을 막고, 적으로 돌아선 아테네를 굴복시켜 자치의 마지막 흔적을 말살했으며, 마침내 군대를 이끌고 로마에 입성하여 스스로 독재관이 되었다(이 임시 직책이 발효된 것은 한니발 시대 이후 처음이다). 훗날 술라가 독재관 자리를 내놓고 물러나자, 통치자가 천명을 잃으면 왕조가 쇠락한다고 했던 공자의 말처럼 로마 공화국은 점차 사익을 추구하면서 독재 권력을 장악할 기회를 호시탐탐 노리는 경쟁자들이 판치는 곳으로 변하고 말았다. 해결책은 다시 한 번 로마를 통합하고 로마 사회의 핵심 가치로 회귀할 것을 약속하는 단독 통치자라는 형태로 나타났다. 바로 로마제국의 초대 황제 아우구스투스이다.

한 사람의 황제가 지배하게 된 로마제국은 이후 수세기 동안 서쪽(영국까지)과 동쪽(파르티아를 상대로 전쟁을 벌였다. 파르티아는 3세기 초에 신흥 아시아 왕조인 사산왕조에 의해 무너진다)으로 계속 확장해나갔다. 이집트가 로마에 병합된 뒤 인도를 통해 동양과 더욱 활발한 교역이 전개되었다(해로를 이용한 무역도 증가했다).[8] 2세기 무렵의 그리스인 웅변가 아일리우스 아리스티데스는 로마의 발전을 이렇게 칭송했다.

> 호메로스가 "지상은 공동의 영역이다"라고 말한 것을 네[로마]가 현실화하였구나. 너는 오이쿠메네oikoumene[사람이 사는 세계] 전역을 측량하고, 여러 가지 방법으로 강에 다리를 놓고, 산에 도로를 내고, 오지에 역을 설치하고, 모든 곳을 로마의 생활 방식과 질서로 문명화했다. … 이제 더 이상 세상 각지의 모습을 기록하거나 각국의 법을 열거할 필요가 없어졌다. 너는 오이쿠메네의 문을 열고 오이쿠메네 전체를 하나의 가정으로 조직함으로써 만인에게 보편적인 길잡이가 되었다.[9]

로마가 '세계 제국'으로 변모하는 과정에서 '민주주의'라는 용어에도 기묘한 변화가 일어났다. 원래 아테네와 에게해 도시국가들의 급진적인 직접민주주의를 의미했던 용어가 기원후 1세기경에는 역사 속으로 사라진 로마 공화국을 지칭하는 말로 사용되기 시작했다.[10] 아일리우스 아리스티데스는 거기서 한 걸음 더 나아가 이렇게 찬양한다. "단 한 사람, 이 보편 제국의 가장 훌륭한 통치자이자 지도자 아래 온 세상에 민주주의가 확립되었다."[11] 민주주의가 한 사람의 통치가 가져온 결과로 찬미되는 놀라운 왜곡이 벌어졌다.

로마가 동쪽의 파르티아, 그리고 이후 사산왕조와 국경 분쟁을 벌이며 계속 세력을 확장하는 과정에서, 로마의 '민주적' 황제는 진나라, 한나라, 그리고 셀레우코스의 통치자들과 마찬가지로 거대한 제국을 유지하고 국경을 방어하는 난제에 봉착했다. 3세기 중엽에 로마제국은 셋으로 쪼개져 서로 경쟁했으며, 이후 잠시 통일되었다가 293년에 사두정치 Tetrarchy가 수립되었다. 두 명의 아우구스투스(정제)와 두 명의 카이사르(부제)로 구성된 네 황제가 로마 세계를 분할하여 다스림으로써 제국의 안정을 도모하는 통치 방식이다. 그러나 이 체제는 황제직을 맡은 자들의 야망으로 인해 오래 지속되지 못할 운명이었다. 312년에 밀비우스 다리에서 죽음을 맞이하는 막센티우스는 사두 중 한 명이었으며, 그날 그를 상대로 승리한 사람 역시 황제 중 하나였다.

*

312년 10월 29일, 막센티우스를 무찌른 황제는 병사들에게 급히 보수한 부교를 건너 로마로 진군하라고 명했다. 강둑으로 밀려온 시체가 부교를 묶은 줄에 엉켜 있었는데 병사들은 그 사이에서 막센티우스의 익사체를 발견했다. 콘스탄티누스군은 승리의 증거로 막센티우스의 머리를 잘라 창에 꽂아 들고 로마로 입성했다.

콘스탄티누스의 아버지 콘스탄티우스 클로루스는 293년 3월 1일 최초의 부제 중 한 명으로 임명되었다. 305년 5월 1일, 그와 또 한 명의 부제 갈레리우스는 정제 디오클레티아누스와 막시미아누스가 평화롭게 은퇴한 후 그 자리를 물려받았다. 그러나 순조로운 권력 승계는 오래가지 않았다. 콘스탄티우스가 306년 7월 25일 요크에서 사망하자, 휘하 군대가 그의 아들 콘스탄티누스—기존 사두에 속하지 않았다—를 새 정제로 추대했다. 이에 또 다른 정제 갈레리우스가 반발하고 나섰으며, 공석

3부 연결된 세계의 종교

인 정제 자리를 당연히 자신의 것이라 여겼던 부제도 이에 반대했다.* 그 해 10월, 막센티우스(305년에 은퇴한 정제 막시미아누스의 아들)의 군대가 로마 원로원과 손잡고, 부제를 지낸 경험이 없는 막센티우스를 새로운 정제로 선포하면서 일이 더 복잡해졌다. 막시미아누스가 아들을 지지하고 나서면서 로마제국의 최상위 권력 집단은 이전투구의 장으로 변했다.

이후 5년간 로마제국의 황제 네 사람은 서로의 권력에 도전했다. 콘스탄티누스가 전투에서 막시미아누스를 물리쳤으며, 패자는 자살했다. 그의 아들 막센티우스는 로마에 있는 콘스탄티누스의 동상을 모조리 파괴하라고 명령하고 "살인자"에 대한 복수전을 선포했다. 이 소식을 들은 콘스탄티누스는 막센티우스의 폭정에 분노했을 뿐만 아니라, 라이벌의 "비루한 작은 키"를 비롯한 여러 결점들을 두고 볼 수 없다며 로마를 별볼 일 없는 박해자로부터 해방시키기로 마음먹었다.[12]

막센티우스는 그날 자신 있게 군대를 이끌고 밀비우스 다리로 행군했다. 시빌레의 예언서—로마의 마지막 왕 타르퀴니우스 수페르부스가 그리스 여사제로부터 구입했다고 전해 내려오며, 로마에 큰 위기가 닥칠 때마다 참고했던 책—를 해독한 결과, 오늘은 로마의 적이 죽음을 맞이하는 날이라는 답을 얻었기 때문이다.[13] 막센티우스는 자신이 로마의 수호자이며 콘스탄티누스가 바로 그 적이라고 믿어 의심치 않았다. 하지만 막센티우스가 자신의 패배를 예상했을 가능성도 있다. 로마 성벽 밖으로 나서기 전, 그는 가장 중요한 권력의 상징—창, 투창, 제국 군기 받침, 유리와 옥구슬, 그리고 홀—을 나무 상자에 담아 팔라티노 언덕에 있는 제

---

* 갈레리우스는 내전을 피하고자 콘스탄티누스를 정제 대신 부제로 인정했고, 부제 중 한 명이 정제가 되었다.

단 아래 숨겼다. 혹시 로마가 콘스탄티누스에게 점령되더라도 그의 손에 들어가지 않도록 조치한 것이다(막센티우스는 다른 건 몰라도 이것만큼은 제대로 해냈다. 보물들을 너무 꽁꽁 잘 숨기는 바람에 무려 2006년까지 그 자리에 묻혀 있었다[14]).

밀비우스 다리 전투가 벌어지기 전, 양측은 다가올 전투에 중대한 역사적 의미를 부여했다. 막센티우스는 자신이 로마 공화국 초기에 에트루리아의 침공을 단신으로 막아내 용맹함의 표상으로 남은 '애꾸눈' 호라티우스 코클레스의 현신으로 기억되길 원했다. 반대로 콘스탄티누스는 막센티우스와 그의 아버지 막시미아누스를 로마 시민들의 미움을 받아 축출된 냉혹하고 오만한 로마의 마지막 왕 타르퀴니우스로 묘사했다. 이번 전투에서 승리하는 자는 정치적·군사적 권력을 장악하게 될 뿐만 아니라, 로마가 이날을 어떻게 기억할 것인지를 결정할 권리도 획득하게 되는 셈이었다. 승자가 누구냐에 따라 이날이 외부의 침략자들로부터 구원되는 날이 될 것인지, 아니면 폭정의 예속으로부터 해방되는 날이 될 것인지가 결정된다. 결과적으로 승자는 콘스탄티누스였고, 그때부터 로마는 매년 10월 28일을 '폭군 추방의 날'로 기렸다.[15]

콘스탄티누스 1세는 밀비우스 다리 전투에서 승리한 후 두 달간 로마에 머물렀다. 이제 그는 서로마제국의 적법한 정제로 선포되었다. 황제의 명령에 따라 그의 동상이 다시 세워졌다. 승리의 여신 니케와 로마의 정신을 인격화한 여신 '로마'의 황금 동상도 불규칙하게 뻗은 로마 시내 곳곳에 설치되었다. 콘스탄티누스 1세는 도시 일부를 새로 단장하고, 새 목욕장을 건설했으며, 검투 경기를 주관했다. 315년에는 밀비우스 다리 전투 승리를 기념하는 개선문이 완공되어 오늘날까지도 콜로세움 옆

3부 연결된 세계의 종교

에 서 있다. 개선문의 3개의 아치형 통로에 새긴 돋을새김 조각은 콘스탄티누스가 사냥하는 모습과 그가 아폴론, 디아나, 헤라클레스에게 제물을 바치는 모습, 로마제국의 자유를 위해 싸우는 모습을 묘사하고 있으며, 그 주위를 로마 병사들과 야만인 포로들, 태양신 솔, 달의 여신 루나, 날개 달린 승리의 여신이 둘러싸고 있다. 개선문에 새겨진 문구는 당연히 콘스탄티누스 1세에 대한 찬사다. "콘스탄티누스는 신의 영감을 받아, 그리고 그의 위대한 정신을 발휘하여 군대를 이끌고 정의롭게 싸워 폭군과 그 무리를 단번에 무찌르고 나라를 구했다."

'신의 영감을 받아'*라는 강렬한 문구는 많은 학자들의 관심을 끌었다. 특히 밀비우스 다리 전투를 다룬 주요 역사 기록 때문에 더 그랬다. 개선문이 건설될 무렵, 북아프리카에서 태어나 디오클레티아누스 치하 로마제국의 동쪽 니코메디아에서 수사학 교수를 지내고, 이후 콘스탄티누스 1세의 아들 크리스푸스를 가르친 락탄티우스는 밀비우스 다리 전투를 색다른 시각으로 기록했다(콘스탄티누스는 디오클레티아누스의 인질로 잡혀 있던 293년경 니코메디아에서 락탄티우스를 만났을 것으로 짐작된다. 그가 인질이 되었던 이유는 사두정치 초기에 그의 아버지 콘스탄티우스가 분할 통치 합의를 준수하도록 하기 위한 일종의 보험이었다).

락탄티우스는 기독교인이었다. 312년 당시 기독교도 인구는 로마제국의 5~10퍼센트 정도였을 것으로 추산된다. 그들은 지난 100년간 몇 차례에 걸쳐 공식적으로 박해를 당했고, 그중 가장 혹독한 탄압은 303~311년 사이에 벌어졌다. 락탄티우스는 314년에 『박해자들의 죽음

---

* 라틴어로 'instinctu divinitatis'.

에 대하여De Mortibus Persecutorum』라는 글을 발표했다. 그는 기독교인을 홀대하고 억압했던 통치자들의 말년을 전하면서, 그중 일부는 천벌을 받아 끔찍한 고통 속에 죽었다고 말한다. 여기서 중요한 것은 그가 이 글에서 밀비우스 다리 전투에서 콘스탄티누스가 '신의 영감을 받아' 승리한 장면을 구체적으로 설명한다는 점이다.

> 콘스탄티누스는 꿈에서 '병사들의 방패에 천상의 표식을 그린 후 전투에 투입하라'는 계시를 받았다. 그 말에 따라 병사들에게 X자 가운데 수직선을 긋고 윗부분을 둥글게 구부린 그리스도의 표식을 그리도록 했다.[16]*

그로부터 23년 후, 카이사레아(오늘날 지중해 동쪽 연안의 이스라엘 지역)의 주교 에우세비우스는 콘스탄티누스 1세가 세상을 뜬 직후에 『콘스탄티누스의 생애De vita Constantini』를 펴냈다. 에우세비우스는 콘스탄티누스 1세가 말년에 가까이 두었던 인물로, 콘스탄티누스 1세가 밀비우스 다리 전투로부터 '오랜 시간이 지난 후에' 그에게 당시의 일을 말해줬다고 한다.

> 정오 무렵 해가 중천을 지날 때 태양 위에 빛으로 된 십자가 형상과 '이 표시로 승리하라In hoc signo vinces'라는 글귀가 나타났다. 그와 전장의 모든 병사들은 기적을 목격하고 놀라움을 금치 못했다.[17]

* 그리스도의 그리스어 이름 크리스토스Xpistos 첫 두 문자 X(카이)와 P(로)를 합친 모양인 카이로 크리스토그램.

3부 연결된 세계의 종교

밀비우스 다리 전투가 벌어지기 전에 콘스탄티누스가 목격한 것과 행한 것을 전하는 기록들은 지중해 고대사의 가장 유명한 사료적 딜레마 가운데 하나다. 특히 콘스탄티누스 1세가 로마제국의 기독교 개종 과정을 공식적으로 개시한 황제이자 최초로 세례를 받은 기독교 황제이기 때문에 이는 더욱 큰 중요성을 갖는다. 락탄티우스와 에우세비우스의 글은 —둘 다 콘스탄티누스 1세가 기독교 박해를 종식하는 공식 절차를 밟은 후에 발표되었으며, 특히 에우세비우스의 글은 로마제국이 기독교를 공식 지원한 후에 발표되었다—당대 로마('이교')의 사료와 모순된다. 앞에서도 살펴봤듯이, 당시 로마 사료들은 밀비우스 다리 전투를 (공화국의 탄생을 역사적으로 각색해놓았지만) 로마제국의 수뇌부가 정치적·군사적 패권을 두고 벌인 분쟁에서 촉발한 충돌로 본다.[18] 반면 락탄티우스와 에우세비우스는 콘스탄티누스의 승리를 곧 로마 세계 전체를 지배하게 될 사람이 기독교를 수용하고 자신을 승리로 인도할 불빛으로 삼은 기적의 순간으로 묘사한다. 에우세비우스를 인용하자면, 이것은 모세가 이집트 파라오를 상대로 승리한 순간에 비견된다.

수많은 학자들이 콘스탄티누스 개선문에 새겨진 '신의 영감을 받아'라는 문구를 두고 논쟁을 벌이면서 거기에 담긴 진정한 의미를 밝혀내려고 애썼다. 그 결과 콘스탄티누스 1세는 "잔인하고 방탕한 군주"나 "신이나 인류에 신경 쓰지 않았던 운 좋은 기회주의자"부터 지상에 존재하는 "천상의 권위"에 이르기까지 매우 다양한 모습으로 그려진다.[19] 그러나 어느 한 가지 해석에만 의존하면 콘스탄티누스 1세가 직면했던 복잡한 현실을 놓치게 된다. 2부에서 살펴봤던 진나라, 한나라, 셀레우코스제국의 통치자들처럼, 또 선대 로마 황제들처럼, 그리고 파르티아, 사산, 쿠샨제국과 같은 다른 아시아의 통치자처럼, 콘스탄티누스 1세의 생존은 로마 세계를 이끌고 기반을 다지고 방어하고 유지하는 능력에 달려 있었다. 제국의 통치는 한 사람이 수행하기 불가능한 일이 되었고, 그 결과 사두정치가 도입되었다. 그러나 공동 통치는 내부로부터 붕괴했다. 콘스탄티누스 1세는 로마제국을 한 사람의 황제 아래 통합해야 했다. 그의 앞에 놓인 가장 큰 도전은 그러한 통치체제가 지속되도록 하는 일이었다.

콘스탄티누스 1세의 통치 기간은 로마 세계의 종교적 지형이 끊임없이 변화하던 시기와 맞물려 있다. 기원전 2세기의 역사가 폴리비오스는 공화국체제의 강점과 개인의 용기를 강조하는 가치관 외에도 미신이나 신앙을 뜻하는 '데이시다이모니아deisidaimonia'가 "로마 체제의 응집력을 유지하는" 핵심 요소라고 말했다.[20] 신과 인간의 관계는 사회 관계와 공동체 관계의 본질이다. 콘스탄티누스가 로마 세계를 지배하는 유일한 황제가 되기를 원하는 이상 로마의 종교·신도·종교 공동체와 관계를 맺고, 그로부터 유발된 문제와 씨름하고, 그들이 가진 사회 응집력을 활용하지 않을 수 없었다. 여기에는 상대적으로 신생 종교인 기독교도 포함되었다.

4세기는 로마제국이 주변을 둘러싼 고대 세계의 변화에 점차 적응해 나가는 과정의 일부로서, 로마와 기독교의 관계를 다룰 때 **그 어느 때보다도** 중요한 시기다. 이 이야기는 우리를 밀비우스 다리로부터 기독교의 위기가 전개되는 (로마 도시로 재건된) 북아프리카 카르타고로, 그리고 황제가 기독교 신앙과 로마제국의 안정을 연결하고자 시도했던 지중해 동부로 데려간다. 우리는 콘스탄티누스 1세가 다채롭고 변화하는 세계에서 단독 통치자로 등극하기 위하여 시도했던 기독교와 이교 전통 간의 균형,

유럽과 아시아가 만나는 지점에 세워진 이교와 기독교의 새 수도의 탄생, 그리고 마침내 로마제국의 국교로 부상한 기독교가 제국의 심장부에서 성립된 종교적·세속적 권위와 결합되는 새로운 관계를 살펴볼 것이다.

그러나 이 시대의 중요성은 기독교의 연대기와 지중해 지역에 국한되지 않는다. 기독교를 공식적으로 수용한 최초의 국가는 흑해와 카스피해 사이에 자리 잡은 아르메니아왕국이다. 300년대 초에 아르메니아의 티리다테스 3세는 국민들에게 기독교 개종을 강요했다(완전히 성공적이지는 않았다). 기독교 개종은 티리다테스의 개인적 구원뿐만 아니라 아르메니아의 왕권이 걸린 문제였으며, 서쪽의 로마와 동쪽의 파르티아(이후 사산제국) 사이에 낀 소왕국의 안전이 달린 문제이기도 했다. 이곳에서도 신과 인간의 관계는 사회 관계 및 공동체 관계와 본질적으로 얽혀 있었다. 티리다테스 3세의 기독교 개종 정책으로 인해 아르메니아에서는 로마제국의 기독교와는 매우 다른 형태의 기독교가 등장했다.

또한 오늘날 4대 종교에 포함되는 힌두교와 불교도 이 시기에 중대한 발전과 확장을 이뤘다.[21] 인도에서는 힌두교와 불교의 상호작용이 가져온 종교적 변화를 등에 업고, 그리고 유목 민족의 이동과 실크로드 개척이 유발한 사회 변화를 바탕으로 굽타왕조가 정권을 장악했다. 굽타왕조는 점차 힌두교의 새로운 요소와 오래된 요소를 독특하게 조합하여 그들의 통치를 뒷받침하는 종교와 신의 세계, 사회를 창조함으로써 세속적 권위와 종교적 권위를 통합했다. 굽타왕조는 종교적 다양성과 문화 발전을 이루며 인도 역사의 황금기를 구가했다.[22]

중국에서는 한나라의 수도 낙양으로 곧장 이어지는 실크로드를 통해 상품뿐만 아니라 여러 사상이 유입되었다. 그중 하나가 '축의 시대'에 인도에서 탄생한 불교다. 기원후 수세기에 걸쳐 중앙아시아와 인도를 통해 들어온 다양한 형태의 불교가 서서히 중국 사상에 뿌리를 내렸다. 특히 한나라가 멸망하고 중국이 정치적·군사적으로 분열되었던 4세기는 불교가 중국에 도입, 번역, 형성, 수용되는 과정에서 매우 중요한 전환점이었다.

고대 사회가 연결되면서 이제 우리는 특정 문화권을 내부적 시각에서뿐 아니라 외부에서 관찰한 이의 눈을 통해서도 볼 수 있게 되었다. 중국 승려들이 정기적으로 인도를 순례했던 동양에서 이런 경향이 더욱 뚜렷하게 나타난다. 이 모든 기록을 통해 우리는 3개의 주요 종교가 연결된 세계 안에서 적응, 발달, 생존했던 시기를 엿본다. 사회 관계, 공동체 관계, 그리고 신과 인간의 관계는 극적인 변화의 여정에서 새로운 방향으로 흐르기 시작했다.

7장

내부와 외부로부터의
종교 혁신

그녀는 한 손을 날씬한 허리에 얹고 다른 손은 허벅지를 스치는 모습으로 서 있다. 몸에 착 붙는 얇은 옷 위로 강조된 가슴이 옆 사람을 향하고 있으며, 역시 그쪽을 바라보고 있는 얼굴에는 커다란 금 귀고리 장식이 돋보인다. 그는 강인한 두 팔을 벌려 치켜든 채 골반을 그녀 쪽으로 내밀고, 마치 그녀와 함께 있음에 기뻐하며 춤을 추듯 왼발을 들어 올린 자세로 서 있다. 남자는 중앙아시아 쿠샨왕조 통치자들이 즐겨 입던 끝이 뾰족한 옷을 입고 있다. 그의 뒤로 상단에 원이 달린 지팡이가 권위를 드러낸다. 여인 쪽으로 내민 손바닥 위에는 반지가 있다. 두 사람은 깊은 대화를 나누는 것처럼 보이며, 마주한 두 사람의 머리 뒤로 후광이 비친다. 이상은 사무드라굽타가 발행한 주화에 묘사된 찬드라굽타가 쿠마라데비에게 청혼하는 장면이다(사무드라굽타는 찬드라굽타와 쿠마라데비의 아들이다).

오늘날 우리가 알고 있는 찬드라굽타는 둘이다. 보다 더 유명한 찬드라굽타 마우리아는 그리스 알렉산드로스 대왕의 북인도 침략 직후 인도를 통일했다고 여겨지는 인물로, 셀레우코스제국 초대 왕 셀레우코스 1세가 메가스테네스를 대사로 보냈던 인도 왕이자 헤라클레스가 창건한 도시 파탈리푸트라의 위대한 궁전의 지배자다(메가스테네스에 의하면 그가 머리를 감을 때마다 백성들이 축제를 열었다). 그는 인도 역사상 가장 넓은 땅을 지배한 마우리아왕조를 창시했다. 그의 왕조는 부처의 가르침을 실천하기 위해 전 재산을 포기한 손자 아소카 대왕 시대에 허물어졌다.

마우리아왕조가 멸망한 후 인도 중부 및 북부 지방은 여러 경쟁국들로 분열되어 혼란이 이어졌다. 박트리아가 세력을 확장하여 인도를 침략했고, 여러 군소 인도-그리스왕국이 출현하여 서로 전쟁을 벌였다. 그 후에는 월지에 밀려난 그리스인들과 중앙아시아 사카족이 인도로 밀고 내려왔다. 월지는 인도 바로 위에 쿠샨제국을 수립했으며, 이후 수세기 동안 마투라에 도읍을 두고 인도 북부 상당 지역을 점령했다.

앞서 묘사한 주화 속에서 쿠샨 스타일의 의복을 입은 인물은 기원전 4세기 찬드라굽타 마우리아가 아니라 그로부터 650년가량 후의 찬드라굽타 1세다. 이것이 그의 본명인지 아닌지는 확실하지 않다. 그러나 이 이름을 사용했다는 사실에서 오래전에 사라진 찬드라굽타 마우리아의 정신을 이어받아 인도의 새로운 '황금기'를 창조하겠다는 목표가 분명하게 드러난다.

뒤에서 자세히 살펴보겠지만, 인도의 찬드라굽타 1세와 지중해의 콘스탄티누스 1세는 영토 내부에서 발생한 종교 혁신이라는 중요한 화두를 해결해야 했다. 두 경우 모두 종교의 발달이 사회 불안을 유발하기도 했으나, 동시에 통치자가 권력을 확장할 기회를 제공하기도 했다. 한편 중국에서는 외부에서 들어온 불교를 기존의 종교적 지형에 수용하기 위한 노력이 계속 이어졌다. 이 무렵에는 지난 몇 세기에 걸쳐 고대 세계를 연결해온 무역로를 따라 불교가 이미 중국에 유입된 상태였다. 이 시기에 활동했던 불교 창도자唱道者들이 직면한 도전은 정치적·사회적으로 극심한 분열을 겪고 있는 중국에서 후원과 지지를 확보하는 것이었다.

마찬가지로, 로마제국과 파르티아/사산제국이라는 두 강대국 사이의 완충 지대에 위치하여 바람 잘 날이 없었던 아르메니아에서도 기독교라는 새로운 종교가 엄청난 변혁을 불러왔다. 티리다테스 3세가 기독교를 적극적으로 후원하면서 나라 전체를 기독교로 개종시키는 사업을 추진했기 때문이다. 이는 아르메니아인들의 종교 생활뿐만 아니라, 아르메니아의 정치 구조와 지정학적 입지에도 중대한 영향을 미쳤다.

내부로부터의 종교 혁신

후대에 인도를 순례한 중국인들이 남긴 기록에 따르면, 찬드라굽타 1세는 굽타왕조의 첫 번째 통치자가 아니다.[1] 굽타왕조 최초의 왕은 275년경(콘스탄티누스 1세가 태어난 무렵)에 왕위에 오른 스리굽타이고, 300년(콘스탄티누스 1세의 아버지 콘스탄티우스가 사두의 부제로서 로마 세계를 통치하고 있을 때)에 아들 가토트카차굽타가 그 뒤를 이었다. 찬드라굽타 1세는 가토트카차굽타의 아들이다. 이 세 명의 굽타왕조 통치자들에 대해서는 알려진 바가 거의 없다. 그러나 확실한 것은 찬드라굽타 1세가 자신의 치세를 선대에 비해 발전한 것으로 여겼다는 점이다. 가토트카차굽타가 자신을 마하라자Maharaja(위대한 왕)라고 칭한 데 반해, 찬드라굽타는 마하라자드히라자Maharajadhiraja(왕 중의 왕)라는 칭호를 사용하며[2] 자신을 고귀한 인물로 홍보하는 데 신경 썼다.

쿠마라데비는 갠지스평야부터 네팔 테라이까지를 지배하는 명망 높은 부족 연맹 리차비Licchavi 가문 출신이었다. 굽타 가문은 그보다 약간 남쪽에 위치한, 수세기 전에 마우리아왕조가 출현한 마가다 지역을 다스렸다. 쿠마라데비와 찬드라굽타의 결혼은 유력한 두 가문이 결합하여 커다란 단일 세력권을 형성하는 결과를 가져온 것으로 보인다. 그러나 그것이 전부가 아님을 암시하는 단서가 있다. 찬드라굽타 1세의 아들은 주화를 통해 이 결혼을 널리 홍보했으며, 공식 명문에서도 리차비 가문의 후손임을 적시했다. 이를 통해 전통적인 지배 가문인 리차비가와의 결합이 굽타 가문의 계급적 지위를 강화시켰다고 짐작할 수 있다.[3]

굽타 가문이 왜 이런 신분 상승의 열망을 품고 있었는지 이해하려면 먼저 당시 인도 사회와 종교의 성격을 알아야 한다. 기원전 1500년에서 기원전 1200년 사이에 만들어진 가장 오래된 힌두 경전인 『리그베다Rig Veda』는 인간 사회의 여러 집단이 우주적 원시 인간 푸루샤Purusha의 신체 각 부분—입, 팔, 허벅지, 그리고 발—에서 나온 것으로 설명한다.[4] 이후 수세기에 걸쳐 각 집단('바르나varnas') 간의 구분이 카스트 제도로 굳어졌으며, 개별 바르나의 역할과 권리가 엄격하게 구분된 사회질서가 수립되었다. '크샤트리아Kshatriya(왕족)'는 푸루샤의 팔이며 왕의 바르나였다. '브라만Brahman(사제)'은 푸루샤의 입으로 제사를 담당하는 바르나였다. '바이샤Vaishya(평민)'는 푸루샤의 허벅지로 농업과 상업에 종사하는 사람을 포함했다. 마지막으로 '수드라Shudras(천민)'는 푸루샤의 발에 해당하며 그에 걸맞은 육체 노동자와 기타 천한 일을 하는 사람으로 구성되었다. 엄격한 카스트를 극복한 인물도 일부 존재했던 것으로 보이지만

(예를 들어 후대 자료에 따르면 난다왕조는 비지배층 바르나 출신이 세웠다), 기원후 1세기에 이르면 계급이 확고하게 뿌리내려서 바르나 사이의 신분 이동이 극히 어려웠다. 심지어 서로 다른 바르나 간의 혼인도 금지되었다.

사회적·종교적 구분은 여러 다른 시대에 작성된 광범위한 종교 문헌에 의해 뒷받침된다. 첫 번째는 대략 기원전 1500년과 기원전 1200년 사이에 편찬된 4종의 『베다』 경전이다(그중에서 『리그베다』가 가장 오래된 것으로 추정된다). 경전은 어떤 사회 집단과 특정한 사회적 역할의 연결이 점차 강해지는 양상을 보여준다.[5] 『베다』에 대한 접근 자체도 일부 계급에 한정된 특권으로, 상위 세 계급의 바르나만이 『베다』를 읽을 권리를 가졌다. 그다음으로는 『라마야나Ramayana』(선왕 라마Rama 이야기. 일부 현대 학자들은 인도판 『일리아드』라고 평가하기도 한다)와 『마하바라타Mahabharata』(현존하는 가장 긴 서사시로, 하스티나푸라의 왕위 쟁탈전 이야기이다)와 같은 산스크리트어 대서사시가 있다. 둘 다 기원전 5세기경에 처음 기록되었으며, 시간이 흐르면서 계속 내용이 첨가되고 변형되었다.[6] 마지막으로, 아마도 『베다』와 같은 시기에 만들어졌으나 기원후 1세기까지는 구전으로 전해 내려오다 굽타왕조 때 많은 수정을 거친 후 근대에 이르기까지 계속해서 내용이 바뀐 『푸라나Puranas』가 있다. 『푸라나』는 위대한 가문과 신의 계보를 기록한 책이다. 이 모든 경전에서 가장 중요한 핵심은 '다르마' 개념이다. 다르마는 계속 진화하면서 갖가지 의미를 내포하는 질서이자, 우주와 사회의 근원이다. 다르마를 추구하는 방법(당연히 각 바르나마다 그 방법이 달랐다) 중 하나는 계급 구분에 도전하지 않는 것으로, 도전은 우주의 불균형을 초래하는 행위로 경계되었다.

3세기 말부터 4세기 초까지 굽타 가문은 바이샤 계급이었다고 하니,

그들은 통치자는 반드시 크샤트리아 계급에서 나온다는 관습을 극복했던 것으로 보인다.[7] 이런 변화의 배경 중 하나가 불교다. 찬드라굽타 1세 시대에 불교는 약 800년의 역사를 가진 종교로서, 아소카 대왕을 비롯한 수많은 괄목할 만한 신자를 자랑했다.

인도 사회에서 불교의 인기는 힌두교 바르나 체제를 위협했다. 특히 평등 이념에 따라 수행에 전념한 초기 불교는 오직 하나의 계급(브라만)만이 공동체를 위한 제식을 수행할 권리가 있다고 규정하는 기존 체제에 의문을 제기했다. 전통은 사회 전체 구성원이 그들의 구원을 보장하는 자로서 브라만 계급의 전문 지식, 훈련, 활동에 의존하고, 그들을 '인간의 모습을 한 신'으로 대우하도록 강제했다. 브라만은 반나체의 복장에 악령을 쫓는 막대기를 휘두르고 머리카락을 상투처럼 틀어 올렸기 때문에 길거리에서도 쉽게 판별 가능했다(브라만은 세 살이 되면 입문 의식의 하나로 머리카락을 틀어 올리며, 이를 중요한 신분의 표지로 삼았다. 브라만에게는 사형이 불가한 대신 상투를 자르는 벌은 존재했고, 이는 사형만큼 가혹한 형벌로 여겨졌다[8]). 반면 불교는 모든 개인이 구원받기 위해 노력할 수 있으며, 굳이 브라만에게 이 역할을 맡길 필요가 없다는 메시지를 전파했다(하지만 동시에 불교 승려들도 불교 사원에서 의식을 수행하는 전문가로 활동하며 **자신들의** 생계를 유지하기 위해 평신도들의 지원을 확보하는 데 열심이었다).

기원전 2세기부터 브라만 계급이 군사 지도자, 정치 지도자, 심지어 스파이로도 활약하고, 그 밖에도 도박장 주인, 토지 관리자, 배우, 심지어 정육점 주인 등 사회에 필요한 범상한 직업을 수행하면서 바르나를 뛰어넘을 수 있다는 인식이 한층 강화되었다. 동시에 (실크로드를 포함한) 수익성 높은 무역로를 통해 부를 쌓고 중산층으로 부상한 바이샤 계급의 중

요성이 커지면서 바르나 사이의 구분도 엷어졌다.[9]

마지막으로 이민족의 이주는 바르나를 더욱 약화시켰다. 기원전 2세기 말경부터 중앙아시아 박트리아 국경 지대에 거주하던 사카족이 남진하면서 유목민들이 인도 펀자브 지방으로 대거 쏟아져 들어왔다(파르티아제국으로 인해 서쪽으로 가는 길은 막혀 있었다). 사카족을 쫓아낸 이들은 기원전 3세기에 한나라의 팽창에 밀려* 서쪽으로 도주했던, 그리고 그로부터 100년이 채 지나기 전에 박트리아를 점령하고 쿠샨왕조를 세운 월지다. 기원후 1세기에는 쿠샨제국이 인도로 남하하기 시작하면서 사카족은 더욱 남쪽으로 내몰렸다. 이와 함께 용맹한 전사 왕을 숭배하고 엘리트 전사 조직을 중심으로 생활하는 유목 민족의 신앙과 전통이 인도에 유입되었다. 유목 민족의 왕이 되기 위해서는 출신 가문의 배경보다 전투에서 얼마나 용맹한지와 부족을 잘 다스릴 수 있는지가 중요했다. 이런 사고방식은 필연적으로 인도 전통 신앙 및 계급 체제에 영향을 미쳤으며, 날 때부터 바르나에 의해 사회적·종교적 위치가 정해지는 기존 체제의 정당성에 도전하는 대안으로 기능했다.

그러나 그저 왕위에 오르는 것과 찬드라굽타 1세가 자칭한 '왕 중의 왕'이 되는 것은 다른 문제였다. 앞에서 언급했듯이 찬드라굽타 1세는 시작부터 새로운 '황금기'를 구가할 왕조를 이끌겠다는 이상을 품고 있었다. 계급과 지위의 상승이 가능해진 사회 분위기 속에서, 굽타 가문은 전통적 지배 가문과의 동등한 결합을 통해 통치의 정당성을 강화했다.[10]

북쪽의 쿠샨제국은 심각한 위기에 봉착해 있었다. 그들의 적은 파르티

---

* 본격적으로는 기원전 2세기에 흉노족의 팽창에 밀리면서 이주가 시작되었다.

아를 정복하고 이제 동쪽으로 세력을 확장하기 시작한 서아시아 신흥 제국 사산왕조였다. 마침내 3세기에 쿠샨왕조가 무너지면서 중앙아시아는 다시 한 번 혼란에 빠졌다. 인도 중남부 데칸 지역에서는 바카타카왕조가 등장하여 굽타제국 주변의 이웃 집단들과 동맹을 맺었다.[11] 따라서 굽타-리차비 동맹은 집단의 규모를 불려 안전을 도모하고 북쪽과 남쪽에서 급변하는 정세에 대응하기 위한 전략이었다.

굽타 가문의 집권은 바르나 구분이 흐릿해진 결과이다. 찬드라굽타 1세와 그의 후계자들은 모든 사회계급을 끌어들이고자 노력했던 것으로 보인다. 굽타 가문은 한편으로는 모든 개인이 자신(과 공동체)의 구원을 추구할 권리와 책임을 갖는다는 개념을 장려했으며, 다른 한편으로는 왕실(특히 굽타) 권력에 대한 브라만의 협조에 대한 보답으로 그들이 계속해서 사회적·종교적 지위를 유지할 수 있도록 지원했다. 예를 들어, 이 무렵 문서화된 『푸라나』가 전통적인 『베다』보다 더 중요한 힌두교 경전으로 자리 잡았다. 『푸라나』는 신들과 왕들의 계보에 관한 이야기 모음집으로, 브라만 및 통치자의 중요성과 함께 개인의 행위와 특정 신들에 대한 신앙심이 구원의 길이라고 강조한다.

찬드라굽타와 그의 후계자들에게 유리하게 작용했던 두 번째 변화는 다른 모든 신을 제치고 비슈누Vishnu와 시바Shiva가 가장 영향력 있는 신으로 부상한 것이다. 비슈누는 4개의 팔을 가진 인류의 구원자로, 패배를 모르는 위대한 왕이다. 3개의 눈을 가진 시바는 파괴의 신이자 자비의 신이다. 다른 수많은 신들—그리고 『라마야나』에 등장하는 라마왕이나 불교를 창시한 부처와 같은 인간 영웅들—은 갈수록 비슈누와 시바의 아바타로 묘사되기 시작했다. 그 결과, 보다 간소해진 신의 세계가 기존의

3부 연결된 세계의 종교

다양한 신의 세계와 공존하게 되었다. 여전히 다양한 신들이 숭배되었지만, 궁극적으로 두 최고신을 정점으로 하나의 커다란 공동체를 이루게 되었다.

인도는 다양한 종족, 민족 정체성, 종교, 사회적·정치적 전통을 가진 다원적 사회로 발전했다. 이제 마우리아왕조에 비견할 만한 새로운 제국을 건설하기 위해서 '위대한' 왕과 왕조가 등장할 차례였다. 굽타 가문이 그런 통치자가 될 수 있을지는 그들의 손에 달려 있었다.

*

콘스탄티누스 1세는 변화하는 종교적 지형을 자신의 권력을 다지고 확장하는 데 이용하려는 야심을 갖고 있었다. 312년에 막센티우스를 제압한 그는 모두가 인정하는 서로마제국의 지배자가 되었다. 313년 2월, 콘스탄티누스 1세는 조만간 동로마제국에서 그에 맞먹는 힘을 갖게 될 리키니우스와 밀라노에서 회담을 열었다. 락탄티우스(314년에 펴낸 책에서 콘스탄티누스가 밀비우스 다리에서 신앙에 눈뜬 이야기를 다뤘다)에 따르면, 리키니우스 또한 병사들이 암송할 기도문을 가르쳐준 천사의 도움을 받아 승리를 거뒀다.

두 황제는 아마도 극적인 대비를 이루었을 것이다. 콘스탄티누스 1세의 동상은 항상 수염이 없는 젊고 침착한 얼굴로 그려지는 반면, 루키니우스는 늘 수염을 기른 나이 지긋한 모습으로 묘사되며, 좀 더 세상 물정에 밝은 듯한 인상이다. 콘스탄티누스 1세는 열아홉 살의 나이로 몰락한 공화국을 제국으로 탈바꿈시킨 아우구스투스 황제를, 리키니우스는 마흔 살에 제위에 올라 극심한 혼란을 안정시킨 달마티아의 디오클레티아누스를 연상시킨다.

콘스탄티누스 1세가 밀라노에서 자신의 동생을 나이 많은 리키니우스와 결혼시키면서 두 황제의 친선이 수립되었다. 이와 더불어 두 사람은 종교 문제에 신중하게 접근하기로 했다. '밀라노 칙령'은 로마인들의 기독교 개종을 강요하거나 이교 신전의 파괴를 요구하지 않았다. 대신 모든 신앙에 대한 관용, 다양성의 존중, 그리고 이교로부터 압수한 재산을 돌려주겠다고 공식적으로 선포했다. 즉 "기독교도를 비롯한 모든 이들에게 각자 원하는 신을 믿을 자유"를 주었다.[12] 주로 기독교인들이 혜택을 받은 것은 사실이지만, 칙령 자체는 특정 종교를 우선시하지 않았다. 리키니우스와 콘스탄티누스 1세에게 사람들이 어떤 종교를 선택하는지는 더 이상 문제되지 않았던 듯하다. 그들은 제국 내부의 종교적 균형을 원했다.

박해 대신 적극적 관용을 추구한 밀라노 칙령은 서구 사상의 결정적 순간으로 칭송받아왔다. 또한 이것은 여러 면에서 로마의 전통이 유지될 것이라는 전망을 강화했다. 그리스나 인도와 마찬가지로 고대 로마는 본질적으로 다신교 사회였다. 마치 온갖 음식이 차려진 뷔페처럼 각양각색의 신들이 존재했으며, 언제나 개인별로 또는 지역별로 선호하는 신이 달랐다. 새로운 신들, 그리고 이미 존재하는 신들의 새로운 변형이 로마에 지속적으로 유입되고 열광적으로 숭배되었다(예를 들어, 기원후 몇 세기 동안 미트라Mithras 숭배가 로마 종교의 일부로 자리 잡아 군인들 사이에서, 그리고 특히 황실에서 인기를 얻었으며, 제국 전역에 미트라 신전이 건설되었다). 로마의 전통 종교들을 관통하는 공통점은 첫째로 (주로 공공) 의례에서 희생제가 중점을 이뤘던 점, 둘째로 신앙의 바탕에 황제—일반적으로 신과 같이 숭배되고 추앙받았다—에게 충성과 숭배를 바친다는 인식이 있었다는 점이다.

그러나 기독교도들은 달랐다. 그들은 사적으로 모이는 경향이 있었고, 희생제를 기피했으며, 궁극적으로 황제가 아니라 그들의 신에게 충성한다고 공언했다. 그들은 갈수록 불편하고 이질적인 존재로 부각되었다. 교리적인 부분이 아니라 그들의 존재 자체가 야기하는 정치적·사회적 파장이 문제였다. 기독교도를 로마 사회에 긍정적으로 기여하는 일원으로 볼 수 있을까, 아니면 국가의 질서와 이념을 부정하는 반역자로 보아야 할까? 3세기 중반 이후 황제의 공식적인 견해는 후자 쪽으로 기울어 기독교 박해가 이어졌으며, 300~311년의 '디오클레티아누스 황제의 기독교 대탄압Diocletianic Persecution' 때 절정에 달했다. 313년에 콘스탄티누스 1세와 리키니우스는 정치·사회·종교적으로 분열된 공동체에서 자신들의 통치를 굳건히 하기 위해 종교적 관용과 존중을 촉구하며 다신교 신앙 체계(훗날 기독교 저자들은 '이교pagan'라는 용어 아래 한 덩어리로 취급했다)와 기독교가 공존할 수 있도록 허용했다.

콘스탄티누스 1세는 이후 3년 동안 기독교와 이교 전통 사이의 균형을 유지하고자 끊임없이 노력하면서 관용 정책을 펼쳤다. 락탄티우스는 콘스탄티누스 1세가 기독교를 믿었다고 주장했지만, 사실 그는 여전히 이교가 압도적으로 우세한 제국을 다스리는 이교도 황제였다. 그는 즉위 10주년 행사 때 이교 희생제는 거부했지만 전통적인 이교 경기는 허용했다. 그는 새로운 목욕장을 짓는 동시에, 최초의 성 베드로 성당Old St. Peter's Basilica*을 포함한 새 성당을 건축했다. 새 성당은 로마 도시 중심부의 전통적 이교 사원들을 위협하지 않도록 왕실이 소유한 땅이나 도

시 성벽 밖에, 사회적 다수인 이교도들에게 익숙한 바실리카basilica 양식
으로 건축되었다. 콘스탄티누스 1세는 이교의 '무적의 태양Sol Invictus(솔
인빅투스)'신 이미지와 함께 그를 자신의 '동료'라고 새긴** 주화를 발행
했으며, 일요일을 휴일로 삼아 태양신 숭배에 전념하도록 했다(일곱째 날
은 쉬는 날이라고 선포한 기독교 경전을 따른 것이 아니다). 한편 기독교 상징을
담은 메달도 제작되었다. 거기에 더해 콘스탄티누스 1세는 기독교도인
락탄티우스를 아들 크리스푸스의 교사로 임명하고, 기독교 주교의 사법
권을 확장했으며, 노예 해방식이 교회에서 열릴 수 있도록 허용했다.

그러나 콘스탄티누스 1세의 종교 평등 정책이 기독교 공동체 내부의
모든 이들에게 공유되었던 것은 아니다. 313년 4월 15일, 성난 군중들이
카르타고 총독에게 몰려갔다(한때 로마의 강적이었으나 이제 로마의 항구 도시
로 재건되어 번성하던 이 위대한 도시는 북아프리카 기독교회 조직의 중심부였다).
총독은 격분한 군중으로부터 두 장의 문서를 전달받았다. 하나는 카르타
고 기독교 수석 대주교Primate 카이킬리아누스를 고발하는 봉인된 문서
였다. 다른 하나는 콘스탄티누스 1세에게 올리는 공개 탄원서로, 갈리아
지방의 기독교 주교들로 하여금 자신들의 소송을 담당하도록 허락해달
라는 내용이었다.[13]

콘스탄티누스 1세는 이 요청에 응해 로마 주교(교황) 밀티아데스에게
공청회 조직을 일임했다. 그런데 밀티아데스는 사안을 심판하기로 한 주
교 회의에 이탈리아 주교들을 추가로 투입하여 문제를 키웠다. 313년
10월 2일, 논의를 시작한 지 불과 사흘 만에 그들은 카이킬리아누스에게

---

*   오늘날 바티칸의 성 베드로 대성당 자리에 존재했던 예전 건물이다.

**   '동료인 무적의 태양에게SOLI INVICTI COMITI'라고 적혀 있다.

잘못이 없다는 평결을 내리고, 오히려 도나투스가 이끄는 아프리카 기독교 일파가 교회의 분열을 야기하고 있다고 비난했다. 도나투스와 그의 지지자들은 판결에 승복하지 않고, 황제에게 이 결정을 뒤집어달라고 호소했다.

이 논란은 과거의 상황에서 기인했다. 기독교 박해가 일어났을 때 로마 당국은 기독교 주교들에게 가지고 있는 성서를 넘기라고 요구했다. 이 지시를 따르거나 여타 다른 방식으로 순응했던 자들은 '트라디토레스traditores(배교자들)'라 불렸다(라틴어 '트라도trado', 즉 '넘겨주다'에서 나온 말이다). 이후 로마의 박해가 시들해지면서 기독교인들은 배교한 이들을 다시 받아줄 것인가, 그리고 배교자들이 행한 직무—특히 세례나 서품과 같은 성사—의 효력을 어디까지 인정할 것인가라는 문제에 봉착했다. 강경파의 세력 기반은 기독교 박해가 극심했던 북아프리카 내륙 지방 누미디아에 위치한 키르타라는 도시였고, 그 수장은 누미디아 수석 대주교였다. 반대로 배교자를 용서해야 한다고 주장하는 온건파는 북아프리카 서부 연안의 카르타고 수석 대주교가 이끌고 있었다.

311년에 카르타고 수석 대주교가 사망하자, 당시 대부제Archdeacon였던 카이킬리아누스는 누미디아 대표단이 카르타고에 도착하여 후계자 논의를 벌이기 전에 재빨리 세 명의 지역 주교들을 설득하여 주교 서품을 받고 수석 대주교 자리에 올랐다. 312년—콘스탄티누스가 밀비우스 다리에서 막센티우스를 무찌르고 로마를 점령한 해—누미디아의 수석 대주교 세쿤두스는 카르타고에서 북아프리카 주교 70여 명과 함께 종교 회의를 열고 카이킬리아누스의 정통성에 도전했다. 세쿤두스는 카이킬리아누스가 배교자일 뿐만 아니라 (그는 로마 당국의 조치로 굶어 죽어가는 기독교인들에게 음식을 제공하는 것을 막았다) 그를 임명한 주교도 배교자라고 지적하면서, 수석 대주교 선출은 무효라고 선언했다. 그렇다고 세쿤두스나 그를 지지하는 주교들이 같은 혐의로부터 자유로웠던 것도 아니다. 그들 중 다수가 한때 배교자였음을 고백했고 서로의 행위를 눈감아주기로 합의했다.

세쿤두스와 함께 카이킬리아누스를 끌어내리는 데 한몫한 이는 카르타고에 거주하던 스페인의 거부 루실라 부인으로, 그녀는 자신의 과시적인 기독교 예배 방식을 검열한 카이킬리아누스에게 앙심을 품고 있었다. 세쿤두스는 루실라와 손잡고 루실라의 개인 사제 마요리누스를 카르타고 수석 대주교로 선출했다. 313년에 콘스탄티누스 1세에게 이 논란을 해결해달라는 서한을 전달한 이가 바로 세쿤두스와 마요리누스였다. 얼마 후 로마 주교 밀티아데스가 주교 회의를 소집했을 때는 강경파를 대표하는 도나투스가 카르타고 수석 대주교를 맡고 있었다.

북아프리카에서 벌어진 분쟁은 단지 신학적 교리에 관한 논란이 아니었다. 그것은 지역 투쟁이자 계급 투쟁이기도 했다. 번성한 대도시 카르타고는 포에니전쟁 이후 로마제국의 일부분으로 확고히 자리 잡았다. 새로 건설된 항구의 주민들은 부유했고, 성공한 중산층이 급증하면서 로마에서 유행하는 디자인과 장식을 본떠 지은 저택이 교외로 뻗어나갔다. 비옥한 토지에서 생산되는 옥수수는 로마의 중요한 식량이었다.

반대로 누미디아—오늘날 알제리와 튀니지 일부를 가로지르는 지역—는 작은 촌락들로 구성된 시골이었다. 4세기 초에 지속적으로 행해진 기독교 박해로 인해 도시가 초토화되었다. 누미디아고원은 강우량이 적어 올리브 외의 작물은 재배하기 어려웠다. 이 가난하고 고립된 도시에서 도나투스주의가 시작되었다. 도나투스는 사하라사막이 바라보이는 누미디아고원 남쪽 끝 카사이 니그라이에서 태어났다.

도나투스주의 투쟁은 누미디아 지역과 카르타고, 하층민과 부유층, 여전히 베르베르족의 전통을 고수하는 이들과 로마화된 아프리카인들, 고립되고 침체된 시골 공동체와 번화한 도시 공동체, 기독교 강경주의자와 온건주의자, 라이벌 수석 대주교 도나투스와 카이킬리아누스 사이의 투쟁이었으며, 갈수록 로마 기독교회는 물론 콘스탄티누스 1세와 대립하는 투쟁으로 변해갔다. 서로마제국의 결속을 강화하고자 했던 콘스탄티누스 1세는 북아프리카의 기독교 성직자 계급을 공동체 화합을 증진시키는 데 유용한 도구로 여겼다. 그는 이미 주교의 사법권을 강화했고, 교회가 공동체에서 수행하는 사회적 역할을 강화했다. 카르타고에서도 같은 방식으로 카이킬리아누스에게 막대한 자금을 제공하고 그의 수하에 있는 모든 성직자에게 지방세를 면제하는 등 확고한 지지를 보여줬다. 동시에 자신에게 대항하는 자에게 어떤 일이 벌어지는지 똑똑히 보라는 의미로 '막센티우스의 잘린 머리'를 북아프리카로 보내 저항 세력을 겁박했다.

콘스탄티누스 1세는 카이킬리아누스에 반대하는 도나투스의 주장도 기꺼이 들어주었다. 이것이 종교적 관용과 공동체의 화합이라는 그의 궁극적 목표에 한 걸음 더 다가가는 행동이었기 때문이다. 그는 주교들의 결정을 뒤집어달라는 도나투스의 요구를 내심 반겼을지도 모른다. 갈등의 중재자 역할을 함으로써 자신이 궁극적 심판관이 되는 셈이기 때문이다. 이는 기독교회 조직의 위계 구조와 로마제국의 위계 구조를 결합시킬 기회였다.

콘스탄티누스 1세는 314년 8월 1일에 아를에서 기독교 주교 회의를 소집했는데, 이것은 비기독교 권위자(콘스탄티누스 1세는 여전히 공식적으로는 이교도 황제였다)가 기독교 조직을 동원한 최초의 사례다. 주교들은 북아프리카의 '도나투스파' 사태부터 부활절의 공식 날짜 선정에 이르기까지, 기독교회 내부의 몇 가지 미해결 상태의 분쟁을 매듭짓도록 요구받았다. 거기에 더해, 콘스탄티누스 1세는 그들에게 기독교도들이 제국의 질서, 특히 군대에 더 잘 융화될 수 있는 방법을 검토하라고 명령했다. 기독교와 이교의 긴밀한 융합을 재촉한 것이다.

아를 공의회에서 북아프리카 문제는 카이킬리아누스를 지지하는 쪽으로 결론이 났지만, 도나투스파는 이 평결을 거부했다. 콘스탄티누스 1세는 마침내 이 문제를 직접 해결하기로 했다. 서로마제국의 황제가 북아프리카의 기독교 교리를 판결하게 된 것이다. 콘스탄티누스 1세는 카이킬리아누스를 인정했고, 도나투스파는 이마저도 거부하면서 황제의 권위에 도전했다. 315년, 콘스탄티누스 1세는 아프리카에 군대를 보내 거역하는 자들을 처단하겠다고 위협했다. 그러나 실제로 군대가 개입하는 사태는 발생하지 않았다. 이 시기에 콘스탄티누스 1세의 관심이 북쪽과 동쪽으로 향했기 때문이다.

314년부터 315년까지 콘스탄티누스 1세는 게르만 부족과 동로마제국의 통치자 리키니우스를 상대해야 했다. 316년 10월 8일, 동서 로마의 황제가 오늘날 발칸반도 북부 판노니아의 전장에서 만났다. 317년 1월에 두 로마제국의 군대가 트라키아에서 다시 한 번 충돌했지만 승패는 갈리지 않았다.

그로부터 7년간 불안정한 휴전 상태가 지속되었다. 리키니우스는 동로마제국의 황제 칭호를 계속 유지했으나 권한은 대폭 줄어들었다. 그럼에도 324년에 이르면 두 황제는 각각 10만이 넘는 병력을 구축했다. 콘스탄티누스 1세는 8월 3일과 9월 18일의 전투에서 리키니우스를 격파했다. 두 번의 충돌에서 콘스탄티누스 1세의 병사들은 밀비우스 다리 전투 때처럼 그리스도의 군기를 들고 전투에 나섰다. 깃발은 콘스탄티누스군 병사들의 힘을 북돋워줬을 뿐 아니라 리키니우스군에게 공포를 불러일으켰다. 역사가이자 기독교 주교인 에우세비우스의 말처럼, 이 분쟁은 기독교와 이교의 대결이었다.

두 황제의 충돌은 예정된 수순이었다. 지난 7년간 리키니우스가 합의된 정책을 지키지 않고 제국 동방의 기독교인들을 핍박했기 때문이다. 그는 유피테르신을 숭배하면서 기독교도를 공직에서 추방하고, 기독교인들이 성 안에서 예배 보는 것을 금하였으며, 주교들이 다른 도시에 방문하는 것을 금했다.

324년, 리키니우스가 니코메디아에서 콘스탄티누스 1세에게 항복하면서 콘스탄티누스 1세는 로마제국 전체의 주인이 되었다. 이제 그는 제국을 하나로 통합할 방법을 찾고, 제국 안에서 기독교와 기독교도가 어떤 역할을 담당할 것인지 결정해야 했다.

외부로부터의 종교 혁신

찬드라굽타 1세의 아버지 가토트카차굽타가 인도를 다스리던 기원후 300년경, 중국에는 4,000명의 불교 승려가 존재했으며, 그들 대다수는 한나라의 옛 도읍 장안과 새 도읍 낙양에 건설된 180여 개의 절에 밀집해 있었다. 그 무렵 중국은 명절과 절기, 조상 숭배, 그리고 다양한 신에 대한 믿음에 기반한 토속 신앙이 주류를 이뤘고, 이에 비하면 불교의 존재감은 극히 미미했다.[14] '축의 시대'의 산물인 도가와 유교 철학도 여전히 힘을 발휘하고 있었다.[15]

한나라 시대에 무위자연 사상에 따라 순리를 따르는 삶을 주창했던 도가는 중국 각지에서 각양각색의 형태로 계속 발전했다.[16] 같은 시기에 한의 황제들은 유교를 통치 철학으로 삼기 위한 행보를 시작했다. 기원전 136년에는 나라에서 관직을 얻고자 하는 자가 통달해야 하는 배움의 다섯 영역이 규정되고, 공자가 편찬했다고 전해지는 『춘추』를 비롯한 오경이 관학으로 지정되었다. 기원전 124년 태학이라는 국가 교육기관이 설립되어 예비 관리 양성소로 기능했다. 동시에 '세습적' 관료직(귀족 가문에서 후손에게 물려주던 자리)이 마침내 폐지되었다. 그 결과 한나라 최초로 공손홍이라는 자가 작위 없이 승상에 임명되었다. 그는 돼지를 기르며 생계를 잇다가 유학자가 되어 만인지상의 자리까지 올랐다. 중국에서 유교가 통치 철학으로 받아들여지기를 꿈꿨던 공자의 소망이 드디어 현실로 이뤄진 셈이다. 사마천이 쓴 최초의 공자 전기가 이 무렵에 등장한 것은 우연이 아니다.

그러나 유교의 위상에도 불구하고, 그 신념과 방침이 획일화되어 있지는 않았다. 무엇보다도 후대 유학자들은 공자는 경험하지 못했던 새로운 종류의 문제를 반영하여 끊임없이 공자의 사상을 바꿔나가야 했다(이를테면, 기원전 130년 중국이 처음으로 로마에 대사를 파견하고 기원후 166년에는 로마 대사가 중국 황실을 방문하는 등 상호 연결된 신세계에서 등장한 외교라는 개념).[17] 마찬가지로 공자가 기려지는 방식도 극적으로 변했다.

중국의 종교적 지형은 복잡다단했다. 유서 깊은 조상 숭배와 민간 전통이 철학의 경계를 넘어 종교로 발전한 도교와 혼합되었고, 창시자가 숭배 대상으로 자리 잡은 유교 또한 도교와 밀접하게 연결되었다. 그리고 이 모든 것 가운데에 불교가 있었다.

불교가 처음 중국 땅에 전래된 것은 기원전 3세기, 불교로 개종한 인도의 아소카 대왕 때로 알려진다.[18] 아소카 대왕은 불교 교리를 보급하기 위해 서아시아로 포교단을 파견하고, 아들은 스리랑카로 보냈다. 또한 그는 인도와 중앙아시아 각지에 8만 4,000개의 탑파Stupa(불사리를 넣은 구조물로 명상의 구심점으로 사용되었다)를 세웠다. 한무제와 후대 황제들이 복속시킨 지역에도 아소카의 탑파가 있었다고 한다.

아소카 대왕이 세운 탑파가 중국 땅까지 전래되었든 아니든 간에, 이것은 훗날 중국 땅에서 흔히 볼 수 있는 구조물이 되었다. 탑파는 중국 건축사에서 매우 중요한 위치를 차지하며, 오늘날 중국 어디서나 볼 수 있는 탑의 건축학적 전신이다. 인도에서 가져온 불상과 불경을 안치하기 위해 7세기 당나라 시대에 장안에 세워진 대안탑에도 불교 건축 양식이 반영되었다.*

불교의 교리는 신자들로 하여금 불교의 가르침을 전파하도록 권고한다(힌두교와 비교하면 이 경향이 훨씬 강하다).[19] 그 결과, 아소카 대왕 시대부터 불승으로 구성된 포교단이 인도-그리스왕국들과 중앙아시아의 국가들, 그리고 그 너머 동쪽에 위치한 나라로 파견되었다. 한 예로, 기원전 2세기 중반 한 불승이 인도-그리스왕국의 메난드로스 왕(박트리아와 그 주변 지역이 중앙아시아로 이동한 월지에 의해 점령되기 직전에 인도 북서부 지역을 다

---

* 처음에는 5층탑이었으나 8세기 초 측천무후가 허물고 10층탑으로 다시 지었고, 후에 전란으로 상부가 소실되어 현재는 7층만 남아 있다.

스렸던 왕)을 개종시켰다. 메난드로스의 귀의는 후대 불교 문헌인 『나선비구경』에서 기려졌고, 이는 다시 불경의 일부가 되어 더 머나먼 지역으로 전파되었다. 실제로 팔리어와 중국어로 기록된 『나선비구경』이 오늘날까지 전해진다. 마찬가지로, 기원전 43년경에 현존하는 가장 오래된 불교 문헌(종려잎에 쓴 『패엽경』)이 스리랑카에서 제작되었다(아소카 대왕 아들의 불교 전파 임무는 성공적이었다고 할 수 있다).[20] 기원후 1세기에 이르러 불교는 인도 너머로 전파되어, 쿠샨제국의 적어도 일부 통치자들의 지지를 받았다.

5~6세기 불교 문헌을 통해 중국에 처음 도착한 포교승들의 이야기가 전해 내려온다.* 기원전 3세기에 서역의 사문沙門들이 진시황제가 다스리는 함양에 도착하자, 법가 사상을 신봉한 황제는 이들을 수상히 여겨 즉시 투옥시켰다. 하지만 거대한 금인金人이 나타나 감옥을 부수었고, 이에 놀란 시황제는 겁을 먹고 불도 수행을 허용했다.[21]

이와는 대조적으로 한나라 때에는 기묘한 현상에 대한 답을 얻기 위해 현인 동방삭의 충고에 따라 승려의 자문을 구하기도 했다. 일설에 따르면, 한무제 시절에 황제의 명으로 못을 파던 중 밑바닥에서 검은 재가 발견되었다. 한나라 전문가들은 이것의 정체를 끝내 밝혀내지 못했다. 서역승 축법란에게 물어보니 1칼파kalpa(겁劫)가 끝난 후 세찬 불길에 천지가 타고 남은 겁회라고 답하였다. '겁'은 인도에서 우주가 한 번 생성해서 존속하는 기간을 의미하며, 43억 2000만 년에 해당한다.[22] 같은 시기에 한나라 황제가 파견한 사절단도 인도와 중앙아시아에서 불교를 접했

---

* 중국 수나라의 비장방이 597년에 저술한 불교 역사서 『역대삼보기』에 이른바 '석리방(실리방) 釋利房 전교설'로 언급된다.

다. 무제가 기원전 2세기에 월지로 파견한 대사 장건(그칠 줄 모르는 서역 개척 활동으로 실크로드에서 명성이 드높았다)은 귀환 후 황제에게 불교에 관해 고한 바 있다.

그리고 1세기 후반에 후한 명제가 꿈에서 몸이 황금색으로 빛나는 신인을 보고 가까운 신하들에게 물으니 그가 바로 인도의 부처라고 했다는 이야기도 전해 내려온다(콘스탄티누스가 밀비우스 다리 전투를 앞두고 꿈에서 천상의 표식을 봤다는 얘기를 전하는 에우세비우스의 기록과 별반 다를 바 없는, 후대 기록에 등장하는 이야기임을 감안하자). 명제는 즉시 사신단을 꾸려 인도 불승들을 찾아 데려오라고 명했다. 65년경 그들은 백마에 불경과 불상을 실은 두 명의 인도 승려와 함께 돌아왔다.[23] 이때 들어온 불경이 최초의 한역 불경인 『사십이장경四十二章經』이다. 그러나 이것은 인도 고유의 불교 경전이라기보다는 불교의 해외 전파를 위해 여러 경전의 요지를 추려 편집한 모음집이다.

황제는 승려들의 도착을 기뻐하며 낙양 성문 밖에 절을 짓고, 그들이 백마를 타고 온 것을 기려 백마사(중국 최초의 불교 사원)라 명명했다. 명제는 거기서 멈추지 않았다. 이복동생 초왕 유영이 승려들을 반기면서 몸소 불교를 신봉하자, 황제는 번국 제후들에게 내린 조서에서 이렇게 말하며 유영이 믿는 종교를 공개적으로 지원했다. "초왕은 부처의 제사를 숭상하고 있다. … 무슨 혐의가 있어서 뉘우칠 게 있겠는가?"[24]** 그러나 오래지 않아 유영은 역모 혐의로 유죄 판결을 받고 유배를 떠나 스스로 목숨을 끊었다.

** 명제가 사형죄를 저지른 자 이하 모든 죄수가 비단으로 속죄할 수 있게 해준다는 칙령을 내리자 유영이 비단 30필을 바치며 속죄를 구한 데 대한 명제의 답이다.

이후 불교를 전파하려는 열망에 사로잡힌 불승들이 꾸준히 중국을 방문했다. 100년경에는 승려의 존재가 널리 알려져서, 학자 장형이 장안 여인들의 매력을 강조하는 데에 그 명성을 이용했을 정도다. "그들은 사랑스러운 눈으로 상대방을 매혹시키는 눈길을 보낸다. 한 번 쳐다보기만 해도 도성이 함락될 정도다. 고결한 사문(불승)들조차도 자유롭지 않았다!"[25]

불승의 대다수가 기원전 2세기에 지중해와 중앙아시아, 중국 장안을 거쳐 낙양까지 연결된 서역 남북도Northern Silk Road를 따라 중국으로 흘러들어왔다. 도보나 말을 타고, 혹은 대상 무리에 섞여서 상인, 망명자, 용병과 함께 광대한 평원, 가파른 산길, 사막, 그리고 한 제국의 잘 닦인 길을 따라 느릿하게 이동하는 승려들의 행렬이 줄을 이었다. 4세기 후반에 인도를 순례한 중국 승려 법현은 훗날 고비사막을 가로지르는 험난한 여정을 이렇게 묘사했다.

> 사하는 원귀와 열풍이 심해서 이를 만나면 모두 죽고 한 사람도 살아남지 못한다. 위로는 나는 새가 없고 아래로는 길짐승이 없다. 아무리 둘러보아도 아득하여 가야 할 길을 찾을 수 없다. 언제 죽었는지 알 수 없는 해골만이 길을 가리키는 표지가 되어준다.[26]*

실크로드가 처음 열린 이래, 지중해와 중국을 잇는 길이 여럿 발달했다. 그중에서 승려들—특히 인도에서 오는 이들—이 즐겨 이용한 경로

---

* 이 인용구는 고전학자 정천구 님의 번역을 빌려왔다.

는 차마고도Southern Silk Road라 불리는, 예전 마우리아왕조의 수도 파탈리푸트라에서 출발하여 미얀마를 지나 산을 넘고 하곡을 가로질러 중국 남부의 주요 도시 곤명(운남)으로 이어지는 길이다.**

한편 페르시아만에서 출발하여 인도 대륙을 거쳐 카티가라(오늘날 베트남에 위치) 항구에 이르는 바닷길이 발달하면서 해상 무역로의 이용 빈도가 점점 늘어났다. 수세기 동안 불교의 가르침이 비단, 옥, 무명, 상아, 사향, 호박(보석), 몰약과 같은 귀중품을 비롯하여 코끼리, 원숭이, 앵무새와 같은 이국적인 동물들, 그리고 대두와 같은 일상품과 함께 무역로를 타고 전파되었다. 불교 사상은 동과 서를 잇는 여러 갈래의 탯줄을 따라 밀려드는 천문학, 역법曆法, 의학, 윤작법 등의 광범위한 지식과 한데 어우러졌다.

불교의 중국 유입이 어느 한 시기에 한 곳으로부터 이루어지지 않았음을 이해하는 것이 중요하다. 예를 들어, 2세기와 3세기 중국에는 18개의 외국인 포교단이 활동하고 있었다. 인도인 포교단이 넷, 인도-스키타이인 포교단 넷, 파르티아인 포교단 셋, 소그디아나인 포교단 넷, 그리고 호탄인 포교단이 셋이었다. 이보다 더 중요한 것은 여러 종파가 중국에 동시에 전해졌다는 사실이다. 불교는 인도에서 진화한 힌두교나 중국의 유교와 마찬가지로 (그리고 로마 세계에서 기독교의 형태가 변화했듯이) 고정된 교리가 아니었다. 기원전 5~4세기 부처 입멸 후, 인도에서 중앙아시아 쿠샨제국에 이르기까지 다양한 지역에서 불교 사상과 규율을 공식화하고 다듬기 위해 여러 차례의 집회(상기티Samgiti, 결집結集)가 열렸다. 그

**   차마고도를 실크로드보다 앞선, 가장 오래된 동서 무역로로 보는 견해도 있다.

과정에서 불교는 '마하야나Mahayana(대승불교)'와 '테라바다Theravada(소승불교. 히나야나Hinayana로도 알려져 있다)'로 나누어졌다. 두 계열은 기본적으로 '보디사트바Bodhisattvas(보살. '보리菩提', 즉 부처와 같은 깨달음을 얻고자 수행하는 자)'의 개념을 어떻게 정의하는지로 구분된다. 중앙아시아로 확산된 불교는 서쪽에서 전래된 그리스 로마 전통의 영향을 받았으며, 특히 예술 분야에서 그런 경향이 두드러졌다. 오늘날까지 전해지는 가장 오래된 부처의 이미지 중 하나가 쿠샨제국의 카니슈카 왕이 주조한 동전에 남아 있는데, 곱슬머리에 그리스 로마 복장을 하고 있다.

불교는 고대 세계를 가로지르는 사상에 영향을 받아 끊임없이 확장하고 변화하는 종교적 현상이었으며, 불교를 신봉하는 (그리고 불교가 전파된) 주요 지역에서는 다양한 경전이 만들어졌다. 경전에는 불교 교단(승가)과 승려의 규율, 경(수트라sutra)이라 알려진 부처의 교법과 일화(부처의 전생 이야기 550편을 포함) 및 제자들의 이야기와 게송偈頌(불교의 교리를 담은 시), 부처의 가르침에 대한 무수한 해설, 특정인의 개종 이야기(예를 들어 메난드로스 이야기), 그리고 부처의 말씀이 담겼다.

3세기 후반에 이르러 중국 지식층은 더 많은 불교 문헌을 구하기 위해 인도로 순례를 떠나기 시작했다. 260년에 중국 최초로 구법 서행을 떠난 주사행의 기록이 오늘날까지 전해진다. 그는 "중국 땅에서 불교를 더 잘 이해하고 실행하기 위해 필요한 산스크리트어 원본을 찾아" 길을 떠났다.[27] 인도로 향하던 그는 낙양에서 '불과' 3,000킬로미터밖에 떨어지지 않은 타림분지 남쪽 호탄에서 범본 2만 5,000구를 발견하고 제자를 통해 낙양으로 보냈다(자신은 낙양으로 돌아오지 못하고 호탄에서 사망했다).*

불교 사상이 중국 지식층, 황제, 여행자들에게 수용되던 1~4세기 무렵에는 수많은 불교 문헌과 종파가 구분 없이 섞여 있었다. 2세기 중엽 파르티아인 안세고가 낙양에 도착했다. 그는 불법 전도를 위해 (석가모니처럼) 특권적 지위와 장래 왕위를 포기한 왕자로, 중국에서 불전 번역자로 활동했다. 후대 사람들은 최소한 179권(주로 소승불교 경전)의 역전을 그의 작품으로 간주했다.** 같은 시기에 낙양에서는 쿠샨왕국에서 온 또 다른 포교승 지루가참이 대승불교 경전을 번역했다. 『도행반야경道行般若經』으로 알려진 지루가참의 한역서는 전 세계를 통틀어 제작 시기가 확실한 가장 오래된 대승 경전이다.

두 승려가 수행한 번역 작업의 중요성은 이루 말할 수 없다. 막대한 수의 경전이 중국으로 쏟아져 들어왔지만 중국인들이 읽을 수 있는 책은 거의 없었다. 소승 경전은 대부분 팔리어로 되어 있었고, 대승 경전은 산스크리트어가 주를 이뤘다. 두 외국어를 이해하는 중국인은 극히 드물었으며, 마찬가지로 중국어에 능통한 외국인도 거의 없었다. 따라서 3세기 말까지 역경 작업은 꽤나 복잡한 과정을 거쳐야 했다. 먼저 외국어로 된 불경 원전을 낭독하거나 암송할 고승이 필요했다. 그런 다음에는 번역가들이 듣고 이해한 바를 최대한 중국어로 옮겼다. 이렇게 번역된 글을 중국인 학자들(많은 경우 불교 신자가 아니었다)이 좀 더 수준 높은 중국어로 다듬어 한역 불경으로 만들었다. 그 과정에서 원본의 내용이 얼마나 정확히 번역되었는지는 가늠할 길이 없었다.

---

*   이것을 번역한 것이 『방광반야경放光般若經』이다.

**   안세고가 번역한 불경의 수는 논란의 여지가 있다. 종교학대사전에서는 34부 40권, 시공 불교사전에서는 55부 60권으로 나와 있으며, 에릭 쥐르허Erik Zürcher에 따르면 후대 목록 편찬자들이 안세고의 번역으로 간주하는 불경의 수는 30종에서 176종 사이이다.

상황은 286년에 승려 축법호가 불경을 동시 구술 번역하면서 해소되었다. 그는 여덟 살 때 출가하여 36개국을 편력했으며, 불교 사상이 살아 숨 쉬던 실크로드의 중국 도시 돈황에서 중국어를 배웠다. 축법호는 286년 9월 15일부터 10월 6일까지 단 3주 만에 산스크리트어로 된 『법화경 法華經』을 중국어로 옮겼다.*

220년 12월 11일, 한나라의 마지막 황제 헌제가 위왕 조비에게 제위를 선양했다. 화북 지방의 모든 권력은 위나라로 넘어갔다. 중국 남부의 서천과 강남에는 촉한과 오나라가 자리 잡았다. 당시 중국의 불승들이 황제와 지식층에 의존하고 있었던 것을 감안하면, 새롭게 등장한 통치자들이 과거 한나라 군주처럼 불교를 지원해줄 것인지가 중요해졌다.

3세기 중엽 오나라 황제 손권이 남쪽 국경 마을 교지에서 불교에 귀의한 강승회라는 승려를 심문했다. 손권은 불교의 영험함을 증명하라고 요구했고, 승려는 부처의 사리가 나타나는 기적을 행하여 황제를 감복시켰다.[28]

265년 위나라 권신 사마의의 아들 사마염이 위나라 황제에게 선위를 받아 서진을 개국했다. 이미 위군의 공격으로 멸망한 촉나라에 이어, 사마염은 280년에 오나라까지 정벌하여 천하를 통일했다. 이 시기에 중앙아시아에서 중국으로 유입된 이민자의 수가 증가하여, 265년부터 20년간 25만 명이 서진에 정착한 것으로 추정된다. 그러다 304년에 흉노 '오부대도독' 유연이 화북 지방을 공격했다.[29] 흉노의 세력 확장은 엄청난 파급 효과를 몰고 왔다. 1,000만 명에 달하는 유목민이 중국 북쪽의 평

---

* 법화경의 한역본은 여러 가지가 있는데, 그중 축법호의 번역은 『정법화경正法華經』이라 한다.

원 지대로부터 화북으로 이주했으며, 비슷한 (혹은 더 많은) 숫자의 화북 중국인들이 강남 지역으로 피난했다. 강남의 인구는 그때까지 중국 전체 인구의 10분의 1에 불과했다.

310년에 유연이 죽고, '중국의 아틸라'라 불릴 만큼 흉포한 아들 유총이 선우를 물려받았다. 311년, 불교의 중심지로 불교 전파와 번역 활동이 활발하게 이루어지던 인구 60만의 도시 낙양이 함락됐다. 3만 명에 달하는 한족 지배층이 살육당하고 왕실의 묘가 훼손되었다고 전해진다. 소그디아나 출신으로 낙양에 거주하던 한 상인은 고향인 중앙아시아 사마르칸드로 보낸 서신에 이렇게 적었다.

> 여러분, 마지막 황제는 기근으로 인해 낙양을 떠났다 하고, 궁궐이 전소되고 도시는 파괴되었습니다. 낙양은 끝났습니다. 네, 끝장났어요! 이런 짓을 한 흉족은 어제까지만 해도 황제의 백성이었습니다![30]

5년 후 장안마저 함락됐다. 이후 무너진 성벽 안에 100호에도 못 미치는 가구가 남아 근근이 생계를 이어갔다. 소규모 지식층과 통치자들의 후원을 받아 불경 번역 활동에 전념하던 불교는 이제 무너져가는 제국의 유랑하는 백성들을 보듬어야 했다.

*

낙양이 불에 탄 그해, 서른세 명의 수녀가 로마제국의 기독교 박해를 피해 아르메니아왕국으로 피신했다. 그들은 왜 낯선 땅으로 달아났을까? 아르메니아왕국은 오늘날 이라크 북쪽의 흑해와 카스피해 사이의 널따란 지역에 위치하며, 평야가 거의 없는 대신 우뚝 솟은 높은 산들로 유명하다. 그중에서도 아라라트산은 노아의 방주가 도착한 산봉우리로 알려진 곳이다. 셀레우코스제국과 파르티아제국, 그리고 폰토스왕국 사이에 위치한 아르메니아왕국은 기원전 1세기에 티그라네스 2세 치하에서 강력한 독립국가로 발돋움했고, 셀레우코스제국의 영토였던 안티오케이아 근처 지중해까지 세력을 확장했다.

기원전 69년 티그라네스 2세는 로마의 공격을 받았다. 로마의 철천지 원수 폰토스왕국의 미트리다테스 6세를 받아준 대가였다. 아들에게 배신당한 티그라네스 2세는 결국 로마에 항복했다.

기원후 1세기 무렵 로마가 소아시아 연안에서 파르티아제국과 직접 충돌하면서, 아르메니아의 앞날은 이 땅에 영향력을 행사하려는 두 강대국에 의해 결정되었다. 로마는 파르티아와의 평화협정의 일환으로, 파르티아 왕의 동생 티리다테스를 아르메니아 왕으로 앉히고 그 후손들이 계속해서 왕위를 이을 수 있도록 해달라는 파르티아의 요구를 받아들였다. 단, 로마 황제 네로가 공식적으로 왕관을 수여한다는 조건이 붙었다. 아르메니아의 왕은 파르티아의 우방이면서도 왕위는 로마에 빚진 셈이 되었다.

아르메니아의 왕으로 즉위한 티리다테스 1세는 조로아스터교 사제이기도 했다. 조로아스터교는 기원전 6세기 축의 시대에 아케메네스제국에서 발흥한 종교다. 창시자인 예언자 조로아스터는 세상을 지배하는 유일신 아후라 마즈다Ahura Mazda('지혜의 주主')를 섬겼다. 이 유일신 개념은 이후 선신과 악신으로 변형된다. 조로아스터교를 믿는 이들은 제사와 끊임없는 선행을 펼침으로써 신을 섬겼다. 조로아스터교는 알렉산드로스 대왕이 침략하기 전까지 서아시아의 주요 종교가 되었고, 기원전 2~1세기에 파르티아제국과 함께 부흥했다.

66년에 티리다테스 1세가 네로 황제에게 왕관을 받기 위해 로마를 방문했을 때, 그는 3,000명의 파르티아 기병과 조로아스터교 사제를 대동했다. 대규모 수행단은 물의 신성을 훼손하지 않기 위해 오직 육지로만 이동했다. 로마에서 열린 대관식에서 레슬링 경기를 관람하던 티리다테스 1세가 로마 황제에게 폭력과 불공정을 경계해야 한다고 말했다는 이야기에서, 그가 조로아스터교 원칙에 얼마나 충실한 인물이었는지를 짐작할 수 있다.[31]

아르메니아의 험난한 지형과 로마와의 물리적 거리, 그리고 아르메니아와 로마의 관계와 조로아스터교의 영향력 등 여러 가지 조건을 고려할 때, 아르메니아왕국은 기독교 수녀들이 망명할 장소로 적합해 보이지 않는다. 그러나 4세기 초의 아르메니아는 티리다테스 1세의 대관식 때와는 많은 점에서 달랐다. 224년에 아르메니아 왕실과 인척 관계인 동쪽의 파르티아왕조가 중앙아시아 북부에 세력 기반을 둔 사산왕조에 패했다. 그 결과 아르메니아는 새로운 적에 대항하기 위해 로마와 더욱 긴밀하게 공조하게 되었다. 257년에는 아르메니아 왕가를 암살하려는 사산왕조의 음모가 있었고, 혼란통에 오직 두 명의 아기만이 살아남았다. 한 명은 국왕의 아들(미래의 티리다테스 3세)이었으며, 다른 한 명은 국왕 시해자의 아들(그레고리우스)이었다. 전자는 로마로 보내졌고, 후자는 지중해 동부 연안 카이사레아로 보내져 기독교 가문에서 양육되었다. 왕가의 고아, 미래의 티리다테스 3세는 조만간 동로마제국의 황제로 즉위할 리키니우스의 보호 아래에서 로마 세계가 직면한 어려움을 목격하며 성장했다.

이후의 사건들은 대부분 세 명의 아르메니아인이『아르메니아의 역사 History of the Armenians』라는 같은 제목으로 각기 저술한 세 권의 기록을 통해 후대에 전해진다. 첫 번째『아르메니아의 역사』는 5세기에 파우스투스가 쓴 것으로 추정된다. 그는 그리스인이었거나 혹은 아르메니아의 기독교 주교였을 것으로 짐작되지만, 신상에 관해 정확히 알려진 바는 없다. 하지만 그가 남긴 저서는 풍부한 역사 기록을 담고 있다.

두 번째『아르메니아의 역사』는 책에서 자신이 로마 필경사이며 4세기에 티리다테스 3세의 활약을 직접 목격했다고 밝힌 아가탄겔로스의 작품이다. 하지만 그의『역사』는 아무리 빨라도 5세기의 작품으로 추정되며, 많은 학자들은 여러 명에 의해 수세대에 걸쳐 수정된 것으로 본다('호메로스'가 여러 세대에 걸쳐『일리아드』와『오디세이Odyssey』를 완성한 음유 시인들의 약칭이라고 여기는 견해와 유사하다). 어쨌거나 '아가탄겔로스'가 썼다고 추정되는『역사』는 티리다테스 3세 부친의 시해부터 320년대 지중해 동부 연안에서 벌어진 콘스탄티누스 1세와 티리다테스 3세의 만남, 그리고 아르메니아 최초의 '가톨리코스Catholicos(아르메니아 가톨릭 교회의 수장)' 그레고리우스의 죽음까지를 다룬다. 후대에 쓰인 성인들의 전기와 마찬가지로, 이 책의 목적은 정확한 역사를 기술하기보다는 등장인물들의 삶에서 기독교 신앙의 기적을 묘사하여 독자들의 신앙심을 고취하는 것이었다.

세 번째『아르메니아의 역사』는 기독교 주교이자 문법학자인 모프세스 호레나치의 저작으로, 8세기 작품으로 추정된다. 그는 지중해 지역을 널리 여행한 후 아르메니아 왕자 가문의 주교가 되었으며, 그의 명을 받아 역사책을 썼다.[32] 모프세스 호레나치는 아르메니아의 건국 신화부터 당대까지의 역사를 서술한 최초의 인물이다(그는 '아르메니아 역사의 아버지', '아르메니아의 헤로도토스'로 불린다). 이 책이 친숙하게 느껴지는 이유는 그가 당대 아르메니아 역사가들뿐만 아니라 그리스-로마와 아시아의 역사가들이 쓴 기록에 정통했기 때문이다.[33] 그럼에도 우리는 그의 기독교적 성향과 그가 아르메니아 왕자를 위해 이 작업을 시작했다는 정황을 간과할 수 없다. 실제로 그는 왕자의 가문과 선조들에 대한 칭찬을 늘어놓을 기회를 놓치는 법이 없었다.[34]

세 기록 모두 3세기 말 어느 시점에 티리다테스 3세가 통일된 아르메니아의 왕으로서 귀국했다고 전한다. 정확한 날짜는 논란의 여지가 있다. 남아 있는 기록들로부터 정확한 사실을 추출하기가 어려운 데다, 당시 아르메니아를 둘러싼 지정학적 상황과 아귀가 맞지 않기 때문이다. 아가탄겔로스에 따르면 티리다테스 3세는 전장에서 로마 황제의 목숨을 구한 공으로 왕위에 올랐다. 모프세스 호레나치는 그 로마 황제가 디오클레티아누스이며, 즉위 3년째인 287년 또는 288년의 일이라고 이야기한다.[35] 그러나 이 시기는 로마와 사산왕조가 아르메니아를 나눠서 지배하고 있었다는 또 다른 기록과 상충한다. 많은 학자들은 티리다테스 3세의 복귀는 298년 이전에는 도저히 불가능했다고 여긴다.[36] 한 가지 분명한 것은 파르티아에서 태어나 로마에서 교육받은 티리다테스 3세가 아르메니아의 (파르티아 및 조로아스터교에 기반한) 사회적·시민적·종교적 전통을 로마에 정치적·군사적으로 충성하는 방향으로 개조했다는 사실이다.

아가탄겔로스는 당시 조로아스터교 및 고대 셈족의 신들과 페르시아와 그리스 로마의 신들이 얽혀 있던 아르메니아의 종교 관행을 자세히 설명했다.[37] 거기에 기독교의 신까지 더해졌다. 기독교는 1세기에 예루살렘 근방에서 북쪽의 에데사(오늘날 터키와 시리아 국경 지역)를 거쳐 동쪽으로 전파되었다. 에데사의 아르메니아인들은 기독교로 개종했으며, 이들이 에데사의 바르다이산과 같은 아시리아 기독교 사제들과 함께 기독교를 아르메니아 남부로 전파했다(기독교는 이 시기에 에데사로부터 파르티아 제국으로 퍼져나갔다).[38] 사도 유다 타대오가 에데사로부터 아르메니아 남부로, 사도 바르톨로메오는 북부로 파견되었다는 얘기가 파우스투스와 모프세스 호레나치에 의해 간략히 언급된다.[39] 2세기에 북아프리카 기독교 주교 테르툴리아누스는 아르메니아에 기독교 공동체가 존재한다고 언급한 바 있다.[40] 248년에는 이집트 알렉산드리아의 주교가 메루자네스라는 아르메니아 주교에게 편지를 보냈다. 이 편지는 아르메니아에 조직적인 기독교 공동체가 존재했음을 증명한다. 오늘날의 학자들은 이것이 일반 대중의 영적 욕구를 충족시키고 민주주의 원칙과 공동체 철학을 지향하는 공동체였다고 추측한다.[41] 이들은 훗날 3세기 후반에 로마제국의 기독교 박해와 나란히 이루어졌던 아르메니아의 통치자 코스로프 2세(티리다테스 3세의 아버지)의 박해를 당한 공동체이기도 했다.

그러나 티리다테스 3세 치세에 또 다른 종류의 기독교가 카이사레아에서 기독교도로 양육된 그레고리우스에 의해 극적으로 도입되었다. 아가탄겔로스, 모프세스, 파우스투스가 특히 주목하는 것은 그레고리우스에 의한 기독교 도입 이야기다. 뒤에서 살펴보겠지만 그들은 이 과정을 (좀 터무니없긴 해도) 아주 흥미진진하게 풀어냈는데, 로마를 탈출한 서른세 명의 수녀 이야기는 아르메니아의 개종을 풀기 위한 불쏘시개였다. 그러나 여기서도 우리는 정확한 날짜를 알지 못하며, 그 이유는 앞의 사례처럼 문헌 정보의 불확실성 및 책에 기입된 날짜가 당시의 지정학적 상황과 상충하기 때문이다. 티리다테스 3세의 즉위 시기를 언제로 보는지에 따라, 아르메니아의 개종 시기는 301/303년 또는 311~312년/313~314년으로 나뉜다.[42]

디오클레티아누스 황제는 303년에 기독교 박해 칙령을 내려 제국 전역의 모든 기독교 성서를 당국에 넘기도록 요구했으며, 그해 가을과 겨울, 그리고 이듬해 봄에 기독교 주교의 체포와 기독교도의 투옥, 그리고 황제에게 불복할 경우 사형에 처하라고 명령했다. 기독교 박해는 제국 전체에서—동쪽에서 특히 심했다—311년까지 계속된다. 티리다테스 3세가 301/303년에 즉위했다고 가정할 경우, 그가 로마 황제의 정책에 반해 아르메니아의 기독교 개종을 강행했다는 얘기가 된다. 반면, 311~312년/313~314년으로 가정할 경우 아르메니아의 개종이 로마제국 내에서 박해가 잠잠해진 후 이루어진 셈이 되고, 그레고리우스가 314년에 로마 주교 회의에 의해 공식적으로 아르메니아 가톨릭 교회의 수장(가톨리코스)으로 임명된 사실과도 맞아 떨어진다.[43]

로마제국에서 탈출한 수녀들은 (전통적 아르메니아 역사 기술에 따른다면) 디오클레티아누스 황제의 박해를 피해서 달아난 것일 수도 있지만, 콘스탄티누스와 리키니우스가 관용 정책을 발표하기 전인 311년에 동로마제국 막시미아누스 치하에서 행해진 기독교 박해를 피해 달아났을 가능성이 더 크다.

아가탄겔로스는 『아르메니아의 역사』에서 아르메니아의 기적적인 기독교 전파를 신화화하는 작업의 일환으로, 이 수녀들이 아르메니아에 도착한 후 끔찍한 운명을 맞이했다고 전한다. 그에 따르면 수녀들은 아르메니아 수도 바가르샤파트에 도착한 후 수제 유리구슬을 팔아 생계를 잇는 것 외에는 사람들의 눈에 띄지 않게 조용히 지냈다.[44] 그러던 어느 날 티리다테스 3세는 디오클레티아누스 황제로부터 서신을 한 통 받았다. 로마를 탈출한 수녀들을 찾아내서 죽이고, 그중 용모가 빼어난 립시미스만 자신에게 보내라는—혹은 원한다면 그가 취하라는—내용이었다. 티리다테스 3세는 로마 황제의 명령에 따라 수녀들을 체포했다.

다음 날 티리다테스 3세는 립시미스를 아내로 삼기 위해 소환했으나 그녀는 이를 거부했다. 티리다테스 3세는 그녀를 강간하려고 했지만, 그녀는 "마치 남자처럼", 심지어 "야수"처럼 저항하며 일곱 시간 동안 그의 접근을 막았다.[45] 티리다테스 3세는 순순히 굴복하지 않으면 동료 수녀 한 명을 처형하겠다고 위협했으나, 그 수녀는 립시미스에게 끝까지 버티라고 말했다. 그 대가로 티리다테스 3세의 부하들은 수녀의 이를 죄다 부수고 턱뼈를 부러뜨렸다. 립시미스와 티리다테스는 밤새도록 씨름했다. 마침내 **그녀**가 **그**를 나체로 만들고 그의 왕관을 쳐서 떨어뜨린 후, 탈진해서 쓰러진 그를 두고 달아났다. 그러나 오래지 않아 립시미스는 왕의 사형 집행인들에게 붙잡혔다. 그들은 립시미스의 혀를 뽑고 옷을 모두 벗긴 다음 사지를 4개의 말뚝에 묶고 산 채로 불태운 뒤, 배를 갈라 내장을 꺼내고 한쪽 눈을 뽑고 끝내는 사지를 절단했다.[46] 나머지 수녀들 중 일부는 즉시 처형되었고, 다른 이들은 살가죽이 벗겨지는 고문을 당했다. 시신은 개와 새의 밥이 되도록 방치되었다.

감동적인 종교 기적 이야기가 흔히 그러하듯이, 흉악한 행위는 끔찍한 벌을 불러왔다. 아가탄겔로스에 따르면, 수녀들을 잔인하게 살해한 티리다테스는 어느 날 사냥을 하다가 "타락한 악령"에 씌었다.[47] 그는 헛소리를 하면서 자신의 살을 뜯어 먹고, 자신이 야생 돼지라고 믿으며 (그의 이

름인 티리다테스는 '야생 돼지 신의 선물'이라는 뜻이다) 풀을 먹고 벌거벗은 채
로 뒹굴면서 야생 돼지들과 함께 지내기를 고집했다. 그는 점점 야생 돼
지처럼 변했다. 전신에 두껍고 검은 털이 자라났다. 손과 손톱이 짐승처
럼 굽었고, 치아는 야생 돼지의 엄니처럼 길게 자랐으며, 그가 하는 말을
이해하는 것이 불가능해졌다. 그의 누이 호스로아두흐트가 성령을 통해
그레고리우스가 도와줄 것이라는 메시지를 전해 들을 때까지 왕은 환각
에 빠져 있었다.

티리다테스 3세는 15년 전에 그레고리우스를 지하 구덩이에 던져 넣
었다(앞에서 언급한 티리다테스 즉위와 아르메니아 개종 사이의 13년 또는 15년 차
이가 여기서 나온 것이다). 이유는 두 가지였다. 먼저 그레고리우스는 티리
다테스 3세의 아버지를 살해한 자의 아들이었다. 시해 사건 직후 티리
다테스는 로마로, 그레고리우스는 카이사레아로 각각 보내졌다. 그레고
리우스는 그곳에서 기독교도로 성장했고, 훗날 조국에 진 빚을 갚기 위
해 아르메니아로 귀국했다. 티리다테스 3세가 그에게 파르티아 여신 아
나히타를 숭배할 것을 요구했을 때, 그레고리우스는 이를 단호히 거부했
다. 티리다테스 3세는 아버지를 시해한 자의 아들이라는 것에 더해 기독
교를 고집하는 그레고리우스를 고문하라고 명했다. 현재 아르메니아 기
독교 뮤지엄에 소장된 1789년에 제작된 제단 커튼은 그레고리우스가 겪
은 열두 가지 시련을 묘사한다. 그레고리우스는 혹독한 고문 후에 탈출
이 불가능한 아르탁사타 요새(오늘날 관광지로 유명한 코르 비랍 수도원Khor
Virap Monastery)의 지하 감옥에 갇혔다. 모두들 그가 죽었다고 생각했다.

그런데 불가능한 일이 일어났다. 티리다테스 3세의 누이가 간수를 보
내 확인했을 때 놀랍게도 그레고리우스가 살아 있었던 것이다. 그는 인

근에 사는 마음 착한 미망인이 매일 던져준 빵 덕분에 굶어 죽지 않을 수 있었다. 간수들이 기다란 밧줄을 지하 감옥으로 내려 그레고리우스를 끌어 올렸을 때 그의 몸은 석탄처럼 검었지만 상처 없이 멀쩡했다. 티리다테스 3세 앞에 불려온 그레고리우스는 기적적으로 왕의 병을 고치고 정신을 정상으로 돌려놓았다. 그러고는 살해된 수녀들의 시신을 거둬 성대하게 장례를 치르고 그들을 위해 성당을 지으라고 조언했다. 티리다테스 3세는 기독교로 개종했다. 그 후 그레고리우스는 수도 근교 왕실 포도밭에서 66일간 회합을 열고 수많은 귀족들에게 단체로 세례를 주어 기독교로 개종시켰다. 티리다테스 3세는 그레고리우스에게 지금까지 아르메니아인들이 숭배하던 모든 신들의 존재를 완전히 말살하여 이 땅에서 뿌리 뽑을 권한도 주었다.

아가탄겔로스가 전한 기적을 이성적으로 해석한 학자들도 있었다. 이를테면 티리다테스가 야생 돼지의 형상으로 변한 것은 오염된 호밀 가루로 만든 빵을 먹어서 생긴 맥각 중독 때문이라는 식이다.[48] 하지만 이 모든 기적 뒤에 감춰진 적나라한 정치적 현실은 그리 멀리 있지 않다.

통치자로서 티리다테스 3세는 두 가지 중대한 문제에 직면했으며, 이 두 가지는 서로 연관되어 있었다. 첫째는 로마제국과 사산제국 사이에 끼여 두 나라의 정책과 야망에 휘둘린 아르메니아의 지정학적 위치였다. 티리다테스 3세의 목표는 로마의 지원을 확보함으로써 자신의 가문이 사산제국의 간섭을 받지 않고 계속 아르메니아를 다스리는 것이었다. 이런 관점에서 볼 때, 특히 312년 이후 기독교—남쪽과 에데사로부터 아르메니아로 서서히 침투하고 있던 기독교가 아니라, 로마 세계에서 공식적으로 양성되고 인정된 기독교—의 수용은 당연한 결과다.[49]

기독교는 티리다테스 3세가 통치자로서 직면한 두 번째 딜레마도 해결해줄 수 있는 묘안이었다. 그는 집권 후 지방 토착 귀족들의 관할권을 조정하고 보다 효율적인 조세를 위한 대규모 토지조사를 실시하는 등 정치체제를 중앙집권화하고자 노력했다. 이때 일신교의 형태를 띤 기독교는 신을 섬기는 군주와 군주제를 중심으로 한 권력의 중앙집중화를 정당화할 철학적·종교적·이념적 명분을 제공했다(기독교는 로마제국에서도 같은 기능을 했다).[50] 기독교 도입을 추진하는 티리다테스 3세에게 강력한 아르메니아 귀족 가문의 후손으로 로마에서 교육받고 인정받은 신실한 기독교도 그레고리우스보다 더 적절한 조력자는 없었다.[51]

*

324년을 조망해보면, 고대 세계에 존재하던 다양한 형태와 규모의 제국에서 통치자들이 종교와 통치의 상호작용 방식을 마련했다. 이로부터 20년 이내에 고대 세계의 지도자 중 다수가 세상을 뜬다. 하지만 그들이 생전에 이룬 바는 종교 의식의 형태는 물론 종교의 성격까지도 정의하게 된다.

8장

종교의 강요, 공존, 결합

324년 동로마제국의 황제 리키니우스가 니코메디아에서 항복한 뒤, 아르메니아의 티리다테스 3세는 무소불능의 승자로 부상한 콘스탄티누스 1세를 만나러 갔다.[1] 회담 결과 아르메니아와 로마의 친선조약이 맺어졌으며, 그 배경에는 분명 동쪽의 사산제국에 대한 양국의 불신이 자리 잡고 있었다. 그러나 후대 아르메니아 역사서와 상상을 가미한 역사소설은 이 회담을 중대한 종교적 의미를 가진 양국 기독교 통치자들과 교회 지도자들의 만남이자, 서로에 대한 존중이 깊어지고 각자 기독교에 더욱 헌신하게 된 계기로 다룬다.[2]

티리다테스 3세는 수행원 7만 명을 대동하고 로마로 이동했다(티리다테스 1세가 네로 황제가 주관하는 대관식을 치르기 위해 로마로 향할 때 육지로만 이동했던 것과는 달리 해로도 이용했다). 이 역사적인 만남을 기념하기 위해 세금이 면제되고 죄수가 방면되었다. 아가탄겔로스는 『아르메니아의 역사』의 마지막에 티리다테스 3세가 아르메니아로 달아난 수녀들과 왕의 겁탈 시도에 저항했던 립시미스의 독실한 신앙을 칭송하는 장면을 묘사한다.[3]

12세기 말엽에 아르메니아에서 쓰인 『사랑과 화합의 편지Letter of Love and Concord』는 이 만남 이후 티리다테스 3세와 콘스탄티누스 1세, 그리고 양국 종교계 대표인 아르메니아의 그레고리우스와 로마 교황 실베스테르 1세가 주고받은 서신 형식을 취한 작품이다. 그 내용은 다음과 같다. 티리다테스 3세와 콘스탄티누스 1세는 "그리스도의 피*를 잉크에 섞고", "세상의 종말이 올 때까지" 서로에 대한 신의를 지키겠다고 엄숙히 맹세한다.[4] 또한 콘스탄티누스 1세는 티리다테스 3세에게 로마제국의 동부를 다스릴 권한과 사산제국에 대항하여 로마군을 지휘할 권한을 부여하는 칙령을 발표한다.[5] 그 밖에도 그는 티리다테스 3세에게 온갖 선물과 베들레헴을 위시한 여러 도시를 하사한다. 그에 대한 보답으로 티리다테스 3세는 아르메니아군 정예병 300명을 콘스탄티누스 1세의 호위병으로 바친다.[6] 한편 콘스탄티누스 1세는 그레고리우스가 티리다테스 3세의 병을 치유했던 것과 비슷한 방식으로 교황 실베스테르가 자신의 나병을 치유했음을 털어놓는다.[7] 그때 놀랍게도 그레고리우스의 머리 위로 기적의 빛이 나타났다. 콘스탄티누스 1세는 즉시 그의 발 앞에 엎드려 세상에 축복을 내려줄 것을 빌고 그레고리우스와 아르메니아인들에게 더 많은 땅과 선물을 내린다.[8] 아가탄겔로스에 따르면 그레고리우스와 티리다테스 3세는 황금으로 장식한 마차를 타고 의기양양하게 아르메니아로

---

* 성찬 포도주를 뜻한다.

돌아가 콘스탄티누스 1세에게 받은 선물을 그레고리우스가 세운 순교 수녀들의 예배당에 바치는 한편 이 무렵 전국 각지에 신설된 성당을 장식하는 데 사용했다.[9]

콘스탄티누스 1세와 티리다테스 3세의 회담이 실제로 얼마만큼의 친선과 존중을 꽃피웠는지는 차치하고, 확실한 것은 두 사람이 기독교와 맺은 관계는 전혀 다른 방향으로 나아갔다는 점이다. 티리다테스 3세는 대내적으로 중앙집권화를 촉진하고, 대외적으로는 강대국 사이에 위치한 아르메니아의 지정학적 입지를 강화하기 위해 그레고리우스와 협력하여 국민의 기독교 개종을 강행했다. 반면 콘스탄티누스 1세는 세례를 받지도 기독교로 개종하지도 않았으며, 기독교도보다 훨씬 많은 수의 이교도로 이루어진, 그리고 최근에야 통일된 제국을 통치했다. 콘스탄티누스 1세의 우선순위는 두 가지였다. 첫째는 자신의 통치권을 부정하거나 제국의 안정과 통합을 위협하지 않는 선에서 모든 종교에 대한 관용과 공존 정책을 부활시키는 것이다. 두 번째는 이교 종교 의식에서 황제가 중요한 역할을 담당하듯이, 기독교회의 위계 구조에 황제의 자리를 마련함으로써 자신의 통치권을 강화하는 것이다.

인도와 중국에서도 통치자들에 의해 종교 의례의 변형이 이루어졌지만, 그 방식은 서로 달랐다. 먼저 인도의 굽타왕조는 오래된 힌두교 의례와 새로운 힌두교 의례를 결합하여 통치자의 지위를 강화하고 제국의 안정과 통합을 도모했다. 반면 서진이 멸망하고 군사 갈등의 시대가 다시 도래한 중국에서 포교승들은 전통적인 중국의 종교 사상 및 사회 관행을 흡수하고 새로 등장한 복수의 통치자들의 필요에 부응하며 불교를 개조했다.

신구의 갈등

325년, 그레고리우스가 평생의 업적을 모두 이룬 듯 세상을 떴다. 아르메니아 교회는 '조명자'라는 칭호로 그를 기렸다. 그레고리우스는 티리다테스 3세와 손잡고, 아시아 대륙의 길목에 위치한 덕분에 지난 수세기 동안 그리스 로마 종교, 조로아스터교, 고대 셈족의 종교, 페르시아 종교 등이 왕성하게 교차하던 아르메니아의 종교 지형을 죄다 갈아엎었다. 그레고리우스가 (아마도 314년경에) 왕실 포도밭에서 행했다고 알려진 집단 개종 이후, 그는 다양한 종교가 공존하는 나라에 또 하나의 종교를 도입하는 것이 아니라 하나만 빼고 죄다 말살하는 임무를 맡았다. 말은 쉽지만 실제로 달성하기는 어려운 일이었다. 그리고 실제로 **시행한** 어떤 정책도 324년 콘스탄티누스 1세와의 (실제의 또는 상상 속의) 회담에서 거론되지 않았던 것으로 보인다. 아마 기독교 개종 과정에서 흘린 피 때문일 것이다.

고대 아르메니아 사회는—인도의 바르나 체계나 중국 고대 사회의 전통적 계급 구분과 유사하게—3개의 계급으로 나뉜다. 영지를 다스리며 아르메니아 국경을 방어하는 영주(나하페트nahapets), 영주에게 봉토를 지급받고 기병으로 활동했던 하급 귀족(아자트azats), 그리고 농민이나 상인인 대다수의 백성(아나자트anazats)이 그것이다. 여기에 더해 아르메니아는 전통적으로 세습적 지위에 커다란 중요성을 부여했다. 한 가문이 왕권을 독차지하는 것은 보편적인 현상이지만, 아르메니아에서는 왕위뿐만 아니라 귀족적·종교적 지위까지 아버지에서 아들에게로 이어졌다.

아르메니아는 중앙집권화 경향이 강했던 동쪽의 사산제국이나 서쪽의 로마제국과 달리, 세습 귀족들과 세습 성직자들이 왕의 명령에 복종하지 않을 권리를 갖고 있었다. 권력의 분점이야말로 왕권 강화를 추구하는 티리다테스 3세가 직면한 가장 큰 문제였다. 아르메니아 귀족들은 티리다테스 3세가 아르메니아의 동맹으로 선택한 로마보다는 동쪽의 사산왕조에 더 우호적이었다(조로아스터 신앙을 공유하기도 했고, 또 사산제국 귀족들과 혈연적·정치적 관계를 맺고 있었기 때문이다). 귀족 집단은 불손하고, 다루기 힘들고, 때로는 노골적으로 왕을 거역하거나 반역을 일으킬 가능성이 있었다. 따라서 이들은 티리다테스 3세와 아르메니아 국내 안정에, 그리고 국제 무대에서 아르메니아가 점유하는 위치에 커다란 위협이었다. 티리다테스 3세가 기독교를 아군으로 삼은 이유는 일신교 체제가 중앙집권화의 받침목 역할을 할 수 있기 때문이었다. 게다가 기독교는 불충한 귀족들이 소유한 이교 사원의 막대한 재산을 몰수할 훌륭한 명분을 제공했다.

아르메니아의 신전들은 방대한 땅을 소유하고 그 땅에서 나오는 소득을 취했으며, 세금도 면제되었고, 심지어 왕이 전쟁에서 획득한 전리품의 5분의 1을 분배받았기 때문에 재정적으로 풍족했다. 예를 들어 로마의 지리학자 스트라본에 따르면 아르메니아인들은 사랑과 풍요의 여신 아나히타 숭배에 믿기 힘들 정도로 헌신했다. 여성 노예들이 아나히타 숭배 의식에 창부로 바쳐졌고, 이후 자유의 몸이 되어 풀려난 그들은 아르메니아 남성들 사이에서 결혼 상대로 매우 인기가 높았다.[10] 신전은 지위가 세습되는 대사제(그들도 귀족 계급에 속했다)가 운영하여 사적 영지화되었으며, 노예를 대규모로 거느린 경우도 흔했다. 통치자의 보호에 의존했던 로마와 그리스 세계의 신전과는 달리, 아르메니아의 신전들은 요새화하거나 심지어 사병을 거느린 경우도 많았다. 아르메니아를 기독교

3부 연결된 세계의 종교

화한다는 것은 부유하고 독립적인 집단 거주지를 폐쇄하고, 때로는 무력 분쟁을 통해 그들을 제압해야 한다는 뜻이었다. 기독교화는 아르메니아 귀족 계급의 전통적인 세력 기반을 흔들어놓음으로써 왕이 지배권(그리고 부)을 장악할 기회를 제공했다.

티리다테스 3세와 그의 종교 특사 그레고리우스는 기독교를 도입하는 과정에서 아르메니아인들이 오랫동안 믿어온 신앙, 관습, 전통을 포기하게 하는 난제에 봉착했다. 그저 하나의 신을 다른 이름으로 대체하고 비슷한 방식으로 숭배하는 것과는 차원이 다른 문제였다. 조로아스터교는 유일신 아후라 마즈다를 저버리면 지옥불에 떨어질 것이라고 가르쳤다. 또한 조로아스터교는 혈족 간의 결혼을 허용했을 뿐만 아니라, 오히려 그것을 특별한 미덕으로 권장했다. 족내혼은 고위 귀족 및 사제들에게 지극히 중요한 문제였던 순수 혈통을 유지하는 방책으로 받아들여졌기 때문에, 혈족 내에서 태어난 자손은 특별 대우를 받는 것이 일반적이었다. 그런데 기독교로 개종하면 이런 관습을 모두 포기해야 했다. 티리다테스 3세 입장에서는 지배층에 급진적인 변화를 요구함으로써 사산 세력을 파악하고(기독교의 메시지를 거부하는 자들 색출), 그들을 제압한 다음(기독교화된 아르메니아에서 모든 특권을 박탈), 새로운 이데올로기와 일련의 제도에 기반하여 권력구조를 새로 짤 기회였다. 이를 통해 왕의 권력을 견고히 하고, 로마의 동맹으로서 아르메니아의 지정학적 위상도 보다 확고히 할 수 있었다.[11]

아가탄겔로스와 모프세스 호레나치는 기적적인 사연을 가미한 역사 기록을 통해 아르메니아의 기독교 개종이 어떤 방식으로 성취되었는지 전한다. 예를 들어, 그레고리우스는 그저 십자가 표식을 만드는 것만으로도 신의 힘을 동원하여 아나히타 사원을 완전히 무너뜨렸다. 바하근 신과 아나히타 여신, 아스트히크 여신에게 바치는 제단이 위치한 아시티샤트의 바하근 사원에 도착한 그레고리우스의 병사들은 처음에 악령에 씌여 길을 잃었고, 그 무엇으로도 신전 벽을 무너뜨릴 수 없었다. 그러나 그레고리우스가 근처 언덕에 올라 십자가를 들어 올리자 광풍이 휘몰아쳐 사원을 가루로 만들어버렸다.[12]

아가탄겔로스에 따르면 그레고리우스는 여성 노예들이 창부로 봉헌되었던 에레즈의 사원으로 병사들을 이끌고 가 무장한 '악령'(아마도 사원에 의해 고용된 용병이었을 것이다)과 싸웠다.[13] 그는 티리다테스군의 지원을 받아 아르메니아를 가로지르며 에라자무인의 티르 사원, 토르탄의 바르사미나 사원, 포트 아니의 아라마즈드 사원, 틸의 나나 사원, 그리고 파카리즈의 미트라 사원을 포함한 수많은 이교 성소를 파괴했다. 또한 다른 사원들을 강제로 기독교 성당으로 개조해 성물을 들여놓고, 이교 사제들에게 기독교 사제의 옷으로 갈아입으라고 강요했다.[14]

오늘날 아가탄겔로스의 역사서에 담긴 내용은 (점잖게 말하자면) 검증이 불가능하다.[15] 하지만 그레고리우스와 티리다테스 3세가 그저 파괴만 일삼은 것은 아니었다. 그들은 아르메니아 전역에 기독교 성당을 신축할 자금을 대었고, 그 결과물이 오늘날까지 남아 있다(바가르샤파트의 에치미아진 대성당은 원래 그레고리우스가 세운 성당이 있던 자리에 서 있다. 그 전에는 이교 사원이 서 있었는데, 아가탄겔로스에 따르면 그리스도가 황금 망치로 그 자리를 두드리는 성령을 본 그레고리우스가 사원을 무너뜨리고 그곳에 성당을 세웠다[16]). 기존의 이교 사원들이 영지를 거느렸던 것처럼, 새로운 기독교 사원도 이교도 귀족들에게 빼앗은 땅을 하사받았다. 한편 그레고리우스를 방해한 귀족들은 기회가 있을 때마다 차근차근 권리를 박탈당했다. 티리다테스 3세는 반발하는 귀족들이 보유한 토지를—주로 후계자가 비명횡사를 당해 대가 끊어지고 나면—기독교 교회에 넘기는 방식으로 몰수했다.[17]

그레고리우스는 새로운 성직자 가문과 기독교도 병사 양성을 위한 학교도 설립했다. 아가탄겔로스에 따르면 그레고리우스는 교육을 크게 중시하면서, "야만적이고 게으르고 우둔한 농민들이 눈 깜짝할 사이에 선지자 이야기를 접하고, 사도와 복음 전도자에 대해 배우고, 기독교 성전을 익히게 되었다"고 말했다.[18] 티리다테스 3세는 그레고리우스에게 비용을 지원했으며, 그에게 방대한 영토를 하사하여 그레고리우스 가문이 더 많은 부와 권력을 누리게 해주었다.[19]

314년 티리다테스 3세는 군대와 관료층을 모두 한자리에 불러 모았다. 군중들 앞에서 그는 그레고리우스를 아르메니아 교회의 수장인 가톨리코스에 공식 임명한다고 발표했다. 그러나 아가탄겔로스에 따르면, 겸손하기 그지없는 그레고리우스는 영광을 사양하면서 이렇게 말했다. "저는 이런 높은 자리에 앉을 수 없습니다. 그러니 저들로 하여금 그럴 만한 자격이 있는 사람을 추천하게 하십시오."[20] 티리다테스 3세와 그 자리에 모인 사람들의 계속되는 권유에도 고집을 꺾지 않던 그레고리우스는 신의 계시를 듣고 나서야 이 드높은 명예를 받아들이기로 마음을 바꿨다.

그는 흰 당나귀가 끄는 왕실 황금 마차를 타고 열여섯 명의 지방관, 수많은 군인들, 그리고 온갖 선물과 예배 용품을 대동하고 지중해 동쪽 연안의 카이사레아로 가, 로마 기독교 주교들의 회합에서 주교 레온티우스에게 서품을 받았다. 로마와 아르메니아의 특별한 관계는 324년 콘스탄티누스 1세와 티리다테스 3세, 그레고리우스와 실베스테르 1세 교황의 만남에서 다시 확인되었다.

귀국한 그레고리우스는 공식적으로 인정받은 권위를 등에 업고 아르메니아 곳곳의 비기독교 성소를 격파하고 사원을 불태우고 재산을 재분배하는 한편, 새로운 기독교 성당 건설 작업에 착수했다. 또한 그는 대규모 개종 행사를 거행했으며, 20일 동안 19만 명이 넘는 사람들을 개종시켰다고 전해진다. 수도에 도착한 후 몇 차례 전국을 순례하며 백성들을 개종시키고 성당과 사제단을 구축했다. 왕이 유프라테스 강변으로 그를 만나러 왔을 때, 그들은 그곳에서 30일간 단식 기도를 행했다. 이때 단 일주일 만에 왕과 왕비를 비롯하여 15만 명이 넘는 병사들과 400만 명의 백성이 세례를 받았다고 한다. 아가탄겔로스에 따르면, 신은 빛의 기둥과 함께 강물을 멈춘 후 다시 흐르게 하는 기적을 내려 아르메니아의 개종에 흡족함을 드러냈다.[21]

아르메니아 전통에 따라 그레고리우스의 가톨리코스 직위는 세습직이었다. 따라서 이후 100년간 그레고리우스의 후손이 아르메니아 교회의 수장직을 물려받아, 그레고리우스가 바가르샤파트에 지은 예배소(현재 에치미아진 대성당)에서 교회를 이끌었다. 그레고리우스의 아들 아리스타케스는 평생을 산속에서 은둔했다. 아가탄겔로스에 의하면 "그는 영적인 문제에 자신을 온전히 바쳤다. 고독하게 산속에 살면서 풀로 배를 채우며 배고픔과 목마름을 견뎠다. 빛이 들지 않는 곳에서 거친 옷을 입고 생활하며 바닥에서 잠을 잤다. 잠을 자지 않고 서서 기도하며 보내는 날도 많았다. 그는 이런 고행을 오랫동안 계속했다."[22] 그레고리우스가 세상을 뜨기 전, 티리다테스 3세는 아리스타케스에게 고행을 중단하고 그의 아버지가 전국 각지에서 선교 사업을 벌이는 동안 자신의 곁에서 종교 업무를 관장해달라고 설득했다. 아리스타케스는 처음에는 속세로 돌아오라는 왕의 제안을 거절했다. 마침내 그를 설득한 것은 신의 계시가 아니라, "당신은 오지에서 홀로 수행하기보다는 신의 사업을 맡아야 할 사람"이라고 권했던 다른 은둔 수행자들이었다.[23] 아리스타케스는 왕실로 복귀했고, 그레고리우스가 세상을 뜬 후 가톨리코스 직위를 물려받았다.

*

아가탄겔로스가 전하는 그레고리우스와 티리다테스 3세의 신속하고 단호하며 철두철미한 아르메니아 기독교 개종 이야기는 역설적으로 그들이 성취하고자 했던 바가 얼마나 어려운 과업이었는지 알려준다. 종교적 변화를 이용하여 국가의 작동 기제와 사고방식, 그리고 신앙 생활을 무너뜨린 뒤 왕과 기독교를 중심으로 한 위계질서와 통치 기구를 재구축하는 일은 결코 간단하지 않았다. 아르메니아에서 독립적인 지배권을 행사해왔던 다수의 귀족들은 티리다테스 3세와 그레고리우스의 새로운 종교를 받아들일 의사가 없었다. 동시에 그레고리우스가 채택한 기독교의 형태—왕을 정점으로 한 중앙집권화된 체제를 강화하려는 의도로 로마 제국에서 형성된—는 에데사로부터 북쪽으로 전파되어 아르메니아 남부에 **이미 뿌리내린**, 대중을 보살피는 데 초점을 둔 기독교와 상충했다. 티리다테스 3세와 그레고리우스, 그리고 그 후계자들의 노력은 그렇지 않아도 행정적·경제적·지리적 문제로 골머리를 앓고 있던 아르메니아에 종교 차원의 문제까지 더하는 결과를 가져왔다.

모프세스 호레나치는 "천성적으로 불손하고 삐딱한 아르메니아 귀족들은 기독교와 관련된 문제에서 왕의 뜻을 거역하고 부인과 첩의 뜻을 따랐다"고 전한다.[24] 모프세스에 따르면 반대 세력의 규모가 상당해서, 티리다테스 3세는 327년 직후 왕위를 내놓고 산에 들어가 "지상의 왕관을 벗어 던지고 … 산속 동굴에서 은둔자로 살았다."[25] 티리다테스 3세는 아르메니아를 통합하고자 노력했으나, 사실상 나라는 남북(로마 기독교 대 시리아 기독교)으로, 동서(친 로마 대 친 사산)로 더 크게 분열되었다. 일부 고대사가들은 티리다테스 3세가 산으로 도망갈 기회도 없이 사산파 귀족들에게 암살당했을 것이라고 추측하기도 한다.[26]

모프세스는 333년에 벌어진 또 다른 사건을 기록으로 남겼다. 그레고리우스의 아들이자 가톨리코스직을 물려받은 아리스타케스는 과거에 그가 비기독교적 생활을 한다고 비판했던 아르킬레우스라는 귀족에게 살해당했다.[27] 아르킬레우스는 길에서 만난 아리스타케스를 검으로 토막냈다고 한다. 아리스타케스의 뒤를 이은 그레고리우스의 또 다른 아들 브르다네스는 타론에서 예전에 그가 문란하고 방종한 생활을 한다고 힐책했던 왕비(티리다테스 3세의 며느리)의 사주를 받아 담대해진 2,000명의 성난 이교도 군중에게 쫓겼다. 이들은 '보이지 않는 손'이 나타나 보이지 않는 사슬로 무리를 묶은 후에야 물러났다고 한다. 이 서술은 군부가 아르메니아에서 기독교 개종 작업을 진행하던 가톨리코스를 여전히 지지하면서 호위단으로 기능했음을 암시한다.[28] 가톨리코스가 된 브르다네스의 아들 또한 아르메니아 귀족에게 살해되었다.[29]

신구의 공존

324년부터 로마제국을 단독 통치한 콘스탄티누스 1세는 티리다테스

3세와 매우 다른 방식으로 종교 문제에 접근했다. 먼저 그는 동로마제국에서 말년에 이교로 돌아선 리키니우스 황제가 초래한 종교적 불균형을 바로잡고자 했다. 그는 강제 노역형에 처해진 기독교인을 모두 사면하고, 국외로 추방된 기독교도의 귀국을 허락하고 몰수한 재산을 돌려주었으며, 훼손된 성당을 보수하고 주교들이 새 성당을 짓도록 장려했다.

325년, 콘스탄티누스 1세는 검투사 시합과 십자가형을 금지하는 법안을 통과시키면서 반이교 노선에 박차를 가했다(하지만 이런 관행은 이교 전통이 확고했던 서로마제국, 특히 로마에서 한 세기가량 더 지속되었다). 기독교 역사가 에우세비우스 주교의 기록에 따르면 콘스탄티누스 1세는 안티오케이아에서 행해진 것으로 추정되는 325년 수난일 연설에서, 기독교와 제국의 위계 구조 결합이 가져올 커다란 잠재력에 대한 확신을 다시 강조했다. 그는 다수의 신을 섬기는 이교 숭배가 복수의 통치자라는 관념을 떠받치는 반면, 유일신을 섬기는 기독교는 단일 통치자 아래 하나된 공동체라는 자신의 비전을 굳건히 뒷받침하는 사상으로 기능할 것이라고 말했다. 교회와 국가의 결합, 제국과 기독교의 결합, 황제와 신의 결합이 그의 궁극적 목표였다.

이 행보를 보고 콘스탄티누스 1세가 제국의 압도적 다수를 구성하는 이교도에 대한 의무를 완전히 저버렸다고 판단해서는 곤란하다. 그는 이교 신관(복점관) 소파테르를 비롯한 여러 이교도 사제들을 계속 곁에 두었으며, '폰티펙스 막시무스(최고 제사장)'라는 공식 칭호를 끝까지 고수했다. 그리고 일부 이교 관행을 금지하는 포고령을 내리긴 했지만 (아르메니아의 티리다테스 3세와는 달리) 그것을 강제로 집행할 의사는 없었다.

동로마제국의 황제 리키니우스를 무찌르고 티리다테스 3세를 만난 바로 그해, 콘스탄티누스 1세는 종교의 공존을 추구했던 시도 중에서 가장 원대한 사업에 착수했다. 기원전 6세기 이래 유럽과 아시아가 만나는 지점에는 그리스 식민도시 비잔티온(비잔티움)이 서 있었다. 324년 11월 8일, 콘스탄티누스 1세는 이 오래된 도시 위에 새 도시를 축성했다. 전통적 이교 의례와 기독교 의식이 병행되었다. 몇 주 전에 콘스탄티누스 1세는 직접 창으로 새 도시의 경계를 그었다. 그런 뒤 이교 사제가 축복의 의미로 그 표지를 따라 깊은 고랑을 파는 의식을 치렀다. 늘 그랬듯이 이교와 기독교의 균형을 유지하기 위해 콘스탄티누스 1세는 기독교 신의 명령에 따라 자신의 이름을 따서 도시 이름을 지은 것이라고 공언했다. 콘스탄티노플의 탄생이다.

콘스탄티누스 1세는 원래 로마인들의 선조가 살던 지중해 동부 연안 트로이의 폐허 위에 도시를 건설하려 했다고 한다. 그러나 신의 계시가 북쪽의 비잔티움/콘스탄티노플로 그를 인도했다. 훗날 『로마제국 쇠망사The History of the Decline and Fall of the Roman Empire』를 쓴 에드워드 기번은 비잔티움을 "자연이 창조한 위대한 왕국의 심장이자 수도"라고 표현했다. 유럽과 아시아를 가르는 좁은 해협을 굽어보며 흑해로 가는 통로를 통제하는 비잔티움은 문명, 무역, 인구 이동의 중심지였다. 더 중요한 것은 이 도시가 오늘날 '골든 혼'이라 불리는 뭉툭한 돌출부에 위치했다는 점이다. 이 지역은 좁은 해로에 의해 양 측면을 보호받았기에 북쪽에만 방어벽을 설치하면 난공불락의 요새가 될 수 있었다.

콘스탄티노플은 콘스탄티누스 1세에게 로마 세계의 새 시대를 상징했다. 단독 통치자 아래 통합된 로마제국은 이제 두 대륙을 연결하고 조만간 수도로서 로마를 능가하게 될 새로운 도시를 갖게 되었다. 수세기에 이르는 역사의 무게를 짊어진 로마가 전통적인 이교 숭배의 기념비로 가득 차 있었던 반면, 콘스탄티노플은 이교와 기독교 양측의 지도자를 자임하는 콘스탄티누스 1세의 주요 관심사와 취향을 반영하여 건설되었다. 326년 7월 25일, 콘스탄티누스 1세는 전통이 요구하는 바에 따라 로마에 입성하여 즉위 20주년 기념 행사를 연 뒤 다시는 옛 수도로 돌아가지 않았다. 그의 시선은 그가 만든 새로운 도시와 새로운 세계에 고정되었다.

330년 5월 11일, 콘스탄티누스 1세는 콘스탄티노플을 로마제국의 수도로 공식 선포했다. 그의 이교 '신관'이 날짜를 정했으며, 이날은 이후 로마제국의 공휴일로 지정되었다. 축하 행사 첫 이틀간 벌어진 떠들썩한 거리 행진은 새로 건설된 콘스탄티누스 포룸에서 36미터 높이의 이집트 경암석 기둥 위에 황제의 동상을 올려놓는 것으로 최고조에 달했다. 이튿날에는 시민들이 신축 경기장에 모여 전차 경주를 관람했다. 진주와 보석으로 장식한 왕관을 쓴 황제도 이 자리에 참석했다. 거대한 콘스탄티누스 1세의 목상이 환호하는 관중들 앞에 모습을 드러내었고, 이런 조각상이 매년 관중들 앞에 등장할 것이라고 발표되었다.* 기념 행사는 한 달이 넘게 계속되었다. 마지막 날은 행운과 운명의 이교 여신인 티케의 동상이 이교 여신 키벨레 신전에 봉헌되는 것으로 막을 내렸다.

도시 건설을 기념하기 위해 주조된 주화는 어깨에 십자가 형상의 홀을 기대고 있는 콘스탄티노플의 화신을 묘사했다. 이교 조각상들을 타지로

---

* 콘스탄티누스 포룸의 황제 동상을 복제한 것으로 추측되는 목상을 전차에 싣고 전차 경기장을 돌았던 퍼레이드pompa circensis를 의미하는 것으로 보인다. 이 행사는 이후 매년 도시 창립 기념일마다 반복해서 열렸다.

부터 옮겨왔고, 이교도와 기독교도가 모두 동의할 수 있는 새로운 기독교 성당이 착공되었다. 다름 아닌 하기아 소피아Hagia Sophia('성스러운 지혜'라는 뜻) 성당과 하기아 에이리니Hagia Eirene('성스러운 평화'라는 뜻) 성당이다. 콘스탄티노플의 황궁 입구에는 콘스탄티누스 1세의 기독교 군기에 옆구리를 찔린 용이 심연으로 추락하는 장면을 그린 예술 작품이 설치되었다.

기념 행사 초반에 포룸에 헌정된 콘스탄티누스 1세 동상은 이질적인 종교 전통의 혼합을 형상화하는 동시에, 종교와 제국의 위계 구조에서 콘스탄티누스 1세가 차지하는 지위를 압축적으로 상징한다. 동상은 마치 무적의 태양신 '솔 인빅투스'인 양 일곱 광선이 퍼져 나오는 왕관을 썼다. 동상의 머리 안에는 황제의 어머니 헬레나가 성지순례 중 발견한 그리스도 십자가의 못이 들어 있었으며, 기둥 아래에는 예루살렘에서 발견한 성 십자가의 파편이 담긴 제단이 놓였다고 전해진다. 따라서 콘스탄티누스 1세 동상은 이교와 기독교의 공존을 반영하는 한편, 그를 이 모든 것을 구현한 화신이자 이 모든 것이 만나는 지점으로 묘사하고 있다. 전해지는 이야기에 따르면, 콘스탄티누스 1세는 갈수록 성스러운 인물로 대접받기를 원했다. 이를테면 그가 있는 자리에서 다른 이들은 모두 경의를 표하며 침묵해야 했다. 같은 맥락에서 예술사가들은 324년 이후 콘스탄티누스 1세의 초상화가 항상 위를 바라보고 있다고 지적한다. 그는 자신을 신으로 묘사하지는 않았지만, 지상의 종교와 세속 통치의 정점이자 이교와 기독교 위계 구조의 정점으로서 신을 향해 높은 곳을 바라보는 모습으로 그려지길 원했다.

그럼에도 불구하고 콘스탄티누스 1세는 로마제국의 통합, 화합, 균형을 위협하는 두 건의 기독교 공동체 내부 분열에 시달렸다. 첫 번째는 북아프리카에서 계속된 교리 분쟁이다. 도나투스파가 누가 '배교자'이고 누가 아닌지와 누가 공식 카르타고 수석 대주교직을 맡아야 하는지에 대한 판결을 거부하자 격노한 콘스탄티누스 1세는 315년에 그들의 재산을 압수하고 지도자를 추방했으며, 심지어 그들 중 일부를 배교자로 폭로하는 고발을 지지하기도 했다. 그러나 321년에 이르러 그는 이런 전략을 재고한 듯하다. 아마도 지난 반세기 동안 로마 세계 내부의 기독교 박해가 실패했음을 인정한 결과일 것이다. 그는 이제 관용을 이야기했다. 아프리카 주교들에게 보내는 편지에 이렇게 적었다. "이 시대에 신의 이름으로 승리한다는 것은 평화의 법을 따르는 사람들을 괴롭히는 무법자들의 공격을 흔들림 없이 견뎌내는 것이 아니고 무엇이겠는가?"[30]

리키니우스 황제를 제압하고 로마제국의 유일한 통치자가 된 후, 콘스탄티누스 1세의 관용 정책은 '모른 체 눈감아주기'로 바뀌었다. "가능하면 각자 보고 이해한 것을 다른 이를 돕기 위해 사용해야 하지만, 만일 그것이 불가능할 경우 더 이상 문제 삼지 말아야 한다."[31] 그리고 새 도시 콘스탄티노플이 정식으로 완공되기 1년 전인 329년에 그는 다시 북아프리카 주교들에게 서신을 보내 문제를 전능하신 신에게 맡겨야 한다고 말했다. "신은 우리 모두를 대신하여 원수를 갚아줄 것을 약속한다. 신에게 복수를 맡길 때 적은 더 큰 벌을 받는다."[32]

도나투스가 '황제가 교회에 무슨 상관인가?'라는 질문을 하기 시작했다는 점을 고려할 때, 정책 전환의 이점을 충분히 짐작할 수 있다.[33] 애초에 자신들의 고충을 황제에게 상소함으로써 그가 기독교 교리상의 문제의 중재자 역할을 하도록 부추겼던 자들이, 이제 황제의 권위와 교회의 권위의 분리를 주장하기 시작했다. 콘스탄티누스 1세는 도나투스파의 도발에 격리와 무시로 일관했지만, 그런 대응이 위험한 불씨를 완전히 잠재우지는 못했다. 다만 이 문제로 그가 로마제국 전역에 걸쳐 공들여 구축한 황제와 교회의 동맹이 무너지는 사태는 방지할 수 있었다.

콘스탄티누스 1세가 기독교 공동체 내부에서 직면한 두 번째 딜레마는 북아프리카 연안보다 훨씬 더 넓은 지역에 걸쳐 있었다. 312년 콘스탄티누스 1세가 밀비우스 다리에서 승리했을 때, 주교 아리우스는 성삼위에 관한 광범위한 논의의 일환으로, 성부와 성자의 동일 본성을 부정하고 그리스도가 신에 종속되는 개념이라고 주장한 바 있다. 이로 인해 아리우스는 318년에 파문당했지만, 그의 입장을 지지하는 세력은 무시할 수 없을 정도로 컸다.

콘스탄티누스 1세는 324년 단독 황제 자리에 오른 후 주교 호시우스를 알렉산드리아로 파견하여 교회의 분열을 해결하도록 명했다. 콘스탄티누스 1세는 훗날 이 분쟁을 "어리석은 문제"라고 부르면서, 불협화음을 (도나투스파를 상대할 때 그랬듯이) 관용하거나 아니면 모른 체하라고 했다. "하나의 관점에 합의하지 못하더라도, (다른 견해들은) 마음속 깊이 숨겨두고 입 밖에 내지 말아야 할 것이다."[34]

그러나 주교들은 입을 다물기를 거부했고, 호시우스의 개입은 더 많은 주교들의 파문을 불러왔다. 후대 기록에 따르면 호시우스는 이렇게 통탄했다. "혼란이 만연했다. … 너무나 수치스럽게도 … 기독교는 대중의 조롱거리, 심지어 극장의 조롱 대상이 되었다."[35] 벌어진 상처를 치료하고 재통합하기 위하여 콘스탄티누스 1세는 최초로 기독교 세계 공의회를 소집하여 기독교 공동체의 비기독교 지도자를 자청했다. 후대 교회사가

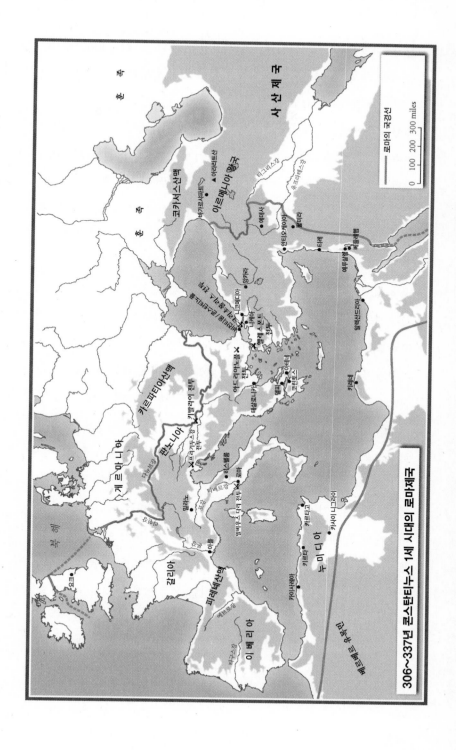

306~337년 콘스탄티누스 1세 시대의 로마제국

사산제국

흑해

흑해

코카서스산맥

▲아라라트산

아르메니아 왕국

베기로세바트

티그리스강

유프라테스강

에데사

안티오키아

다라

니시비스

팔미라

아미다

티레

멜리티네

카파도키아

레바논산

카이사레아

타르소스

키드누스강

프리기아/ 알람라

키드누스강

갈라티아

나자르

엘리오포트

밀레투스

코스

에페소스 전투

리디아

아드리아노플 전투

셀림브리아 전투

테살로니카

아테네

크레타

콜린토스

카르네

카르파티아산맥

다뉴브강

판노니아

드라바강

키발라이 전투

사베강

베로나 전투

메디올라눔

밀라노

아퀼레이아

로마

티베르강

막센티우스 다리 전투

아를

아풀리아

갈리아

북해

요크

라인강

게르마니아

론강

아펜니노산맥

타라고나

이베리아

티구스강

에브로강

누미디아

카르타고

카르타고

카이사레아

라인강 국경선

유프라테스강 국경선

로마의 국경선

0 100 200 300 miles

인 콘스탄티노플의 소크라테스가 이야기하듯이, "황제는 교회가 동요하는 것을 보고 … 대의회를 소집하고 모든 주교들에게 편지를 보내 비티니아의 니케아로 소환했다."[36]

원래 염두에 두었던 공의회 장소는 오늘날 터키의 수도 앙카라였으나 아리우스 논란이 걸림돌이 되었다. 앙카라의 주교가 성자 종속 이론의 열렬한 반대파였기에, 회의가 그곳에서 열린다면 타협을 이룰 가망이 없었다. 대신 상대적으로 중립적인 장소인 니케아(오늘날 터키의 이즈니크)가 제안되었으며, 공식적인 선정 이유는 더 접근하기 쉽고 공기도 좋기 때문이라고 발표되었다. 325년 5월 하순, 콘스탄티누스 1세는 아르메니아에서 새로 취임한 가톨리코스 아리스타케스를 포함하여 기독교 세계 전역의 주교들을 니케아 호반의 '여름궁전'으로 초청했다. 도시는 중요한 손님들을 받기 위해 황급히 화려하게 개조되었다.

회합이 화기애애한 분위기는 아니었을 것이다. 참석한 주교들 가운데에는 4세기 초에 로마 당국으로부터 당한 박해의 육체적·정신적 상처가 아물지 않은 이들도 있었다. 많은 주교들이 서로 초면이었고, 콘스탄티누스 1세를 처음 만나는 이들도 많았다. 참석자는 동방 교회 주교들이 주를 이뤘다. 스페인과 영국은 주교를 보내지 않았고, 아프리카는 한 명만 보냈으며, 심지어 로마 주교도 병을 핑계로 대리인을 보냈다. 로마제국 외부에서 온 대표들도 있었다. 아르메니아뿐만 아니라 사산제국의 기독교 신자를 대표하는 주교도 참석했다. 그리고—바로 그해 봄에—포로로 잡힌 남편 리키니우스를 죽이지 않겠다는 맹세를 오빠가 저버리는 것을 목격한 콘스탄티누스 1세의 누이 콘스탄티아도 참석했다.

모든 이들이 니케아 궁전의 중앙홀에 모였다. 로마제국의 막강하고 무자비한 황제, 로마 세계의 관용을 위해 힘써온 통치자, 그리고 이제 기독교회 통합의 수호자를 자처한 콘스탄티누스 1세가 휘황찬란한 황제의 의복을 차려입고 그들 가운데 자리 잡자 회장이 고요해졌다. 콘스탄티누스 1세는—라틴어로 말하고 그리스어 통역이 붙었다—조화, 통합, 그리고 갈등 해소라는 목표를 선포했다. 그는 "그리스도는 용서를 구하는 자는 용서하라고 명하셨다"라고 말하면서, 주교들이 그에게 보낸 탄원서와 고발장을 그들 앞에서 전부 불태웠다. 기습적으로 공의회의 시작을 알린 후, 콘스탄티누스 1세는 주교들이 기독교 교리를 논하는 과정을 쭉 지켜보면서 간간이 직접 토론에 참여하기도 했다. 일부 주교들은 그의 개입에 분개(심지어 사적인 자리에서는 그의 권위를 부인)했지만, 황제의 발언을 묵살할 도리는 없었다.

여러 날 동안 격렬한 논쟁이 벌어진 후, 공의회의 초점은 아리우스의 지지자이자 훗날 『콘스탄티누스의 생애』와 이 시기의 교회사를 쓴 카이사레아의 에우세비우스가 제안한 기본 신경信經으로 옮겨갔다. 콘스탄티누스 1세는 그리스도와 신이 '동일 본질'이라는 뜻의 그리스어 호모우시오스Homoousios를 새로 만들자고 제안했다. 문제의 핵심을 피해가며 모두가 동의할 수 있는 타협안을 내놓은 것이다.

325년 6월 19일, 공의회는 공식 문서에 합의했다. 첫 번째 니케아 신경은 모든 기독교인의 신앙 고백이자 기독교 내부의 불화에 종지부를 찍을 것으로 기대되는 선언이었다. 이 문서는 모든 주교가 서명하도록 홀 전체에 회람되었다. 이후 한 달 동안 공의회는 부활절의 시기를 언제로 할 것인지부터 이집트 같은 로마제국의 특정 지역에서 문제가 된 훨씬 덜 심각한 신학적 견해차를 어떻게 해소할 것인지, 그리고 기독교 성직자 계급 제도나 운영 준칙에 이르기까지 교회의 통합을 저해하는 여러 가지 안건을 논의했다.

콘스탄티누스 1세 즉위 기념일인 325년 7월 25일, 그는 모든 주교들을 니코메디아 왕궁에서 열린 대연회에 초대하여 다시 한 번 화합의 필요성을 강조하고 각자가 속한 교회에 그들이 합의에 도달했다는 소식을 전하라고 지시했다(기독교 대통합을 선포하는 황제의 친서가 그 뒤를 따랐다). 그런 다음 그는 공의회를 해산시켰다.

콘스탄티누스 1세의 노력에도 불구하고 제1차 니케아 공의회는 보편적 합의에 실패했다. 아리우스는 자신의 뜻을 굽히지 않은 채 콘스탄티누스 1세가 제안한 단어를 거부했다. 모임이 열린 지역의 주교 두 명—니케아의 테오그니스와 니코메디아의 에우세비우스(애초에 기본 신경을 제안한 카이사레아의 에우세비우스와는 다른 사람이다)—도 아리우스의 견해에 동조했다. 그 결과 아리우스, 에우세비우스, 테오그니스는 기독교 교회로부터 공식적으로 파문당했다.

자신을 수장으로 하여 교회를 통합하고자 했던 콘스탄티누스 1세의 시도는 실패로 돌아갔다. 그럼에도 그는 포기하지 않고 계속해서 자신의 주장을 밀어붙였다. 2년간 더 시달린 아리우스는 마침내 고집을 꺾고, 앞으로 더 이상 교리 논란을 일으키지 않을 것이며 황제를 지지한다는 무미건조한 성명을 발표했다. 콘스탄티누스 1세는 이 정도로 만족하고 아리우스와 그를 지지했던 에우세비우스와 테오그니스의 복권을 요구했다. 그러나 이번에는 복권의 결정권자인 알렉산드리아 주교가 이를 거부하고 나섰다. 327년 콘스탄티누스 1세는 아리우스, 에우세비우스, 테오그니스의 복권을 논하기 위해 두 번째 니케아 공의회를 열었다(아르메니아의 가톨리코스 아리스타케스도 이 자리에 참석했다). 회의 끝에 에우세비우스와 테오그니스는 다시 받아들여졌지만, 아리우스 복권에 대한 알렉산드리아 주교의 반대는 확고했다. 교착 상태가 7년간 지속됐다. 335년, 콘스탄티누스 1세는 카르타고인 선조의 땅이자 중국으로 향하는 실크로드의 시작점인 티레에서 또 한 차례 공의회를 열었다.

티레에 모인 주교들은 먼저 9월 13일에 열릴 성묘 교회Church of the Holy Sepulchre 봉헌식에 참석하기 위해 북쪽의 예루살렘으로 향했다. 성묘 교회는 종교적 관용을 추구함으로써 전임자들의 잘못을 바로잡으려는 콘스탄티누스 1세의 바람을 상징했다. 이 웅장한 신축 성당은 하드리아누스 황제가 예수의 무덤 위에 세운 비너스 신전 위에 세워졌다. 콘스탄티누스 1세가 세운 위대한 건축물의 상징성에 압도되고 만 것인지, 주교들은 마침내 아리우스를 복권시키는 데 합의했다(이후 그들은 반대 의견을 고수한 알렉산드리아 주교를 자리에서 물러나게 만들었다).

훗날 콘스탄티누스 1세의 전기 작가 카이사레아의 에우세비우스는 황제가 치세 마지막 10년간 까다로운 교섭에 임한 태도를 이렇게 요약했다. "조화와 화합을 중시했던 그는 올바른 판단을 내릴 수 있는 침착하고 협조적인 태도를 가진 사람을 높이 평가했다. 반면 고집 센 사람은 혐오했다."[37] 콘스탄티누스 1세는—적어도 이론적으로는—교회의 통합을 이뤘고, 교회는 신자들이 대체로 동의할 수 있는 핵심 신앙 체계를 만들어냈다. 문제가 공식적으로 해결된 후 1년이 채 지나지 않아 아리우스는 콘스탄티노플 공중화장실에서 급사했다.

역사 기록만으로는 콘스탄티누스 1세의 성격을 파악하기 어렵다. 그는 훌륭한 장수였으며, 무력으로 로마제국 단독 통치자의 자리를 차지했고, 권력과 왕조를 유지하기 위해 필요할 때는 무자비한 면모를 보여주었다. 그는 장래 자식들에게 위협이 될 소지를 제거하기 위해 누이의 남편 리키니우스뿐만 아니라 그의 자식까지 살해했다. 한편 그는 특히 주변 여성들에게 자주 휘둘렸던 것 같다. 326년에 그는, 아마도 친자식들이 밀려날 것을 두려워한 두 번째 부인 파우스타의 사주를 받아 장남 크리스푸스(기독교 신학자 락탄티우스가 가르쳤던)를 죽였다.[38] 이후 어머니 헬레나로부터 아내의 꼬임에 넘어갔다는 호된 질책을 듣고 파우스타를 뜨거운 물속에 집어넣어 죽였다.[39] 헬레나가 황궁을 뒤로하고 성지순례를 떠난 일도 이 참혹한 가족사에 기인했다.

동시에 콘스탄티누스 1세는 종교적 관용 정책을 추진하고 기독교 내부의 분쟁을 해결하며 자신이 다스리는 공동체를 강화하고 통합하고자 했다. 이 모든 과정을 거치며 콘스탄티노플은 로마제국의 축소판이자 시민과 정치와 종교 생활이 공존하는 새로운 수도로 재탄생했다.

신구의 결합

335년 인도의 굽타왕조에서는 왕위를 두고 난투극이 벌어졌다.

찬드라굽타 1세는 사회적·종교적 전통의 균열 속에서, 특히 바르나 구분이 약화된 상황에서 권력을 잡았다. 그는 북쪽의 사카족과 쿠샨족이 대거 남하하고 남쪽에서 새로운 왕국이 수립되던 불안정한 시기에 인도를 통치하는 도전에 직면했다. 하지만 동시에 그에게는 종교를 이용하여 왕국의 안정을 도모하고 영토를 넓힐 기회가 주어졌다. 신들을 만족시키고 우주의 질서를 유지하는 일이 사회 모든 구성원의 의무라는 인식의 확장은 공동체 화합에 유리하게 작용했다. 또한 수많은 힌두교 신들이 대표적인 두 신으로 압축되면서 여전히 다양성을 간직한 인간 공동체에도 명목상의 우두머리와 구심점이 생겼다. 찬드라굽타 1세는 말년에 이 두 가지 종교적 변화를 적절하게 활용한 것으로 보인다.

그가 세상을 뜬 후 굽타왕조는 왕위를 탐내는 여러 통치자 후보들의 승계 다툼에 휘말렸다. 승자로 부상한 사무드라굽타 1세는 발 빠르게 명문을 통해 아버지가 선택한 후계자가 바로 자신이라고 공식적으로 선포했다. 이 주장은 사무드라굽타 1세의 치세에 관한 다른 많은 주장들과 함께 북인도 우타르 프라데시주(오늘날 네팔 접경 지역)의 도시 알라하바드에서 발견된 알라하바드 석주Allahabad pillar에 새겨진 명문을 통해 오늘날까지 전해 내려온다. 10미터 높이의 매끈한 사암으로 만들어진 석주는 원래 기원전 3세기에 마우리아왕조 아소카 대왕의 위대함을 기리기 위해 세워진 것이다. 그로부터 5세기가 지난 후 사무드라굽타 1세는 석주에 포고령을 새긴 아소카 대왕의 선례를 따름으로써 굽타왕조의 권위를 마우리아왕조에 버금가는 위치에 놓고자 했다. 여기서 그는 자신의 왕위 승계가 기정사실이었음을 애써 강조한다.

"가까이 오너라, 오, 선택받은 아들아" [사무드라굽타의 아버지가 말했다] 그리고 (그의) 아버지는 쭈뼛 선 머리카락으로 (자신의) 감정을 드러내며 (그를) 포옹하고, 애정이 듬뿍 담긴 눈으로 (그를) 보면서 (기쁨의) 눈물을 글썽였다. (그러나) 정신이 명확한 상태로 그에게 말했다. "(네가) 온 세상을 보호하여라." 다른 왕자들은 슬픈 얼굴로 이 광경을 바라보았지만, 궁정의 신하들은 안도의 한숨을 내쉬었다.[40]

기록에 따르면 왕위 경쟁자들은 사무드라굽타의 승계를 인정할 수밖에 없었다. 그가 남긴 또 다른 석주 비문인 에란 명문에도 이 점이 강조되어 있다. 사무드라굽타의 아버지는 "거부할 수 없는" 아들의 헌신과 올바른 판단력, 용맹을 높이 샀다.[41] 그러나 우리는 335년경 또 한 명의 굽타 왕을 기리는 주화가 주조되었음을 안다. 찬드라굽타의 또 다른 아들인 카차 왕자가 발행한 주화다. 그가 훗날 어떤 운명을 맞았는지는 알려져 있지 않으나, 이 주화를 통해 모든 왕자가 사무드라굽타의 승계를 순순히 받아들였던 것은 아니며, 실제로 스스로 왕위에 오르고자 시도했던 이가 존재했음을 추론할 수 있다. 이후 역사 기록에서 카차의 흔적을 전혀 찾아볼 수 없다는 점에서 그가 어떤 결말을 맞았을지 짐작해볼 수 있다.

알라하바드 명문은 사무드라굽타 1세의 왕실 시인(이자 평화와 전쟁부 장관이기도 했던) 하리세나가 쓴 시적 찬미가다. 이에 따르면, 찬드라굽타 1세는 후계자에게 "온 세상을 보호하라"는 어려운 임무를 내렸다. 과업을 이루기 위해서 사무드라굽타 1세는 선하고 공정한 왕인 동시에 용맹한 전사가 되어야 했다. 그뿐 아니라 무엇보다도 올바른 종교 정책을 추진하면서 종교를 이용하여 왕국을 안정시키고 통합했던 부친의 업적을 계승해야 했다.

사무드라굽타 1세가 직접 세운 석주의 명문은 그가 전장에서 보여준 용맹함에 대해 어떤 의문의 여지도 남겨놓지 않았다(에드워드 7세 시대의 영국 역사가 빈센트 스미스는 그에게 '인도의 나폴레옹'이라는 별명을 붙여주었다).

수백 번에 달하는 온갖 종류의 전투에서 뛰어난 기량을 발휘했다. 그의 유일한 맹우는 자신의 팔 힘을 통해 구현되는 용기[파라크라마parākrama]였으며,

따라서 그는 '파라크라마'라고 불렸다. 그의 아름다운 몸은 도끼, 화살, 철퇴, 창, 가시 돋힌 다트, 검, 쇠 도리깨, 투창, 가시 돋힌 화살, 긴 화살, 그 밖의 수 많은 무기에 찔리고 베인 수백 개의 상처를 뿜냈다.[42]

사무드라굽타 1세의 업적을 과시할 증거가 단지 상처뿐은 아니었다. 그는 생포한 왕들의 왕관도 수집했다. 그의 치세에 굽타제국은 크게 확장하여 북인도 전역을 장악했다. 사무드라굽타 1세에게 굴복한 수많은 지방이 나열된 알라하바드 명문을 보면, 북인도의 아홉 왕과 남인도의 열한 명의 왕 외에도 추가로 다섯 왕이 그에게 공물을 바쳐야 했다. 하지만 많은 이들이 그가 직접 통치한 영역은 갠지스강 유역까지이고 인도 북서 지방에 대한 통치는 불안정했을 것으로 본다. 인도 서부의 사카족은 사무드라굽타 1세의 침략을 격퇴했고 인도 남부와 데칸의 왕들은 그에게 충성을 맹세했을 뿐 독자적인 지배권을 유지했다. 그렇다고 하더라도 대단한 업적임에는 틀림없다.

그런데 이보다 더 중요한 것은 사무드라굽타 1세가 남긴 석주 명문이 그의 종교적 열정을 극찬하고 있다는 점이다. 에란 석주에 따르면 그는 백성들의 종교 활동을 지원하기 위해 금과 수십만 마리의 암소를 기부했으며, 미천하고 가난하고 궁핍하고 고통받는 자들의 구제를 끊임없이 고민했다. 알라하바드 석주에 따르면 사무드라굽타 1세는 하루라도 신앙을 멀리하는 법이 없었다. 또한 그는 종교의 '보호자'이자 제국의 영적 안녕을 지키고 보호하는 사람이었다.

사무드라굽타 1세는 오래전에 중단된 '아슈바메다(말의 희생제)'를 부활시켰다. 이 제사는 굽타왕조가 거리를 두었던 초기 베다 숭배와 직접적인 관련이 있는 종교 예식이다. 그의 후계자 찬드라굽타 2세는 마투라에 세운 석주 명문에 사무드라굽타 1세를 "죽음의 신 크리탄타의 도끼이자, 수백만 마리의 합법적으로 획득한 암소의 기부자, 그리고 오랜 세월 중단된 아슈바메다를 복원한 왕"이라고 기린다.[43] 사무드라굽타 1세가 발행한 기념 주화에도 아슈바메다 부활의 중요성이 강조되어 있다. 동전 한 면에는 단상 위에서 짙은 연기가 솟아오르는 제단을 바라보는 말이 그려져 있다. 반대편에는 사리와 짧은 겉옷을 입고 목과 손목과 발목에 값비싼 팔찌를 두르고 귀에는 커다란 원형 귀걸이를 한 사무드라굽타 1세의 왕비가 묘사되어 있다. 그녀는 한 손에 권위의 상징인 파리채fly-whisk를 들고 땅에 꽂힌 의식용 창을 향해 서 있다.

사무드라굽타 1세의 위업을 기념하기 위한 주화에 말과 왕비가 함께 등장하는 것이 이상해 보일 수도 있다. 하지만 말과 왕비는 아슈바메다 의식을 완성하기 위한 필수 요소로, 통치자에게 보편적 통치권을 부여하는 역할을 했다. 아슈바메다는 준비에만 2년이 걸리는, 엄청난 비용이 들고 번거로운 희생제였다. 제물로 선택된 말을 1년 동안 자유롭게 돌아다니도록 풀어놓고 크샤트리아 바르나로 구성된 호위대가 그 뒤를 따르면서 암말과 교미하지 못하도록 감시했다. 말이 발을 딛는 땅은 모두 왕의 소유가 되고, 이에 반발하는 자가 있으면 왕실 호위대가 상대했다. 말이 수도로 돌아오면 특별히 준비된 구역에 굽타 사회 각계각층의 사람들이 모여들었다. 제사용 말뚝이 세워지고 사흘 밤낮 불이 꺼지지 않도록 계속해서 동물을 바쳤다. 한 번은 불길이 계속 타오르도록 하기 위해 609마리의 동물이 희생된 적도 있다.

둘째 날, 북소리와 함께 왕과 브라만 최고 사제가 탄 황금 전차에 제물

3부 연결된 세계의 종교

로 선택된 말을 묶고 제단으로 향했다. 사흘간 도축한 동물의 피가 흥건한 가운데 북소리와 군중의 소음 속에서 왕비가 말에 족쇄를 채우고 말을 치장했다. 그런 후 광장 가장자리에서 말을 질식시켜 죽였다. 왕의 부인들이 숨이 끊어진 말의 주위를 둘러싸고 애정 어린 말을 건네면서 치맛자락으로 말의 몸을 부채질했다. 왕비가 마치 말과 성교하는 모양새로 그 옆에 누우면, 왕과 다른 아내들은 곁에 서서 외설적인 말을 던졌다. 왕비와 희생물 사이의 '결합' 의식은 통치자 부부와 신들의 결합을 상징했던 것으로 보인다. 고대 아테네 민주주의 시대에도 도시에 행운을 불러오기 위해 해마다 최고 행정관의 아내가 디오니소스 신과 '결혼'하는 행사가 열렸다.

왕비와 말의 가상 성관계 이후 말의 사체를 황금 칼로 자르고 말의 피를 불에 던졌다. 밤새 횃불을 밝히는 축제가 이어졌다. 모닥불이 타닥거리는 소리와 고기 굽는 냄새가 피 냄새와 섞여 공기 중에 퍼졌고, 의식을 행하는 사제들의 낮은 목소리와 가무 소리가 어루어졌다. 사흘째 마지막 날에는 모든 참석자가 목욕재계하고 모여 새끼를 낳지 못하는 암소 21마리를 희생물로 바쳤고, 왕은 브라만 사제들과 그 아내들에게 선물을 하사했다.

아슈바메다를 비롯한 모든 동물 희생제는 인간과 동물은 환생한다고 믿은 아소카 왕에 의해 수세기 전에 금지되었다. 굽타왕조는 모든 면에서 '새로운 마우리아왕조'로 보이길 원했지만, 사무드라굽타 1세가 성공적인 제왕임을 과시하는 데 도움이 되는 한 이 의식만큼은 부활시킬 가치가 있었다. 말이 자유롭게 배회할 수 있다는 것은 왕이 그 땅을 '정복'했음을 의미했다. 또한 희생제에서 왕과 왕비가 담당한 역할은 그들이 (브라만 계급과의 상호 지지와 존경을 바탕으로) 굽타 사회의 평화, 안정, 신의, 호의를 보장하기 위해 특별한 역할을 한다는 인식을 고양했다. 동시에 사회 각계가 참여—그저 관객일지라도—하는 희생제의 공동체적 성격은 그들 세계의 풍요와 번영을 위해 모든 이에게 역할이 주어졌음을 강조했고, 따라서 굽타 공동체 전체의 안정과 통합을 강화했다.[44]

이상으로 판단하건대, 사무드라굽타 1세는 단지 정복 군주에 그치지 않고 종교의 '피난처'이자 백성의 종교적 보호자로서 도덕적이고 자애로운 왕 역할을 능숙하게 해낸 것으로 보인다. 그는 전륜성왕(차크라바르틴chakravartin)을 자칭할 수 있었다. 전륜성왕은 자애롭게 백성을 보살피며 하늘로부터 받은 윤보輪寶를 굴려 세계를 다스리는 이상적인 성군을 뜻한다. 사무드라굽타 1세는 아슈바메다를 통해 중국 진나라와 한나라의 군주들, 하늘의 명을 받아 천하를 다스린다고 주장한 황제들과 다를 바 없는 권력을 주장할 수 있었다.

사무드라굽타 1세는 이 미덕을 '부셸 아래' 숨겨두지 않았다.* 그가 남긴 공식 명문에서 그는 "비사문천왕, 바루나, 인드라, 안타카 신 … 그리고 크리탄타의 도끼"와 동급이라고 일컬어진다. 결정적으로, 사무드라굽타 1세는 다른 모든 신이 연결된 최고신 중 하나인 비슈누를 부르는 여러 이름 중 하나인 '아프라티라타Apratiratha(무적의 전사)'라는 별칭을 얻으면서 그와 동격화된다. 그는 "의례 의식을 행한다는 점에서 인간일 뿐, 그 외에는 지상에 임한 신"으로 칭송되었다.[45]

사무드라굽타 1세는 자신을 신에 준하는 존재로 격상시킴으로써 종

---

* 부셸은 곡식을 세는 말, 되를 뜻하며, 마태복음 5장 15절 "사람이 등불을 켜서 말 아래에 두지 아니하고 등경 위에 두나니" 등에 나오는 말이다.

교와 제국의 통치를 사실상 일체화했다. 이 시점부터 가루다Garuda—불사조와 흡사한 커다란 새의 형상을 한 존재로 비슈누가 타고 다니는 동물—가 굽타왕조의 상징으로 사용되기 시작한다. 거기에 더해, 사무드라굽타 1세는 아슈바메다를 기념한 주화에 자신이 "세상을 보호하고 하늘을 정복한 후 아슈바메다 의식을 행한 왕 중의 왕"이라는 문구를 새겼다.[46] 본인이 주조한 동전에 따르면, 사무드라굽타 1세는 아버지가 남긴 세상을 보호하고 성군이 되라는 과제를 훌륭하게 달성해냈다. 그와 비교하면 서방의 콘스탄티누스 1세나 동방의 중국 통치자들은 겸손의 대명사처럼 보일 지경이었다.

이렇게 통치자가 스스로를 신격화하면서, 굽타왕조는 자연스럽게 종교적 위계를 국가권력 아래에 두는 관계 재구성을 시도했다. 각 바르나 간의 역할을 규정한 관습이 느슨해졌음에도 불구하고 브라만은 여전히 사회의 중요 집단이었다. 그들이 아슈바메다 의식에서 여전히 특별한 역할을 수행했다는 사실이 이를 상징적으로 보여준다. 그들의 위상은 통치자들이 브라만에게 존경의 표시로 선물을 하사하고 또 그것이 정중하게 받아들여짐으로써 상호 보상의 선순환을 강화하는 전통에도 반영되어 있다. 굽타왕조는 이 순환을 수직적 위계질서를 바탕으로 한 후원으로 대체하고자 했다.

가장 인기 높은 증여 품목은 금을 채굴하거나 가축을 칠 수 있는 토지였다. 4세기에 굽타왕조와 다른 귀족 집안들이 왕실을 본받아 브라만 계급에 땅을 무상으로 하사하는 빈도가 크게 증가했다. 땅을 줄 때는 동판에 양도 내역을 기록한 뒤 그것을 기부자의 도장이 조각된 반지와 함께 보관하여 후원의 출처와 서열이 분명히 드러나도록 했다. 그리고 궁극적으로, 특히 왕은 필요하면 이 선물을 되받아올 수 있었다. 따라서 굽타왕조는 브라만을 우대하는 전통을 계속 유지하여 통치권을 강화함과 동시에, 후원이 그들에게서 나온다는 사실이 강조되도록 체제를 재조정함으로써 공동체의 결속을 자신에게 결부시켰다.

브라만 계급에 땅을 하사하는 관행이 가져온 긍정적인 결과는 굽타왕조의 권위 확립뿐만이 아니었다. 토지를 받은 **그들은** 갈수록 효율적인 토지 관리자로 변화하여 (『크리시 파라샤라Krishiparashara』라는 농서까지 제작되었다) 관개부터 주기적인 경작, 심지어 새로운 촌락과 도시가 생성되는 데 기여하면서 농촌 지역에 중요한 혜택을 가져왔다. 이로 인해 굽타 사회의 다른 바르나들도 혜택을 받았으며, 특히 '스레니shreni(상인과 무역상 집단)'는 새로운 판로를 개척할 수 있게 되었다.

당시 굽타왕조가 이런 통치술을 활용한 유일한 통치 가문은 아니었다. 남쪽의 바카타카왕조는 굽타왕조보다 더 큰 규모의 토지를 브라만 계급에 기부했다(한번은 35개의 촌락을 넘겨준 적도 있었다). 그보다 더 남쪽에 위치한 사타바하나왕조도 마찬가지였다. 그러나 이 개념을 가장 정교한 형태로 발전시킨 곳은 굽타왕조다. 갈수록 구조화되는 계급 사회의 정점에선 후원자로서 그들은 종교적·정치적 지위와 권위를 강화하고 정당화하는 동시에 경제를 발달시키고 사회를 통합했다. 굽타왕조는 자신들을 최고신 비슈누와 동격화하고, 아슈바메다와 같은 오래된 베다 의식을 재개하여 힘을 과시하고, 후원을 통해 자신들의 존재를 정당화하면서 인도 서사시에 등장하는 위대한 왕들의 현신으로 재탄생하는 데 성공했다.

사무드라굽타 1세의 치세 중엽, 그는 스리랑카 왕으로부터 부처의 보리수(오늘날 비하르주) 근처에 불교 사원과 숙소를 세워달라는 요청을 받왔다. 숙소는 부처가 한때 명상하고 깨달음을 얻었던 성소를 방문하는 스리랑카 불승과 순례자들을 위한 것이었다. 스리랑카는 아소카 대왕이 포교승을 보냈던 곳이고, 실제로 가장 오래된 불교 경전이 전래한 지역이기도 하다. 사무드라굽타 1세 시대에 스리랑카에서는 불교가 크게 융성했으며, 이제 스리랑카 불교도들이 거꾸로 밖으로 세력을 확장하며 불교가 유래한 지역의 성지를 방문하고 점차 복잡해지는 무역로를 따라 중국으로 불교를 전파했다.

사무드라굽타 1세는 불교를 익히 알고 있었다. 승려들의 교육 수준이 높다는 명성을 듣고 아들의 교육을 책임지는 자리에 승려를 임명하기도 했다. 그랬던 그도 당시 중국에서 불교가 커다란 도약을 이뤘다는 사실만큼은 미처 알지 못했을 것이다.

*

304년, 중국은 대 격동의 시대에 진입했다. 흉노를 비롯한 유목 부족들이 화북을 침략하여 장안과 낙양 등 주요 도시를 파괴했을 뿐만 아니라, 북방 유목 민족이 이 지역으로 대거 유입되면서 화북 한인들이 강남 지역으로 피난했다. 이후 유목 민족이 세운 군소 왕국들이 화북에 할거하며 백여 년간 패권 다툼을 벌였다(역사가들은 이 시대를 '5호16국 시대'라 부른다). 그러다 5세기에 선비족—기원전 3세기에 흉노에 패한 동호족의 후손—이 화북을 통일하고 북위를 세우면서 북조 시대를 열었다.

한편 지난 세기에 위·촉·오 삼국 시대에 종지부를 찍고 중국을 통일한 서진왕조는 4세기 초에 흉노의 침입에 밀려 중국 남동쪽 지방으로 피난하고 건강(오늘날 남경)을 도읍으로 하는 동진 시대를 열었다. 동진은 이후 100년가량 지속되었다.

중국 역사 연대기에서 한나라와 6세기 말에 시작되는 수·당 시대 사이에 위치한 4~6세기는 정치적·군사적으로 극심한 혼란과 분열의 시기다. 이런 난세에 불교가 중국 사회에 뿌리내려 번창할 가능성이 얼마나 되었겠는가? 여태껏 불교는 중국 지식층과 왕실에서만 받아들인 종교에 불과했으며, 수행자도 외국인이 대부분이었다. 게다가 외국으로부터 수입된 많은 경전은 그 내용이 혼란스럽고 때로 모순되기도 했다.

그러나 불교는 이 시대에 살아남았을 뿐만 아니라 크게 번창했다. 여기에는 여러 이유가 있지만, 가장 근본적인 이유는 지배층이나 일반 백성이나 할 것 없이 모두에게 불확실하고 불안정한 시대였기 때문일 것이다. 삶은 자연재해, 전염병, 기근으로 점철된 끝없는 투쟁이었고, 간헐적인 외세의 침략과 내부 세력 다툼으로 인한 전란의 피해까지 감당해야 했다.[47] 끝없이 돌고 도는 윤회의 속성상 세속적인 야망은 부질없다고 강조하는 불교는 사람들의 염세주의와 공명했다. 동시에 선업을 쌓으며 착하게 살면 윤회(업보)에서 벗어날 수 있다는 가르침은 사회 모든 계층에 미래에 대한 희망을 제공했다. 부처는 "나의 가르침은 계급이나 빈부를 구분하지 않으며, 하늘과 같아서 모두에게 열려 있고, 물과 같아서 모든 이를 똑같이 씻어준다"라고 말했다.[48] 이 교리는 로마, 아르메니아, 그리고 인도에서 확고하게 뿌리내린 종교 체제와 대비된다.

중국의 전통적인 철학 사상인 유교와 도교는 이 시기에 영향력을 상실했다. 전한과 후한 시대에 제국의 통치 사상으로 자리 잡으면서 창시자인 공자에 대한 숭배로 이어졌던 유교는 통일 제국이 허물어지면서 급격한 쇠퇴를 면치 못했다. 마찬가지로, 다양한 형태로 발전해온 도교도 흥노의 화북 침략과 한족의 대대적인 난민화가 진행된 대혼란의 시기에 사람들에게 실질적인 도움을 주지 못했다. 두 사상은 불안정한 시기에 모든 이의 마음을 잠식한 두 가지 화두, 죽음과 내세의 본질에 대한 답을 제시하지 못했다. 반면 죽음과 내세는 불교 사상의 근간을 이룬다. 기존의 종교와 정치 사상이 백성들에게 삶의 방향성을 제시하지 못하고 있던 4세기 중국은 불교가 확산되기에 적합한 토양이었다.

이 시기에 불교는 화북과 강남에서 각각 다른 방식으로 두각을 나타냈다. 화북에서는 불교가 새로 권력을 장악한 통치자들에게 곧바로 주목받고 공인되었다. 311년 흉노의 침략으로 낙양이 파괴되기 직전에, 중앙아시아 구자국 출신의 승려 불도징이 지중해와 중국을 연결하는 교역로를 따라 낙양에 도착했다. 후대 기록에 따르면 도성이 약탈당하고, 여자들이 강간당하고, 미처 피난 가지 못한 사람들이 살해당하는 난리통에 불도징은 도술을 이용하여 놀라운 기적을 선보였다.

전설에 따르면, 흉노 통치자 석륵(이후 5호16국 중 하나인 후조의 황제)이 불도징을 불러 불교에 어떤 영험이 있는지 물었다. 이에 불도징이 그릇에 물을 떠놓고 향을 피우면서 주문을 외자 별안간 그릇 속에 눈이 부실 정도로 휘황찬란한 푸른 연꽃(부처의 상징 중 하나)이 나타났다. 또한 샘물이 마르자 불도징은 상류원에 사는 신룡을 불러 다시 물이 흐르게 했다. 그는 뛰어난 재주로 석륵을 불교로 개종시켰을 뿐 아니라, 황제의 고문이 되어 여러 불교 사원을 지었으며 승려 집단을 이끌고 경전 번역과 포교에 힘썼다.

석륵을 비롯한 몇몇 흉노 지도자들(이제 화북을 점령한 신생 왕국의 통치자들)이 불교를 기꺼이 수용했던 이유는 불교가 외국 종교였기 때문이다.

화북 지방은 원래 외국인으로 넘쳐났고 외국과의 교류도 활발했다. 흉노의 침략 이전에도 장안 인구의 절반이 외국인이었던 것으로 추정된다. 중앙아시아 왕국들—이중 다수가 불교 수행의 중심지다—과의 외교적·경제적 교류도 꾸준했다. 장안과 낙양이 파괴되고 지방에서 동란이 계속되면서 국제 교류는 줄어들었지만, 여전히 외부인들이 화북 지방으로 쏟아져 들어오고 있었다. 따라서 석륵과 다른 흉노 통치자들은 불교를 수용함으로써 의도적으로 예전 중국 왕조의 관행을 멀리하고, 그들이 지배하는 공동체의 국제적 성격을 강조했다. 아르메니아에서 티리다테스 3세가 토착 집단에 새로운 종교를 강요했다면, 중국 화북에서는 새로운 종교가 이민자들에게 전파되었다. 북조의 불교는 이후 조상 숭배, 점괘, 주술 등의 요소와 혼합되었고, 백성들의 귀의를 통한 구원에 초점을 맞추는 한편 통치자들의 지배권을 강화하는 역할을 했다.

또한 북조의 불교는 이미지를 중시했다. 이것은 쿠샨제국 시대에 중앙아시아에서 시작된 전통으로, 알렉산드로스 대왕이 이 지역에 전파한 그리스 로마 예술의 영향을 반영한다. 5호16국 시대 초기에 화북 지방의 가장 오래된 불상 중 하나를 장안으로 돌아온 월지족의 후손이 소유하고 있었다는 사실은 당시 동서양의 연결을 상징적으로 보여준다. 13.5센티미터 높이의 금동상은 중앙아시아 복식을 한 부처가 중앙아시아 특유의 문양을 한 깔개 위에 앉아 명상하는 모습을 하고 있다.[49]

한편 강남에서는 불교가 전혀 다른 궤적을 그린다. 장안과 낙양에서 포교 활동 및 번역 작업을 하던 승려들은 흉노의 침략을 피해 남쪽으로 피난한 귀족층과 함께 강남으로 이주했다. 남쪽으로 내려온 이들이 새로 살 곳을 마련하고 공동체를 건설하는 과정에서 도교는 난민들에게 실망

감을 안겨주었다. 한편 그동안 중국 학자들 사이에서는 노장사상을 유가 이념과 결합하여 유동적인 세상의 근간을 탐구하는 '현학'이 성행했다. 현학은 '청담'이라는 형이상학적 담론의 핵심 요소였다. 불교가 강남에서 발전하기 위해서는 역동적이고 특권적인 사상계에서 중심지 역할을 하던 귀족들만의 모임에 침투해야 했다.

불교의 가르침을 전하는 사승들은 오래전부터 이런 접근법을 이용했다. 2세기 말, 위대한 불교 사승 모자는 불교 사상을 설명하거나 논지를 뒷받침할 때 왜 항상 중국 문헌을 인용하느냐는 질문을 받은 적이 있다. 그의 대답은 간결하고 실용주의적이었다. "왜냐하면 당신과 내가 이 고전의 내용을 알고 있기 때문입니다. 만일 내가 불경에 나오는 표현을 사용하여 열반의 의미를 설명한다면 그것은 장님에게 오색을 얘기하는 것과 같고 귀머거리에게 오음계를 연주하는 것과 같습니다."[50]

모자는 중국인들에게 불교의 개념을 이해시키는 어려움을 익히 알고 있었다. 이것은 단지 번역의 문제가 아니었다. 그보다는 불교 개념 중 다수가 중국 사상에 아예 존재하지 않는다는 점이 문제였다. 열반—진리를 체득하여 윤회에서 벗어나는 것—을 뜻하는 어휘는 중국어에 존재하지 않았다.

이는 고대 세계의 다른 지역이 경험한 것과는 전혀 다른 성격의 문제였다. 로마 세력권에서 기독교 교리는 여러 이교의 신들을 둘러싼 교리와 크게 다르지 않았다. 기독교의 수용이 난항을 겪은 진짜 이유는 기독교 규율이 로마의 사회적·정치적 질서와 상충했기 때문이다. 인도에서는 종교적 진화가 다면적 성격을 가진 힌두교를 기반으로 이루어졌다. 아르메니아에서는 종교의 교류가 일어날 기회도 없이 하나의 종교가 다른 종교를 전격적으로 대체했다. 그러나 중국으로 간 포교승은 불교의 주요 개념조차 이해하지 못하는 사람들을 어떻게든 가르쳐서 믿도록 만드는 전대미문의 과제를 해결해야만 했다.

불교 핵심 사상 중 많은 부분이 중국 사회의 전통과 직접적으로 상충했다는 사실도 간과할 수 없다. 유교는 공동체의 일원으로서 각자의 본분을 중시했다(전통적 힌두교의 바르나와 크게 다를 바 없다). 앞에서 살펴봤듯이, 공자는 『논어』에서 왕도는 궁극적으로 "군주가 군주답고, 신하가 신하답고, 아버지가 아버지답고, 자식이 자식다울 때", 달리 말하면 누구도 다른 이의 자리를 넘보지 않을 때 성립된다고 밝혔다.[51] 그에 반해 개인의 업보와 구원에 방점을 두는 불교는 인도에서 바르나 체제를 약화시키는 데 기여했던 것과 마찬가지로 중국에서도 사회적 위계질서를 초월한 승가(불교의 교단)를 중심으로 활동했다.

불교의 핵심 기구인 승가가 중국의 사회적 문제로 떠올랐다. 출신을 따지지 않고 누구나 승려로 받아들였던 승가는 전통적인 사회적·정치적 위계 바깥에 존재하는 조직이면서, 동시에 자신들이 사회를 구원하고 깨달음에 도달하는 데 중추적인 역할을 한다고 주장했다. 승가의 포용적 입장은 모든 이에게 가르침을 주고자 했던 공자의 바람과도 일맥상통한다. 그러나 중국 사회 바깥에 위치하는 승가의 특성은 고도로 조직적이고 위계적인 중국 사회에 부합하지 않았다.

2세기 이래 불교 사승들은 단순히 중국 문헌을 인용하여 불교의 교리를 뒷받침하는 데에서 그치지 않고 불교와 도교의 사상·역사·개념을 명시적으로 결합하여 불교와 중국 전통 사이의 거리를 줄이려 했다. 말하자면 불교의 현지화 전략이다. 그들은 '다르마'를 번역하면서 도교의

'도(인간이 마땅히 따라야 할 도리, 길, 원칙)' 개념을 사용했다. 4세기에도 카르마를 설명할 때나 승가의 입장을 변호할 때 도교와 다른 중국 고전을 인용하거나 비유를 들어 이야기했다.[52]

이 노력은 성공적이었던 것으로 보인다. 2세기에 후한 환제는 노자와 부처의 합동 제사를 올렸다고 전해진다. 노자가 중국을 떠나 인도의 부처가 되었다는 설도 생겨났다. 이런 식으로 점차 도교와 불교는 시대와 장소를 가로지르며 서로 연결된 사상으로 받아들여졌다.[53] 3세기 이후 도교와 불교 사상을 자유롭게 뒤섞은 예술 작품이 등장하더니, 심지어는 공자가 부처가 되었다는 기록까지 등장하기에 이른다(공자가 노자의 문하에서 배웠다는 초기 도가 주장의 놀라운 역전이다).[54] 이런 식으로 생성된 연결 고리는 중국 사상계에서 불교가 유교와 조화를 이루는 보다 어려운 단계로 진입하는 길을 닦았다.

인도에서 굽타왕조가 오래된 힌두 전통과 새로운 힌두 전통을 결합하고자 했다면, 중국 강남의 불자들은 서로 다른 종교들을 하나로 수렴하려 했다. 동아시아에서 출발해 중앙아시아를 거쳐간 민족 대이동, 제국의 확장, 그리고 기원전 2세기 이후 발달한 무역로를 따라 수많은 민족과 전통과 문화가 뒤섞이던 상황에서, 종교의 수렴은 이질적인 역사의 수렴이기도 했다. 인도 왕실에 파견된 그리스 대사 메가스테네스가 인도를 방문한 디오니소스 신과 인도에서 태어난 헤라클레스를 통해 두 세계를 연결시켰던 것처럼, 인도와 중국의 역사도 양국에서 등장한 위대한 종교 창시자들의 삶을 하나로 묶은 서사를 통해 연결되었다.

중국 불교 사상은 중국 엘리트 계층이 추구했던 핵심 질문과 쟁점, 그 중에서도 특히 현학을 수용하면서 진화했다. 반야 사상을 중심으로 하는 불교 계파는 중국 지식인 사회가 그토록 집착했던 인간 경험의 밑바탕을 이루는 현실의 본질을 집중적으로 탐구했다.

중국 귀족층이 강남에 자리 잡은 4세기 무렵에 불교는 귀족층 담화의 일부가 되기에 유리한 조건을 갖추고 있었다. 중국에 귀화한 새로운 세대의 외국인 승려와 중국 상류층 출신 승려의 수가 급증했는데, 이들은 청담 계열 인사들이 인정하는 혈통, 화법, 교육 수준을 갖췄으며, 무엇보다도 권위를 갖고 있었다.

새로운 세대의 엘리트 불승 중에는 쿠샨왕조의 왕자 출신인 백시리밀다라 같은 인물이 포함되어 있었다. 처음에 화북에 정착했던 그는 흉노의 침입 후 강남으로 자리를 옮겼으며, 동진의 명문가 왕씨 가문의 주요 인사인 왕도의 눈에 띄어 세상에 이름을 알렸다. 이미 두 명의 승려를 배출했던 왕씨 가문은 백시리밀다라를 청담에 초청했다. 백시리밀다라와 대화를 하기 위해서는 통역이 필요했지만, 그는 직접 주고받는 말보다 '묵회(조용한 깨달음)'를 통해 깨달음을 전했다고 한다.

불승들이 청담의 일부가 되고 중국 귀족층의 사제, 조언자, 친구가 되면서, 불교는 점차 강남의 주류 사회에 입성했다. 귀족들이 불교 사원 건설과 경전 번역의 든든한 후원자를 자청하면서, 동진 시대에 총 1만 7,068개의 사찰이 건설되고 263권의 경전이 번역된 것으로 추정된다.

이런 성공에도 불구하고 불교가 중국 사회에 미치는 사회적·정치적 영향 및 승가의 형태와 기능에 위협을 느끼는 비판자들도 있었다. 불교가 강남에서 지적 유행 이상의 위상을, 그리고 화북에서 연꽃으로 부리는 신묘한 도술 이상의 위상을 확립하려면, 즉 중국 사회와 통치자들의 장기적 파트너로 기능하려면 불교의 핵심을 비판하는 이들을 회유할 방법을 찾아야 했다.

*

4세기 후반이 시작될 무렵, 각양각색의 신앙이 광범위한 지역의 여러 위대한 통치자들과 다양한 관계를 맺고 있었다.

티리다테스 3세와 그레고리우스가 신의 권위를 빌려 아르메니아를 신속하게 개종시켰다는 기록은 훗날 티리다테스 3세가 권좌에서 밀려나 은둔자로 살다가 암살당한 후 나라가 더욱 분열되었다는 현실을 감춘다. 지중해 세계에서 콘스탄티누스 1세는 이교와 기독교 전통 사이의 섬세한 균형과 공존을 이루기 위해 새로운 수도를 건설했으며, 계속되는 기독교 교리 분쟁으로 제국의 통합이 어그러지는 것을 막기 위해 노력했다. 무엇보다도 그는 기독교, 이교, 그리고 제국의 권위를 한 몸에 구현함으로써 자신을 체제의 정점에 올려놓고자 했다.

인도에서는 굽타왕조가 오래된 종교적 전통과 새로운 종교적 전통을 섞어 통치와 공동체를 강화했을 뿐만 아니라, 그 과정에서 신에 준하는 존재로 격상된 군주에게 궁극적으로 의지하는 신분제를 고착시켰다. 중국에서는 불교가 화북의 새로운 통치자들에게 받아들여졌으며, 강남에서 귀족층의 사상계에 진입하기 위해 진화하는 과정에서 인도와 중국의 역사와 종교를 연결했다.

그러나 각 종교와 그 지지자들의 위치는 여전히 불안정했다. 로마제국에서 기독교는 콘스탄티누스 1세의 관심과 개입에도 불구하고 여전히 소수 종교였으며, 나아가 황제 자신은 기독교도가 아니었다. 아르메니아에서는 그레고리우스의 기적적인 노력에도 불구하고 기독교가 일반 백성들 사이에 어떻게 뿌리내릴지 불분명했으며, 왕과 가톨리코스의 관계 또한 점차 갈등 속으로 빠져들었다. 중국 화북과 강남의 빠르게 변화하는 정치적·군사적 정세 속에서 불교의 운명은 여전히 불투명했다. 기독교와 불교가 로마와 아르메니아, 그리고 중국에서 각각 국교로 받아들여지기까지는 시간이 더 필요했다. 이 지역은 인도의 굽타제국과 달리 종교와 통치의 관계가 아직 완전한 합의에 도달하지 못했기 때문이었다.

9장

종교와 통치

337년 4월 초, 콘스탄티누스 1세는 요양을 위해 콘스탄티노플을 떠나 동쪽의 니코메디아로 가기로 결정했다. 황제는 그곳에서 주교들을 소집했다. 카이사레아의 에우세비우스는 콘스탄티누스 1세가 이 무렵에 세례를 받고 기독교로 개종했다고 전한다. 성 히에로니무스는 콘스탄티누스 1세에게 영세를 준 사람이 **다른** 에우세비우스, 즉 325년에 제1차 니케아 신경에 서명하기를 거부했다는 이유로 추방당했다가 327년에 콘스탄티누스 1세에 의해 사면받은 니코메디아의 에우세비우스 주교였다고 전한다. 콘스탄티누스 1세는 끝까지 관용과 포용 정책을 고수했던 것으로 보인다. 그는 세례를 받고 모든 죄의 사함을 받은 후, 화려한 황제복을 거부하고 기독교 신자들이 입는 수수한 흰색 옷을 고집했다고 한다.

337년 5월 22일, 콘스탄티누스 1세가 니코메디아에서 세상을 떴다. 니코메디아는 콘스탄티누스가 동로마 황제 리키니우스의 항복을 받고

로마제국의 단독 통치자로 부상한 곳이자, 아르메니아의 티리다테스 3
세와 회담을 가진 곳이며, 제1차 니케아 공의회가 열린 곳이다. 임종을
맞은 황제의 곁을 기독교 주교들과 이교도 장관 에바그리우스가 함께 지
켰으니, 그의 치세에 잘 어울리는 마지막이 아닐 수 없다.

콘스탄티누스 1세의 시신은 콘스탄티노플로 이송된 후 유언에 따라
성 사도 성당Church of the Holy Apostles의 중앙 돔 아래 안치되었다.* 콘스
탄티누스 1세의 석관은 그리스도의 열세 번째 제자라는 상징적인 의미
로 십이사도 기념비 한가운데에 놓였다. 5세기 들어 (특히 동로마제국에서)
콘스탄티누스 1세는 '사도들과 동격'이라는 의미로 '준準사도isapostolos'
라 불렸다. 후대 비잔틴 시대 역사서들은 한술 더 떠서, 인도의 궁정 시인
들이 굽타왕조 통치자들을 극찬한 석주 명문에 버금가는 찬양을 콘스탄
티누스 1세에게 바쳤다.

> 성스러운 콘스탄티누스 1세는 용맹한 기백, 날카로운 지성, 대화에서 드러나
> 는 박식함, 굽힘 없는 정의감, 솔선수범하는 자비심, 황제다운 풍채, 그리고
> 전투에서 보여준 용기와 강단을 비롯하여 모든 면에서 특출했다. 그는 이방
> 인들 사이에서 명성이 드높았고 동족 가운데에서 견줄 자가 없었으며, 단호
> 하고 흔들림 없이 정직했다. 그의 용모와 몸가짐도 빠지는 곳 없이 수려하고
> 기품이 넘쳤다. … 그는 기도로 모든 적에 맞서 승리를 쟁취했다.[1]

그럼에도 불구하고 콘스탄티누스 1세가 세상을 뜰 당시 로마제국은

---

* 성 사도 성당은 1461년에 철거되고 그 자리에 파티흐 모스크가 들어섰다.

공식적으로 기독교 국가가 아니었다. 실제로 7,500만 명이 넘는 로마인들 가운데 기독교인은 절반에 채 못 미쳤다. 이후 60년간 지중해 전역을 휩쓴 거대한 정치적·군사적 격동을 거치고 나서야 기독교가 로마제국의 진정한 국교로 자리 잡는다. 이 과정에서 하나의 교파만 남고 나머지는 모두 이단으로 선포되었다. 단일한 정통 기독교회를 향한 최후의 여정 끝에 콘스탄티누스 1세가 구축한 종교와 통치자의 관계—황제가 기독교와 제국의 위계 구조를 연결하는—는 좌절되었고, 기독교 주교들의 종교적 권위와 황제의 세속적 권위 사이의 새로운 투쟁이 전개되었다.

아르메니아에서는 종교적 권위와 세속적 권위의 갈등이 훨씬 더 피비린내 나는 양상을 띠었다. 중앙집권 체제를 강화하려는 통치자의 야심, 기독교를 기존의 종교적·사회적 지형에 이식하려는 분투, 그리고 로마제국과 사산제국에 좌우되는 정치적·군사적·종교적 결정이 이를 더욱 부채질했다. 한편 4세기 후반의 인도 굽타왕조에서는 통치자들이 구축해놓은 종교와 통치의 전략적 결합이 한층 강화되었다. 이와 함께 정치적·경제적·군사적 안정이 도래했고, 이것은—로마와 아르메니아에서 특정 계열의 기독교만 수용하고 나머지는 죄다 불법화했던 것과는 달리—종교적 다양성, 존경, 관용의 만개로 이어졌다.

중국에서는 불교를 바라보는 부정적인 시각을 중화하기 위한 불교계의 노력이 꾸준히 지속되었다. 그 결과 황제가 불교로 개종하고 황실의 지속적인 지원을 약속하기에 이르렀다.

하나의 종교, 두 명의 통치자

콘스탄티누스 1세의 임종에는 기독교 주교와 이교도 관료가 함께 자리했다. 콘스탄티누스 1세가 새로 건설한 콘스탄티노플의 건축 양식도 서로 다른 전통의 공존을 반영했다. 반면 로마 같은 오래된 도시는 공화국 창립 이전의 왕정 시대까지 거슬러 올라가는 이교의 역사와 건축물이 수세기 동안 축적되어 이교적인 느낌을 강하게 풍겼다.

콘스탄티누스 1세는 치세 말년에도 사람들이 원하는 종교를 믿을 수 있도록 허용했다. 그리고 여기에는 로마의 이전 황제들을 경배했듯이 콘스탄티누스 1세를 숭배할 권리도 포함되었다. 이탈리아 히스펠룸의 공동체가 콘스탄티누스 1세와 그의 가문을 기릴 사원을 지을 수 있도록 허가해달라고 요청하자, 황제는 "우리 가문의 이름으로 봉헌된 사원이 전염병처럼 번져나가는 불합리한 종교적 신념에 기만당하지 않아야 한다"는 조건으로 허락했다.[2] 다만 정확히 무엇이 '불합리한' 종교인지 설명하지는 않았다.

로마제국 내부에서 교세를 확장해나가는 기독교회 및 기독교 공동체들에 대한 콘스탄티누스 1세의 권위는 결코 절대적이지 않았다. 북아프리카에서 로마가 승인한 기독교회와 도나투스파의 갈등이 계속 이어졌지만, 콘스탄티누스 1세는 이를 무시하는 정책을 고수했다. 330년에는 그가 ('공식적인' 교회 위계질서를 따르는 이들에게 사용을 허락한다는 조건으로) 자금을 대어 지은 성당을 도나투스파가 점유하는 것을 수수방관한 채 새 성당을 지을 자금을 내주었다. 도나투스는 335년에 사망할 때까지 "카르타고의 군주 자리를 차지하고 교만하게 굴면서 자신을 다른 인간들보다 우월한 위치에 놓았다."[3] 도나투스파는 심지어 교황직에 도나투스파 후보를 내세워 자신들의 영향력을 아프리카 너머로 확장하려 했다. 도나투스가 사망한 후에도 도나투스주의의 인기는 줄어들지 않았다. 336년에

열린 북아프리카 공의회에 모인 도나투스파 주교는 270명에 달했다.[4]

콘스탄티누스 1세는 성자와 성부의 관계를 두고 벌어진 기독교회의 또 다른 심각한 분열도 (니케아 공의회와 티레 공의회에서 시도했던 실용주의적 접근에도 불구하고) 해결하지 못했다. 그가 내놓은 최종 해결안은 황제 개인의 권위에 의해 간신히 유지되는 임시방편에 지나지 않았다. 이 해결안의 지속 여부는 전적으로 콘스탄티누스 1세의 뒤를 이은 후계자들의 의지에 달려 있었다.

콘스탄티누스 1세는 황후 파우스타(콘스탄티누스가 첫 번째 결혼에서 얻은 자식을 죽이도록 종용한 후 그에게 욕조에서 살해당했다)와의 사이에서 태어난 세 아들을 남겼다. 그가 각고의 노력을 들여 통일한 로마제국은 세 아들에 의해 다시 분열되었다. 콘스탄티우스 2세는 제국의 동부를, 콘스탄티누스 2세는 제국의 서부를, 그리고 콘스탄스는 중앙부와 아프리카 북부를 차지했다. 동부의 콘스탄티우스 2세가 사산제국의 침략을 막아내느라 여념이 없는 사이, 콘스탄티누스 2세와 콘스탄스는 (콘스탄티누스 1세가 막센티우스와 권력 다툼을 벌였던 것처럼) 제국 서부와 중부의 통치권을 독차지하기 위해 패권 다툼을 벌였다. 340년, 콘스탄티누스 2세가 죽임을 당하고 콘스탄스가 로마 제국의 3분의 2를 차지했다. 하지만 그는 부하들의 충성을 이끌어내는 아버지의 능력을 물려받지 못했고, 고작 10년 후인 350년에 황실 호위군 사령관 마그넨티우스가 일으킨 반란으로 죽음을 맞았다. 콘스탄스가 다스리던 지역은 마그넨티우스가 차지했다.

동쪽에서 사산제국의 침략을 물리친 콘스탄티우스 2세는 이 찬탈자를 처단하기 위해 서쪽으로 향했다. 351년 이래 두 사람은 여러 번의 전투에서 맞붙었고, 결국 353년 마그넨티우스의 죽음으로 매듭지어졌다. 그러나 콘스탄티우스 2세는 한숨 돌릴 여력이 없었다. 제국의 패권 다툼을 기회 삼아 북쪽 변방의 부족들이 침략을 개시했기 때문이다. 콘스탄티우스 2세는 이제 그들을 무찌르는 데 전력을 다해야 했다. 그들을 물리치고 나니 이번에는 동쪽에서 나쁜 소식이 들려왔다. 제국의 동부를 맡기고 온 사촌이 통치에 요구되는 균형을 유지하는 데 실패하면서 해당 지역에서 반란이 일어났다. 잔혹한 진압, 폭동, 입법 기관에 대한 완력 행사, 로마 관료 살해 사건, 부유한 시민들의 재산을 압수하기 위한 가짜 재판과 처형 등의 소식이 잇달아 전해졌다. 콘스탄티우스 2세는 사촌을 소환하여 처형시켰다. 이 일이 마무리되자마자 갈리아 지역에서 또 다른 로마군 반역자가 반란을 일으켰다. 혼자 힘으로 제국을 유지하는 것이 불가능함을 깨달은 콘스탄티우스 2세는 친족 가운데 유일하게 살아남은 율리아누스를 부제로 승격시키고 갈리아 지역 반란을 처리하는 임무를 맡겼다. 한편 콘스탄티우스 2세는 또다시 로마 국경을 넘보는 사산제국에 맞서기 위해 제국 동부로 돌아갔다.

콘스탄티우스 2세가 격변 중에도 제국의 종교적 균형을 고려했다는 사실이 놀랍다. 제국 대부분의 지역에서 그는 콘스탄티누스 1세의 균형 정책을 계속 유지했던 것으로 보인다. 단, 성삼위 관계에 관한 논쟁만큼은 예외였으며, 이 문제에 대한 그의 생각은 확고했다. 콘스탄티우스 2세는 사산제국과 전쟁을 치르기 위해 동쪽으로 향하기 직전인 359년 5월 22일에 부친 사망 22주기를 맞아, 성자와 성부의 관계를 '동일본질'이라고 규정했던 콘스탄티누스 1세의 결정을 반박하며 제1차 니케아 신경의 포기를 선언했다. 대신 그는 성자는 '성부와 비슷하다(호모이오스homoios)'고 묘사하며, 이것을 반영하는 새로운 니케아 신경을 만들었다.*

콘스탄티우스 2세가 무엇을 하려 했는지 우리는 영영 알 길이 없다. 이듬해, 갈리아 반란을 진압한 율리아누스가 자신이 이끄는 군대에 의해 정제로 추대되었다. 제국 동부에서 사산제국과 싸우고 있던 콘스탄티우스 2세는 새로운 위협에 대처하기 위해 서부로 귀환하던 중 361년 11월 초에 세상을 떴다.

당시의 상황이 율리아누스가 남긴 기록을 통해 오늘날까지 전해진다. 그는 이탈리아와 그리스 주요 도시에 자신의 행동을 변호하는 서신을 돌렸으며, 그중 아테네에 보낸 편지가 오늘날까지 남아 있다. 율리아누스는 기원전 490/480년에 페르시아제국의 침략에 맞서 그리스를 방어한 아테네의 역사를 칭송하면서, 위대한 민주주의 시대부터 정의를 가장 중시했던 아테네의 명성에 찬사를 보낸다. 율리아누스는 정의로운 아테네 시민들에게 자신의 행동을 판단해달라고 요청한다.

> 그대들의 과거 행적이 이와 같으니, 오늘날까지 선조들의 미덕의 불씨가 조금이라도 살아 있다면, 그저 얼마나 대단한 업적을 성취했는지나 하늘을 나는 듯한 놀라운 속도와 지칠 줄 모르는 에너지로 지상을 휩쓸었는지에 주의를 기울일 것이 아니라 그것이 정당한 방법을 통해 성취되었는지를 고려함이 마땅할 것입니다.[5]

아테네가 율리아누스를 지지했는지는 확실치 않다. 그러나 아테네의

---

* '동일본질'에 반대하는 측은 호모이우시오스homoiousios(alike in substance), 호모이오스 homoios(being like), 안호모이오스anhomoios(unlike)의 3개 파벌로 나뉘어 있었다. 콘스탄티 우스 2세는 앞의 두 의견을 번갈아 지지했으며, 세 번째 의견은 탄압했다.

결정은 더 이상 중요하지 않았다. 콘스탄티우스 2세가 사망한 이상 율리아누스는 이제 로마의 단독 황제였다.

율리아누스의 통치는 두 가지 핵심 정책을 주축으로 한다. 하나는 그에게 강요된 것이었고, 다른 하나는 그의 개인적 선택이었다. 첫 번째는 사산제국의 위협에 대응하는 것이다. 이것은 제국의 동쪽 국경을 방어하기 위해서이기도 했지만, 더 중요한 것은 자신의 군사 능력을 증명해야 할 필요가 있었기 때문이다.[6] 한편 율리아누스의 두 번째 정책은 로마 세계가 전혀 예상하지 못한 뜻밖의 행보였다. 율리아누스는 기독교인으로 태어나 기독교도로 성장했으나, 계속된 교리 논쟁에 환멸을 느꼈다. 그리하여 그는 다른 신들을 숭배하기 시작했다. 훗날 율리아누스는 이교 태양신 헬리오스Helios 찬가를 짓고 "어린 시절부터 신의 광선이 나의 영혼 깊숙이 관통하길 열망했다"고 노래한다.[7] 기독교가 내부 불화로 자멸할 것이라 믿었던 율리아누스는 아득한 옛날부터 이어져온 이교의 전통으로 회귀하고자 했다(5세기 교회사가 소크라테스에 따르면, 피타고라스나 플라톤 같은 철학자들이 주장한 영혼 환생설에 영향을 받은 율리아누스는 자신이 알렉산드로스 대왕의 환생이라 믿었다[8]).

율리아누스가 361년에 황제로 즉위한 후 곧바로 기독교를 뿌리 뽑으려 했던 것은 아니다. 그는 발레리아누스, 디오클레티아누스, 그리고 갈레리우스의 기독교 박해가 오히려 역효과를 불러왔음을 잘 알고 있었다. 그는 직접적인 박해 대신 기독교도를 관직에서 쫓아내고 내부의 분열을 조장했다. 그는 기독교도가 교회 밖에서 가르칠 수 있는 권리를 철회하고, 황실이 기독교 주교들에게 주던 봉록 지급도 중단했다. 그리고 교회 내부의 분열을 조장하고자, 기독교 공식 교리를 거부해 추방당했던 주교들을 다시 불러들였다. 여기에 더해 이교 신전을 다시 열고 압수했던 재산의 반환을 명하는 칙령을 발포했다.

실제로 율리아누스는 델포이의 사제에게 신탁을 구한 마지막 인물로 알려져 있다. 그러나 그에게 내려온 신탁은 이교 숭배로의 회귀에 어떤 희망도 북돋워주지 않았다.

> 황제에게 전하라, 찬란했던 신전은 폐허가 되었노라고.
> 포에부스[아폴론]는 더 이상 머물지 않고, 예언의 월계수도 없다고.
> 예언의 샘도 말라버려 적막만이 흐른다고.[9]

율리아누스가 즉위한 지 2년 만에 제국 동쪽 변경에서 사산왕조와 싸우다가 사망하면서, 로마 세계에서 이교를 부활시키고자 했던 꿈도 그와 함께 사라졌다. 율리아누스 황제의 기독교 권리 박탈 시도는 오히려 이후 수십 년간 로마 세계에서 기독교의 발전을 촉진하는 효과를 가져왔을 뿐이다. 기독교회 내부에 반목의 불을 지피고자 했던 그의 계획은 오히려 극소수 집단에서만 논의되던 이론 논쟁이 사회 전 계층에 걸쳐 뜨거운 화제가 되는 역효과를 냈다. 이제 콘스탄티노플 공중목욕장의 일꾼들도 기독교 신학 이론을 두고 열띤 토론을 벌이는 시대가 되었다.

기독교를 박해하는 대신 그들의 권리를 박탈하는 율리아누스의 정책은 기독교인들로 하여금 기독교 역사상의 중요한 사건과 인물을 정립하고 이를 바탕으로 자신들의 종교적·사회적 정체성을 강화할 여지를 주었다. 예를 들어 이 시기 로마에서는 주교들이 기독교 순교자들의 매장지를 파악하여 성대한 묘를 세우고 성지로 만드는 작업에 몰두했다.

율리아누스의 계획이 내포한 세 번째이자 가장 치명적인 결함은 기독교의 메시지가―같은 시기 중국에서 퍼져나갔던 불교의 메시지처럼―당대의 불안정한 군사적·정치적 분위기에 공명했다는 점이다. 율리아누스 사후 20년간 로마제국은 분열되어 여러 명의 황제가 동시다발적으로 명멸했으며, 설상가상으로 북쪽과 동쪽 국경에서 위협이 끊이지 않았다. 기독교는 친절을 베풀고 서로 돕는 것이 중요하다고 설파했고, 이 메시지는 전란의 시대에 많은 지지자를 확보했다. 그 결과 제국 전역에서 기독교 신자의 숫자가 크게 증가하기 시작했다.

이와는 별개로, 기독교 신앙은 내부적으로 여전히 분열되어 있었다. 같은 기간에 특히 성삼위 논란을 두고 콘스탄티누스 1세의 니케아 신경을 따르는 서로마 세계와 콘스탄티우스 2세의 신경을 선호했던 동로마 세계가 대립하면서 지리적 분열이 심화되었다. 공인된 기독교 이론과 전례가 무엇인지 최종적인 공언이 필요한 시점이었다. 그러기 위해서는 로마 세계 전체가 인정하는 통치자의 목소리가 필요했다.

379년부터 395년까지 로마 황제를 지낸 테오도시우스 1세는 율리아누스가 360년에 사망한 후 집권한 여러 황제들 중에서 처음으로 일정 기간 이상 로마제국 전체를 단독으로 지배한 황제다(그리고 로마제국을 단독으로 지배한 최후의 황제다). 380년 1월 그리스 북부 테살로니키에서 테오도시우스 1세는 성자와 성부의 관계에 관한 칙령을 발표했다. 후대에 익숙한 "성부와 성자와 성령"이 "동등한 위엄과 삼위일체 개념 아래" 하나의 신성이라는 내용이었다. 그는 여기서 한 걸음 더 나아갔다. 공식 노선을 따르지 않는 자는 '미치광이'로 규정되어 신과 황제의 분노를 감당해야 했다.

이것은 기독교 교리와 이단이라는 개념뿐 아니라 기독교와 교회, 그리고 황제의 관계에도 결정적인 순간이었다. 콘스탄티누스 1세는 자신을 제국과 교회 계급 구조의 정점이자, 주교들의 공의회에서 결정된 신경의 선포를 주관하고 통합을 위협하는 반대자들을 처벌하는 '열세 번째 제자'의 자리에 올려놓았다. 그러나 그는 이단이 신의 분노를 불러일으킬 것이라고 선언하거나, 신의 분노가 황제의 손을 통해 집행될 것이라고 협박하지는 않았다. 반면 테오도시우스 1세는 그런 조치를 취했다. 380년 11월, 그는 콘스탄티노플에 입성하여 데모필루스 주교에게 황제의 칙령을 받아들일 것을 요구했다. 주교가 이를 거절하자 황제는 그를 즉시 면직시키고 그리스 출신 나지안주스의 그레고리우스를 그 자리에 앉혔다. 그러나 나지안주스의 그레고리우스는 콘스탄티노플 사람들에게 너무나 평판이 나빠서 제국군의 호위가 필요했을 정도였다.

381년 1월, 테오도시우스 1세는 한발 더 나아갔다. 그는 '니케아 신경'을 믿는 사람만 주교로 임명될 수 있다고 공표하고, 이를 거부하는 자는 특권을 박탈하고 도시에서 추방했다. 그는 콘스탄티노폴리스 제국 교회 회의를 열어 이를 공식화했으며, (기나긴 논쟁 끝에, 그리고 그레고리우스가 콘스탄티노플 주교직에서 사임한 후) 7월에 니케아-콘스탄티노폴리스 신경 Niceno – Constantinopolitan Creed이 채택되었다.* 테오도시우스 1세는 공직자들과 병사들에게 이를 널리 시행하도록 명했다. 383년부터 모든 다른 종류의 기독교 신앙은 공식적으로, 법적으로, 그리고 신학적으로 '이단'으로 배척되었다.

---

* 이 신경은 니케아 신경이 그리스도를 신과 '동일본질'이라고 규정한 데서 한 걸음 더 나아가 그리스도가 '성부와 일체'라고 본다.

테오도시우스 1세가 강경한 입장을 취한 이유는 간단하다. 심각한 외부의 위협에 맞서 거대한 제국을 통합하고 안정시켜야 했기 때문이다. 테오도시우스 1세는 스페인에서 군인으로 성장했으며, 전장에서 거듭 자신의 능력을 증명했다. 그는 제국이 위기를 극복하려면 무엇보다도 강력한 권위와 결속이 중요하다는 것을 경험을 통해 배웠다(기원전 3~2세기 위대한 사령관들도 이 목표를 달성하고자 했다). 로마제국은 지난 수십 년간 정치적·군사적으로 분열된 상태였으며 동쪽의 사산제국과 끊임없이 전쟁을 치르고 있었다. 정치적·군사적으로 위태로운 시기에 종교적 통합과 충성심은 어떤 대가를 치르더라도 반드시 확보해야 하는 필요조건이었다.

삼위일체 문제에 관한 테오도시우스 1세의 칙령은 서로마제국 내부의 견해와는 일치한 반면 동로마제국과는 대립했다. 동로마제국은 사산제국의 맹공을 방어하는 중요한 전방이었기에, 테오도시우스 1세는 동방제국에서 그의 결정이 받아들여지도록 특히 신경 썼다. 그가 콘스탄티노플로 가서 데모필루스와 정면 승부를 벌인 것도 바로 그런 이유였다. 그 후 그는 콘스탄티노플의 주교가 서열상 로마의 주교 아래 위치하도록 기독교 조직을 변경하여 동방이 서방에 예속되도록 조치했다. 이로써 로마제국의 정치와 전쟁, 그리고 종교가 하나로 결합되었다.

테오도시우스 1세의 엄격한 기독교 정책은 로마제국 내 이교 숭배에도 뚜렷한 효과를 미쳤다. 이교가 불법으로 규정된 '미친' 믿음에 포함되었기 때문이다. 380년대에는 이교 사원에 대한 기독교도들의 공격이 한층 격렬해졌다. 이교도 연설가 리바니우스는 "몽둥이와 돌과 쇠방망이로 신전을 무차별적으로 공격하는 검은 옷의 무리에 의해 사원 지붕이 벗겨지고 벽이 무너지고 동상이 파괴되는 등 완전히 폐허로 변해버렸

3부 연결된 세계의 종교

다"고 한탄했다.[10] 한편 이교 제전인 올림피아 경기는 381년에도 예정대로 열렸으며, 389년에 테오도시우스 1세가 여전히 이교적 성격이 강한 로마 원로원을 방문했을 때 원로원은 전통적인 희생제를 열어 황제를 환영했다. 테오도시우스 1세가 희생제 같은 주요 이교 전례와 주요 이교 상징물, 이미지 사용을 공식적으로 불법화한 것은 391~392년에 이르러서다. 교회사가 성 히에로니무스는 그 결과를 이렇게 기록했다. "호화로운 수도가 황폐해졌고, 로마의 모든 사원들이 먼지와 거미줄로 뒤덮었다. … 사람들은 서둘러 무너진 성소를 지나쳐 순교자들의 무덤으로 줄지어 달려갔다."[11]

이교 불법화의 파급 효과가 로마에만 미쳤던 것은 아니다. 이교 성소의 약탈이 광범위하게 벌어졌던 이집트에서는 피라미드와 사원에 새겨진 고대 이집트 상형문자 연구가 이단으로 규정되었다(이 문자는 이후 14세기 동안 인간의 기억에서 사라졌다. 상형문자의 해독이 가능해진 것은 19세기에 여러 언어로 새겨진 로제타석이 발견된 덕분이다).

그러나 오래된 관례는 쉽사리 소멸되지 않았다. 아무리 이교 사원을 빈사 상태로 몰아넣었을지언정, 이교는 특히 로마 원로원에 강력한 지지자를 보유하고 있었다. 테오도시우스 1세가 이교 상징물을 금지시킨 바로 그해에, 이교 여신 니케(승리의 여신) 제단이 로마 원로원 안에 세워졌다. 종교적 선택이 황제의 명에 따라 결정되는 테오도시우스 1세의 세계에서 갈등은 정치적 반란으로 비화했고, 이것은 전쟁을 의미했다. 에우게니우스는 원로원의 종교적 권위를 방어하며 테오도시우스 1세의 통치권에 도전했다.

394년 9월 초, 기독교 기치 아래 로마군과 연합군을 이끄는 테오도시우스 1세와 이교신 유피테르와 헤라클레스의 이름으로 싸우는 에우게니우스의 프랑크족과 갈리아인 군대가 오늘날 슬로베니아 지역의 프리기두스강에서 맞붙었다. 양측은 이틀간 장래 정치 리더십과 종교적 자유를 결정하게 될 격렬한 전투를 벌였다. 훗날 교회사가들은 신이 보낸 거센 폭풍이 에우게니우스측 병사들의 진열을 무너뜨렸다고 주장한다. 결과는 테오도시우스 1세의 승리였다. 이 전투를 끝으로 기독교를 공인하기 위한 대규모 군사작전은 막을 내린다.

이듬해인 395년, 테오도시우스 1세가 세상을 떴다. 그의 추도 연설을 맡은 사람은 종교와 통치의 관계에 뜻밖의 전환을 불러온 밀라노 주교 암브로시우스였다. 연단에 선 암브로시우스는 콘스탄티누스 1세(비록 그는 죽기 직전에 이르러서야 공식적으로 기독교로 개종했지만)가 창시한 기독교 통치 왕조라는 개념을 설명하는 것으로 말문을 열었다. 그는 계속해서, 하지만 이것이 곧 콘스탄티누스 1세와 후대 황제들이 자처했듯 황제가 교회의 최고 권위자가 된다는 의미는 아니며, 황제에게 종교적 권위를 행사하는 것은 주교들이라고 말했다.[12]

암브로시우스는 테오도시우스 1세 생전에 이런 입장을 분명히 밝힌 바 있다. 암브로시우스는 390년 테살로니키에서 반란이 일어났을 때 7,000명을 학살한 책임을 물어 테오도시우스 1세를 교회에서 파문했다. 그는 테오도시우스 1세에게 용서받을 수 있는 유일한 방법은 참회뿐이라고 단언했고, 실제로 황제는 수개월간 속죄한 후에야 성당 출입이 허용되었다. 암브로시우스가 테오도시우스 1세의 아들을 포함한 청중들 앞에서 행한 추도 연설에서 언급했듯이, "그는 죄를 지었을 때 겸허하게 용서를 구했다."[13] 로마 세계는 이제 하나의 종교를 가졌으나 세속적 통치자와 종교적 통치자를 따로 두었으며, 점점 더 후자의 권위가 강해지고 있었다. 성 아우구스티누스가 5세기 초에 "기독교의 권위가 전 세계에 널리 퍼졌다"라고 말한 것도 전혀 놀랍지 않다.[14]

*

기독교 사상과 전례가 지속적으로 발전하는 과정에서 시작된 종교적 권위와 세속적 권위의 충돌은 로마제국에만 국한된 사건이 아니다. 실제로 같은 기간에 매우 다른 형태의 기독교가 발달한 아르메니아에서는 세속적 통치와 종교적 통치의 분열이 더욱 치열하고 피비린내 나는 갈등을 촉발했다.

티리다테스 3세(왕으로서)와 그레고리우스(가톨리코스이자 기독교회의 수장으로서)는 아르메니아에 기독교를 강제로 이식하기 위해 협력했으며, 그것이 얼마나 성공적이었는지는 기록에 따라 차이가 있다. 그레고리우스 사후 아리스타케스를 시작으로 후계자들이 사역을 계속해나가면서 아르메니아 기독교 예배와 건축 양식은 로마 세계에서 발전한 것과는 현저하게 다른 형태로 발전했다.

335년 콘스탄티누스 1세가 티레 공의회에서 성삼위 논란을 마무리 짓고 예루살렘에 성묘 교회를 축성할 무렵, 예루살렘의 주교 마카리우스는 아리스타케스의 뒤를 이어 아르메니아의 가톨리코스 자리에 오른 '그리스도를 사랑하는 존귀한 대주교' 브르타네스에게 서한을 보냈다.[15] 편지는 아르메니아 성직자 대표단이 예루살렘을 방문한 뒤에 쓰인 것으로, 세례식과 성체성사의 올바른 절차에 관해 그들과 논의한 내용을 개략적으로 언급한다. 마카리오스는 브르타네스와 아르메니아 교회의 특이한 관행에 혹평을 퍼부었다. 이를테면 그들이 세례성사 때 세례반을 사용하지 않고 아무 그릇이나 사용하는 점, 아무 사제나 성유로 축성하는 것이 허용되는 점, 그리고 325년과 327년의 니케아 공의회에 참석한 아리스타케스에 의해 첫 번째 니케아 신경이 아르메니아에 도입되었음에도 불구하고 일부 주교들이 성삼위 논란에서 아리우스를 지지한다는 점을 힐난했다.

마카리오스는 아르메니아 교회가 로마 교회와 얼마나 다른지 제대로 알지 못했다. 초기 아르메니아 성당의 화려한 건축 양식은 부를 축적하고 전시하는 아르메니아의 이교 전통을 기독교가 이어받았음을 보여준다. 더욱 놀라운 것은 기독교 예배 후에 동물 희생제를 치를 공간이 교회 안에 마련되었다는 점이다. 이것은 성 그레고리우스와 기독교 사제로 옷을 바꿔 입기로 한 이교 사제들이 타협한 결과였을 것으로 여겨진다(타협하지 않을 경우 이교 사제들은 산으로 도망가거나 그레고리우스의 군대에 맞서야 했다). 그레고리우스는 이교 사제들이 기독교로 개종하면 계속해서 전통적인 희생제를 지낼 수 있도록 허용했다. 중요한 종교적 지위(특히 가톨리코스)를 아들에게 상속하는 전통도 유지시켰으며, 아나히타(비옥함, 치유, 지혜의 여신)에게 바치는 하지 장미 축제Midsummer Rose Festival 같은 이교 축제도 그리스도의 변용을 축하하는 행사라는 명목으로 허용했다.

하지만 기독교와 이교 관행을 조합한 현지화가 아르메니아 백성들에게 미친 영향은 미미했다. 파우스투스는 4세기 아르메니아 역사를 다룬 5세기 저작에서 그들의 반응을 간략하게 전한다.

그들이 기독교를 받아들이기 시작했을 때, 그것은 단지 전해 들은 종교이자 필요에 따라 믿었던 미신이었을 뿐 이후 그리스 문자나 시리아 문자를 읽을 수 있는 이들의 지식, 희망, 믿음에 기반한 독실함과는 거리가 멀었다.[16]

문제의 핵심은 5세기 초까지 아르메니아 고유의 문자가 존재하지 않았다는 점이다. 따라서 기독교의 교리를 글로 전달할 방법이 없었다. 이는 4세기 전반 중국에 불교가 도입될 때 부딪힌 난관과는 또 다른 문제였다. 중국에는 쓰고 말하는 데 아무 문제가 없는 두 가지의 언어가 존재했다(다만 산스크리트어로 된 불교 경전을 중국어로 충실하게 번역할 만큼 두 언어에 모두 능통한 사람이 드물었을 뿐이다). 반면 아르메니아에서는 그들의 언어로 교리를 기록할 수 없었다.

아르메니아 문화는 공동체를 중심으로 구전되었다. 그런데 기독교가 발달하면서 갈수록 신앙 생활에서 문헌이 차지하는 비중이 커졌고, 아르메니아 문자가 없으니 그리스나 시리아 문자를 사용할 수밖에 없었다. 사람들이 외국어로 된 경전을 직접 읽거나 아르메니아어로 기독교의 가르침을 자세히 설명해주는 회합에 참석하지 않는 한, 기독교가 대중에 뿌리내려 성장할 가능성은 희박했다. 이런 장애물에 더해, 아르메니아인들의 이교 상징에 대한 애착은 집요했다. 아르메니아가 공식적으로 기독교로 개종한 후에도 비석에 뱀이나 사냥, 잔치 장면(그들이 생각한 내세의 이미지) 등을 새기는 관행이 오래도록 이어졌다. 태양 숭배나 근친 결혼처럼 상속된 지위를 보호하는 데 중요한 기능을 했던 이교 관행도 수세기 동안 지속되었다.

고유 문자의 부재로 인한 문제는 405년경 마시토츠(로마의 마지막 이교도 황제 율리아누스가 즉위한 361년에 태어났다)라는 기독교 수도승이 사막에서 은둔자로 지내는 동안 아르메니아 문자를 창제하면서 해결되었다. 티리다테스 3세와 그레고리우스가 기독교를 아르메니아에 강제 도입하는 과정을 기록한 아르메니아 역사가 모프세스 호레나치가 마시토츠 문하에서 수학했다고 전해진다. 마시토츠가 아르메니아 문자로 처음 기록한 것은 구약성경의 잠언 도입부, "지혜와 훈계를 알게 하며 명철의 말씀을 깨닫게 하며"였다. 문자 창제를 계기로 아르메니아에서 기독교의 세력과 인기가 급증하게 된다. 기독교 교리가 훨씬 쉽고 빠르게 이해되고 전파되면서 보다 확고한 아르메니아 기독교 정체성이 형성될 수 있었기 때문이다.

기독교가 아르메니아 귀족층에게 수용되는 과정은 훨씬 더 험난했다. 로마제국과 사산제국 사이에 낀 긴장이 갈등을 더했다. 그레고리우스의 아들 아리스타케스는 아르메니아 귀족을 상대로 그들의 비기독교적 생활 방식에 대해 훈계했다가 살해당했다. 아리스타케스의 후계자 브르타네스는 그의 설교에 분노한 왕비의 사주로 성난 군중에 쫓기는 신세가 되었다. 브르타네스의 아들 그리고리스 주교는 밟혀 죽었다.* 브르타네스의 또 다른 아들인 후지크는 아르메니아의 차기 가톨리코스 자리에 올랐으며, 파우스투스의 5세기 저작 『아르메니아의 역사』에서 다음과 같은 인물로 묘사된다.

젊은 그는 튼튼하고 장대한 신체를 가졌으며 잘생기고 매력적이기 그지없어서, 온 나라를 통틀어 그를 능가하는 이가 없었다. 순수하고 빛나는 영혼

---

* 캅카스 알바니아 주교로 임명되어 선교하러 갔다가, 그 지역 왕의 명령에 따라 말을 탄 마사게타이 병사들에게 짓밟혀 죽었다.

을 가진 그는 세속에 관심을 두지 않았다. 그는 용감한 그리스도의 전사와 같았고, 어린 시절부터 보이지 않는 적의 위협을 상대로 승리한 영웅과 같았다. 그는 누구도 차별하는 법이 없었으며, 허리춤에 찬 검처럼 성령의 메시지를 몸에 지녔다. 은혜를 내리는 성령이 그를 지식으로 가득 채웠고, 그는 마치 우물처럼 그의 말에 귀를 기울이는 나라 안 모든 이들의 귀와 영혼의 갈증을 해소했다.[17]

하지만 이 '갈증 해소'가 순조로웠던 것 같지는 않다.

[후지크는] 성직자의 권위를 앞세워 불경, 간음, 동성애, 살인, 상해, 강탈, 강간, 가난한 이에 대한 증오, 그리고 그 밖의 수많은 죄를 지었다고 그들을 위협하고 꾸짖었다.[18]

파우스투스에 따르면, 후지크는 347년의 연례 축제 기간에 성당에 입장하려는 왕과 귀족들을 가로막으며 당신들의 죄로 성당을 더럽힐 수 없다고 비난하다가 죽음을 맞았다.[19] 모프세스 호레나치에 의하면 후지크는 "쇠가죽 채찍으로 죽을 때까지 매질을 당했다."[20] 그런데 후지크의 죽음에는 감히 왕에게 기독교인답게 행동하라고 설교하여 분노를 샀던 것 외에 다른 이유가 있었다. 사산제국의 통치자 샤푸르 2세는 아르메니아 내부의 친사산 계열 귀족들과 긴밀하게 공조했고, 로마는 사산제국의 영향력을 억제하기 위해 가톨리코스를 제거하는 초강수를 감수하면서까지 아르메니아 왕 티그라네스 7세를 적극적으로 지원했다.[21] 후지크의 뒤를 이은 후임 가톨리코스는 한 해를 넘기지 못하고 사임했고, 353년까지 그 자리는 공석으로 남았다.

파우스투스에 따르면, 이 시기에 아르메니아 사람들은 기독교의 가르침으로부터 더욱 멀어졌다.

> [그들은] 정도를 벗어났다. 눈으로 보지 않았고, 귀로 듣지 않았으며, 마음으로 이해하지 못하고 속죄하지 않았다. 그들은 무지몽매한 상태로 스스로 파멸의 길을 따라 깊은 수렁에 빠졌다. 그들은 몰락하고 타락했으며, 지도자가 없었기에 아무도 자신들의 광포한 행동과 죄를 참회하지 않았다. … 그들은 위대한 도시 아테네가 그랬듯이, 자신들을 보호하고 이끄는 양치기 개를 버리고 늑대 소굴로 들어간 양떼와 같았다.[22]

파우스투스가 정확히 어느 시대의 아테네의 쇠락을 이야기하고 있는지는 분명치 않으나, 현명한 리더십이 부재한 상태에서 다수의 어리석은 민중에 의해 좌우되는 민주주의의 부정적 측면에 빗대어 말한 것이라는 해석이 그럴듯하다(기원전 2세기에 정부 체제로서의 민주주의를 비판했던 폴리비오스도 민주정이 타락하여 중우정이 된다고 보았다). 그러나 이 시기에 기독교인의 길에서 이탈한 것은 아르메니아 대중만이 아니었다. 심지어 후지크의 아들들마저도 아버지의 명망에 못 미치는 생활을 했다. "두 형제는 주교 집무실에 들어가 창녀, 매춘부, 시인, 광대를 끼고 술을 마시면서 신성하고 성스러운 장소를 욕보이고 유린했다." 파우스투스에 따르면, 훗날 두 아들은 벼락을 맞고 죽었다.[23]

353년에 마침내 훌륭한 자격을 갖춘 인물이 가톨리코스직에 임명되었다. 후지크의 손자인 네레세스였다. 파우스투스는 그에게 다음과 같은 찬사를 바친다.

> 훤칠한 키, 단단한 몸, 매력적인 외모를 가진 남자. 잘 생긴 것으로 치면 세상
> 에 겨룰 자가 없었다. 그를 만나본 사람이면 누구나 그에게 호감을 갖고 존경
> 할 만하다고 여겼다. 그는 군사 훈련에서도 훌륭한 용기를 선보였다. 그는 신
> 에 대한 두려움을 가슴에 품고 계명을 엄격히 따랐다. 그는 인간적이고 순수
> 하고 검소하며, 매우 지적이고 편견이 없고 공정했다. 또한 그는 겸손하고 가
> 난한 자를 사랑했으며, 훌륭한 남편이었고, 신의 사랑 안에서 완벽을 이루었
> 다.[24]

오늘날 남아 있는 아르메니아의 모든 역사 기록은 네레세스가 아르메
니아에서 기독교가 확고하게 자리 잡는 데 핵심적인 역할을 했다고 전한
다. 그는 "태초의 나무들과 같았고, 그의 가르침은 모두에게 잘 익은 과실
을 넉넉히 나눠주는 것과 같은 정신적 자양분을 제공했다."[25] 그의 좀 더
평범한 업적으로는 353년 타론에서 열린 최초의 아르메니아 기독교 공
의회를 소집한 일이 있다. 로마 세계에서 콘스탄티누스 1세와 후대 황제
들에 의해 소집된 주교 모임과 마찬가지로, 타론 공의회는 교회의 규율을
확립하고 기독교가 아르메니아 사회 전 계층에 뿌리내리도록 전국에 다
양한 전도 시설을 수립하는 계획을 마련했다. 공의회는 아무도 보살피지
않던 나환자를 위해 구제소를 열고, 병자를 위해 병원을 설립했으며, 각
기관에 "비옥한 땅, 우유와 양털이 풍부한 가축 떼를 보유한 마을과 토지
를 하사하여 이곳에서 걷은 세금으로 운영"할 수 있도록 조치했다.[26] 또
한 여행자를 위한 숙소와 여관을 짓고, 고아와 노인과 빈민을 위한 시설

을 세우고, 사막에 수도원과 암자를 건설하도록 지원했다. 여기에 더해 공의회는 아르메니아 가톨리코스 휘하 주교의 수를 크게 늘리고, 로마 세계에서 테오도시우스 1세가 그랬던 것처럼 아르메니아에 남아 있던 몇 가지 이교 관행을 금지시켰다. 근친혼이 처음으로 불법화되었으며(하지만 그 후로도 오랜 기간 시행되었다), 장례식에서 통곡하는 관습과 팔과 얼굴에 상처를 내는 관행을 금했다.

결정적으로, 타론 공의회는 기원후 수세기 동안 기독교가 아르메니아 남부에서 해오던 역할을 전 국가로 확장시켰다. 이로 인해 기독교회가 보다 복잡하고 완전한 위계 체제하에 필요한 이에게 도움과 구제를 제공하는 기능을 수행하게 되었다. 이런 노력에도 불구하고, 국제 무대에서 전개된 종교적·정치적 변화로 이후 20년간 아르메니아 내부 정세는 더욱 복잡해졌다.

앞에서 살펴봤듯이, 콘스탄티우스 2세는 359년에 제1차 니케아 신경을 폐기하고 성부와 성자의 관계를 전혀 다르게 보는 새로운 신경을 채택했다. 그리고 주교들은 물론 동맹국의 통치자들도 각국에서 이를 적용하여 시행하기를 기대했다. 그런데 아르메니아에서는 가톨리코스 네레세스가 그레고리우스의 아들 아리스타케스에 의해 도입된 제1차 니케아 신경의 고수를 고집하고 나섰다. 한편 아르메니아 왕 아르삭 2세Arshak II 는 특히 아르메니아 양쪽에 위치한 로마제국과 사산제국의 전쟁이 계속되고 있는 상황에서 동맹인 로마 황제의 뜻을 따르는 것 외에는 선택의 여지가 없었다. 그 결과 아르메니아 왕과 가톨리코스의 관계에 깊은 균열이 초래됐다.

아르메니아 왕과 교회의 균열은 로마제국에서 율리아누스가 이교를 부활시키던 361~363년에 더욱 심화되었다. 아르삭 2세는 다시 한 번 로마 황제의 뜻을 따를 것을 종용했고, 네레세스는 반대 입장을 굽히지 않았다. 율리아누스 사후 로마가 기독교 중심으로 되돌아가면서 이 긴장은 빠르게 해소되는 것처럼 보였지만, 370년대에 가톨리코스는 모든 사제들에게 군복을 입으라는 명령을 내렸다. 이는 왕과 가톨리코스의 갈등이 계속되었음은 물론, 아르메니아 내부에서 세속적 권위와 종교적 권위 사이의 충돌이 갈수록 군사적 성격을 띠었음을 짐작케 한다.

373년의 어느 날 저녁, 네레세스는 370년부터 아르메니아를 통치하던 친로마 계열 파프 왕으로부터 왕의 저택에서 열리는 식사에 초대받았다. 그곳에서 왕이 권하는 와인을 마신 네레세스는 즉시 술에 독이 섞여 있음을 깨달았다. 집으로 돌아가는 길에 그는 동행에게 작은 빵 덩어리 크기로 푸르스름하게 부어오른 가슴을 보여주었다.

> 그로부터 두어 시간이 지난 후 그의 입에서 피가 흐르기 시작했다. 그는 기도하기 위해 자리에서 일어났다. 그는 무릎을 꿇고 그를 살해하고자 한 자들에 대한 용서를 구했다. 그런 다음 가까운 사람과 먼 사람, 불명예를 얻은 자와 명예를 얻은 자, 심지어 그가 알지 못하는 사람까지 포함하여 모든 이를 언급했다. 기도를 마친 후 그는 손과 눈이 하늘을 향한 채 이렇게 말했다. "주 예수 그리스도시여, 저의 영혼을 받아주소서." 이 말을 마치자 그의 영혼이 육신을 떠났다.[27]

387년에 테오도시우스 1세가 샤푸르 2세와 평화협정을 맺으면서 마침내 로마제국과 사산제국의 전쟁이 종결되었다. 그 여파로 두 제국 사이에 위치한 왕국이 강제 분할된다. 아르메니아 영토의 5분의 4는 사산 제국에 넘어갔으며, 나머지는 로마제국의 일부로 남았다. 로마에 속한 지역의 기독교 인구는 로마 기독교 세계로 흡수되었다. 반면 사산제국에 병합된 지역의 기독교인들은 박해를 받다가, 5세기 전반에 혁명을 통해 독립을 되찾았다.[28]

이 영토 분할은 역설적이기 그지없다. 티리다테스 3세는 로마가 사산 제국보다 우위에 있었던 덕분에 아르메니아 왕위에 오를 수 있었다. 독실한 기독교 역사가들은 티리다테스 3세의 기독교 개종을 아름다운 수녀 립시미스를 강간하려다 천벌을 받고 회개한 이야기를 통해 설명하지만, 보다 냉철한 논평가들은 그가 국내에서 권력과 지배권을 강화하고 사산 제국 및 부친을 살인한 세력과 그들의 조로아스터교 신앙으로부터 아르메니아를 분리하고자 하는 야심으로 기독교를 지원했다고 분석한다.

티리다테스 3세는 (적어도 공식적으로는) 기독교 로마와 적극적으로 동맹을 맺고 아르메니아와 동쪽 사산제국 사이의 종교적 거리를 벌리는 데 성공했다. 그러나 현실에서 그의 정책은 아르메니아에 종교적 분열이라는 갈등을 더했고, 왕과 가톨리코스의 대립이 격화되면서 아르메니아가 예전보다 더욱 분열되는 결과를 가져왔다. 게다가 지정학적 안정을 이루고자 했던 티리다테스 3세와 후계자들의 계획은 두 거대한 제국 사이에 낀 지리적 위치로 인해 좌절되었다. 결과적으로 아르메니아에 치명타를 입힌 것은 자신의 평화와 안전을 확보하기 위해 아르메니아를 분할한 로마였다. 아르메니아의 중앙집권화와 종교 통일의 염원은 전쟁과 국제 정치에 의해 좌절되었다.

다수의 종교, 한 명의 통치자

로마 세계에서는 종교적 권위가 세속적 권위를 상대로 우위를 차지했다. 아르메니아에서는 종교적 권위와 세속적 권위의 갈등이 유혈 사태로 이어졌으며, 이후 나라는 두 동강 나고 말았다. 이와 대조적으로 인도에서는 신격화된 굽타왕조 통치자들이 안정적이고 통합된 공동체를 창조하였고, 그 안에서 다양한 신앙 생활이 번성했다.

아슈바메다를 부활시킨 사무드라굽타 1세는 375년에 세상을 떴다. 그의 사후에 벌어진 사건은 수세기 후에 극작가 비샤카다타가 지은 〈데비와 찬드라굽타DeviChandraGupta〉라는 유명한 극의 소재가 되었다. 극 속에서 사무드라굽타 1세의 뒤를 이은 라마굽타는 서남부의 사카를 정벌하여 굽타제국을 확장하고자 했으나, 전투에서 패하여 사카 왕에게 부인 드루바데비를 바쳐야 하는 처지가 되었다. 그런데 왕의 동생 찬드라굽타가 모욕을 기꺼이 감내하는 라마굽타에게 분노하여 스스로 드루바데비로 변장하고 사카 왕실로 갔다. 사카 왕을 만난 찬드라굽타는 그를 살해한 후 무사히 돌아왔다. 이 사건을 통해 백성들의 신망을 얻고 담대해진 찬드라굽타는 이번에는 형인 라마굽타를 살해하고 형의 부인 드루바데비와 결혼했다.

찬드라굽타 2세 시대에 굽타제국은 전성기를 맞이했다. 30년 전쟁 끝에 그는 마침내 사카왕국을 정복했으며, 그 결과 인도 북서부 연안부터 북동부 연안까지 영토를 연결하여 아라비아해를 향해 난 여러 항구를 확보하고 인도를 관통하는 동서 교역로를 장악했다. 또한 찬드라굽타 2세는 남쪽의 경쟁국인 바카타카왕국의 왕에게 딸을 출가시켜 5년 후 그가 왕비, 즉 자기 딸에게 통치권을 넘기고 사망하자 그 왕국의 영토까지 지배하게 되었다.

찬드라굽타 2세 치세에 발행된 금화는 대단한 군사적 성취를 전면에 내세워 강조한다. 동전의 찬드라굽타 2세는 오른쪽을 바라보고 서 있고, 마치 강한 바람이 부는 듯 줄로 허리를 단단히 묶은 튜닉이 뒤로 휘날린다. 팔찌와 보석으로 치장한 그는 손에 활을 들고 화살을 날리는 자세를 취하고 있다. 화살이 향하는 동전 오른쪽 가장자리에 이를 드러낸 채 포효하는 사자가 보인다. 동전에 새겨진 문구는 다음과 같다. "명성 높은 전사 찬드라굽타 왕이 사자의 용기로 승리하다." 뒷면의 사자를 타고 있는 여신은 앞면의 '사자의 용기'를 형상화한 것이다. 전장에서 보여준 용맹을 통해 찬드라굽타 2세는 그의 선조들과 마찬가지로 신적인 존재로 추앙되었다. 이후 발행된 일련의 주화에는 최고신 비슈누에게 성스러운 은혜를 받는 찬드라굽타 2세의 모습을 새겨 그와 굽타왕조의 위상을 강조했다. 찬드라굽타 2세가 세운 석주는 그가 "보름달처럼 아름다운 얼굴"을 가졌으며 "온 마음을 바쳐 비슈누에게 헌신했다"고 묘사한다.[29]

통치자의 신격화와 동시에, 신은 갈수록 통치자의 형상을 닮아갔다. 이 시대 예술 작품에서 비슈누는 왕국의 상징물을 들고 있는 군주의 모습으로 그려진다. 이는 4세기 로마 성상에서 신과 그리스도가 갈수록 권좌에 앉은 황제의 모습으로 등장하는 것에 비견할 만하다. 찬드라굽타 2세는 엄청난 자금을 투입하여 (명문에 '보시'라고 명시되어 있다) 인도 북중부의 우다야기리 석굴에 비슈누를 묘사한 정교한 종교화를 제작했는데,[30] 여기에 거대한 비슈누가 멧돼지 바라하Varaha의 형상으로 나타나 우주의 혼란으로부터 대지의 여신을 구출하는 장면을 새겼다. 비슈누가 세상을 구원했듯이 굽타왕조(특히 찬드라굽타 2세)가 제국을 혼란으로부터 구했다는 메시지를 전하려는 의도였다.

비슈누 신과 굽타왕조 통치자 사이의 중첩이 심화되면서, 4세기 말경 새로운 형태의 힌두교 건축 양식인 '사원'이 탄생했다. 그때까지는 우다야기리 석굴처럼 산을 뚫어 만든 동굴 벽에 신의 형상을 새긴 석굴 사원이 선호되었다. 그러나 점차 화려한 기단 위에 단독으로 서 있는 거대한 석조 사원이 최고신들의 숭배 장소로 발달했다.[31] 굽타 시대에 사원을 뜻하는 용어는 원래 궁전이나 왕실 저택을 뜻하는 '프라사다prasada'였고, 사원에서 비슈누에게 제물을 바치는 행위는 '발리bali(왕실에 내는 세금을 뜻하는 고대 베다 용어)'라 칭했다. 다시 말해, 사원은 통치자/신들의 궁전이었다. 사원은 아름다운 양각으로 장식된 현관(아르다 만다파ardha mandapa)을 갖추고 있었다. 예를 들어, 우타르 프라데시주 데오가르의 다샤바타라 사원Dashavatara Temple은 벽에 비슈누 신의 대표적 아바타 열 명(다샤바타라Dash-avatara)의 이야기를 담은 아름다운 장식이 조각되어 있다고 해서 그 이름이 붙었다.

찬드라굽타 2세와 후계자들의 치세에서 가장 주목할 만한 점은 특정 종교와 지배 계급 사이에 강력한 유대 관계가 존재하는 동시에 제국의 다양한 신앙이 포용, 권장, 보호되었다는 점이다. 찬드라굽타 2세의 즉위 5년째인 380년에 제작된 것으로 추정되는 마투라 석주는 시바를 최고신으로 숭배하는 힌두교 종파가 번영했다는 증거다. 석주의 내용을 살펴보면 이 종파의 한 구루가 마투라에 전대 구루들의 상을 세웠다고 전한다. 석주는 이 종파에 의해 시바교 숭배의 상징으로 세워진 것으로, 이를 손상하는 자는 그 죄로 인해 영원히 고통받을 것이라는 위협이 함께 적혀 있다.[32]

이러한 관용 정책은 굽타왕조의 종교 관행이 가진 위계적 교리 중 상당 부분을 명백히 거부했던 불교에까지 확장되었다. 실제로 굽타왕조는 관료를 따로 임명하여 불교, 그리고 마투라에 주재하는 수천 명의 승려 및 굽타제국의 수도 파탈리푸트라에 주재하는 수백 명의 승려를 관장하게 했다. 찬드라굽타 2세 치세 말기에 제작된 산치 명문에 따르면, 절을 운영하는 비용을 감당할 수 있도록 마을에서 나오는 수익을 승려 공동체에 하사했다. 이 명문이 흥미로운 이유는, 단지 왕이 불교를 지원했다는 사실 때문이 아니라 그 과정에서 감동적일 만큼 외교적으로 접근했다는 데 있다. 굽타 명문은 소박한 언어와 문법으로 유명하며, 누구라도 읽고 이해할 수 있도록 쉽게 쓰였다. 그런데 산치 명문에서 찬드라굽타 2세는 그의 글이 대상으로 하는 집단을 세심하게 고려하는 모습을 보인다. 전통적으로 왕실 명문에서 왕은 '비슈누의 최고 헌신자'라는 호칭으로 묘사되지만, 여기에서는 이 용어 대신 '완벽한 경지에 이르렀다'라고만 기록되어 있다.[33]

415년에 찬드라굽타 2세의 뒤를 이어 즉위한 쿠마라굽타 1세의 치세에 종교적 다양성의 궁극적 사례가 등장한다. 날란다에 대학과 불교 사원이 설립된 것이다. 이후 날란다는 아시아에서 가장 위대한 교육기관 중 하나가 되었다. 7세기에 이르면 500명의 학생과 13개의 승원, 7개의 홀, 300개의 승실을 갖추었고(그 사이사이로 푸른 연꽃으로 채워진 연못이 배치되었다), 이 모두는 왕이 하사한 세금으로 운영되었다. 중요한 것은 이곳에 모인 학생들이 불교 문헌뿐만 아니라 베다, 힌두 철학, 논리, 문법, 의학도 공부했다는 점이다. 인도가 중앙아시아 및 중국과 연결된 더 넓은 세계의 일부를 구성했던 덕분에, 날란다는 광범위한 지역에서 온 학생들로 넘쳤다. 후대에 한 중국인 방문자가 날란다에서 자신이 목격한 바를 기록으로 남겼다.*

> 승려들은 아침부터 밤까지 토론을 벌였다. 노인과 젊은이가 서로 도왔다. 명성을 얻고자 하는 학자들이 여러 다른 도시로부터 … 이곳에 모여들었고, 그들의 지혜는 세상으로 두루 퍼져나갔다. 그들은 자신들을 날란다 학생이라 불렀고, 날란다에서 공부한 사람은 세간의 존경을 받았다.³⁴

배움과 명상과 토론의 전당이 서로 다른 종교와 철학을 구가하는 다양한 지역 출신의 학생들에게 개방되면서 인도는 철학, 과학, 문학의 황금기를 맞았다.³⁵ 이 시기에 '인도의 셰익스피어'로 불리는 칼리다사가 등장한다. 또한 아마도 동서고금에 걸쳐 가장 긴 서사시이자 과거 왕조의 권력 쟁탈전을 그린 대작이면서 오랫동안 힌두교 성전의 핵심 문헌으로 자리 잡은 『마하바라타』가 마침내 완성되었다. 그리고 지구 자전설을 주창한 (훗날 '인도의 뉴턴'이라 불린) 아리아바타 등이 활약한 시대이기도 하다.

굽타왕조가 불교에 보여준 관용은 기원전 6~5세기 축의 시대에 불교와 함께 출현한 자이나교에까지 확장되었다. 자이나교가 굽타제국의 종교와 사회의 위계적 성격에 불교보다 더욱 격렬하게 반대했음을 감안하면 놀라운 일이 아닐 수 없다. 자이나교는 금욕과 출가가 구원으로 가는 유일한 길이라 믿었다. 그들은 모든 과시적인 요소들을 극단적으로 멀리하면서 일부는 흰옷만을 고집하고 어떤 이들은 완전히 나체로 지냈다.

---

* 현장玄奘의 『대당서역기大唐西域記』이다.

그들은 비슈누, 시바, 그리고 굽타왕조가 정상에 위치한 위계적 종교 체제에 매몰되기보다는 완전히 사회 바깥에 존재하기를 추구했다.[36]

이 시기 인도의 다른 왕국에서 자이나교 집단이 받았던 대우와 비교할 때 굽타왕조의 개방적인 태도는 특히 두드러진다. 굽타왕조의 영향력 하에 있었던 남쪽의 바카타카왕조는 찬드라굽타 2세의 딸을 통해 불교를 지원했고, 그 결과 아잔타와 바구 석굴의 위대한 벽화와 부조 작품이 탄생할 수 있었다. 반면 인도 남부의 팔라바왕국과 판드야왕국에서는 자이나교 박해가 일상적으로 벌어졌다. 자이나교는 작은 곤충조차 죽이지 않겠다고 맹세한 비폭력주의였음에도 불구하고 잔인한 탄압이 자행되었다.

다수의 종교, 다수의 통치자

찬드라굽타 2세의 치세 때 중국 승려 법현이 인도에 도착했다. 법현의 『불국기佛國記』는 파탈리푸트라의 찬드라굽타 2세 왕실의 화려함과 함께 5세기 초 인도의 전반적인 생활상을 전한다.

> 인구가 많고 백성이 행복하다. 호적이 없고 재판도 없다. … 왕이 나라를 다스릴 때 참형이나 사형 제도를 사용하지 않으며, 죄를 지은 자에게는 그저 벌금을 물릴 뿐이다. 악질적인 반란을 거듭 모의하여도 단지 오른손을 자를 뿐이다.[37]

독자들은 서문에서 언급한 메가스테네스의 기록에 등장하는 기원전 4세기 찬드라굽타 마우리아 사회의 형벌 제도를 기억할 것이다. 손을 자르는 형벌은 오늘날의 기준으로 보면 가혹해 보이지만, 사형에 가차 없었던 로마나 아르메니아, 중국의 역사와 비교할 때 꽤나 관대한 처벌이다.

법현은 399년에 예순다섯의 나이로 중국을 떠나 육상 무역의 동맥인 실크로드를 따라 인도로 향했다. 법현의 목적은 불교 경전을 수집하여 중국으로 가져오는 것이었고, 그의 서역 순례는 도합 15년의 세월이 걸렸다. 법현은 중국 불교 역사상 매우 중요한 시점에 구법 순례를 떠났다. 이때는 외국 종교인 불교가 중국 통치자들에게 공식적으로 인정받던 시기였다.

4세기에 중국이 경험한 사회적·정치적 동란은 아이러니하게도 불교가 화북과 강남에서 흉노와 한족 귀족 사회의 일부가 되는 데 유리하게 작용했다. 그러나 불교가 일체의 타협도 없이 이런 위상을 얻고 유지했던 것은 아니다. 많은 승려들이 도교의 개념과 용어를 이용하여 적극적으로 불교 사상을 논의했고, 심지어 불교와 도교의 서사를 연결하여 노자와 부처를 동일시했다. 공자에 대해서도 마찬가지의 전략을 썼다. 이런 접근법 덕분에 중국인들이 불교 개념을 더 쉽게 이해할 수 있었을 뿐만 아니라, 불교가 문명화된 중국에 어울리지 않는 오랑캐의 교리에 불과하다는 주장에도 반박할 수 있었다.

아르메니아에서 이교 관행이 기독교회로 흡수되고 이교 의례도 대체로 변함없이 유지되었다면, 불교 포교승들은 중국인의 사고방식에 거슬리거나 그들에게 배척받을 만한 교리는 신중하게 제외하고 선별적으로 가르쳤다. 여기에는 '보디사트바(보살)'를 향한 사랑과 존경의 표시인 '입맞춤'과 '포옹'도 포함되었다. 이런 표현이 수세기 전 공자와 다른 이들이 구축해놓은 중국 전통에 부적절하다고 여겨졌기 때문이다(이후 중국에 전파된 탄트라 불교의 성적인 요소도 마찬가지로 검열된다).

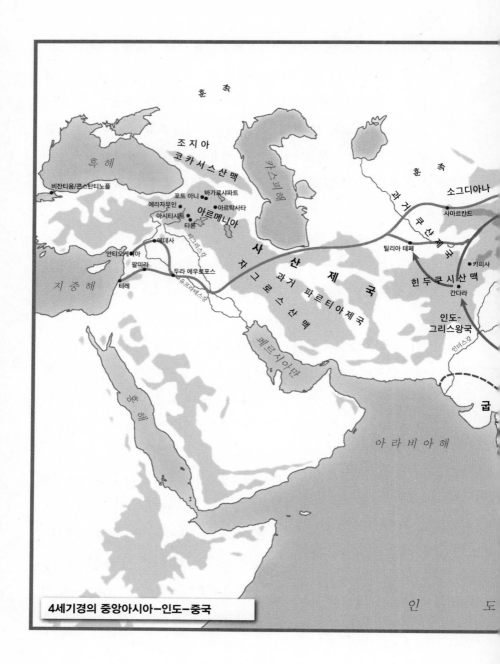

훈 족

조 지 아
코 카 서 스 산 맥
카스피해
흑 해
훈 족
소그디아나

비잔티움/콘스탄티노플
포트 아니 ● ●바가론샤파트
사마르칸트
에라자문인 ●
아시티샤트 ● ●아르탁사타
아르메니아
타룬
틸리아 테페
●카피사
힌 두 쿠 시 산 맥
● 에데사
안티오케아 ● ●
바그다드강
두라 에우로포스
간다라
팔미라
유프라테스강
사 산 제 국
인도-
티레
자그로스산맥
과거 파르티아제국
그리스왕국
안터스강
지 중 해

페르시아만

굽

홍 해

아 라 비 아 해

4세기경의 중앙아시아-인도-중국

인   도

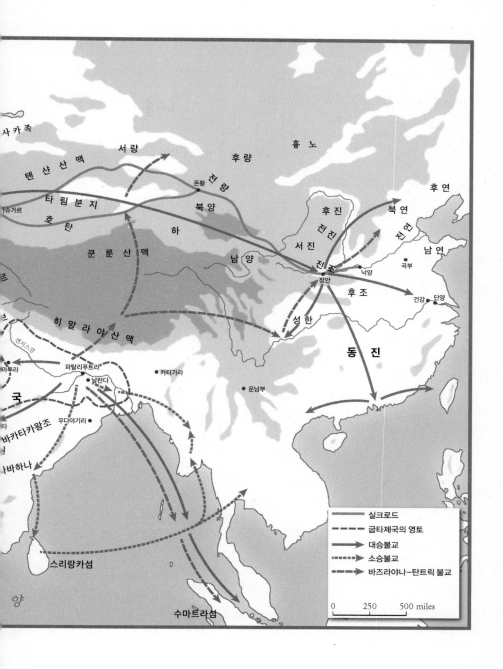

사 카 족

텐 산 산 맥

서 량

후 량

흉 노

타 림 분 지

슈가르

호 탄

쿤 룬 산 맥

돈황

전 량

북 양

하

남 양

후 진

전 진

서 진

전 조

장안

낙양

후 조

성 한

후 연

북 연

전 연

남 연

곡부

건강

단양

동 진

히 말 라 야 산 맥

갠지스강

마투라

파탈리푸트라

날란다

카티가라

운남부

국

바카타카왕조

바하나

우다야기리

타

스리랑카섬

수마트라섬

양

———	실크로드
- - -	굽타제국의 영토
——▶	대승불교
·····▶	소승불교
– – –▶	바즈라야나–탄트릭 불교

0   250   500 miles

뿐만 아니라 중국인들은 승려의 삶에 요구되는 두 가지 핵심 요소에 강한 저항을 느꼈다. 첫 번째는 독신주의다. 중국에서는 가문의 대를 잇는 일이 중요한 관습이었는데, 독신은 의무를 이행하지 못함을 의미했다. 두 번째는 황색 승복을 입은 승려들이 거리를 돌아다니며 음식과 필수품을 탁발하는 관습이다. 인도에서는 이것이 모든 이의 우주적 구원 cosmic salvation을 보장하는 방식이었다. 백성들은 승려에게 생활에 필요한 물품을 제공하고, 승려들은 구원을 책임졌다. 하지만 중국에서 구걸은 부정적인 일로 받아들여졌기에 중국 승려들은 탁발을 하지 않았다.

불교의 승가(또는 불교 교단) 제도는 계급을 초월한 평등주의를 내세웠기에 중국 사회에서 더 큰 문제로 대두되었다. 부처는 5개의 강(인도 사회의 바르나를 의미)이 바다에 이르면 모두 본래의 이름을 버리고 하나가 되는 것과 같이 승가도 그러하다고 이야기한 바 있다. 중국에 전파된 불교는 수세기 동안 황실과 엘리트 계급의 후원을 받으며 화북과 강남의 주요 도시에 승가를 건설했다. 불교 사원은 (인도의 날란다 사원처럼) 교육기관이기도 했기에, 승가를 견고한 사회적 구속으로부터의 도피처이자 자신의 처지를 개선할 기회로 보았던 수많은 하층민이 그곳으로 모여들었다. 유명한 역경승이자 격의불교를 비판한 최초의 인물인 도안도 열한 살의 나이로 승가에 입문하여 교육받았다.

승가는 또 다른 차원의 문제도 야기했다. 앞에서 살펴봤듯이, 원래 중국에서 활동하는 외국인 승려의 다수가 자국에서 상류층 출신(심지어는 왕족)이라는 배경을 갖고 있었다. 흉노가 화북 지방으로 밀려오고 수백만 명의 한인들이 강남으로 피난길을 떠났던 4세기 초부터, 속세 바깥에 위치한 승가는 병역을 피하려는 자들은 물론이고 특히 엘리트 지식인들

3부 연결된 세계의 종교

과 다른 식자들에게 이상적인 피난처로 기능했다(마찬가지로 지중해 지역에서도 3~4세기의 불안정한 정치적·군사적 정세 속에서 기독교 수도원과 모나스티시즘monasticism(수도원 제도) 개념이 성장했다). 수십 년 만에 상류 계급과 하류 계급이 한데 섞인 독자적인 승려 계급이 형성되었고, 그들은 세속 권력에 종속되지 않는 동시에 사회의 영적 구원이 자신들에게 달려 있다고 주장했다. 부유한 가문이 이들을 후원함으로써 세금을 회피했다는 사실 또한 승가를 둘러싼 긴장을 고조시켰다.

4세기 중반, 흉노족 황제 석호(선대 황제 석륵의 조카)는 승가로 출가하는 승려를 관리 감독하라는 칙령을 선포했다.

> 오늘날 사문의 수가 너무 많다. 그들 중에는 건달이나 부역을 피하려는 자도 있어 사문의 자질을 갖추지 못한 사람이 다수이다. 그러니 이를 가려내어 소상히 밝히라.[38]

불교에 대한 비난은 더욱 거세졌다. 389년, 동진의 장군 허영은 승려들이 "추잡하고 거만하고 알랑거리기 좋아하고 주색을 탐한다"고 묘사하고, 승려들이 백성들을 억압하고 약탈해 쌓은 부를 지혜인 양 여긴다고 비판했다.[39] 403~404년 동진의 지배자였던 환현은 모든 승려를 철저히 조사하는 승가 '정화' 작업을 추진했다. 그는 불경에 조예가 깊은 자, 승가의 계율을 엄격히 따르는 자, 그리고 산속에 머물면서 불교의 이상을 받들고 세속적 활동을 하지 않는 자, 이렇게 세 부류의 승려만 허용했다.

승가 생활과 불교 철학의 유용성에 관한 가장 심각한 의혹은, 그것이 이 세상에 어떤 혜택을 가져왔느냐는 지적일 것이다. 4세기 중반에 불교 비판을 반박하기 위해 당대의 배불론을 기록한 『정무론正誣論』에 담긴 배불론자들의 주장은 다음과 같았다.

> 낙양에는 수많은 사문이 있지만, 그들이 왕의 수명을 연장했다는 말은 아직 들어본 적이 없다. 그들은 음양을 조화시켜 풍년이 들게 하여 백성을 부유하게 하지도 못하고, 자연재해를 방지하거나 전염병을 막거나 화란을 잠재우지도 못한다.[40]

이런 비판에 대한 2~4세기 불교계의 반박을 보면 그들이 중국식 사고방식에 얼마나 민감했는지가 드러난다. 승려들은 불교가 세상에 도움이 되고 가르침을 통해 인간을 변모시킬 수 있음을 보여줄 필요성과 계급적 권위를 지지하고 거기에 도전하지 않을 것, 밖에서 들어온 것이 아니라 원래 '중국의 것'으로 보일 것, 신성시되는 사회적 행동규범을 부정하지 않고 옹호할 것 등을 기본 원칙으로 삼았다.

불교는 기발한 방식으로 자신들을 향한 비판을 방어했다. 불승들은 자신들이 인간 사회가 이 세상 너머(정토淨土)로 보내는 공식 사절단이라고 주장했다. 그러므로 마치 황실이 외국에 공식 사절단을 보낼 때 황제에 대한 긍정적인 인상을 심어주기 위해 필요한 모든 것을 지원하듯이 승가와 승려들을 지원해야 한다는 것이다. 한편 승가는 출가로 인해 가족들이 뿔뿔이 흩어지거나 부모의 허락 없이 출가하는 것을 금하고, 왕이나 황제를 모시는 이도 출가할 수 없도록 하는 등 자신들이 황실을 위협하는 것으로 보이지 않기 위한 추가적인 장치를 마련했다.

불교 옹호자들이 말했듯이 불교 공동체는 평화와 번영을 강조했고, 이런 입장은 불교가 당대의 권력에 수용될 때 크게 유용했다. 무엇보다도 불교는 더 이상 외국 문물이 아니었다. 불교는 아소카 대왕 시대인 기원전 3세기에 중국 땅에 들어와 진나라와 한나라를 거치면서—적어도 이제는—도교와 유교의 발전과 명시적으로 얽혀 있었다. 세 사상은 마치 머리와 꼬리처럼 상호 보완적이었으며 기본적으로 같은 목표를 공유했다.[41]

하지만 이런 주장이 불교에 대한 비판을 모두 잠재우지는 못했다. 로마제국과 아르메니아에서 그러했듯이, 갈수록 정치 권력과 종교 권력의 갈등이 깊어졌다. 379년, 5호16국 중 하나인 전진의 황제 부견은 저명한 승려 도안을 장안으로 불러들였다. 이 시기에 화북 지방에서는 새로운 포교승의 유입과 대규모 번역 사업이 활발하게 벌어지고 있었다. 부견의 명령은 황실 권력이 종교도 조정할 수 있는가라는 문제를 제기했다. 승가로 출가한 승려들은 속세를 떠난 이들이다. 과연 통치자의 명령은 그들에게도 영향을 미치는가? 도안의 경우에는 황제의 명령에 따르기로 하고 장안으로 향했다.

강남 지역 승려들도 같은 딜레마에 봉착했다. 360년대에 동진을 잠시 다스렸던 애제는 불로장생의 비밀을 캐는 데 열중한 또 한 명의 중국 통치자다(그는 장생불사를 약속하는 선약을 먹고 죽었다). 애제는 정기적으로 유명한 승려들을 수도로 불러 설법하도록 했으며, 설법이 마음에 들 경우 돈과 비단, 여름 의복과 겨울 의복을 넉넉히 하사하고 호위병이 딸린 호화로운 마차에 태워 돌려보냈다. 하지만 승려 축도일은 387년에 황실에 호출되자, 승려는 늘 자유롭게 다니며 도에 힘쓸 수 있어야 한다고, 그러니 자신을 내버려두라고 항의하는 회답을 보냈다(그의 서신으로 황실 출두 명령이 철회되었다. 황제는 승려를 억지로 끌고 오기를 원치 않았기 때문이다).

황제 권력과 불교 전례의 관계는 370~380년대 들어 공식화된다. 동진의 간문제는 (흉조를 피하기 위해서라는 구체적인 목적으로) 승려를 황실에 공식적으로 고용한 최초의 중국 황제다. 그의 뒤를 이은 효무제는 372~373년 불과 열 살 때 즉위해 열세 살 때 불교 신자인 왕법혜를 황후로 맞았다(황후는 5년 뒤인 380년에 죽었다). 381년, 채 스무 살도 되지 않은 효무제는 공식적으로 불교로 개종한 최초의 중국 황제가 되었다. 그해 봄에 수도 건강의 왕궁 안에 비하라vihara(승원)를 건설하고 승려들을 머물게 하였으며, 황실 도서관에 불교 경전을 배치했다. 이후 400년간 불교는 중국 황실에서 공식적인 지위를 유지한다.

효무제는 비구니 승가의 든든한 지원자이기도 하였으며, 특히 묘음이라는 비구니를 총애했다. 그녀는 수도에 위치한 사찰의 주지로 제자가 100여 명이나 되었다. 『비구니전比丘尼傳』에 따르면 묘음은 "매양 효무제, 태부, 중조학사와 더불어 이야기를 나누거나 글을 짓곤 하여 명성이 높았다." 이는 불교의 권세가 얼마나 성장했는지를 보여주는 자료이다. 귀족들의 청담 모임에 참여할 기회를 바라던 이국 종교에서 비구니가 권력 실세와 어울리기에 이르렀으니 말이다. 묘음의 권세가 조정을 움직이니, 출세를 위하여 묘음을 찾아와 공양을 올리는 이가 끊이지 않았다고 한다.

4세기 말 불교는 강남 동진의 수도와 화북 여러 나라의 수도에서, 그리고 특히 5세기 중엽이면 화북 대부분의 지방을 지배하는 북위에서 확고하게 자리 잡았다. 불교의 발전과 확산은 새로운 세대의 불경 번역가들에 의해 더욱 촉진되었다. 과거 축불념은 불경을 직접 번역할 수 있었던 유일한 중국인 승려였다. 하지만 4세기 말 5세기 초에 등장한 역경승 집단은 당시 굽타제국하에서 전성기를 누리던 북인도와 카슈미르 지역 출신이었다.

401년(기독교 수도승 마시토츠가 아르메니아 문자를 창제하기 직전), 아마도 가장 위대한 역경승이라 할 수 있는 구마라습이 카슈미르를 출발해 장안에 도착했다. 그는 344년경 불교 신자인 구자국 공주와 인도 브라만 아버지 사이에서 태어났으며, 일곱 살에 출가하는 어머니를 따라 카슈미르로 가서 성전을 공부했다. 이후 카슈가르로 거처를 옮겼고, 그곳에서 불교 경전과 힌두교 베다, 천문학, 수학, 과학을 공부했다. 마침내 그는 대승불교를 발견하였는데, 이 발견을 두고 "여태껏 황금을 앞에 두고 돌로 보았음을 깨달은 것과 같다"고 말했다.

구마라습은 스무 살에 승려가 되어 주요 불전을 번역하기 시작했다. 379년경에 이르면 그의 명성이 중국을 방문한 수많은 인도 및 중앙아시아 승려들의 입을 타고 중국 화북 지방에까지 도달했다. 전진—북위와 함께 화북 지방의 패권을 다퉜던 5호16국 중 하나—의 황제 부견이 장군 여광으로 하여금 군대를 이끌고 구마라습이 거주하던 지역을 정복하게 했는데, 구마라습의 신병을 확보하여 황실로 데려오는 것도 중요한 목표 중 하나였다. 그러나 여광은 구마라습을 체포한 다음 10년이 훨씬 넘도록 본국으로 보내지 않고 국경 지방에 포로로 붙잡아 두었다.* 401년 후진의 황제 요흥이 군대를 보내 여광을 죽이고** 구마라습을 데려가 황실

---

*   여광이 구라마습을 데리고 귀국하기 전에 전진이 멸망하였고, 부견이 죽었다는 소식을 들은 여광은 스스로 후량을 세워 황제가 되었다.
**   여광은 399년에 양위하고 곧이어 병사했다. 후량은 403년 4대 황제 여륭의 항복으로 멸망했다.

의 국사로 삼았다. 구마라습은 요흥이 개인적으로 후원하는 3,000명의 승려와 함께 413년에 세상을 뜰 때까지 그곳에 머물렀다.

구마라습은 중국 국경에서 억류되었던 긴 시간 동안, 또한 황실에 머무르는 동안 불사에 전념하면서 중국어를 통달하게 되었으며, 양쪽 언어에 모두 능통한 실력을 발휘하여 (후대 기록에 따르면) 불경 98권을 번역하고 기존의 불경 번역을 다수 개선했다. 그는 『범망경梵網經』(대승불교의 핵심 문헌이자 이후 중국에서 가장 인기 있는 불경 중 하나)을 번역했으며, 그 밖에도 오랫동안 제대로 번역되지 않았던 수많은 교리적 질문을 명확히 밝혔다. 그는 요흥의 지원을 받아 장안에서 편집자, 교열자, 이론가를 포함한 1,000여 명을 고용해 불경을 번역했다.* 구마라습은 '국사(나라의 스승)'의 예우를 받았다. 요흥은 구마라습을 붙잡아 두는 데 필사적이어서, 열 명의 미녀를 내려 가능한 한 많은 아들과 후계자를 낳도록 했다. 구마라습은 전통적인 불교의 독신주의를 포기하고 환속하도록 유도된 것으로 보이며, 실계한 후 여러 명의 아들을 두었지만 그중 누구도 아버지의 지적 능력을 물려받지 못했다.

화북 지방 후진의 수도 장안에서 구마라습의 후계자 양성 프로젝트가 진행되는 사이, 남쪽 동진의 수도 건강에서 효무제가 불교로 '개종'했다는 (그리고 불교가 중국 강남에 뿌리내렸다는) 소식이 고대 세계에 널리 퍼졌다. 395년, 효무제의 포교에 깊은 인상을 받은 스리랑카의 왕이 같은 불교 통치자로서 친선을 도모하는 의미로 중국 황실에 승려를 파견하고 1.2미터 크기의 옥으로 만든 불상을 전달했다. 스리랑카 왕의 사절단이

---

*   서명각과 소요원에서 경전을 번역했다. 역경 사업이 황제의 전폭적인 지원을 받아 국가 차원에서 이루어졌음을 알 수 있다.

중국에 도착하기까지 10년이 걸렸고, 불상은 5세기 초에 효무제의 후계자인 안제에게 바쳐졌다.

스리랑카 사절단으로 온 승려는 본국보다 중국 왕실이 불교를 더 숭상한다는 사실을 깨달았다. 새로 즉위한 중국 황제 옆에는 섭정이자 열성적인 불교 신자인 삼촌 사마도자가 있었다. 그런데 그의 불교 지원은 도가 지나쳤던 것 같다. 그는 비구니 묘음을 열렬히 숭배했을 뿐 아니라, 후대 역사서에 따르면 "부처의 가르침을 숭상하고 종교적 목적으로 돈을 물 쓰듯 낭비하여 백성의 삶이 피폐해졌다."[42] 안제 치세에 서역 순례와 오랜 인도 체류를 마치고 중국으로 돌아온 법현이 전하는 북인도 상황과 비교할 때 아이러니가 아닐 수 없다. 그곳에서는 훌륭하고 관용적인 (불교도가 아닌) 굽타왕조 치하에서 백성들이 번영을 누리고 있었으니 말이다.

402년 안제 시기, 황실의 또 다른 고위 귀족이 지난 100년간 불교의 여정을 다음과 같이 요약했다.

> 예전에는 진나라 백성들 가운데 불교 신자를 찾아보기 힘들었다. 승려는 대부분 오랑캐였으며, [중국] 통치자들은 그들과 아무런 접촉이 없었다. 정부는 그들의 관습을 용인하고 [그들의 종교 관례를] 제한하지 않을 수 있었다. 그러나 지금은 통치자와 고관대작이 모두 부처를 숭상하며 개인적으로 불사에 참여한다. 예전과는 상황이 달라졌다.[43]

기독교와 고대 힌두교도 이와 유사한 급부상 과정을 거쳤다. 한 세기 전까지만 해도 세 종교는 소수·외국인의 종교이거나 박해의 대상이었다. 4세기 후반에 각 종교는 내부적 교리 토론과 논의를 거치고, 외부적으로 정치적·사회적 위계질서와 군사적 현실은 물론 해당 지역의 전통과 신앙을 반영하여 탈바꿈하는 과정을 거쳤다. 인간과 신의 관계가 공동체와 개인의 관계와 함께 다시 정의되었다. 그 결과 로마와 아르메니아에서 기독교 단일 교리를 제외한 나머지는 모두 이단시되었다. 반면인도와 중국에서는 다양한 토속 종교의 존재로 인해, 그리고 불교가 매우 다양한 형태로 전파되었기 때문에 종교의 다양성이 존재할 수밖에 없었다.

이제 고대 세계 전역에 걸쳐 종교, 전쟁, 정치가 하나로 융합되었다. 로마 세계에서는 황제가 신의 뜻을 수행하는 자로서 스스로 규정한 공식종교를 강제하기 위해 투쟁을 벌였으며, 이후 교회와 충돌하면서 종교적권위와 세속적 권위의 갈등이 영구화된다. 아르메니아에서는 왕과 가톨리코스가 때로는 서로 다른 종교적 입장을 취하면서, 때로는 (로마에서처럼) 종교적 권위와 세속적 권위가 충돌하면서 대립했다. 굽타왕조 치하의 인도에서는 종교와 통치의 결합이 정치적·경제적·군사적 안정으로이어져, 종교적 다양성과 지적 창조성이 만개한 인도 역사의 황금기를낳았다. 그리고 중국에서는 불교가 비판 세력을 물리치고 황실에 공인되었으며, 통치자들은 승려의 종교적 독립성을 존중하고 때로는 그들을 구출하기 위해 다른 나라와 전쟁을 벌이기도 했다.

4세기는 역사의 결정적 순간이라 불릴 만하다. 이 시기에 고대 세계전역에서 종교적·정치적 구성이 역동적으로 변화했기 때문이기도 하지만, 그 변화가 오늘날 세계가 작동하는 방식과 우리가 믿고 있는 여러 사상에 여전히 영향을 미치고 있기 때문이다.

맺음말

4세기에 일어난 기독교, 힌두교, 불교의 역동적인 변화는 이전 수세기에 걸쳐 고대 세계가 연결되면서 그 토대가 마련되었다. 각 종교는 전파 과정에서 어느 정도의 변형을 거쳤다는 사실도 짚고 넘어간다. 고대 힌두교와 불교가 특히 그런 경우이다. 기원전 3~2세기에 동쪽에서 중앙아시아 지역으로 몰아친 민족 대이동의 물결은 사카족, 그리고 이후 월지족이 대거 인도로 유입되는 결과를 낳았다. 그로 인해 인도에 정치적·군사적 불안정이 초래되었으나, 다른 한편으로는 인도 종교에 새 생명을 불어넣은 효과도 있었다. 유목민 공동체가 숭배하던 '전사 왕' 개념은 이후 굽타왕조에서 신격화된 용맹한 통치자를 통해 종교와 통치가 결합되는 데 기여했다.

반대로 실크로드 같은 육상 무역로와 인도, 중앙아시아, 중국 간 해상 무역로의 발달은 수세대에 걸쳐 승려들이 불교를 중앙아시아로, 그리고

동쪽의 중국으로 전파하는 토대를 마련했다. 어떤 이들은 보살*을 강조
하는 대승불교의 발달이 인간의 죄를 사하기 위해 자신을 희생한 구원자
예수의 이야기가 동시대에 전파된 것과 관련이 있다고 본다.[1] 그리스도
의 이야기도 무역로를 따라 기독교 선교사들에 의해 지중해 지역으로부
터 동쪽으로 전해졌기 때문이다.

한편 알렉산드로스 대왕의 침략 이래 중앙아시아에 오랫동안 존속했
던 그리스 로마 양식은 부처를 형상화한 예술품에 뚜렷한 영향을 미쳤
다. 특히 1세기에서 4세기 사이 중앙아시아 예술 작품에서 그 흔적이 두
드러진다.[2]

교류와 혼합에 더해, 4세기가 주요 종교의 역사와 고대 세계사에 결정
적으로 중요한 시기인 또 다른 이유는 새로 등장한 종교가 로마 세계, 아
르메니아, 그리고 인도에서 통치자들이 영토를 통합하고 안정시키고 강
화하는 난제를 풀어나갈 또 다른 길을 제공했기 때문이다. 이 과정에서
형성된 종교와 통치의 관계는 나라마다 제각각 달랐으며, 종교적 권위와
세속적 권위가 결합된 곳부터 적대 관계를 이룬 곳까지 다양하게 나타났
다. 평화와 관용과 사랑을 핵심으로 하는 종교와 전쟁과 폭력을 통해 제
국을 다스리는 통치자가 손잡은 것은 상당히 역설적이지만, 인간사는 이
런 모순으로 가득 차 있다.

종교와 통치의 관계가 점차 발달하는 과정에서 특히 로마와 아르메니
아에서는 종교적 정체성과 정치적 정체성의 중첩이 한층 심화되었다. 카
이사레아의 에우세비우스(콘스탄티누스의 전기 작가이자 최초의 위대한 교회사

* 저자는 모든 중생이 구원을 받을 때까지 자신은 부처가 되지 않겠다는 큰 서원을 세운 지장보
살을 말하는 것으로 보인다.

가)는 기독교 신과 세속적 단독 통치자를 연결함으로써 정치체제로서의 민주주의를 사장시켰다. 2세기에 아일리우스 아리스티데스는 민주주의의 의미를 비틀어, 이것을 한 사람이 통치하는 보편 제국에 적용되는 용어로 바꿔놓았다. 에우세비우스는 단독 군주와 유일신이 지배하는 선망의 대상인 '군주정(모나키아monarchia)'과 근본적으로 나쁘고 필연적으로 '무정부 상태와 사회 갈등'을 불러오는 '다두정(폴리아키아polyarchia)'—'대등욕망(이소티미아)isotimia'에 기반한 다수(민중)에 의한 통치—을 대비시켰다.[3] 여기에 더해 세속적 정치체제에서와 마찬가지로, 신은 하나뿐이며 다신교 체제는 혼돈을 유발할 것이라고 주장했다.[4] 민주주의는 18세기에 유럽에서 혁명이 일어날 때까지 이런 중상모략에서 벗어나 명예를 회복할 기회를 갖지 못한다.[5] 에우세비우스는 로마제국 바깥의 기독교 역사에는 관심을 두지 않았다. 예를 들어 325년 니케아 공의회에 페르시아의 기독교 주교가 참석했음에도 불구하고 페르시아의 기독교도들은 그의 관심 밖이었다. 대신 에우세비우스는 하나의 제국, 단독 통치자, 통일된 종교 공동체, 그리고 유일신만을 열렬히 옹호했던 것으로 보인다.

같은 선상에서 학자들은 5세기 아르메니아 역사가들이 1~3세기에 레반트 지역과 서아시아를 통해 전파된 기독교가 아르메니아 사회에 천천히 흡수되고 있었다는 초기 증거를 간과하는 경우가 많다고 지적한다. 역사가들은 정치적 정체성과 종교적 정체성을 더욱 긴밀하게 융합하기 위해 티리다테스 3세와 조명자 성 그레고리우스의 극적인 상호작용을 통일 국가의 부상과 결부시켜, 이것을 아르메니아의 운명적이고 독보적인 사건으로 부각시키는 데 주력했다.[6] 결과는 성공적이었다. 아르메니

맺음말

아는 오늘날까지도 흔들림 없이 기독교를 고수하며, 이는 그들의 역사와 정체성의 핵심을 구성한다.

중국에서도 이후 수세기 동안 종교와 정치의 관계가 유사한 패턴으로 전개되었다. 9세기 중엽 당나라 시기에 이르러 불교가 외래 종교라는 사실이 심각한 문제로 부상했다. 당나라 19대 황제인 무종은 도교와 유교를 중심으로 한 당나라 '본연의' 종교적·정치적 정체성을 강화하기 위해—다른 '외래' 종교*와 함께—불교와 불교 관행, 불교 사원에 대한 탄압 정책을 폈다(세금과 군역을 회피할 수단으로 변질된 승가 단속이라는 이유도 컸다).

물론 로마 세계, 아르메니아, 인도, 중국만이 4세기 무렵에 종교적 변화 과정을 거치던 공동체는 아니었다. 더 넓은 지역으로 시선을 옮겨보면, 기독교는 지중해 동쪽의 무역로를 따라 (주로 무역상들의 종교로서) 남쪽의 아프리카, 특히 누비아와 에티오피아로 전파되었다. 로마제국의 박해를 피해 떠나온 난민으로 구성된 소규모 기독교 공동체를 건설하던 프루멘시우스는 330~340년대에 에티오피아를 기독교 국가로 만들었다. 또한 기독교는 동쪽의 사산제국으로 전파된 다음 인도로 전해졌고, 불승들과 같은 길을 따라 중국에까지 전해졌다.[7]

아시아 대륙의 저편에서는 고대 세계의 연결성과 맥동하는 무역로에 힘입어, 불교가 동아시아의 다른 지역으로도 전파되었다. 오늘날 티베트 지역에는 233년경 얄룽왕조 제28대 왕 타토도 시대에 하늘에서 왕궁 지붕으로 불경이 떨어졌다는 전설이 전해 내려온다. 중국 승려 법현은 인

---

* 삼이교三夷敎, 즉 조로아스터교, 그리스도교의 네스토리우스파, 마니교를 말한다.

도네시아 수마트라섬에 불교가 뿌리내린 것을 목격했다. 그리고 7세기 중국의 도축구법승 의정은 수마트라섬의 불교 사원에서 10년을 지냈으며, 당대 수마트라, 자바, 발리 지역의 탄탄한 불교 공동체에 대해 전했다. 또한 불교는 티베트에서 오늘날 몽골 지역으로 전파되었고, 중국으로부터 한국과 일본에 전파되었다.

불교는 각지에서 서로 다른 방식으로 계속해서 발전했다. 예를 들어 티베트에서는 불교 고승이 승려 공동체뿐만 아니라 일반 백성들에 대한 통치권을 행사하게 되었다. 인도에서 발달한 밀교Tantric Buddhism의 새로운 종파들 또한 고대 세계의 네트워크를 통해 전파되어 동양에 영향을 주고, 역으로 각 공동체의 종교적·문화적 지형으로부터 영향을 받기도 했다.

고대 세계의 연결성이 세계 각 지역에 미친 영향은 4세기 이후에도 지속된다. 로마군 장교이자 역사가였던 암미아누스 마르켈리누스에 따르면, 사산제국의 통치자 샤푸르 2세는 356~357년에 동쪽 국경을 위협하는 유목 민족과 전쟁을 벌여야 했다. 370년대에 이르면 이 유목 민족이 흑해 연안의 공동체를 멸망시켰다는 소식과 함께 대규모 난민이 로마제국의 국경 안으로 밀려 들어왔다. 395년에는 이들이 로마제국 북쪽 변방을 침략했다. 410년에는 이들에게 밀려난 서고트족에 의해 로마시가 약탈당했다.

같은 시기에 쿠마라굽타 1세의 인도 북부에서는 유목민들의 침략으로 인해 굽타왕조의 태평성대가 고비에 직면했다. 그의 아들이 즉위한 후에도 유목 민족의 침입이 계속되었으며, 이들이 카이베르 고개를 넘어 인도를 침략하면서 결국 굽타제국의 황금기는 막을 내렸다. 암미아누스 마르켈리누스는 이 유목민들을 다음과 같이 묘사한다.

> 그들은 비정상적일 정도로 야만적이다. … 땅딸막한 몸에 강인한 팔다리를
> 가졌고, 유별나게 못생기고 구부정한 모습이 마치 두 발 달린 야수와 같다.
> … 그들은 건물 안에 머무르지 않는데, 마치 우리가 묘지 옆을 피하듯이 건물
> 을 경계하며 피한다. … 그들은 보병으로 적합하지 않으며, 튼튼하지만 못생
> 긴 말에서 내려오는 법이 없다. [8]

이들은 바로 5세기에 중앙아시아 및 서아시아 전역은 물론이고 유럽
과 지중해 지역까지 휩쓸었던 훈족이다. 훈족의 가장 유명한 지도자인
아틸라는 분열된 로마제국을 공포에 빠뜨리고, 콘스탄티노플을 위협하
고, 로마 황제가 북아프리카를 포기하게 만들었다. 훈족이 기원전 4세
기 이래 중국을 위협했던 유목민 부족 흉노족의 후손이라는 추정도 충분
히 가능하다.[9] 4~5세기에 크게 분열되었던 중국은 훗날 다시 통일되는
반면, 로마 세계는 다시는 하나의 제국으로 통합되지 못할 운명이었다.[10]
세계 인구의 절반을 거느리고 오랫동안 대칭을 이뤘던 이 두 왕국은 이
제 완전히 다른 미래를 맞이하게 되며, 그 둘 사이에 위치한 아시아 지역
역시 그러했다.

마치며

앞에서 우리는 위대한 신화와 역사가 시간이 지나면서 새로 쓰이고 재구성되었음을, 그리고 매우 이질적인 사회에서 공통된 주제와 서사가 등장하는 경우가 종종 있음을 살펴보았다(인도의 『마하바라타』와 호메로스의 『일리아드』가 가진 강한 유사성을 떠올려보라). 오늘날 신화는 주로 할리우드에서 생산된다. 중국은 할리우드 영화를 두 번째로 많이 수입하는 나라가 되었고, 할리우드는 중국인 관람객의 취향에 맞는 영화를 제작하면서 변화에 발맞추었다. 그리고 이제 자체적으로 글로벌 블록버스터를 만들어내고자 하는 중국이 '세계에' 어필할 수 있는 소재를 고대사에서 찾는 것은 어찌 보면 당연한 수순이다.

2015년 2월 19일 중국 설날인 춘절, 중국 극장가에 〈드래곤 블레이드 天將雄師〉가 일제히 개봉했다. 전한 시대를 배경으로 세계적인 액션 스타 성룡이 활약하는 이 작품은 '북경문자화하영시문화산업투자기금北京文

資華夏影視文化産業投資基金'의 자금으로 제작한 첫 번째 영화다.

영화의 주인공 곽안(성룡 분)은 실크로드를 보호하고 상인들의 평화를 유지하는 임무를 맡은 한나라 장군이다. 곽안은 로마 군단의 장군(존 쿠삭 분)과 조우하여 결투를 벌이다가 점차 유대감을 형성하게 된다. 이후 두 사람은 실크로드를 독점하려는 사악한 로마의 지배자(애드리언 브로디 분)에 대항하여 힘을 합친다. 훈족, 위구르족, 투르크족, 인도인 등 고대 세계 각지의 군대가 이 분쟁에 대거 투입되어 함께 실크로드의 안전과 평화를 위해 싸운다. 곽안은 임무를 완수하며, 살아남은 로마 군단은 그의 지휘 아래 새로운 도시를 건설하고 한나라 황제가 이를 공식적으로 승인한다. 이 도시는 현대에 이르러 아시아-미국 고고학자 팀에 의해 발굴된다. 중국어와 라틴어가 함께 새겨진 명문을 발견한 그들은 고대 세계가 연결되어 있었음을 보여주는 놀라운 증거에 경탄한다.

〈드래곤 블레이드〉는 중국에서 크게 흥행하여 개봉 첫 달에만 총 1억 2,000만 달러의 수익을 기록했다. 그에 비해 서구 극장가의 반응은 냉담했다. '할리우드와 동아시아 스타일의 퓨전'이라는 찬사를 듣기도 했지만 다른 한편으로는 '중국의 프로파간다'라는 맹공격을 면치 못했으며, 이야기 전개나 역사 고증에 대한 비판도 받았다. 영상 작품으로서 이 영화가 가진 장단점에 대한 논의는 차치하고, 나는 이 영화가 이 책에서 다루는 역사적 주제와 사상을 잘 드러내는 상징적인 작품이라는 점을 말하고 싶다.

콧대 높기로 유명한 고어 비달은 이런 비교를 마뜩찮아 할지도 모르지만, 〈드래곤 블레이드〉는 비달의 소설 『크리에이션』처럼 역사와 기록에 유희적으로 접근하여 고대 세계의 양 끝에 머물던 등장인물들이 상호작용하는 세계를 창조했다. 이 지점에서 영화는 고대로 거슬러 올라가는 유구한 전통을 따르고 있다. 기원전 1세기까지의 로마 발전사를 다룬 위대한 역사서(『도시가 세워진 이래』)를 쓴 리비우스는 로마의 군사력이 알렉산드로스 대왕이 아시아 왕국들을 차례로 점령해나가던 시기에 점차 강해졌음을 알고 있었다. 그는 만약 로마가 알렉산드로스 대왕과 맞붙었더라면 어떤 결과가 나왔을지 상상해보는 데 상당한 지면을 할애한다(그는 당연히 로마의 군대가 알렉산드로스 대왕의 카리스마적 전투 지휘 능력을 상대로 승리했을 것이라 여겼으며, 근거가 없는 얘기도 아니다).[1] 리비우스의 상상 속 접촉과 군사 대결, 『크리에이션』, 그리고 〈드래곤 블레이드〉는 모두 상호 연결된 고대 세계를 배경으로 하며, 이 책에서는 고대 세계의 연결이 강화되는 과정을 세 가지 중요한 시기를 통해 살펴보았다.

1부는 기원전 6세기 '축의 시대'와 아테네, 로마, 그리고 춘추전국시대의 노나라를 다루면서, 고대 사회 내부의 인간 상호작용 방식의 역동적인 변화를 살펴보았다. 전쟁, 폭정, 비효율적 통치, 사회적·경제적 불평등이 초래한 결과가 각국에서 변화를 야기했다. 전쟁은 새로운 정치체제를 탄생시킨 불도가니 역할을 하였으며, 신생 정치체제는 내부적으로 서서히 성숙해가는 과정에서 수십 년간 취약하고 유연한 상태로 유지되었다. 로마와 중국에서 출현한 정치체제는 마치 인간의 각 신체 부위가 서로 다른 역할을 담당하듯, 인간 사회도 제각각 다른 역할을 수행하는 개별 사회 집단의 집합체로 보았다. 반면 개인이 동시에 여러 가지 역할을 담당했던 아테네에는 이런 비유를 적용할 수 없다. 이런 차이에도 불구하고 수세기 만에 아테네, 로마, 중국의 권력은 다시 개인의 손에 집중되었다. 각국의 통치자들은 각자 정도는 다르지만 도덕 판단과 명예의 외양을 갖추고 통치하였으며, 이는 지중해부터 중국에 이르기까지 모든 세계의 정치 이론가들이 추구한 가치였다.

인구가 크게 늘어나고 다양한 사회 집단이 (적어도 세계의 많은 지역에서) 더 큰 정치적 발언권을 갖게 된 오늘날에도 우리가 사회 조직과 정치 조직을 선택할 수 있는 범주는 고대인들의 그것과 동일하다. 그들처럼 우리도 동의하는 자와 동의하지 않는 자 모두와 상호작용을 해야 한다. 그리고 이런 지속적인 참여와 상호작용 속에서, 고대사의 이 중요한 시기에 탄생한 사상들은 여전히 유효하다. 축의 시대의 유산 중에서 아마도 가장 역동적인 사상은 공자가 남긴 유교 사상일 것이다.

19세기까지 중국에서 공자는 탁월한 현자이자 스승으로 추앙받았으며, 정부 조직 전반에 걸쳐 도덕성과 효 사상을 강조하는 공자의 사상 체계가 도입되었다. 그러나 19세기 말엽에 이르러 중국이 서구에 뒤처지면서 기존 체제에 대한 환멸이 커져갔다. 1905년에 유교를 기반으로 한 과거제가 폐지되었으며, 1911년에는 신해혁명이 일어나 청나라가 멸망하고 중화민국이 수립되었다. 공자는 후진성의 원흉으로 비판의 대상이 되었으며("타도공가점打倒孔家店. 공자 학파의 상점을 타도하자"라는 시위 구호가 거리에 울려 퍼졌다), 1920년대부터 중국 공산당은 법가 사상을 채택하며 반유교 정서를 공식화했다.[2] 모택동의 문화대혁명이 휘몰아치던 1966년부터 1976년까지 공자는 주요 타도 대상이었다. 전국에서 공자의 사당이 파괴되고 유교 서적이 불탔다. 홍위병들은 공자의 망령을 쫓기 위해 공자의 무덤까지 파헤쳤다.[3] 육군 원수 임표 같은 모택동의 경쟁자들이 공자와 함께 반동으로 낙인 찍혔다.

한국, 일본, 베트남 등지에서는 공자가 20세기까지 높은 인기를 구가했다. 실제로 이 나라들이 1950~1970년대에 거둔 경제적 성공 덕분에 유교는 다시 중국에 받아들여질 수 있었고, 작금에 와서는 경제 성장을 약속하는 사상이자 서구 물질주의에 대한 해독제로 자리매김했다. 오늘날 중국에서 유교는 두 가지 관점에서 장려된다. 하나는 서구의 오염을 중화하는 정신적 지주 역할을 하는 종교로서, 다른 하나는 동양에 적합한 민주주의의 잠재적 형태로서다.[4]

2부에서는 기원전 3~2세기에 공동체 관계를 놓고 교섭한, 그리고 그 결과 더욱 긴밀한 글로벌 관계를 형성한 일단의 통치자들을 살펴보았다. '심플로키'가 지중해 지역의 군사적·정치적 전략에 필수불가결한 요소로 작용하게 된 것이 바로 이 시기의 일이다. 서아시아, 중앙아시아, 동아시아에서 무자비하고 명망 높은 통치자들이 나라의 생존을 걸고 벌인 투쟁은 서로에게 영향을 미쳤으며, 그 과정에서 제국이 탄생했다(그리고 붕괴했다). 한편 이런 거대 조직체의 탄생은 동서양 역사를 연결하게 될 민족 대이동을 초래했고, 고대 세계를 가로지르는 무역로의 발달을 촉진했다. 훗날 실크로드라고 불리는 이 무역 네트워크는 미 대륙이 발견되고 대서양을 가로지르는 신항로가 개척된 16세기까지 세계 무역의 가장 중요한 통로였다.

3부에서 살펴봤듯이, 4세기 무렵 단 100년이라는 짧은 기간에 세계의 주요 종교 중 셋이 방대한 지역에 전파되었으며, 종교 발생지에서는 해당 종교의 이론적·형식적 구성이 근본적으로 변화했다. 종교와 통치자의 상호작용—무자비한 통치자와 평화와 선의를 핵심 메시지로 하는 종교의 기묘한 조합—은 대부분 통치자가 세력권을 통제하고 유지하기 위한, 즉 자신의 성공을 정당화하고 경쟁 세력을 약화시키기 위한 수단으로 이루어졌다.[5] 고대 세계가 점차 복잡한 상호작용의 네트워크로 변해갔던 것과 마찬가지로, 사회 관계, 공동체 관계, 그리고 인간과 신의 관계도 갈수록 근본적으로 맞물렸다. 그러나 많은 경우 통치자와 종교의 결합은 세속적 권력자의 지지를 확보한 종교가 여타 종교에 경직된 태도를 보이는 결과를 불러왔다. 이는 이후 수세기 동안 공동체 관계를 저해하는 요인이었으며, 종교의 지속적인 확장에 걸림돌로 작용했다. 예를 들어, 4세기 로마 황제들의 기독교 수용은 로마제국의 동쪽에 위치한 정치적·군사적 경쟁국으로 기독교가 전파되고 수용될 가능성을 사실상 차단하였으며, 오히려 그 지역에서 기독교 반대 세력이 득세하는 결과를 가져왔다.[6]

*

우리는 정치적·군사적·종교적 측면에서의 혁신, 재정의, 참여가 지중해부터 중국에 이르는 고대 세계의 성격과 발전에 어떤 영향을 미쳤는지 탐색했다. 또한 이 발전이 당대의 사회 세력과 특출한 개인들뿐만 아니라 과거의 성취로 인해 가능했음을 보았다.

〈드래곤 블레이드〉라는 독특한 사례는 역사의 활용(과 오용)이라는 이 책의 또 다른 핵심 주제와 공명한다. 〈드래곤 블레이드〉는 단지 로마와 중국의 상상 속 상호작용을 그려내는 것에 그치지 않고, 고대 세계가 무엇을 중요하게 여겼는지에 관한 특정 견해를 시각화했다. 즉, 실크로드의 안전과 평화가 고대 세계의 공통 목표였다고 말하고 있다. 이 영화의 각본가이자 감독인 이인항이 누린 창작의 자유가 과연 이 책에서 언급했던 주요 역사가들과 위대한 인물들, 공동체들이 과거를 당대의 목적에 맞게, 혹은 특정 현실을 반영하도록 묘사했던 기록과 완전히 다른 종류

기원 전후 천년사, 인간 문명의 방향을 설계하다

의 것이라고 말할 수 있을까?

우리는 과거가 늘 현재진행형이며, 자기 이해와 정체성 형성에 기여하는 변형 가능한 도구라는 점을 이해할 필요가 있다.[7] 예를 들어 중국 초기 왕조에서 등장하고 공자가 강조했던 통치권 개념은 통치자가 덕을 상실하면 하늘의 신임을 잃고 새로운 왕조에 정통성을 넘겨주게 된다는 천명 사상에 기반을 둔다. 이런 순환적 역사 개념으로 인해, 역사가의 임무는 선하고 악한 행위를 기록하고 훌륭한 통치를 위한 실질적인 지침서를 만들어내는 것으로 규정되었다. 후대 학자들이 『춘추』를 공자—명망 높은 현자이자, 현명하고 공정한 통치자와 과거의 교훈을 중시했던 인물—의 책이라고 여겼던 것도 그리 놀라운 일이 아니다.[8]

고대 중국사의 패턴은 기원전 3세기 말 진시황제가 중국 최초의 통일 제국을 세우면서 일시적으로 중단되었다. 진시황제는 순환적 역사 개념을 끊고 자신의 통치를 천명에 기반하지 않은 새로운 질서의 시작이라 선포했다(진나라가 유가가 아닌 법가 사상을 통치 원리로 삼은 것은 우연이 아니다).[9] 그러나 진나라가 몰락하고 한나라가 등장하면서, 과거를 바라보는 방식과 함께 어떤 철학으로 국가를 다스릴 것인지(유교와 법가가 주요 경쟁 후보였다)에 대한 논의가 재개되었고, 결국 왕조 순환론이 다시 부상했다.

기독교 도입 이전의 그리스 로마의 종교 전통은 순환적 시간이 아닌 직선적 시간 개념을 바탕으로 했다. 과거에 창조된 세계가 신들에 의해 영원히 지배된다고 보는 방식이다. 천지창조부터 그리스도의 강림, 그리고 최후의 심판으로 이어지는 기독교 세계관은 서구의 직선적 시간 개념을 더욱 강화했다.[10] 서구에서 과거란 현재에 적용할 유용한 가르침을 담고 있는 지식의 근원이 아니라, 되돌아보고 이해할 만한 가치는 있지만 그저 지나간 일일 뿐이라고 치부하는 경향이 강했던 것도 어쩌면 당연한 일이다.

과거를 바라보는 방식과 과거와 관계를 맺는 방식은 사회적 위계 구조 안에서 역사와 역사가가 점유하는 위상에 영향을 미쳤다(반대로 영향을 받기도 했다).[11] 순환적 역사관을 가진, 그리고 역사가 현재의 통치자를 위한 중요한 경고와 교훈을 담고 있다고 여겼던 중국에서는 역사학과 역사가의 사회적 지위가 매우 엄격하게 통제되었다. 예를 들어 중국 최초의 통사 『사기』를 쓴 사마천은 전한 무제 황실의 태사령太史令으로서 황제에게 국정을 조언하는 위치에 있었다.[12] 마찬가지로 좌복야左僕射를 지낸 위대한 11세기 역사가 사마광은 황제의 공식적인 요청에 따라—그리고 공식적 지원을 받아—기원전 403년부터 서기 959년까지의 역사를 다룬 『자치통감資治通鑑』을 편찬했다.[13]

유사한 양상이 로마에서도 발견된다. 초기 로마의 역사가 퀸투스 파비우스 픽토르가 원로원 의원, 장군, 신뢰받는 정치가를 겸했던 것은 우연이 아니다. 실제로 로마 공화국이 시간을 인식하는 방식(집정관을 기준으로 시기를 구분하는 방식)은 역사를 국가와 국가 내 가장 영향력 있는 인물들과 결부시켰다. 로마제국의 역사가들도 귀족층에서 나왔다. 그들은 역사서 저술뿐만 아니라 정부의 고위직을 담당했으며, 본인은 물론 그들의 저작이 살아남을지 여부는 황제의 호의를 계속해서 확보하느냐에 달려 있었다.[14] 한편 그리스 역사가들은 상류층 출신이거나 정계에서 활동했던 사람도 있지만 정치 망명자이거나 외부인인 경우도 흔했다. 그리고 통치자의 명을 받아서가 아니라 특정 분야의 연구를 위해, 독자적인 철학적·웅변적·역사적 전통을 가진 그리스 세계의 폭넓은 독자층을 위해 저술되는 경우가 많았다. 이런 조건으로 인해 그리스에서는 광범위한 범주를 다루는 보편 역사가 쓰일 수 있었다(헤로도토스, 스트라본 그리고 디오도로스 시켈로스가 대표적인 예다).[15]

한편 고대 인도에는 역사 기록과 역사가가 부재했다고 보는 시각이 존재한다.[16] 이런 주장은 근대에 이르러 인도의 식민지화를 정당화하는 데 사용되었다.[17] 그러나 이 시각은 인도의 복잡하게 뒤얽힌 종교와 사회 정치적 전통으로 인해 고대 인도 공동체들이 과거를 바라보는 방식이 세계의 다른 지역과는 전혀 다른 형태를 띤다는 사실을 간과했다. 『리그 베다』 같은 고대 힌두교 문헌은 인도 사회의 핵심 요소와 사회 규약의 발달 과정에 관한 깊은 통찰을 제공한다. 다른 한편으로는 특히 4세기 굽타왕조 치하에서 집대성된 『푸라나』(문자 그대로 '오래된 이야기'라는 뜻)가 과거와 현재를 연결하는 계보를 제공한다.

선형적 역사는 석주와 석굴 명문에 의해 보완되었다. 또한 부처의 경우에는 구체적인 날짜가 언급된 전기가 쓰이기도 했다(다만 부처의 일생은 서로 다른 종교 공동체별로 여러 가지 버전이 존재하며, 오늘날까지도 학자들은 부처의 생몰일에 대한 합의에 이르지 못하고 있다).[18]

인도에 존재하는 여러 가닥의 선형적 서사는 중국식 역사 접근보다 훨씬 거대한 순환적 과거관과 공존했다. 시간은 '칼파(겁)'로 이루어져 있고, 겁은 다시 '유가yugas'로 세분된다. 한 겁이 끝날 때마다 세계가 파괴되어 무로 돌아가거나 구원자가 등장하고, 다시 새로운 겁이 시작되면서 순환이 되풀이된다.[19] 인도에 역사성이 존재하지 않는다는 주장은 사실과 거리가 멀다. 오히려 인도는 너무나 방대한 역사성을 품고 있었다.

이 모든 것들은 현재 우리가 살고 있는 세상에서 역사와 역사가가 어

마치며

떤 위치를 차지하는지, 그리고 우리가 과거와 어떤 관계를 맺고 있는지 반추하게끔 한다. 오늘날 역사가들은 더 이상 통치자의 고문이 아니다. 그들은 권력의 중심에서 멀리 떨어진 듯 보이는—따라서 편파적이지 않은—전문 집단으로서 연구에 임한다. 그러나 이것이 과거와는 달리 역사가 이용되고 오용되고 원하는 대로 변형될 수 없다는 이야기는 아니다.

나는 이 책에 소개된 사례들이 독자들로 하여금 고대 세계에 눈뜨게 해주었기를 기대한다. 특히 머나먼 문화권들이 그저 개별적으로 존재했던 위대한 문명이 아니라 훨씬 광범위한 인간 상호작용의 일부였음을 상기시켜주었기를 기대한다. 오늘날 서방의 뉴스에 고정적으로 등장하지만 아주 멀게만 느껴지는 아프가니스탄 같은 지역이 한때 그리스 도시였고, 그리스-박트리아의 부와 위대한 제국이 교차하며 동서의 만남이 일어난 장소였으며, 수세기 동안 지중해에서 중국에 이르는 다양한 사회에 전파된 물품, 사상, 종교의 문화적 회전교차로 역할을 했던 지역이라는 맥락에서 재조명되기를 희망한다. 마찬가지로, 시리아의 카라반 무역 중심지 팔미라도 수없이 다양한 종교적·문화적 배경을 가진 사람들이 자유롭게 교류했던 고대의 용광로로 바라보게 되기를 바란다.

서문에서 우리는 메가스테네스 시대 이후 고대 세계에서 지구사에 대한 관심이 발달했으며, 이후 디오도로스나 스트라본과 같은 역사가들의 보편 역사 및 역사관으로 이어졌음을 보았다. 17세기 들어서는 대표적으로 월터 롤리가 시대적 필요와 발견에 비추어 지구사의 필요성을 실감했다.[20] 지난 세기에 양차 세계대전을 경험하고 갈수록 무역과 정치가 글로벌화되는 오늘날, 우리는 다시 한 번 역사에 대한 글로벌적 접근을 고려하고 있다.

기원 전후 천년사, 인간 문명의 방향을 설계하다

과거 사례들로 보건대, 정치적 지평이 축소되면 역사관도 위축된다. 디오도로스와 그의 뒤를 이은 역사가들이 추구했던 보편 역사와 접근 방식은 로마가 성장하면서 퇴보하였다. 로마는 서구 역사의 유일한 구심점이 되었으며, 이런 추세는 5세기에 로마가 분열과 쇠락을 겪을 때까지 계속되었다. 5세기는 고대 사회 발달의 '첫 번째 대분기점'이기도 하다. 중국은 붕괴하는 로마 세계와 뚜렷한 대조를 이루며 재통일을 이룩하고 정치적·경제적 패권국으로 가는 여정을 시작했다.

마찬가지로, 글로벌적 접근을 위한 롤리 시대의 노력도 18~19세기 서구에서 산업혁명이 일어나고 국민국가가 부상하면서 결국 무위로 돌아갔다. 이 시기를 기점으로, 5~6세기 이후 처음으로 서양이 중국보다 앞서 나가게 된다.[21]

이후 양차 세계대전, 서양의 주도권 상실, 그리고 아시아 경제 대국의 부상을 경험하며 글로벌 역사가 다시 주목받게 되었다. 기후 변화, 이민자 문제, 질병, 무역 등이 점점 더 중요해지고 있는 점을 감안할 때, 글로벌화 및 그에 따른 영향을 이해하는 일은 앞으로 꾸준히 지속될 것으로 보인다. 그러나 세계사에 등장하는 운명적인 '전환'을 살펴보면 영속성에 대한 가정에 의문이 들지 않을 수 없다. 우리의 지평선이 다시 축소되는 날이 올 것인가? 또 어떤 사건과 격변이 우리로 하여금 글로벌 관점으로부터 등을 돌리게 만들 것인가? 그에 따른 세계 권력 균형의 지각 변동은 어떤 형태로 나타날 것인가?

이 책을 통해 연결된 '고대의 세계들'은 우리에게 이 질문에 대한 답을 들려주고 있다.

감사의 말

책의 출간은 많은 이들의 지원과 격려 없이는 불가능하다. 이 책을 처음 구상할 때부터 커다란 (그리고 유머 넘치는) 지지를 보내준 나의 에이전트 콘빌&월시Conville&Walsh의 패트릭 월시Patrick Walsh, 그리고 격려, 아이디어, 비평, 제안, 유머를 아끼지 않고 지원해준 새라 릭비Sarah Rigby와 리처드 T. 켈리Richard T. Kelly, 조캐스타 해밀턴Jocasta Hamilton을 비롯한 허친슨출판사Hutchinson의 편집부에 감사드린다.

교열을 담당한 맨디 그린필드Mandy Greenfield와 지도를 제작해준 제프 에드워즈Jeff Edwards도 빼놓을 수 없다.

방대한 역사를 조사하기 위해서는 국내외의 주요 도서관 출입이 필수다. 나는 런던의 영국도서관과 런던도서관, 그리고 런던대학 서양고전학연구원도서관, 케임브리지의 대학도서관과 서양고전학도서관, 옥스퍼드의 새클러도서관과 보들리언도서관, 워릭대도서관, 그리스의 아테네 브

기원 전후 천년사, 인간 문명의 방향을 설계하다

리티시스쿨도서관, 캘리포니아의 스탠퍼드대학 그린도서관에서 작업할 수 있는 특권을 누렸다. 이 모든 기관과 직원분들께 감사드린다.

더불어 이 책에는 여러 학자들의 지속적인 지원과 조언이 더해졌다. 많은 분들이 자신의 연구를 기꺼이 공유해주었고, 직접 또는 이메일을 통해 시간과 노력을 아끼지 않고 나의 아이디어를 발전시킬 수 있도록 도움을 주었다. 나는 이 책에 보내준 그들의 열의에 깊은 감동을 받았다.

로빈 오즈번Robin Osborne 교수, 폴 카틀리지Paul Cartledge 교수, 존 패터슨John Patterson 박사(케임브리지대학), 조르조 리엘로Giorgio Riello 교수와 글로벌역사문화센터(워릭대학), 리 다이앤 레이니Lee Dian Rainy 교수(뉴펀들랜드 메모리얼대학), 제프리 러너Jeffery Lerner 교수(웨이크포레스트대학), 크리스토프 바우머Christoph Baumer 박사(스위스), 줄리아 쇼Julia Shaw 교수(유니버시티칼리지 런던), 제임스 헤가티James Hegarty 교수(카디프대학), 시몬 파야슬리안Simon Payaslian 교수(보스턴대학), 피터 프랭코판 박사(옥스퍼드대학), 이언 모리스 교수(스탠퍼드대학)에게 감사드린다. 특히 미국에 머무르는 동안 격려와 식견과 충고를 나눠주신 발터 샤이델Walter Scheidel 스탠퍼드대학 교수께 특별한 감사를 드린다.

이 책을 쓰는 동안 사랑하는 가족들, 특히 나의 아내 앨리스는 든든한 버팀목이었다. 그녀의 활력, 신뢰, 사랑은 나의 영감과 결의, 위안과 기쁨의 원천이다. 앨리스와 나는 첫 아이의 출산을 기다리고 있다. 이 책이 미래에 성장할 아이에게 유용하게 읽히기를 희망한다.

옮긴이의 말

    이 책의 번역 작업은 길고 험난했다. 동서양 고대사를 조망한 책이니 내용이 방대했고, 그만큼 사실 확인에 시간이 많이 들었다. 원서의 오류를 70개쯤 발견하여 저자와 공유한 뒤 수정했고, 일부 애매한 부분은 주석으로 보강했다.

    영국에 살면서 이 세계를 채우고 있는 배경지식이 나에게는 없다는 사실을 느끼곤 한다. 고대 그리스 로마사도 그중 하나다. 이를테면, 2012년 영국 보수당 의원 앤드루 미첼이 다우닝가에서 근무를 서고 있던 경찰관들에게 "플레브스가 감히 주제도 모르고"라고 운운한 것이 알려져 의원직을 내놓고 물러나야 했던 '플렙 게이트Plebgate' 사건이 그런 예이다(플레브스의 뜻은 78쪽을 참고하시라). 에드워드 스노든이 미국 국가안보국NSA의 기밀문서를 제보할 때 사용한 가명 '킨키나투스'는 로마에 위기가 닥쳤을 때 나라를 구하고 사심 없이 물러난 장군의 이름이다(85쪽을 참조하시라). BBC 역사 프로그램 진행자로 익숙한 서양 고전학 및 고대사 학자가 쓴 이 책의 번역을 맡고, 그리스 로마사 지식의 구멍을 메울 기회가 생겨서 내심 반가웠다.

트라이렘의 노를 잡은 평민들의 힘으로 페르시아제국의 침략에 맞서서 승리했던 살라미스 해전을 거치면서 굳건해진 아테네 민주정과 갑옷, 전차, 군마를 구입할 수 있는 계급의 권력 장악을 수용한 로마 공화정의 차이를 다루는 1부는 현대 민주주의를 이해하는 데 도움이 된다. 그런데 이 책은 지중해 세계를 넘어서 중앙아시아, 인도, 중국까지 연결한 고대 '지구사'를 다루는 야심 찬 프로젝트다. 개인적으로 '서양'과 '동양' 사이 중앙부가 고대사의 흐름과 어떻게 연결되어 있는지 머릿속에 그릴 수 있게 된 것이 큰 소득이었다.

지중해에서 로마제국이 부상하고 중국에서 진시황제가 천하를 통일할 때 셀레우코스제국과 힌두쿠시산맥 너머 인도에서는 어떤 일들이 벌어지고 있었나? 기원전 3~2세기 고대 제국들의 흥망을 다룬 2부가 그 답을 준다(이 시대의 역사는 웨스테로스와 에소스 대륙을 오가며 전개되는 『얼음과 불의 노래』— 드라마 〈왕좌의 게임〉의 원작 — 못지않게 박진감 넘친다).

종교와 권력을 다룬 3부에서는 기독교, 힌두교, 불교가 지배계급의 요구에 부응하며 성공적으로 뿌리내리고 통치자가 종교를 이용하여 권력을 공고히 했던 4세기의 로마, 인도, 중국을 눈에 보일 듯 정교하게 묘사한다.

저자의 말처럼, 서양의 주도권 상실과 아시아 경제 대국의 부상을 경험하며 글로벌 역사가 다시 주목받고 있다. 중국은 '신新실크로드' 건설에 뛰어들었다. 여러 면에서 오늘날 우리가 처한 상황과 흡사한 책 속의 이야기들이 독자 여러분에게도 유용한 정보가 되기를 기대하며, 미처 수정하지 못한 오류나 오역을 발견하시거든 꼭 알려주시기 바란다.

2018년 7월

홍지영

서문

1   메가스테네스의 『인도지』 의역, 단편 39(스트라본 15.1.44); 단편 40.B(디오 크리소스톰 Dio Chrysostom, 『담화록Discourses』, 35)

2   Cf. N. Kalota, India as described by Megasthenes, 1978; R. Majumdar, *The Classical Accounts of India*, 1960

3   일부 학자들은 이 거대한 개미가 마르모트였을 것으로 추정한다: J. Boardman, *The Greeks in Asia*, 2015, 130

4   메가스테네스, 『인도지』, 단편 12(스트라본, 15.1.37)

5   메가스테네스, 『인도지』, 단편 29(스트라본, 15.1.57), 30(플리니우스, 『박물지Natural History』, 7.2.14 – 22)

6   Cf. A. Bosworth, 'The Historical Setting of Megasthenes' Indica', in *Classical Philosophy*, 1996 (91), 113 – 27

7   Cf. S. R. Goyal, *The Indika of Megasthenes: its content and reliability*, 2000; S. R. Goyal, *India as known to Kautilya and Megasthenes*, 2001

8   메가스테네스, 『인도지』, 단편 25(스트라본, 15.1.35 – 6), 단편 26(아리아노스Arrian, 『인도지』, 10)

9 Cf. P. Kosmin, 'Apologetic Ethnography: Megasthenes' Indica and the Seleucid Elephant', in E. Almagor and J. Skinner(eds), *Ancient Ethnography - New Approaches*, 2013, 97 – 116

10 메가스테네스, 『인도지』, 단편 27(스트라본, 15.1.53 – 6)

11 디오니소스가 어떤 연유로 자신이 부유한 동쪽 땅으로부터 그리스로 오게 되었는지 얘기하는 에우리피데스Euripides, 『박코스 여신도들Bacchae』 참조. 또한 인도에서 디오니소스와 헤라클레스의 업적을 새긴 석주를 발견한 이야기를 전하는 스트라본, 『지리학Geographica』, 3.5.6, 아폴로도루스Apollodorus, 3.5.2 참조; J. Boardman, *The Greeks in Asia*, 2015, 130.

12 메가스테네스, 『인도지』, 단편 1(디오도로스 시켈로스, 2.38-39)

13 Cf. B. de Give, *Les rapports de l'Inde et de l'Occident: des origins au règne d'Asoka*, 2005, 261, 303. 우리는 메가스테네스가 통치자 셀레우코스 니카토르와 개인적으로 면식이 있었고 아라코시아의 사트라프(총독) 시비르티오스Sibyrtius와 알고 지냈다는 사실을 안다. 그가 알렉산드로스 대왕에 맞서 싸웠던 인도 왕 포로스Porus를 만났을 가능성도 있다. 또한 그가 셀레우코스제국과 마우리아제국의 국경 분쟁에서 협상을 맡은 교섭자였을지도 모른다: P. Kosmin, 'Apologetic Ethnography: Megasthenes' Indica and the Seleucid Elephant', in E. Almagor and J. Skinner(eds), *Ancient Ethnography - New Approaches*, 2013, 97 – 116

14 Cf. D. Vassiliades, *The Greeks in India*, 2000, 22

15 Cf. S. R. Goyal, *India as known to Kautilya and Megasthenes*, 2001. 그리스인들은 적어도 기원전 6세기부터 알려진 세상의 경계 너머를 탐험하기 위해 항해했다. 예: 밀레투스의 헤카테우스Hecataeus of Miletus. 헤로도토스는 페니키아인 한노가 이집트 파라오의 후원을 받아 아프리카 대륙이 바다로 둘러싸여 있는지 살펴보기 위해 대륙 전체를 빙둘러 항해했다고 전한다(그 외에 서기 1498년까지 아프리카 대륙 둘레를 탐사한 사람은 전무했다). 또한 페니키아인들이 카나리아제도와 아조레스제도 방향으로 남대서양 항해를 감행했다고 알려져 있다: P. Stearns, *Globalisation in World History*, 2010, 16

16 Cf. M. Sommer, 'Oikoumene: longue durée perspectives on ancient Mediterranean "globality"', in M. Pitts and M. Versluys(eds), *Globalisation and the Roman World: world history, connectivity and material culture*, 2015, 175 – 97. See also Herodotus, 3.98, 4.40

17 도시 건축 양식이 방문자들의 국제적 면모를 반영하고 있었음은 말할 나위도 없다. 그리스 양식을 모방한, 그리고 그리스 장식이 달린 석조 기둥머리가 그곳에서 발굴

되었다: J. Boardman, *The Greeks in Asia*, 2015, 134

18 메가스테네스, 『인도지』, 단편 1(디오도로스 시켈로스, 2.42)

19 또한 셀레우코스는 딸 헬렌Helen을 찬드라굽타와 결혼시키고, 인도 왕들을 위해 싸우게 될 그리스 용병과 그리스 장인, 의사, 점성가, 상인들을 보냈다: S. R. Goyal, *The Indica of Megasthenes: its contents and reliability*, 2000, 55

20 Patrocles, *Die Fragmente der griechischen Historiker*, 712; Demodamas, *Die Fragmente der griechischen Historiker*, 428. Cf. P. Kosmin, 'Apologetic Ethnography: Megasthenes' Indica and the Seleucid Elephant', in E. Almagor and J. Skinner(eds), *Ancient Ethnography - New Approaches*, 2013, 97 – 116

21 Cf. P. Robb, *A History of India*, 2002, 40

22 『밀린다왕문경The Milindpanho 'Questions of King Milinda [Menander]'』(한역본은 『나선비구경』이라고도 하며, 팔리어로는 『밀린다팡하Milinda Panha』라고 한다 - 옮긴이). Cf. D. Vassiliades, *The Greeks in India*, 2000, 59

23 제러미 태너Jeremy Tanner는 그리스 로마 연구가 이런 편협성을 유지하는 이유로 다음 몇가지를 들었다: 전문화를 촉진하는 고고학적 발견의 쇄도, 유럽 정체성의 초석이자 19세기 및 20세기 지배층의 '사상적 접착제' 역할을 하는 그리스와 로마의 입지, 그리고 포스트 모더니즘과 포스트 구조주의의 개체의 고유성 개념의 유행: J. Tanner, 'Ancient Greece Early China: Sino-Hellenistic studies and comparative approaches to the Classical world', in *Journal of Hellenic Studies*, 2009 (129), 89 – 109

24 E. g. J. Anderson, *Hunting in the Ancient World*, 1985; J. Landels, *Engineering in the Ancient World*, 1978; C. Gill and T. Wiseman(eds), *Lies and Fiction in the Ancient World*, 1993; E. Cantarella, *Bisexuality in the Ancient World*, 1992, T. Whitmarsh, *Atheism in the Ancient World*, 2015. 목록은 계속된다. 여기에는 나의 책 『Delphi: centre of the ancient world』, 2014도 포함된다.

25 예를 들어, 아놀드 조셉 토인비A. J. Toynbee, *A Study of History*(『역사의 연구』), 1934-54

26 F. Braudel, *La Méditerranée et le Monde Méditerranéen à l'époque de Philippe II*, 1949

27 지중해와 로마 제국을 하나의 구성 단위로 다룬 저서: P. Horden and N. Purcell, *The Corrupting Sea: a study of mediterranean history*, 2000; 데이비드 아불라피아D. Abulafia, *The Great Sea: A human history of the mediterranean*(『위대한 바다 - 지중해 2만년의 문명사』, 이순호 옮김, 책과함께, 2013), 2011; K. Hopkins, *Conquerors* *and Slaves*, 1981; B. Cunliffe, *Greeks, Romans and Barbarians*, 1988. 맹렬한 저항에 부딪혔던 저서: 마틴 버낼M. Bernal, *Black Athena: the afroasiatic roots of classical civilisation*(『블랙 아테나-날조된 고대 그리스 1785~1985, 서양 고전 문명의 아프리카·아시아적 뿌리』, 오흥식 옮김, 소나무, 2006), 1987 - 2006. 보다 최근의 고대사에 대한 네트워크적 접근: M. Castells, 'Nothing new under the sun?', in O. LaBianca and S. Scham(eds), *Connectivity in Antiquity: Globalisation as a long-term process*, 2006, 158 - 67, 그리고 지중해의 발전을 더 넓은 관점과 연결하는 문제를 다룬 저서: C. Broodbank, *The Making of the Middle Sea*, 2013

28 P. Stearns, *Globalisation in World History*, 2010; N. Sitwell, *Outside the Empire: the world the romans knew*, 1984; 라이오넬 카슨L. Casson, *Travel in the Ancient World*(『고대의 여행 이야기』, 김향 옮김, 가람기획, 2001), 1994; P. Curtin, *Cross-cultural Trade in World History*, 1998; P. DeSouza, *Seafaring and Civilisation: Maritime perspectives on world trade*, 2002; J. Boardman, *The Greeks Overseas*, 1980; *The Greeks in Asia*, 2015; J. Hill, *Through the Jade Gate to Rome: a study of the Silk Routes during the later Han dynasty*, 2011; F. Wood, *The Silk Road: 2000 years in the heart of Asia*, 2004; 피터 프랭코판P. Frankopan, *The Silk Roads: a new history of the world*(『실크로드 세계사-고대 제국에서 G2 시대까지』, 이재황, 책과함께, 2017), 2015

29 C. Gizewski, 'Römische und alte chinesische Geschichte im Vergleich: Zur Möglichkeit eines gemeinsamen Altertumsbegriffs', in *Klio*, 1994 (76): 271 - 302; F. Mutschler and A. Mittag(eds), *Conceiving the Empire: Rome and China compared*, 2008; I. Morris and W. Scheidel, *The Dynamics of Ancient Empires: state power from Assyria to Byzantium*, 2009; W. Scheidel (ed.), *Rome and China: Comparative perspectives on ancient world empires*, 2009; 제인 버뱅크J. Burbank, 프레더릭 쿠퍼F. Cooper, *Empires in World History: geographies of power, politics of difference*(『세계제국사 - 고대 로마에서 G2 시대까지 제국은 어떻게 세계를 상상해왔는가』, 이재만 옮김, 책과함께, 2016), 2010; W. Scheidel (ed.), *State Power in Ancient China and Rome*, 2015; I. Morris and W. Scheidel (eds), *State Formation in Europe and China, forthcoming. See* also the Stanford Ancient Chinese and Mediterranean Empires Comparative History Project.

30 K. Raaflaub (ed.), *War and Peace in the Ancient World*, 2007; P. de Souza, *The Ancient World at War: a global history*, 2008; K. Raaflaub and N. Rosenstein (eds), *War and Society in the Ancient and Medieval Worlds: Asia, the*

Mediterranean, Europe and Mesoamerica, 1999

31 For a summation of the scholarship so far in all these fields: J. Tanner, 'Ancient Greece Early China: Sino-Hellenistic studies and comparative approaches to the Classical world', in *Journal of Hellenic Studies*, 2009 (129), 89–109. In particular, for discussion: S. Shankman and S. Durrant (eds), *The Siren and the Sage: knowledge and wisdom in ancient Greece and China*, 2000; *Early China/Ancient Greece: thinking through comparisons*, 2002. In addition, more recently, see: H. Kim, *Ethnicity and Foreigners in Ancient Greece and China*, 2009. For the advantages of the comparative approach, see G. Lloyd and N. Sivin, *The Way and the Word: science and medicine in early China and Greece*, 2002, 8. Cf. M. Finley, *Use and Abuse of History*, 1986, 119, calling for a third discipline of comparative study. Also W. Scheidel, 'Comparing ancient worlds: comparative history as comparative advantage', in 2012 Proceedings of the International Symposium of Ancient World History in China, forthcoming

32 B. Gills & W. Thompson, *Globalization and Global History*, 2008, 1 참조. 다른 시대도 이는 마찬가지다. 예를 들어 중세 역사는 그 당시 세상에서 어떤 일이 벌어지고 있었는지 대신 유럽 기사들에 대한 얘기로 축소되곤 한다.

33 실제로 일부 학자들은 고대 세계가 글로벌화되었다는 것조차 부인한다. 이매뉴얼 월러스틴I. Wallerstein, *The Modern World System*(『근대세계체제』, 김명환 외 옮김, 까치, 2013), 1974; R. Robertson and D. Inglis, 'The Global Animus: in the tracks of world consciousness', in B. Gills and W. Thompson (eds), *Globalisation and Global History*, 2008, 32–47; C. CioffiRevilla, 'The Big Collapse', in B. Gills and W. Thompson (eds), Globalisation and Global History, 2008, 79–95; C. Chase Dunn and T. Hall, *Rise and Demise: comparing world systems*, 1997; A. Frank and B. Gills (eds), *The World System: Five hundred years or five thousand?*, 1994; J. Jennings, *Globalisations and the Ancient World*, 2011; 이언 모리스. Morris, *Why the West Rules -for Now*(『왜 서양이 지배하는가 - 지난 200년 동안 인류가 풀지 못한 문제』, 최파일, 글항아리, 2013), 2010 참조.

34 Cf. B. Gills and W. Thompson (eds), *Globalisation and Global History*, 2008, 5; B. Mazlish and R. Buultjens (ed.), *Conceptualising Global History*, 1993, 1

35 최근 공공 영역에서 역사에 대한 글로벌적 접근이 인기를 얻고 있음에도 불구하고 그러하다. 예: 큰 호응을 얻었던 영국박물관의 전시, 책, 라디오 시리즈 *A History*

of the World in 100 Objects(『100대 유물로 보는 세계사』, 강미경 옮김, 다산초당, 2014);
I. Morris, *Why the West Rules – for now*, 2010; 유발 하라리Y. Harari, *Sapiens: A brief history of humankind*(『사피엔스 – 유인원에서 사이보그까지, 인간 역사의 대담하고 위대한 질문』, 조현욱 옮김, 김영사, 2015), 2014; B. Cunliffe, *By Steppe, Ocean and Desert: the birth of eurasia*, 2015; P. Frankopan, *The Silk Roads*, 2015

36 Cf. P. Frankopan, *The Silk Roads*, 2015; R. McLaughlin, *Rome and the Distant East: trade routes to the ancient lands of Arabia, India and China*, 2010.

37 디오도로스 시켈로스『비블리오테카 히스토리카Bibliotheca historica』; 스트라본, 『지리학』, 플리니우스『박물지』, 클라우디오스 프톨레마이오스Claudius Ptolemy, 『지리학 Geographia』참조.

38 I. Morris, *Why the West Rules – for now*, 2010; *Foragers, Farmers and Fossil Fuels*, 2014(『가치관의 탄생』, 이재경 옮김, 반니, 2016); *The Measure of Civilisation*, 2015. W. Scheidel, 'Introduction', in W. Scheidel (ed.), *Rome and China: Comparative perspectives on ancient world empires*, 2009, 3–10: "고대 문명을 더 넓은 관점에서 연구했을 때 얻을 것은 많고 잃을 것은 없다"; W. Scheidel, 'Comparing comparisons: ancient East and West', in G. Lloyd, Q. Dong and J. Zhao (eds), *Ancient Greece and China Compared*, forthcoming

39 윈스턴 처칠Winston Churchill의 "멀리 되돌아 볼수록 더 멀리 내다볼 수 있다"라는 유명한 금언을 본받아.

1부

머리말

1 카를 야스퍼스K. Jaspers, *Vom Ursprung und Ziel der Geschichte*(『역사의 기원과 목표』, 이화여자대학교출판부, 1986), 1949.19-42. Cf. S. Eisenstadt (ed), *The Origins and Diversity of Axial Age Civilisations*, 1986; R. Bellah, 'What's axial about the Axial Age', in *Archives Européennes de Sociologie*, 2005 (46): 69–87

2 민주주의 발달이 그리스 덕분이며 민주주의가 서양에서 출현했다는 견해를 부인하는 최근의 시도는 다음을 참조: A. Sen, 'Democracy as a Universal Value', in *Journal of Democracy*, 1999 (10.3), 3–17; B. Isakhan and S. Stockwell (eds), *The Secret History of Democracy*, 2011. 이런 입장에 대한 가장 최근의 반박은 다

음을 참조: P. Cartledge, *Democracy: a life*, 2016

3 "20세기 이전의 중국은 공자의 사상과 너무나 밀접하게 결합되어 있어서 중국 정부와 사회 제도, 중국인들의 자아와 인간 관계 개념, 그리고 중국 문화와 역사의 구성이 모두 공자 한 사람의 마음속에서 나온 듯했다": A. Jin, *Confucius: a life of thought and politics*, 2007, 2. "중국의 유서 깊은 문명에 그 어떤 단일 요소보다도 커다란 영향을 미친 것은 공자라는 인물과 그의 가르침이다. 중국 문명은 진정 유교 문명이라 불릴 만하다": D. Howard Smith, *Confucius*, 1973, 9

4 미국부터 르완다에 이르기까지, 의회를 '상원Senate'이라 칭하는 사례를 여러 현대 국가에서 찾아볼 수 있다. 메리 비어드M. Beard, *SPQR: A History of Ancient Rome*(『로마는 왜 위대해졌는가』, 김지혜 옮김, 다른, 2017), 2015, 26 참조.

5 Cf. J. Roberts, *A History of China*, 1999, 75

6 W. Faulkner, *Requiem for a Nun*, 1951, Act 1, Scene 3

1장

1 헤로도토스, 5.72.2

2 J. Ober, *The Rise and Fall of Classical Greece*, 2015, 160

3 헤로도토스, 5.72.1 - 2 참조.

4 고어 비달의 『크리에이션』에서 작중 인물 키루스를 페르시아 대사로 임명하여 인도로 보냈던 바로 그 다리우스다.

5 '참주tyrant'라는 용어는—고대 그리스어에서 나온 단어이지만—고대 세계에서는 꼭 부정적인 의미를 내포하지는 않았다. 이 말은 훌륭하고 강한 통치자를 뜻할 수도 있었고, 오늘날 사용되는 의미처럼 억압적인 통치자를 뜻할 수도 있었다.

6 헤로도토스, 5.66, 5.69.2

7 헤로도토스, 5.66.2

8 "클레이스테네스는 아테네에 부족 제도와 민주주의를 도입했다": 헤로도토스, 6.131

9 위僞 아리스토텔레스Pseudo-Aristotle, 『아테네 정체』, 20 - 1

10 헤로도토스, 5.67 - 9

11 헤로도토스, 5.71

12 Cf. J. Ober, *The Rise and Fall of Classical Greece*, 2015, 76 - 85

13 아이러니하게도, 오늘날 잔존하는 드라콘의 법 문서는 의도하지 않은 살인을 저지른 자가 처벌받지 않을 수 있는 상황을 상세히 설명하고 있다.

14 솔론, 단편 5.1; 위 아리스토텔레스, 『아테네 정체』, 9.1 참조.

15 솔론, 단편 36; 위 아리스토텔레스, 『아테네 정체』, 12.4 참조.

16 위 아리스토텔레스, 『아테네 정체』, 12 참조.

17 헤로도토스, 1.59; 위 아리스토텔레스, 『아테네 정체』, 13.4 참조. 여기서 그는 지리 적 파벌을 실제 정치적 의제를 가진 파벌로 재구성했다. '해안파'는 '중간적 헌정' 을 추구했고, '평지파'는 과두적 헌정을 원했으며, '산악파'는 불만을 품은 민중이 었다.

18 헤로도토스, 1.59

19 위 아리스토텔레스, 『아테네 정체』, 14.4

20 헤로도토스, 1.61

21 위 아리스토텔레스, 『아테네 정체』, 13 – 17; 아리스토텔레스, 『정치학politics』, 5.1313b

22 아리스토텔레스, 『정치학』, 5.11

23 아테나이오스Athenaeus, 『회식토론자Dinner Table Philosophers (Deipnosophistae)』(이 외에도 『현인들의 저녁연회』, 『식탁의 현인들』, 『미식가』 등으로 번역되었다 – 옮긴이), 695A – B 참조; 『그리스 비문Inscriptiones Graecae』 I3 131; 투키디데스, 6.54 – 6

24 투키디데스, 6.54 – 6

25 헤로도토스, 5.61

26 헤로도토스, 5.73

27 헤로도토스, 5.78

28 그리스 세계의 다른 지역보다 아테네에서 민주주의가 얼마나 일찍 등장했는지를 두고 학계의 논쟁이 계속되고 있다. 일부 학자들은 7세기와 6세기에 너무 부유하거 나 가난한 사람을 경멸하고 중간층을 중시했던 '중간middling' 이데올로기가 훨씬 더 넓은 지역에 존재했다고 주장한다: I. Morris, 'The strong principle of equality and the archaic origins of Greek democracy', in J. Ober and C. Hedrick (eds), *Demokratia: a conversation on democracies, ancient and modern*, 1996, 19 – 48. 다른 학자들은 그럼에도 불구하고 다른 어느 지역보다 아테네에서 식별가 능한 민주주의가 더 빠르게, 그리고 더 일찍 발달했음을 지적한다. 민주주의는 "기 원전 6세기 말 아테네 이전에는 세계 어느 곳에서도 존재하지 않았던 것으로 보인 다": P. Cartledge, *Ancient Greek Political Thought in Practice*, 2009, 56

29 R. Osborne, *Greek History*, 2004, 1

30 잔존하는 단편 모음은 다음을 참조. T. Cornell (ed.), *Fragments of the Roman Historians*, 2013

31 B. Gibson and T. Harrison (eds), *Polybius and his World*, 2013 참조.

32 폴리비오스, 6.43.3, 44.4

33 K. Bringmann, *A History of the Roman Republic*, 2007, 1 - 2 참조.

34 그리스의 다른 역사적 사건들도 로마 공화국의 도래 시기를 추정하기 위한 이정표로 이용되었다. 그리스 할리카르나소스 출신의 역사가 디오니시오스는 로마 공화국의 탄생이 제68회 고대 그리스 올림피아 제전이 열린 해(기원전 508년)에 이루어졌다고, 즉 이사고라스의 축출 및 클레이스테네스의 개혁 도입과 같은 시기라고 보았다. 즉, 기원전 2세기 역사가 폴리비오스도 마찬가지로 로마 공화국의 시작을 페르시아 왕 크세르크세스가 그리스를 침공하기 28년 전(기원전 508-7)으로 추정했다.

35 폴리비오스, 6.43.4; 44.3; 48

36 로마 제5대 왕 타르퀴니우스Tarquin the Elder의 아버지 데마라투스Demaratus는 코린토스에서 에트루리아로 이주했다: 플리니우스, 『박물지』, 35.152 - 4; 로마 제2대 왕 누마 폼필리우스Numa Pompilius는 피타고라스Pythagoras로부터 배웠다고 전해진다; M. Beard, *SPQR: A history of ancient Rome*, 2015, 100, 104 참조.

37 스트라본, 5.3.3. 기원전 4세기 그리스인 헤라클레이데스Heraclides는 로마를 그리스 도시로 언급한 바 있다: 헤라클레이데스 폰티쿠스Heraclides Ponticus, 단편 102 (플루타르코스, 『플루타르코스 영웅전』, 카밀루스의 생애Life of Camillus, 22.2). For discussion, cf. M. Beard, *SPQR: A history of ancient Rome*, 2015, 74

38 M. Erasmo, *Roman Tragedy: theatre to theatricality*, 2004, 93 - 4

39 디오도로스는 저서에서 이 책의 서문에서 언급한 내용과 상통하는, 고대사에 대한 당대의 포괄적 접근의 부재에 불만을 토로한다: "역사는 방대하고 다양한 상황을 아우름으로써 독자에게 혜택을 주는 것인데, 대부분의 역사가들은 한 나라의 한 민족이 벌인 단발적인 전쟁을 기록할 뿐이다". 디오도로스 시켈로스, 1.3.2

40 할리카르나소스의 디오니시오스, 1.11

41 Cf. A. J. Ammerman, 'Looking at Early Rome through fresh eyes: transforming the landscape', in J. DeRose-Evans (ed.), *Companion to the Archaeology of the Roman Republic*, 2013, 169 - 80; R. Scott, 'The Contribution of Archaeology to Early Roman History', in K. Raaflaub (ed.), *Social Struggles in Archaic Rome: New perspectives on the conflict of the orders*, 2005, 98 - 106. 기원전 1세기 로마에는 팔라티노 언덕에 위치한 '로물루스의 오두막', 로물루스와 레무스가 아기 때 그 아래에서 발견되었던 포룸의 무화과 나무, 로물루스가 건설한 유피테르 스타토르 신전Temple of Jupiter Stator 등 로마가 세워질 당시의 주요 유적이 여전히 현존

했다; M. Beard, *SPQR: A history of ancient Rome*, 2015, 70 참조.

2장

1 리비우스, 1.58.5

2 리비우스, 1.59.1

3 하지만 학자들은 루크레티아의 겁탈 이야기가 폭정의 종식을 성범죄와 연관짓는다는 점에서 '아테네풍'이라고 지적한 바 있다. 예를 들어, (적어도 투키디데스에 따르면) 기원전 514년의 폭군 살해; M. Beard, *SPQR: A history of ancient Rome*, 2015, 121 참조.

4 타키투스, 『연대기Annals of Imperial Rome』, 1.1

5 리비우스, 1.49

6 리비우스, 1.46-8

7 세르비우스 툴리우스에 앞선 로마 선대 왕 누마 폼필리우스도 마찬가지였다. 후대 기록에 따르면 그는 로마 종교 기반 시설의 기초를 마련했다 ; cf. M. Beard, *SPQR: A history of ancient Rome*, 2015, 101

8 리비우스, 1.43.10

9 그러나 로마 황제정 시대가 되어서야 '레스 푸블리카'는 특정한 정치적 색깔을 띤 특정 통치 형태, 즉 오늘날 로마 공화국, 그리고 '공화정체'라고 부르는 것을 지칭하게 되었다. 로마 공화국 초기에 '레스 푸블리카'는 그저 권력이 여러 다른 방식으로 분배될 수 있는 조직된 정치 공동체를 의미했다.

10 그런데 당시 이 지위의 공식 명칭은 '선봉에 서다'라는 뜻의 '프라이토르'였다. '콘술'이라는 용어는 기원전 4세기부터 다른 프라이토르 직책들과 구분하기 위해 사용되기 시작했다 : T. Cornell, *The Beginnings of Rome*, 1995, 226; G. Forsythe, *A Critical History of Early Rome*, 2005, 151; F. Pina Polo, *The Consul in Rome*, 2011

11 두 명의 집정관을 둔다는 아이디어는 사제단이나 공공 행정관들이 동료들과 동등한 권한을 갖는다는 개념에서 비롯되었을 것이다 : G. Forsythe, *A Critical History of Early Rome*, 2005, 153. 이 '양대' 지도자 개념이 기원전 4세기에야 등장하는 로마 건국 신화 쌍둥이 로물루스와 레무스 이야기에 영감을 주었다는 견해도 있다 : T. P. Wiseman, *Remus: a Roman myth*, 1995

12 리비우스, 2.19

13 로마의 마지막 왕 세 명은 에트루리아 계열이었다. 일부 학자들은 이를 두고 에트

루리아가 로마를 정복했다고 해석하기도 한다(세르비우스 툴리우스를 로마를 무력으로 정복한 에트루리아인 군사 정복자라고 보는 시각) ; M. Beard, *SPQR: A history of ancient Rome*, 2015, 111 – 15 참조.

14 리비우스, 2.6.8

15 리비우스, 2.7

16 타키투스, 『연대기』, 3.72; 플리니우스, 『박물지』, 34.139. 고고학 탐사에서 기원전 500년경으로 측정되는 화재로 불타고 남은 잔해로 이루어진 지층이 발견되어 이 무렵 로마가 파괴되었다는 설에 신빙성을 더한다; M. Beard, *SPQR: A history of ancient Rome*, 2015, 132 참조.

17 폴리비오스, 6.55

18 리비우스, 2.10; 할리카르나소스의 디오니시오스, 5.24. 리비우스조차 "후대에 유명하지만 믿기 힘든" 이야기라고 묘사했던 일화: 리비우스, 2.10.11

19 리비우스, 2.12.9 – 11

20 리비우스, 2.12.14

21 살루스티우스, 『역사History of Rome』, 단편 11

22 리비우스, 2.32

23 살루스티우스, 『역사』, 단편 11 참조. 여기서 그는 로마 지도층이 로마 민중을 공정하게 대하지 않을 수 없었던 이유가 외부의 위협 때문이었다고 말한다.

24 미국 신시내티시는 최고 권력을 기꺼이 포기한 킨키나투스의 모범을 기려 명명된 도시다.

25 Cf. K. Raaflaub, 'Between Myth and History: Rome's rise from village to empire', in R. Morstein-Marx and N. Rosenstein (eds), *Wiley-Blackwell Companion to the Roman Republic*, 2006, 125 – 46; K. Raaflaub, 'The Conflict of the Orders in Archaic Rome: a comprehensive and comparative approach', in K. Raaflaub (ed.), *Social Struggles in Archaic Rome: new perspectives on the conflict of the orders*, 2005, 1 – 46. 또한 이런 위계적 구조는 로마 사회의 정치뿐만 아니라 사회적 측면에서도 강화되었다. 가문의 수장으로서 '가부paterfamilias'가 가진 힘, 그리고 부유한 개인들과 하위 계층의 파트로네스-클리엔테스 제도가 그 예다.

26 F. Millar, 'The political character of the classical Roman Republic', in *Journal of Roman Studies*, 1984 (74), 1 – 19; *The Roman Republic in Political Thought*, 2002

27 키케로, 『국가론On the Commonwealth(De Re Publica)』, 2.67 – 9

28 폴리비오스, 6.11

29 폴리비오스는 특히 대중이 명예를 부여하고 처벌을 내릴 권리를 가져야 하며, 이것
이 "왕국과 국가를 … 단결시키는 유일한 유대"라고 보았다: 폴리비오스, 6.14.4

30 폴리비오스, 6.10.14

31 하지만 루키우스 유니우스 브루투스를 포함하여 일부 플레브스는 기원전 5세기
말에 이미 집정관의 자리에 올랐던 것으로 보인다; M. Beard, *SPQR: A history of
ancient Rome*, 2015, 150 – 1 참조.

32 E.g. S. Oakley, 'The Early Republic', in H. Flower (ed.), *The Cambridge
Companion to the Roman Republic*, 2004, 15 – 30; M. Beard, *SPQR: A history
of ancient Rome*, 2015, 153 – 8

3장

1 기원전 110년경 중국 최초의 통사 『사기』를 쓴 후대 중국 역사가 사마천에 따르면.
공자 전기 영문 번역은 다음을 참조: *Library of Chinese Classics: Selections from
the Records of the Historian*, Vol. 1, 2008 (and for his account of the eighty women:
2008, 231 – 2). 공자가 제사 고기를 내려주지 않았다는 이유를 대면서 노정공을 떠나
망명길에 나선 이야기를 언급한 다른 자료는 다음을 참조: A. Jin, *Confucius: A life
of thought and politics*, 2007, 27

2 이 책에서는 중국 이름을 표기할 때 한어병음을 사용했다(때로는 잘 알려진 다른 표기
법을 괄호 안에 병기하기도 했다). (한국어로 옮기면서 한어병음 대신 고대사 연구 분야에서 익숙
하게 사용하는 한자어로 기재했다 – 옮긴이)

3 사마천, 『사기』: *Library of Chinese Classics: Selections from the Records of the
Historian*, Vol. 1, 2008, 233

4 D. Howard-Smith, *Confucius*, 1973, 54

5 B. Kelen, *Confucius: in life and legend*, 1974, 58

6 그러나 프랑수아 페늘롱F. Fénelon(1712)은 소크라테스와 공자가 나눈 가상의 대
화를 담은 『죽은 자들의 대화Dialogues des morts』를 썼다. (이와는 달리 고어 비달의 소
설 『크리에이션』에서는 등장인물 키루스가 소크라테스와 공자를 각각 따로 만난다.) B. Kelen,
Confucius in life and legend, 1974, 12 참조.

7 Cf. S. Shankman and S. Durrant (eds), *Early China –Ancient Greece: Thinking
through comparisons*, 2002

8 E.g. L. Raphals, *Knowing Words: wisdom and cunning in the classical* *traditions of China and Greece*, 1992; G. Lloyd, *Ancient Worlds, Modern Reflections: philosophical perspectives on Greek and Chinese science and culture*, 2004; G. Lloyd and N. Sivin, *The Way and the Word: science and medicine in early China and Greece*, 2002

9 E.g. W. Scheidel (ed.), *Rome and China: comparative perspectives on ancient world empires*, 2009; F. H. Mutschler, *Historiographical Traditions of Imperial Rome, and Han China*, 2007; C. Gizewski, 'Römische und alte chinesische Geschichte im Vergleich: Zur Möglichkeit eines gemeinsamen Altertumsbegriffs', in *Klio*, 1994 (76): 271 – 302

10 L. Shihlien Hsü, *The Political Philosophy of Confucianism*, 1975, 24

11 사마천, 『사기』 참조.

12 공자의 생애와 저술 목표에 관한 토론은 다음을 참조: B. Watson, *Sima Qian Grand Historian of China*, 1958. 사마천의 글은 아직 영어로 완역되지 않았고, 주요 부분만 번역되었다: B. Watson, *Records of the Grand Historian: Qin Dynasty*, 1993; B. Watson, *Records of the Grand Historian: Han dynasty*, Vols 1 and 2, 1961. 최근 번역으로는 세 권으로 출간된 *Selections from the Records of the Historian, in the Library of Chinese Classics series* (2008)를 참조.

13 후대 학자들은 공자가 『춘추』를 저술했다고 여겼으나, 이 항목을 포함한 몇몇 항목들로 인해 오늘날 학계는 이에 대해 심각한 의구심을 품고 있다: J. Roberts, *A History of China*, 1999, 36

14 Cf. L. von Falkenhausen, *Chinese Society in the Age of Confucius 1000 – 250 BC: the archaeological evidence*, 2006

15 『논어』, 13.12

16 『논어』, 16.2

17 『논어』, 2.4

18 통치권이 신들의 선물이라는 관념은 그리스 세계의 호메로스의 대서사시에도 등장한다; cf. J. Haubold, *Homer's People: epic poetry and social Formation*, 2000

19 Cf. I. Morris, *Why the West Rules – For Now*, 2010, 131

20 16세기 중반부터 영어에 등장하는 'China'이라는 명칭의 기원은 불확실하다. 본디 이 단어는 기원전 3세기 말에 중국을 지배했던 진나라에서 나온 것이라고 여겨졌다. 그렇지만 중국 수출품 중 가장 유명한 상품 중 하나인 '도자기'를 뜻하는 페르시아어에서 나왔을 가능성이 더 크다. 혹은 인도 문헌에서 중국 땅의 특정 부족을 지칭하는 단어에서 나왔을 수도 있다. 중국 영토를 뜻하는 단어 'thin'은 기원후 1

세기 그리스 문헌 『에리트라해 안내기Periplus of the Red Sea』에도 등장한다.

21 행정 절차면에서 "그들이 보유한 자원과 기술로는 [왕이] 획득한 광범위한 영토를 관리하기에 충분한 중앙집권적 행정부를 조직하고 유지하는 것은 사실상 불가능했다": H. G. Creel, *The Origins of Statecraft in China*, Vol. 1: the western Zhou, 1970, 417; M. Lewis, *Sanctioned Violence in Early China*, 1990; Chang Chun-shu, *The Rise of the Chinese Empire*, Vol. 1: Nation, state and imperialism in early China 1600 BCE – CE 8, 2007

22 N. Rosenstein, 'State Formation and the Evolution of Military Institutions in Ancient China and Rome', in W. Scheidel (ed.), *Rome and China: comparative perspectives on ancient world empires*, 2009, 24 – 51. 기원전 5세기는 『손자병법孫子兵法』을 지은 손자孫子와 같은 군사 전문가가 등장했던 시기이기도 하다.

23 특정 시점에 얼마나 많은 제후국이 '살아남아' 있었는지에 대해서는 다양한 추정이 존재한다. 예를 들어 기원전 470년대에 40개국에 달하는 제후국이 여전히 존재했다고 보는 견해도 있다: L. Dian Rainey, *Confucius and Confucianism: the essentials*, 2010, 7

24 H. Jin Kim, *Ethnicity and Foreigners in Ancient Greece and China*, 2009, 2

25 J. Roberts, *A History of China*, 1999, 13

26 많은 학자들이 상나라와 서주 시대가 어느 정도까지 노예제 또는 봉건제로 묘사될 수 있는지에 대해, 그리고 중국을 서구와는 근본적으로 다른 사회로 규정하는 마르크스Marx의 '아시아적 생산양식'이 이 시기 중국의 경제적 현실을 얼마나 반영하는지에 대해 의견이 분분하다: J. Roberts, *A History of China*, 1999, xii; Li Jun, *Chinese Civilisation in the Making 1766 – 221 BCE*, 1996, 4

27 L. Jun, *Chinese Civilisation in the Making 1766 – 221 BCE*, 1996, 105

28 J. Roberts, *A History of China*, 1999, 39

29 Cf. N. Rosenstein, 'War, State formation and the evolution of military institutions in Ancient China and Rome', in W. Scheidel (ed.), *Rome and China: Comparative perspectives on ancient world empires*, 2009, 24 – 51

30 L. Dian Rainey, *Confucius and Confucianism: the essentials*, 2010, 11

31 『논어』, 4.15

32 『논어』, 2.15

33 『논어』, 11.17

34 『논어』, 4.14

35 『논어』, 12.11

36 『논어』, 18.3

37 『논어』, 12.7

38 폴리비오스, 6.14.4

39 '인'의 중요성에 대해서는 다음을 참조. 『논어』, 4.5

40 『논어』, 15.24

41 『논어』, 12.19

42 이렇게 도덕적으로 먼저 모범을 보이면 백성들도 덕을 행하게 된다: 『논어』, 2.3

43 『논어』, 17.23

44 Greeks and the new: P. Cartledge, 'Democracy, origins of: contributions to a debate', in K. Raaflaub, J. Ober and R. Wallace, *Origins of Democracy in Ancient Greece*, 2007, 155 – 69

45 Cf. L. Dian Rainey, *Confucius and Confucianism: the essentials*, 2010, 184 – 93

46 Cf. L. Shihlien Hsü, *The Political Philosophy of Confucianism*, 1975, 175 – 97

47 그리스와 공자의 통치 철학 비교는 다음을 참조: L. Shihlien Hsü, *The Political Philosophy of Confucianism*, 1975; W. Teh-Yao, *Confucius and Plato's Ideas on a Republic*, 1978; M. Sim, *Remastering Morals with Aristotle and Confucius*, 2007

48 그는 이 시기에도 계속해서 권력자들의 성질을 돋우었던 듯하다. 일부 사료에 의하면 이 무렵에 공자를 암살하려는 시도가 있었다: J. Roberts, *A History of China*, 1999, 52

49 『논어』, 17.7

50 『논어』, 7.7. 『논어』, 15.39 참조

51 『논어』, 14.38

52 '천 리 길도 한 걸음부터千里之行始於足下'라는 유명한 고사성어가 이 책에서 유래되었다; cf. J. Miller, *Daoism: a short introduction*, 2003, 4

53 Cf. J. Roberts, *A History of China*, 1999, 15; J. Miller, *Daoism: a short introduction*, 2003, 4; L. Kohn, *Daoism and Chinese Culture*, 2001, 11, 16

54 Cf. R. Dawson, *Confucius*, 1981, 4 – 5

55 L. Dian Rainey, *Confucius and Confucianism: the essentials*, 2010, 73 – 5

56 이런 치열한 경쟁의 시기를 거치면서 여러 다양한 학파가 신념과 원칙을 분명하게 정립하며 각자 발전할 수 있었다; cf. L. Kohn, *Daoism and Chinese Culture*, 2001, 11 – 16

57 『맹자』, 공손추 상편 2. For a translation: D. Lau, *Mencius*, 1970

58 『맹자』, 진심 하편 14; 『맹자』, 양혜왕 하편 7 참조. 맹자의 뒤를 이은 이는 기원전 3
세기에 활동했던 순자다. 그도 맹자와 마찬가지로 공자를 전설적인 현자로 추앙하
는 동시에 유교의 가르침을 변형, 개조했다. 순자는 유교에서 꾸준한 인품 수양을
강조하는 이유로 도덕성이 하늘에 의해 정해져 있는 것이 아니라 통치자와 사회에
의해 형성되기 때문이라고 했다. 순자는 "인간은 천성이 악하다. 선함은 노력해서
얻어야 하는 것이다"라고 말하며 성악설을 주장했다. 『춘추』를 포함한 유가의 '오
경'을 확립한 사람이 순자다. B. Watson, *Hsün Tzu (Xunzi): Basic Writings*, 1963
참조. 12세기까지 중국에서 가장 인기가 높았던 것은 순자 계열의 유교였으며, 그
이후에는 맹자의 가르침이 우세했다(따라서 16~17세기 서구가 중국과 접촉했을 때 접했던
것도 맹자였다. 맹자를 칭할 때 'Mencius'라는 라틴어화된 이름이 사용되지만 순자의 이름은 따
로 라틴어화되지 않은 것은 이런 연유다).

59 기원전 3세기 중엽에 한비는 원래 유학을 공부했으나 훗날 유교에 등을 돌리고 상
앙의 법가주의 추종자가—그리고 결과적으로 법가 학파를 대표하는 인물이—되었
으며, 진나라 왕의 고문을 지냈다: J. Roberts, *A History of China*, 1999, 21

맺음말

1 I. Morris, *Why the West Rules – For Now*, 2010, 261
2 I. Morris, *Why the West Rules – For Now*, 2010, 245
3 헤로도토스, 3.80 – 2.
4 J. Ober, *The Rise and Fall of Classical Greece*, 2015, 101 – 5

2부

머리말

1 디오도로스 시켈로스, 4.19.3
2 아피아노스Appian, 『로마사Roman History』 Book 7: *The Hannibalic War*, 1.4
3 폴리비오스, 3.39.12
4 리비우스, 21.30
5 단, 한니발이 자신의 성취(그의 지휘하에 알프스를 무사히 넘은 병력의 규모 등)를 기록한
이탈리아 남부의 기념비 내용 중 일부를 인용한 후대 문헌은 존재한다; cf. 리비우

스, 28.46.16

6 폴리비오스, 3.20.5

7 폴리비오스, 3.48.12

8 폴리비오스, 1.1.5

9 "모든 문제에서 성공과 실패의 주요 원인은 국가의 정치체제다. 마치 분수에서 물이 뿜어져 나오듯, 모든 의도와 계획이 거기서 비롯될 뿐만 아니라 완성에 도달하기 때문이다": 폴리비오스, 6.2.9-10. 위기에서 가장 잘 작동한 로마 정체에 관해서는 폴리비오스, 6.18.2. 풍부한 자원을 통제할 수 있는 위치에 있었던 로마의 기량에 대해서는 폴리비오스, 6.50.6. 최근 시거Seager는 폴리비오스가 이 균형에 대한 자신의 주장을 강화하기 위해 로마 정체의 구성 요소에 관한 논의를 고의로 누락했다고 주장했다: R. Seager, 'Polybius' Distortions of the Roman Constitution: a simpl(istic) explanation', in B. Gibson and T. Harrison, *Polybius and His Worlds: Essays in honour of F. Walbank*, 2013, 247-56. 기원전 1세기 저술가 스트라본은 균형잡힌 정체라는 개념을 더욱 강하게 주장한다. 그는 로마가 지중해 중앙이라는 지리학적 위치와 천연 자원(그리고 동맹군)을 장악했던 덕분에 지중해의 패권을 차지했다고 얘기한다: 스트라본, 6.4.1

10 폴리비오스, 6.11.2

11 폴리비오스, 9.24.6-7

12 리비우스는 한니발군의 기술자들이 식초를 바른 바위에 나무로 불을 때어 가열하는 방식으로 부수기 쉬운 상태로 만들었다고 전한다: 리비우스, 21.37.2-3. 그러나 특히 알프스 정상에 나무가 드물다는 점을 감안하면 이 이야기는 신빙성이 떨어진다.

13 18세기에 알프스 정상 부근의 고갯길에서 코끼리 뼈대가 완전한 상태로 발견되었다. 그러나 이것이 그 당시 길이 만들어지는 동안 기다리다가 동사하고 말았던 한니발군의 코끼리인지는 판별이 불가능하다: C. Torr, *Hannibal Crosses the Alps*, 1925, 28

14 폴리비오스, 3.60.6

15 폴리비오스, 3.56.4

4장

1 코르넬리우스 네포스Cornelius Nepos, 『한니발Hannibal』 13. (네포스는 지중해 역사에 등장하는 탁월한 군사 사령관들의 삶을 그린 전기를 여러 권 썼다.)

2 디오도로스 시켈로스, 25.10.4

3 코르넬리우스 네포스, 『한니발』, 1.2 – 6; 폴리비오스, 3.11; 리비우스, 21.14

4 발레리우스 막시무스Valerius Maximus, 『기억할 만한 공적과 격언에 관한 9권의 책 Nine Books of Memorable Deeds and Sayings』, 9.3 ext. 2

5 베르길리우스Virgil, 『아에네이드Aeneid』, 1.621, 729; 실리우스 이탈리쿠스Silius Italicus, 『포에니전쟁Punica』, 1.71 – 7

6 실제로 최근 어스킨Erskine은 폴리비오스의 분석이 로마군의 성공에 로마군의 구성이 기여한 바를 축소하는 경향이 있다고 언급했다: A. Erskine, 'How to Rule the World: Polybius Book 6 reconsidered', in B. Gibson and T. Harrison, *Polybius and His World: Essays in honour of F. Walbank*, 2013, 232 – 47

7 폴리비오스, 6.52

8 폴리비오스, 6.51

9 폴리비오스, 6.56. 어스킨은 로마 체제의 효율성과 집단의 요구를 개인에 우선했던 점이 로마의 성공에 핵심적이었음을 강조한다: A. Erskine, 'How to Rule the World: Polybius Book 6 reconsidered', in B. Gibson and T. Harrison, *Polybius and His World: Essays in honour of F. Walbank*, 2013, 232 – 47

10 아리아노스, 『아나바시스Anabasis』, 1.17; P. Rhodes and R. Osborne, *Greek Historical Inscriptions*, 2003, No. 84; *Sylloge inscriptionum graecarum*, 3rd ed , 284

11 M. Austin, *The Hellenistic World from Alexander to the Roman Conquest*, 2006, No. 55

12 S. Burstein, *The Hellenistic Age from the Battle of Ipsos to the Death of Kleopatra VII*, 1985, No. 16.11.4; 22.8; S. Carlsson, *Hellenistic Democracies: freedom, independence and political procedure in some east Greek city-states*, 2010

13 폴리비오스, 2.38.7

14 For discussion: F. Walbank, *Philip V of Macedon*, 1967, 18

15 기원후 1세기에 로마 황제 클라우디우스Claudius가 로마 문서보관소에서 이 서신의 사본을 발견했다고 전해진다: 가이우스 수에토니우스Suetonius, 『황제전De vita Caesarum』, 클라우디우스의 삶Life of Claudius, 25.3. For discussion of date: J. D. Grainger, *The Roman Wars of Antiochus the Great*, 2002, 11

16 A. Toynbee, *Between Oxus and Jumna*, 1961, 2

17 Cf. B. Cunliffe, *By Steppe, Desert and Ocean: the birth of Eurasia*, 2015, 160 –

4 (Assyrians), 204 - 12 (Persians)

18 Cf. B. Cunliffe, By Steppe, Desert and Ocean: the birth of Eurasia, 2015, 218 - 20; L. Martinez-Sève, 'The Spatial Organisation of Ai Khanoum, a Greek City in Afghanistan', *American Journal of Archaeology*, 2014 (118), 267 - 83

19 Cf. text and translation p. 274 n.39 in L. Martinez-Sève, 'The Spatial Organisation of Ai Khanoum, a Greek City in Afghanistan', *American Journal of Archaeology*, 2014 (118); 267-83

20 『논어』, 2.4

21 플루타르코스, 『플루타르코스 영웅전』, 알렉산드로스 대왕의 생애Life of Alexander, 62.9

22 아리아노스, 『아나바시스』, 5.6

23 특히 스리랑카 초기 역사서 『디파밤사Dipavamsa』와 『마하밤사Mahavamsa』 참조. For discussion: I. Habib and V. Jha, *Mauryan India*, 2004, 20; U. Singh, *A History of Ancient and Medieval India*, 2008, 331

24 N. Khilnani, *Panorama of Indian Diplomacy*, 1981, 8. Cf. Rock Edict 13 (Shahbazgrahi text). For a recent translation: V. Singh (ed.), *Indian Society: Ancient to Modern*, Vol. 1, 2006, 201 - 25

25 Rock Edict 7 (section 7); cf. V. Singh (ed.), *Indian Society: ancient to modern*, Vol. 1, 2006, 201 - 25

26 Cf. A. Sen, 'Democracy as a Universal Value', in *Journal of Democracy*, 1999 (10.3), 3 - 17

27 H. Raychaudhuri, *Political History of Ancient India*, 1923, 348. 그러나 H.G. 웰스H. G. Wells는 1920년 『세계사 대계Outline of History』에서 이렇게 논평했다. "역사에 등장하는 수만 명의 군주들의 이름 가운데, 수많은 폐하와 전하와 각하들 사이에서, 아소카의 이름은 독보적으로 별처럼 홀로 빛을 발한다."

28 C. Gizewski, 'Römische und alte chinesische Geschichte im Vergleich: Zur Möglichkeit eines gemeinsamen Altertumsbegriffs', in *Klio*, 1994 (76), 271 - 302; W. Scheidel, 'From the "Great Convergence" to the "First Great Divergence": Roman and Qin-Han state formation and its aftermath', in W. Scheidel (ed.), *Rome and China: comparative perspectives on ancient world empires*, 2009, 11 - 23

29 오기, 『오자병법』, 요적편

30 폴리비오스, 2.31.7

31 플로루스Florus, 『로마사 개요Epitome of Roman History』, 1.22.9

5장

1 리비우스, 23.34.1 – 10

2 폴리비오스, 5.104.7 – 8

3 폴리비오스, 5.101.10 – 102.1

4 폴리비오스, 7.9.1 – 17

5 실리우스 이탈리쿠스, 『포에니전쟁』, 1.60. 루키우스 안나이우스 세네카Seneca the Younger, 『노여움에 대하여On Anger』, 2.5.4 참조.

6 리비우스, 28.12.3; 카시우스 디오Cassius Dio, 단편 54 참조

7 리비우스에 따르면 한니발이 마을을 점령하고 아무도 살려놓지 말라고 명령한 뒤임에도 불구하고 그랬다: 리비우스, 21.14.3. 플루타르코스는 한니발이 마을 사람들이 무기를 놓고 옷만 챙겨서 떠나도록 허용했다고 전한다: 플루타르코스, 『모랄리아Moralia』, 248F

8 Cf. R. Garland, *Hannibal*, 2010.57

9 폴리비오스, 3.33.1 – 4

10 그리고 알렉산드로스 대왕이 암논에서 자신이 신의 아들이라는 얘기를 들었다고 전해지는 것과 마찬가지로, 한니발도 후대 기록에 따르면 로마 원정을 떠나기 전에 카르타고 신 바알Ba'al이 보낸 젊은이를 통해 그들에게 승리를 약속하는 계시를·받았다: 리비우스, 21.22.5 – 9. 한니발의 이름이 괜히 '바알의 축복을 받은'이라는 의미인 것이 아니다. R. Garland, *Hannibal*, 2010, 18 참조.

11 폴리비오스, 3.62.6 – 63.14

12 폴리비오스, 3.78.1 – 4

13 폴리비오스, 3.71 – 2

14 폴리비오스, 6.52.11

15 리비우스, 22.4.2

16 폴리비오스, 3.84.7

17 S. Hornblower and A. Spawforth (eds), *Oxford Classical Dictionary*, 2003, 286. 폴리비오스는 로마군 사상자가 4만 8,200명이라고 추정한다: 폴리비오스, 3.117.2 – 4

18 Cf. R. Garland, *Hannibal*, 2010, 87

19 리비우스, 22.49.10

20 폴리비오스, 6.18.2

21 폴리비오스, 6.55

22 폴리비오스, 6.58

23 덕분에 한니발의 위협에 맞서기 위해 임명된 독재관이 로마 공성전에 대비할 뿐만 아니라 추가로 군단을 모집할 시간이 있었다. 어떤 이들은 이것이 '이 전쟁에서 그가 내린 가장 중요한 결정이었을 것'으로 본다: D. Hoyos, *Hannibal*, 2008, 51

24 리비우스, 23.45.2 – 4

25 폴리비오스, 10.26; 리비우스, 27.31; 플루타르코스, 『모랄리아』 760A

26 사마천, 『사기』, 권6 진시황본기

27 사마천, 『사기』, 권6 진시황본기

28 병마용의 사실주의는 알렉산드로스 대왕 덕분에 동양에 전해진 그리스 세계의 사실주의적 조소를 중국인들이 접했기 때문이라는 주장도 제기되었으나, 그리스 작품이 전해진 사례는 타클라마칸사막까지 추적되는 것에 그친다: J. Boardman, *The Greeks in Asia*, 2015, 120; B. Cunliffe, *By Steppe, Ocean and Desert: the birth of Eurasia*, 2015, 267

29 Cf. B. Cunliffe, *By Steppe, Ocean and Desert: the birth of Eurasia*, 2015, 269 – 70

30 The Raphia Stele: M. Austin, *The Hellenistic World from Alexander to the Roman Conquest*, 2006, No. 276

31 폴리비오스, 5.58.13

6장

1 그 물량은 엄청났다. 기원전 1년에 흉노에 보낸 물품은 3만 필의 비단과 그만큼 많은 명주솜, 그리고 의복 370점에 달했다: P. Frankopan, *The Silk Roads*, 2015, 10

2 대풍가. For discussion: V. Mair (ed.), *The Columbia History of Chinese Literature*, 2013, 249

3 사마천, 『사기』, 권110 흉노열전

4 사마천, 『사기』, 권110 흉노열전

5 플루타르코스, 『플루타르코스 영웅전』, 파비우스의 생애Life of Fabius, 23.1

6 리비우스, 27.51

7 폴리비오스, 11.3.6

8 디오도로스 시켈로스, 27.9; 리비우스, 30.20.6

9 리비우스, 30.20.3 – 4

10 폴리비오스, 15.8.14

11 폴리비오스, 15.14.7

12 지리학자 스트라본(14.2.5)은 기원전 1세기 말에 로도스섬의 정치체제를 다음과 같
　　이 묘사했다. "로도스섬은 민주주의 체제가 아니지만 민중을 돌본다."

13 폴리비오스, 1.3.3 – 14; 1.4.11; 4.28.3 – 4

14 리비우스, 31.6.3 – 5

15 리비우스, 31.7.8 – 9, 11 – 12

16 리비우스, 31.44.2 – 9; 폴리비오스, 16.25 – 6

17 플루타르코스, 『플루타르코스 영웅전』, 플라미니누스의 생애Life of Flamininus,
　　10.1 – 6

18 폴리비오스, 16.22

19 유니아누스 유스티누스, 『요약Epitome』 (폼페이우스 트로고스의 필리포스 역사 요약본),
　　30.2.8 – 30.3.4

20 폴리비오스, 18.50

21 폴리비오스, 18.51

22 리비우스, 33.46.8

23 리비우스, 33.49.5

24 리비우스, 34.60.3 – 6

25 코르넬리우스 네포스, 『한니발』, 1.2 – 6

26 리비우스, 34.52.9

27 리비우스, 35.33.8

28 폴리비오스, 20.8.1 – 5

29 아울루스 겔리우스, 『아티카 야화Attic Nights』, 5.5.5

30 아피아노스, 『로마사』 Book 11: The Syrian Wars, 4.16 – 20

31 리비우스, 37.44.1 – 2

32 폴리비오스, 21.438

33 지리학자 스트라본(11.11.1)은 심지어 박트리아가 이 시기에 "세레스와 휘류니가 사
　　는 땅까지" 제국을 확장했음을 시사하기도 했다. 세레스는 세리카―문자 그대로
　　'비단을 만드는 나라'―에 사는 사람들을 뜻한다.

34 데키무스 유니우스 유베날리스Juvenal, 『풍자시집Satires』, 10.160 – 2

35 리비우스, 39.51.9

맺음말

1 폴리비오스, 6.43 – 4
2 유니아누스 유스티누스, 『요약』 (폼페이우스 트로고스의 필리포스 역사 요약본), 41.6
3 Cf. B. Cunliffe, *By Steppe, Desert and Ocean: the birth of Eurasia*, 2015, 233 – 6
4 유니아누스 유스티누스, 『요약』 (폼페이우스 트로고스의 필리포스 역사 요약본), 41.2.2. W. Tarn, *The Greeks in Bactria and India*, 1966, 284 – 6 참조
5 사마천, 『사기』, 권123 대원열전
6 H. Sidky, *The Greek Kingdom of Bactria from Alexander to Eucratides the Great*, 2000, 218
7 사마천, 『사기』, 권123 대원열전 참조; P. Frankopan, *The Silk Roads*, 2015, xv; B. Cunliffe, *By Steppe, Desert and Ocean: the birth of Eurasia*, 2015, 261
8 중국 관료들은 흉노에 비단을 듬뿍 보냄으로써 그들의 침략 행위를 방지하고 중국에 의존하게 만들어 손쉽게 토벌할 수 있을 것이라고 주장했다: 사마천, 『사기』, 권110 흉노열전
9 Cf. P. Frankopan, *The Silk Roads*, 2015, xv – xvi; 프랜시스 우드F. Wood, *The Silk Road: 2000 years in the heart of Asia* (『실크로드 – 문명의 중심』, 박세욱 옮김, 연암서가, 2013), 2004; P. Perdue, 'East Asia and Central Eurasia', in J. Bentley (ed.), *The Oxford Handbook of World History*, 2011, 399 – 417 (404)
10 사마천, 『사기』, 권123 대원열전

3부

머리말

1 락탄티우스, 『박해자들의 죽음On the Death of the Persecutors』, 44.9
2 기원후 3세기 작품인 어환魚豢의 『위략魏略』, 권12,(기원후 5세기 작품 『삼국지三國志』에 인용됨)
3 Cf. B. Cunliffe, *By Steppe, Desert and Ocean: the birth of Eurasia*, 2015, 277 – 80
4 J. Boardman, *The Greeks in Asia*, 2015, 110

5 B. Cunliffe, *By Steppe, Desert and Ocean: the birth of Eurasia*, 2015, 279

6 J. Boardman, *The Greeks in Asia*, 2015, 73

7 마케도니아는 기원전 147년 로마 총독이 다스리고 로마군 기지를 갖춘 정식 로마 속주로 복속되었다.

8 Cf. P. Frankopan, *The Silk Roads*, 2015, 15

9 아엘리우스 아리스티데스, *To Rome*, 26.101 – 2

10 Cf. Josephus, *The Jewish War*, 19.162, 187

11 아엘리우스 아리스티데스, *To Rome*, 26.60

12 *Latin Panegyric* 12(9), 2.4; 16.3

13 락탄티우스, 『박해자들의 죽음』, 44.7 – 8

14 D. Potter, *Constantine the Emperor*, 2013, 142

15 321년 로마 찬양 연설가 나자리우스Nazarius는 콘스탄티누스 1세의 밀비우스 다리 전투 승리가 무엇보다도 특히 공화국 건립 투쟁을 재연함으로써 원로원의 권력과 위세를 강화했다고 주장했다: *Latin Panegyric* 4 (10), 35.2

16 락탄티우스, 『박해자들의 죽음』, 44.4 – 6

17 에우세비우스, 『콘스탄티누스의 생애』, 1.28 – 32

18 또 다른 무명의 찬양 연설가는 콘스탄티누스가 310년 갈리아 지방에서 아폴로 신 전을 방문했을 때 신적 체험을 했고, 그 덕분에 승리했다고 말했다: 'For you saw, I believe, O Constantine, your Apollo, accompanied by Victory, offering you laurel wreaths, each one of which carries a portent of 30 years . . . you saw, and recognized yourself in the likeness of him to whom divine songs of the bards that prophesied that rule over the whole word was due.' *Latin Panegyric* 6 (7), 21.4 – 5

19 에드워드 기번, 『로마제국 쇠망사』: 잔인하고 방종한. 볼테르Voltaire, 『철학사전 Philosophical Dictionary』: 운좋은 기회주의자. 에우세비우스, 『콘스탄티누스의 생애』 : 천상의 권위.

20 폴리비오스, 6.56.6

21 네 번째 종교는 물론 이슬람교다. 4세기는 아직 이슬람교가 세계적 종교로 발전하 게 될 여정을 시작하기 전이었다. 7세기 초에 예수, 모세, 아브라함Abraham, 노아 Noah, 아담Adam 이후 지상에 출현한 예언자로 추앙받는 무함마드Muhammed가 중 동의 메디나와 메카를 중심으로 단일 무슬림 공동체를 탄생시켰다.

22 '힌두교Hinduism'는 1816-17년에 처음 사용된 상대적으로 최근 단어다. '힌두 Hindu'라는 말은 원래 인더스강 유역에 살았던 민족을 지칭했다. 현대 힌두교는 창

립자도, 고정된 계율도, 조직적 사제 계층도 없고, 고대 관습과 늘 일치하지는 않는 매우 다양한 믿음, 관례, 종파, 전통을 가진 것이 특징이다. 학계에서는 고대 힌두교를 시대별로 다르게 칭한다. 대략 기원전 8세기에서 기원전 6세기까지는 베다 의식주의Vedic Ritualism, 대략 기원전 6세기에서 기원전 2세기까지는 초기 브라만교early Brahmanism, 대략 기원전 2세기부터 2세기까지는 브라만교Brahmanism, 4세기부터 12세기까지는 고전 힌두교classical Hinduism 등으로 부른다. 이 책에서는 이들을 모두 '고대 힌두교'로 통칭했다.

7장

1　스리굽타가 등장하는 현존하는 유일한 기록은 7세기 중국 승려 의정이 저술한 『대당서역구법고승전大唐西域求法高僧傳』이다. 인도를 방문했던 의정은 이 책의 서문에서 스리굽타가 절을 짓고 절 운영을 위한 수입을 보장하며 불교를 지원했다고 전한다. 영어 번역본은: L. Lahiri, *Chinese Monks in India*, 1995 (for the section on Sri Gupta, see p.49)

2　기원전 6세기에서 기원전 4세기에 페르시아 왕들이 사용했던 명칭에서 따온 것으로 여겨진다.

3　찬드라굽타 1세는 자신의 즉위연도를 원년으로 하는 굽타 기원을 선포했다. 그가 선택한 체제는 리차비 가문이 사용하는 체제와 동일한 것이었다: R. Mookerji, *The Gupta Empire*, 1947, 15

4　『리그베다』, 19.90

5　For discussion: P. Robb, *A History of India*, 2002, 29

6　인도에 알려진 호메로스에 관해서는: 디오 크리소스톰, *Orations*, 53.6 – 8; T. McEvilley, *The Shape of Ancient Thought: Comparative studies in Greek and Indian philosophies*, 2002, 387. 동양이 서양에(인도 문헌이 베르길리우스의 『아에네이드』에) 미쳤음직한 영향에 관해서는 다음을 참조. P. Frankopan, *The Silk Roads*, 2015, 7

7　For discussion: R. Thapar, *Early India from the origins to CE 1300*, 2002, 282; A. K. Narain, 'Religious Policy and Toleration in Ancient India with particular reference to the Gupta Age', in B. L. Smith (ed.), *Essays on Gupta Culture*, 1983, 17 – 52; M. Brannigan, *Striking a Balance: a primer in traditional Asian values*, 2010

8　브라만이 강력한 힘을 가진 뚜렷이 구분되는 계급이라는 이미지는 1세기의 다르마

샤스트라 문헌에 상당 부분 기인한다. 이는 브라만을 불교(와 자이나교)라는 종교, 종교 질서, 인물 개념으로부터 거리를 두려는 의도였다고 추측된다. 요컨대, 브라만의 이미지는 대안적 종교 공동체 개념의 등장으로 인해 위협 받으면서 더욱 엄격하고 뚜렷하게 구분되었다.

9 고대 인도 항구 도시에서 발견된 다량의 로마 동전이 이 시기에 인도가 활발한 무역을 통해 높은 수익을 올렸음을 증명한다: S. Wolpert, *A New History of India*, 2009, 78

10 리차비 왕조는 불교신자였으므로 어차피 바르나에 연연하지 않았을 것이라는 견해도 있다: A. Narain, 'Religious Policy and Toleration in Ancient India with Particular Reference to the Gupta Age', in B. Smith (ed.), *Essays on Gupta Culture*, 1983, 17 - 52

11 For discussion: P. Robb, *A History of India*, 2002, 40

12 에우세비우스, 『교회사History of the Church』, 10.5.1 - 14; 락탄티우스, 『박해자들의 죽음』, 48.2 - 12

13 성 아우구스티누스Augustine, Letters, 88.2; 옵타투스, *Against the Donatists*, 1.22

14 Cf. L. Kohn, *Daoism and Chinese Culture*, 2001, 62; J. Miller, *Daoism: a short introduction*, 2003, 22

15 학자들은 2세기 이전의, 도교 정식 교단(예: 태평도太平道, 정일도正一道)이 등장하기 이전 시기를 보통 '도가'라 칭한다. 이후 도교는 불교 및 유교, 그리고 중국의 전통적인 종교적 사고방식과 접촉하며 계속해서 발전해 나갔다. 5세기 들어 (육수정陸修靜에 의해) 도교 의식이 삼동三洞으로 분류되어 도가가 중국 종교 생활에 미치는 영향의 기반을 형성했다: J. Miller, *Daoism: a short introduction*, 2003, 7 - 10; L. Kohn, *Daoism and Chinese Culture*, 2001, 30, 43 - 4

16 특히 3세기에 편찬된 노자의 『도덕경』 왕필王弼본은『장자莊子』(저자의 이름을 딴 제목)와 『내경內景』과 함께 도가의 3대 주요 문헌을 이룬다. 2세기에 공식적인 종교로서의 도교 운동(태평도, 정일도) 창설과 새롭게 마련된 한나라 제도와의 지속적인 상호작용 및 발달에 의해 보완되었다: J. Miller, *Daoism: a short introduction*, 2003; L. Kohn, *Daoism and Chinese Culture*, 2001

17 예를 들어 유교 덕목인 '오상五常' —인의예지신仁義禮智信 —은 『논어』에 나오는 내용이 아니다. 후대 중국 지식인들이 오행五行, 5경五經 등과 상응하도록 하나의 범주로 묶은 것이다 : R. Dawson, *Confucius*, 1981, 51

18 Cf. Y. Kumar, *A History of Sino-Indian relations 1st century CE - 7th century CE*, 2005, 34

19 고대 힌두교는 이 시기에 주로 동남아시아로 전파되었으며, 이는 브라만 계급의 이주에 따른 결과였다.

20 Cf. M. Wangu, *Buddhism*, 2006, 70

21 For discussion: E. Zürcher, *The Buddhist Conquest of China: the spread and adaptation of Buddhism in early medieval China*, 1959, 19 – 20

22 For discussion: E. Zürcher, *The Buddhist Conquest of China: the spread and adaptation of Buddhism in early medieval China*, 1959, 20

23 위수魏收, 『위서魏書』, 권114.1a; cf. E. Zürcher, *The Buddhist Conquest of China: the spread and adaptation of Buddhism in early medieval China*, 1959, 22

24 『후한서後漢書』, 12.5a (6–138년 한나라 시대를 다루는 5세기 문헌)

25 장형張衡, 『서경부西京賦』; cf. E. Zürcher, *The Buddhist Conquest of China: the spread and adaptation of Buddhism in early medieval China*, 1959, 29

26 법현, 『불국기佛國記(또는 고승법현전高僧法顯傳)』, 제1장

27 Y. Kumar, *A History of Sino-Indian relations 1st century CE – 7th century CE*, 2005, 79

28 E. Zürcher, *The Buddhist Conquest of China: the spread and adaptation of Buddhism in early medieval China*, 1959, 52

29 그는 한나라가 기원전 3세기부터 흉노족의 침략을 방지하려는 목적의 뇌물의 일환으로 정기적으로 공주를 흉노 선우에게 보냈으므로 자신도 한왕조의 일부라고 주장했다. 동시에 그는 자신이 기원전 3세기에서 2세기에 흉노족을 이끌었던 영웅적이고 포악한 선우 묵특의 후손이라고 주장했다 : E. Zürcher, *The Buddhist Conquest of China: the spread and adaptation of Buddhism in early medieval China*, 1959, 58, 83

30 *Sogdian Ancient Letters*, No. 2

31 카시우스 디오, *Roman History Book*, 62, 63.7.1

32 모프세스 호레나치, 『아르메니아의 역사』, 3.60 – 2

33 도입부도 헤로도토스 스타일로 웅장하다: "우리는 소국에 불과하고 수많은 외세의 침략을 경험했다. 하지만 그동안 누구도 기록하지 않았을 뿐, 이 땅에서도 기록되고 기억될 만한 영웅적인 행적이 수없이 존재했다.": 모프세스 호레나치, 『아르메니아의 역사』, 1.4

34 For discussion: S. Payaslian, *The History of Armenia from the Origins to the Present*, 2007, 34; R. Thomson, *Agathangelos: History of the Armenians translation and commentary*, 1976; R. Thomson, *Moses Khorenatsi: History of* *the Armenians translation and commentary*, 2006

35 아가탄겔로스, 『아르메니아의 역사』, 152; 모프세스 호레나치, 『아르메니아의 역사』, 1.82

36 E.g. R. Thomson, *Studies in Armenian Literature and Christianity*, 1994, 31; R. Thomson, *Agathangelos: History of the Armenians translation and commentary*, 1976, xxxv – vi; B. Zekiyan, 'Christianity to Modernity', in E. Herzig and M. Kurkchiyan (eds), *The Armenians: Past and present in the making of national identity*, 2005, 41 – 64. 실제로 톰슨Thomson을 위시한 역사가들은 298년에 즉위한 티리다테스가 티리다테스 3세가 아니라 티리다테스 4세라고 보는 시각이다. For discussion: C. Toumanoff, 'The Third Century Armenian Arsacids: a chronological and genealogical commentary', *REA*, 1969 (6), 233 – 81

37 아가탄겔로스, 『아르메니아의 역사』, 777 – 90

38 S. Payaslian, *The History of Armenia*, 2007, 35

39 타대오: 파우스투스, 『아르메니아의 역사』, 3.1; 모프세스 호레나치, 『아르메니아의 역사』, 2.33 – 4

40 테르툴리아누스, *Against the Jews*, 7

41 S. Payaslian, *The History of Armenia*, 2007, 35

42 티리다테스가 (아가탄겔로스와 모프세스에 따르면 287/8년에) 재집권한 지 13년 후(아가탄겔로스의 『아르메니아의 역사』 122장에 따르면) 또는 15년 후(211장에 따르면). 13년으로 계산하면 300/301년이 되며, 이는 오늘날 아르메니아 교회가 기념하는 공식 연도다(2001년 아르메니아는 이 사건의 1700주년을 중요한 역사적 순간으로 기념했다). 15년으로 계산할 경우 302/303년이 된다. Cf. Sozomen, *Ecclesiastical History*, 2.8; V. Nersessian (ed.), *Treasures from the Ark: 1700 years of Armenian Christian art*, 2001; D. Lang, *Armenia: Cradle of civilisation*, 1970, 158; A. Casiday and F. Norris, *Cambridge History of Christianity*, Vol. 2: Constantine to 600, 2007, 136 – 9

43 For discussion: R. Cormack, 'Introduction', in V. Nersessian (ed.), *Treasures from the Ark: 1700 years of Armenian Christian art*, 2001, 11 – 25; N. Garsoian, 'The Arsakuni Dynasty: CE 12 – [180?] – 428', in R. G. Hovannisian (ed.), *The Armenian People from Ancient to Modern Times*, Vol. 1: the Dynastic periods from antiquity to the 14th century, 2004, 63 – 94; R. Thomson, *Studies in Armenian Literature and Christianity*, 1994, 31; R. Thomson, *Agathangelos:*

History of the Armenians translation and commentary, 1976, xxxv – vi, lii; E. Gulbenkian, 'The Date of King Trdat's Conversion', in *Handes Amsorya: Zeitschrift für armenische philologie*, 1991, 75 – 87

44 아가탄겔로스, 『아르메니아의 역사』, 150

45 아가탄겔로스, 『아르메니아의 역사』, 181

46 아가탄겔로스, 『아르메니아의 역사』, 198

47 아가탄겔로스, 『아르메니아의 역사』, 212

48 굴벤키안Gulbenkian은 상한 호밀가루로 만든 빵을 먹고 맥각 중독에 걸렸던 것으로 추측했다. E. Gulbenkian, 'The Date of King Trdat's Conversion', in *Handes Amsorya: Zeitschrift für armenische philologie*, 1991, 75 – 87

49 S. Payaslian, *The History of Armenia*, 2007, 35; R. Blockley, *East Roman Foreign Policy*, 1992, 10 – 11

50 S. Payaslian, *The History of Armenia*, 2007, 36

51 S. Payaslian, *The History of Armenia*, 2007, 35

8장

1 아가탄겔로스는 5세기 저작 『아르메니아의 역사』에서 이 만남이 로마에서 열렸다고 얘기하지만(847-5), 학자들은 324년에 이 두 사람이 로마에 있었을 가능성이 물리적으로 희박하다고 본다.

2 콘스탄티누스 1세, 교황 실베스테르 1세와 티리다테스, 그레고리(훗날 조명자 성 그레고리우스)가 주고 받은 가상의 편지로 구성된 12세기 작품 『사랑과 화합의 편지』는 이 만남으로부터 비롯되었다는 설정이다. Z. Pogossian, *The Letter of Love and Concord: a revised diplomatic edition with historical and textual comments and English translation*, 2010

3 아가탄겔로스, 『아르메니아의 역사』, 875

4 *Letter of Love and Concord*, sections 2 – 6; cf. Z. Pogossian, *The Letter of Love and Concord: a revised diplomatic edition with historical and textual comments and English translation*, 2010

5 *Letter of Love and Concord*, section 7

6 *Letter of Love and Concord*, section 8

7 *Letter of Love and Concord*, sections 12, 14 – 15, 16 – 17

8 *Letter of Love and Concord*, section 20

9 아가탄겔로스, 『아르메니아의 역사』, 882

10 스트라본, 11.14.16

11 S. Payaslian, *The History of Armenia*, 2007, 36

12 아가탄겔로스, 『아르메니아의 역사』, 779, 813

13 아가탄겔로스, 『아르메니아의 역사』, 786, 778 – 9

14 아가탄겔로스, 『아르메니아의 역사』, 809 – 15

15 Cf. A. Redgate, *The Armenians*, 1998, 107

16 아가탄겔로스, 『아르메니아의 역사』, 814, 840

17 S. Payaslian, *The History of Armenia*, 2007, 36; G. Bournoutian, *A History of the Armenian People*, 1993, 63

18 아가탄겔로스, 『아르메니아의 역사』, 735

19 아가탄겔로스, 『아르메니아의 역사』, 837

20 아가탄겔로스, 『아르메니아의 역사』, 793

21 아가탄겔로스, 『아르메니아의 역사』, 833, 834, 835

22 아가탄겔로스, 『아르메니아의 역사』, 859

23 아가탄겔로스, 『아르메니아의 역사』, 861

24 모프세스 호레나치, 『아르메니아의 역사』, 2.92

25 모프세스 호레나치, 『아르메니아의 역사』, 2.92

26 S. Payaslian, *The History of Armenia*, 2007, 38

27 모프세스 호레나치, 『아르메니아의 역사』, 2.91

28 모프세스 호레나치, 『아르메니아의 역사』, 3.2

29 모프세스 호레나치, 『아르메니아의 역사』, 3.3

30 옵타투스, *Against the Donatists*, 9

31 에우세비우스, 『콘스탄티누스의 생애』, 2.60.1

32 옵타투스, *Against the Donatists*, 10

33 옵타투스, *Against the Donatists*, 3.3

34 에우세비우스, 『콘스탄티누스의 생애』, 2.71.7

35 소크라테스, 『교회사Ecclesiastical History』, 1.6

36 소크라테스, 『교회사』, 1.8

37 에우세비우스, 『콘스탄티누스의 생애』, 1.44.3

38 아우렐리우스 빅토르Aurelius Victor(?), 『카이사르들에 대한 역사 요약집Epitome of the Caesars』, 41.11 – 12

39 아우렐리우스 빅토르(?), 『카이사르들에 대한 역사 요약집』, 41.11 – 12

40 Allahabad Pillar inscription: J. Fleet, *Corpus Inscriptionum Indicarum*, Vol. 3: Inscriptions of the early Guptas and their successors, 1888, No. 1

41 Eran Stone Pillar, lines 14 – 16: M. Bannerjee, *A Study of Important Gupta Inscriptions*, 1976, 12; J. Fleet, *Corpus Inscriptionum Indicarum*, Vol. 3: Inscriptions of the early Guptas and their successors, 1888, No. 2

42 Allahabad Pillar inscription: J. Fleet, *Corpus Inscriptionum Indicarum*, Vol. 3: Inscriptions of the early Guptas and their successors, 1888, No. 1

43 Mathura inscription: J. Fleet, *Corpus Inscriptionum Indicarum*, Vol. 3: Inscriptions of the early Guptas and their successors, 1888, No. 4

44 아슈바메다는 인도의 위대한 서사시 『마하바라타』 (이 당시에 굉장한 인기였다) 제14 권에도 등장한다. 이 장면은 왕과 브라만 계층이 비슈누 중심의 세계 내부에서 상호 협조하에 (왕이 브라만에게 제사 치르는 비용을 내고 브라만으로부터 땅을 받는다) 제사를 지내는 모습을 묘사한다.

45 Allahabad Pillar inscription: J. Fleet, *Corpus Inscriptionum Indicarum*, Vol. 3: Inscriptions of the early Guptas and their successors, 1888, No. 1

46 Cf. R. Mookerji, *The Gupta Empire*, 1947, 30

47 310~322년 중국은 또한 전염병으로 극심한 피해를 경험했다. I. Morris, *Why The West Rules – For Now*, 2010, 296

48 Cf. L. Stryk (ed.), *World of the Buddha: An introduction to buddhist literature*, 1968, xxxiv

49 J. Wyatt, *China: Dawn of a golden age 200 – 750 AD*, 2004, Cat. No. 44

50 모자, 『이혹론理惑論』, 26

51 『논어』, 12.11

52 그런데 흥미롭게도 4세기 승려 혜원慧遠과 구마라습이 교리 문제를 논하며 주고받은 서신에서는 중국 경전이나 철학에 대한 언급이 전혀 없다. 이는 불교 신자가 아닌 이들을 가르치기 위해 매우 의도적으로 고안된 '외부용' 테크닉이었던 것으로 보인다. 에릭 쥐르허E. Zürcher, *The Buddhist Conquest of China: the spread and adaptation of Buddhism in early medieval China*(『불교의 중국 정복 – 중국에서 불교의 수용과 변용』, 최연식 옮김, CIR, 2010), 1959, 12

53 또한 중국에서 불교 전통을 따르는 도교 사원의 출현으로 이어졌다. J. Miller, *Daoism: a short introduction*, 2003, 10

54 E. g. J. Wyatt, *China: Dawn of a golden age 200 – 750 AD*, 2004, Cat. No. 104

9장

1 작자 미상, 『콘스탄티누스의 생애』(『그리스 성인전Bibliotheca Hagiographica Graeca』, 364)

2 『라틴 비문 선집Inscriptiones Latinae Selectae』, 705

3 옵타투스Optatus, *Against the Donatists*, 3.3

4 도나투스파는 405년에야 이단으로 공식 선언되었다. 도나투스파의 존재에 대한 최후의 반박 불가능한 증거는 596년 로마 주교가 누미디아의 도나투스파를 더 엄격하게 다룰 것을 요구한 기록이다.

5 율리아누스, *Letter to the Athenians*, 247 – 9

6 사산왕조를 상대로 동쪽으로 로마 세력을 확장하려는 목적의 전쟁은 콘스탄티누스의 '할 일' 목록에도 올라 있었으나, 337년 병사하면서 뜻을 이루지 못했다.

7 율리아누스, *Hymn to King Helios*, (Oration 4) 130C

8 소크라테스, 『교회사』, 3.21

9 필로스토르지우스Philostorgius, 『교회사Church History』, 7.1c

10 리바니우스Libanius, Orations, 30.8 – 9

11 성 히에로니무스, *Letter to Laeta*, 107.1

12 암브로시우스는 황실을 모욕하는 것도 마다하지 않았다. 그는 콘스탄티누스 1세의 모친이자 예루살렘에서 예수가 못박혀 죽은 십자가 조각을 발견했던 헬레나를 '스타불라리아stabularia(여관집 하녀)'라고 불렀다: 성 암브로시오, 『테오도시우스 사망일 강론On the Death of Theodosius』, 42

13 성 암브로시오, 『테오도시우스 사망일 강론』, 28

14 성 아우구스티누스, 『고백록Confessions』, 6.9.19

15 마카리오스Macarius, *Canonical Letter to the Armenians*

16 파우스투스, 『아르메니아의 역사』, 3.13

17 파우스투스, 『아르메니아의 역사』, 3.12

18 파우스투스, 『아르메니아의 역사』, 3.12

19 파우스투스, 『아르메니아의 역사』, 3.12

20 모프세스 호레나치, 『아르메니아의 역사』, 3.14

21 S. Payaslian, *The History of Armenia*, 2007, 39: R. Blockley, *East Roman Foreign Policy*, 1992, 11 – 12

22 파우스투스, 『아르메니아의 역사』, 3.13

23 파우스투스, 『아르메니아의 역사』, 3.19

24 파우스투스,『아르메니아의 역사』, 4.3

25 파우스투스,『아르메니아의 역사』, 4.4

26 모프세스 호레나치,『아르메니아의 역사』, 3.20

27 파우스투스,『아르메니아의 역사』, 5.24

28 S. Payaslian, *The History of Armenia*, 2007, 39 – 40; N. Garsoian, 'The Problem of Armenian Integration into the Byzantine Empire', in H. Ahrweiler and A. Laiou (eds), *Studies on the Internal Diaspora of the Byzantine Empire*, 1998, 54

29 Mehrauli Pillar inscription, New Delhi. Cf. M. C. Joshi, S. K. Gupta and S. Goyal (eds), *King Chandra and the Mehrauli Pillar*, 1989

30 J. Fleet, *Corpus Inscriptionum Indicarum*, Vol. 3: Inscriptions of the early Gupta kings and their successors, 1888, No. 3

31 그러나 아마 이보다 앞선 전례들이 존재했을 가능성이 높다(예. 마투라 근처의 나가 사원들), cf. D. Chakrabarti, *India: an archaeological history*, 2009

32 Mathura Pillar inscription: J. Fleet, *Corpus Inscriptionum Indicarum*, Vol. 3: Inscriptions of the early Gupta kings and their Successors, 1888, No. 4

33 Sanchi Stone inscription: J. Fleet, *Corpus Inscriptionum Indicarum*, Vol. 3: Inscriptions of the Early Gupta Kings and their Successors, 1888, No. 5

34 T. Watters, *On Xuanzang's Travels in India*, Vol. 2, 1840 – 1901, 165

35 중국 승려 의정은 7세기에 날란다 대학에서 수년간 수학했다. 그는『대당서역구법고승전』외에도 구법순례기와 날란다 대학에 관한 기록을 남겼다:『대당남해기귀내법전大唐南海寄歸內法傳』. 영어 번역본은: J. Takakusu, *A Record of the Buddhist Religion: As practiced in India and the Malay archipelago*, 1966

36 그리스에서 민주주의가 '발명'되었다는 유럽의 주장과는 대조적으로, 아마르티아 센을 비롯한 일부 학자들이 기원전 6세기 인도 불교와 자이나교 신앙 초기부터 민주주의적 경향이 존재했다고 주장하는 근거가 바로 이 계급제의 완전한 탈피다: A. Sen, 'Democracy as a Universal Value', in *Journal of Democracy*, 1999 (10.3), 3 – 17

37 법현,『불국기』, 중인도 부분; cf. H. Giles, *The Travels of Faxian (399-414 CE)*, 1956, 20 – 1

38『고승전高僧傳』, 9.385.3.2 (6세기 중엽 혜교慧皎가 편찬. 1세기부터 6세기 초까지 생존했던 주요 중국 승려들의 전기집이다. 본전 고승 257명, 부전 승려 243명으로 구성되어 있다). 또한, 6세기 초에 편찬된『비구니전』참조.

39 『진서晉書』, 권64 (265년에서 420년까지 진나라 역사서)

40 『홍명집弘明集』, 2,8,2,22 (6세기 초 중국 승려 승우僧祐가 지었으며, 7세기 도선道宣이 『광홍명 집廣弘明集』으로 확대 개정했다)

41 『홍명집』, 3.17.1.7

42 『진서』, 권64

43 『홍명집』, 12.81.2.7

맺음말

1 뿐만 아니라 학자들은 불교가 서구에도 영향을 미쳤다고 본다: 이집트 알렉산 드리아 '테라페우타이therapeutai' 종파는 교리 면에서 불교와 매우 유사하다: P. Frankopan, *The Silk Roads*, 2015, 27

2 Cf. J. Boardman, *The Greeks in Asia*, 2015, 170, 186, 217

3 에우세비우스, 『콘스탄틴 대제 찬미사Oratio de laudibus Constantini』, 3.6

4 에우세비우스, 『콘스탄틴 대제 찬미사』, 3.6

5 6세기의 민주주의와 중우 정치의 동일시는 요한 말랄라스John Malalas, 『연대기Chro-nographia』, 18권 참조.

6 B. Zekiyan, 'Christianity to Modernity', in E. Herzig and M. Kurkchiyan (eds), *The Armenians: Past and present in the making of national identity*, 2005, 41 – 64; R. Thomson, *Studies in Armenian Literature and Christianity*, 1994, 24 – 30

7 A. Casiday and F. Norris (eds), *Cambridge History of Christianity*, Vol. 2, 2007, 139

8 암미아누스 마르켈리누스Ammianus Marcellinus, *Affairs of State (Resgestae)*, 31.2

9 For discussion: B. Cunliffe, *By Steppe, Desert and Ocean: the birth of Eurasia*, 2015, 335 – 7

10 Cf. W. Scheidel, 'Comparing ancient worlds: comparative history as comparative advantage', in 2012 Proceedings of the International Symposium of Ancient World History in China, forthcoming

결론

1   리비우스, 9.17 – 19

2   L. Dian Rainey, *Confucius and Confucianism: the essentials*, 2010, 178 – 9

3   A. Jin, *Confucius: a life of thought and politics*, 2007, 11

4   Cf. L. Dian Rainey, *Confucius and Confucianism: the essentials*, 2010, 184 – 93;
L. Shihlien Hsü, *The Political Philosophy of Confucianism*, 1975, 175 – 97

5   Cf. M. Puett, 'Ghosts, Gods and the Coming Apocalypse', in W. Scheidel (ed.),
State Power in Ancient China and Rome, 2015, 230 – 59; P. Frankopan, *The
Silk Roads*, 2015, 28

6   Cf. P. Frankopan, *The Silk Roads*, 2015, 44

7   과거가 죽은 것이라는, 따라서 '연구실의 역사적 분석' 대상이라는 관념은 18세
기까지 등장하지 않는다; cf. Z. Schiffman, *The Birth of the Past*, 2011; M. De
Certeau, *The Writing of History*, 1988

8   Cf. M. Puett, 'Classical Chinese Historical Thought', in P. Duara, V. Murthy and
A. Sartori (eds), *A Companion to Global Historical Thought*, 2012, 34 – 46

9   Cf. M. Puett, 'Classical Chinese Historical Thought', in P. Duara, V. Murthy and
A. Sartori (eds), *A Companion to Global Historical Thought*, 2012, 34 – 46

10   F. Cox Jensen, 'The Legacy of Greece and Rome', in P. Duara, V. Murthy and
A. Sartori (eds), *A Companion to Global Historical Thought*, 2012, 139 – 52

11   D. Woolf, *A Global History of History*, 2011, 53

12   Cf. G. Lloyd, *The Ambitions of Curiosity: Understanding the world in ancient
Greece and China*, 2002, 18 – 19

13   당대의 통치자에게 좋고 나쁜 행실을 경고하고 모범 사례를 제공하는 의도로 쓰여
진 역사서는 물론 수많은 사회의 역사에 존재한다. 예. 리비우스의 『도시가 세워진
이래』 서문.

14   Cf J. Tanner, 'Ancient Greece, Early China: Sino-Hellenic studies and
comparative approaches to the Classical world: a review article', in *Journal
of Hellenic Studies*, 2009 (129), 89 – 109; F. Mutschler and A. Mittag (eds),
Conceiving the Empire: Rome and China compared, 2008

15   그러나 그들은 여전히 독자들에게 감명을 주고 그들을 설득할 필요가 있었으며,
누구를 비판할 때 신중을 기해야 했다: G. Lloyd, *The Ambitions of Curiosity:
Understanding the world in ancient Greece and China*, 2002, 18 – 19

16 Cf. 'the empty shelf' of Indian history: R. Salomon, 'Ancient India: peace within and war without', in K. Raaflaub (ed.), *War and Peace in the Ancient World*, 2007, 53 - 65

17 Cf. R. Thapar, 'History as a way of remembering the past: Early India', in P. Duara, V. Murthy and A. Sartori (eds), *A Companion to Global Historical Thought*, 2012, 21 - 33. 이런 전통의 부재는 이를테면 로마나 중국 등지에서 발견되는 것과 같은 정치 공동체 및 계급 조직의 일관성이 존재하지 않았던 것에 더해 여러 다양한 인종, 언어, 종교적 전통이 공존했던 것에 기인한다: D. Woolf, *A Global History of History*, 2011, 65

18 Cf. I. Harris, 'Buddhist Worlds', in P. Duara, V. Murthy and A. Sartori (eds), *A Companion to Global Historical Thought*, 2012, 63 - 77, and M. Puett, 'Classical Chinese Historical Thought', in P. Duara, V. Murthy and A. Sartori (eds), *A Companion to Global Historical Thought*, 2012, 34 - 46

19 이런 더 긴 우주적(왕조별이 아니라) 주기 개념은 중국 한나라 말기—불교가 중국 내에서 보다 널리 전파되기 시작하던 때—역사에서도 유행했다 : M. Puett, 'Classical Chinese Historical Thought', in P. Duara, V. Murthy and A. Sartori (eds), *A Companion to Global Historical Thought*, 2012, 34 - 46

20 월터 롤리 경, 『세계사The History of the World』, Vols. 1 - 2, 1614

21 기원후 5-6세기 동양과 서양의 분기: '첫번째' 대분기점: W. Scheidel, 'From the "Great Convergence" to the "First Great Divergence": Roman and Qin-Han state formation and its aftermath', in W. Scheidel (ed.), *Rome and China: Comparative perspectives on ancient world empires*, 2009, 11 - 23. 18세기의 '두번째' 대분기점: 케네스 포메란츠K. Pomeranz, *The Great Divergence: China, Europe and the making of the modern world*(『대분기 - 중국과 유럽, 그리고 근대 세계 경제의 형성』, 김규태, 이남희, 심은경 옮김, 에코리브르, 2016), 2000; I. Morris, *The Measure of Civlisation: how social development decides the fate of nations*, 2013

참고도서

1부

Athens: J. Smith, *Athens Under the Tyrants*, 1989; J. Dunn, *Democracy: the unfinished journey 508 BC to AD 1993*, 1993; K. Vlassopoulos, *Politics: Antiquity and its legacy*, 2009; R. Osborne, *Greek History*, 2004; H. Sancisi-Weerdenburg (ed.), *Peisistratos and the Tyranny: a re-appraisal of the evidence*, 2000; John K. Davies, 'The historiography of archaic Greece', in K. Raaflaub and H. van Wees, *Companion to Archaic Greece*, 2009, pp.3–21; A. Snodgrass, *Archaic Greece: the age of experiment*, 1980; A. Queyrel, *Athènes: la cité archaique et classique*, 2003; M. Ostwald, *From Popular Sovereignty to the Sovereignty of Law: Law, society, politics in 5th century Athens*, 1986; R. Osborne, *Greece in the Making: 1200–479 BC*, 1996; R. Osborne, *Athens and its Democracy*, 2010; H. Beck (ed.), *Companion to Greek Government*, 2013; C. Carey, *Democracy in Classical Athens*, 2000; R. K. Sinclair, *Democracy and Participation in Athens*, 1988; M. I. Finley, *Democracy Ancient and Modern*, 1973; J. Ober, *The Athenian Revolution: Essays in ancient Greek democracy and political theory*, 1996; J. Ober and C. Hedrick (eds), *Demokratia: a conversation on democracies, ancient and modern*, 1996; C. Farrar, *The Origins of Democratic Thinking: the invention of politics in classical Athens*, 1988; K. Raaflaub, J. Ober and R. Wallace (eds), *Origins of Democracy in Ancient Greece*, 2007; P.

참고도서 449

Cartledge, *Ancient Greek Political Thought in Practice*, 2009; P. Cartledge, *Democracy: a life*, 2016

Rome: K. Bringmann, *A history of the Roman Republic*, 2007; G. Mason, *A concise history of Republican Rome*, 1973; 필립 마티작P. Matyszak, *Chronicle of the Roman Republic*(『로마 공화정』, 박기영 옮김, 갑인공방(갑인미디어), 2004), 2003; H. Flower (ed.), *The Cambridge Companion to the Roman Republic*, 2004; T. Cornell, *The Beginnings of Rome: Italy and Rome from the Bronze Age to the Punic wars 1000–264 BC*, 1995; R. Bloch, *The Origins of Rome*, 1960; A. Everitt, *The Rise of Rome: the making of the world's greatest empire*, 2012; D. Potter (ed.), *Rome in the Ancient World : from Romulus to Justinian*, 2009; A. J. Ammerman, 'Looking at Early Rome with Fresh Eyes: transforming the landscape', in J. DeRose-Evans (ed.), *Companion to the Archaeology of the Roman Republic*, 2013, pp.169–80; 데이비드 M. 귄D. Gwynn, *The Roman Republic: a very short introduction*(『로마 공화정』, 신미숙 옮김, 교유서가, 2015), 2010; F. Millar, *The Roman Republic in Political Thought*, 2002; R. Morstein-Marx and N. Rosenstein (eds), *Companion to the Roman Republic*, 2006; K. Raaflaub (ed.), *Social Struggles in Archaic Rome: new perspectives on the struggle of the orders*, 2005; D. Kagan, *Problems in Ancient History*, Vol. 2: the Roman world, 1975; G. Forsythe, *A Critical History of Early Rome: from prehistory to the first Punic war*, 2005; F. Pina Polo, *The Consul in Rome*, 2011

China: J. Roberts, *A History of China*, 1999; F. Michael, *China Through the Ages: history of a civilization*, 1986; L. Jun, *Chinese Civilisation in the Making: 1766–221 BC*, 1996; R. Dawson, *Confucius*, 1981; D. Keightley (ed.), *The Origins of Chinese Civilisation*, 1983; D. Howard-Smith, *Confucius*, 1973; D. C. Lau, *Mencius*, 1970; B. Watson, *Hsün-Tzu: Basic Writings*, 1963; D. Munro, *The Concept of Man in Early China*, 1969; J. Ching, *Confucianism and Christianity*, 1977; X. Yuanxiang, *Confucius: a philosopher for the ages*, 2006; F. Flanagan, *Confucius, the Analects and Western Education*, 2011; L. Dian Rainey, *Confucius and Confucianism: the essentials*, 2010; W. Teh-Yao, *Confucius and Plato's Ideals on a Republic*, 1978; M. Sim, *Remastering Morals with Aristotle and Confucius*, 2007; L. Stover, *Imperial China and the State Cult of Confucius*, 2005; P. Goldin, *After Confucius: Studies in Early Chinese Philosophy*, 2005; L. Shihlien Hsü, *The Political Philosophy of Confucianism*, 1975; L. von Falkenhausen, *Chinese Society in the Age of Confucius 1000–250 BC: the archaeological evidence*, 2006; A. Jin, *Confucius:*

기원 전후 천년사, 인간 문명의 방향을 설계하다

a life of thought and politics, 2007; W. Scheidel (ed.), *Rome and China: Comparative perspectives on ancient world empires*, 2009; H. Jin Kim, *Ethnicity and Foreigners in Ancient Greece and China*, 2009; L. Raphals, *Knowing Words: Wisdom and cunning in classical traditions of China and Greece*, 1992; S. Shankman and S. Durrant (eds), *Early China/Ancient Greece: Thinking through comparisons*, 2002

2부

Hannibal and Rome: Sir Gavin de Beer, *Alps and Elephants: Hannibal's March*, 1955; Sir Gavin de Beer, *Hannibal: the struggle for power in the Mediterranean*, 1969; J. F. Lazenby, *Hannibal's War: A military history of the 2nd Punic war*, 1978; D. Hoyos, *Hannibal's Dynasty: Power and politics in the western mediterranean 247–183 BC*, 2003; T. Bath, *Hannibal's Campaigns*, 1981; G. Charles Picard and C. Picard Stevens, *Carthage*, 1987; R. Garland, *Hannibal*, 2010; S. Lancel, *Hannibal*, 1998; D. Hoyos, *Hannibal: Rome's greatest enemy*, 2008; A. Goldsworthy, *The Punic Wars*, 2000; D. Proctor, *Hannibal's March in History*, 1971; J. Prevas, *Hannibal crosses the Alps: the invasion of Italy and the 2nd Punic war*, 1998; S. Lancel, *Carthage: a history*, 1995; A. Toynbee, *Hannibal's Legacy: the Hannibalic war's effects on Roman life*, 1965; T. Cornell, B. Rankov and B. Sabin (eds), *The 2nd Punic War: A re- appraisal*, 1996; N. Rosenstein, *Rome and the Mediterranean 29–146 BC*, 2012; D. Hoyos, *Unplanned Wars: the origins of the first and second Punic wars*, 1998; J.-P. Jospin and L. Dalaine, *Hannibal et les alpes: une traversée, un mythe*, 2011; C. Torr, *Hannibal Crosses the Alps*, 1925; D. Hoyos (ed.), *The Blackwell Companion to the Punic Wars*, 2011; N. Fields, *Hannibal: Leadership, strategy, conflict*, 2010; H. Scullard, *Scipio Africanus: soldier and politician*, 1970

Philip V of Macedon and Greece: G. Shipley, *The Greek World after Alexander the Great 323–30 BC*, 2000; P. Edwell, 'War Abroad: Spain, Sicily, Macedon, Africa', in D. Hoyos (ed.), *The Blackwell Companion to the Punic Wars*, 2011, pp.320–38; N. Rosenstein, *Rome and the Mediterranean 290–146 BC*, 2012; F. Walbank, *Philip V of Macedon*, 1967; S. Dmitriev, *The Greek Slogan of Freedom and Early Roman Politics in Greece*, 2011; T. Harrison and B. Gibson (eds), *Polybius and his world: essays in memory of F. W. Walbank*, 2013

Antiochus III and the Seleucid Empire: D. Gera, *Judea and Mediterranean Politics:*

219–161 BC, 1998; L. Hannestad, 'The Economy of Koile-Syria after the Seleucid conquest', in Z. Archibald and J. K. Davies, *The Economies of Hellenistic Societies*, 3rd–1st centuries BC, 2011, pp.251–79; A. M. Eckstein, *Mediterranean Anarchy, Interstate War and the Rise of Rome*, 2006; A. M. Eckstein, *Rome Enters the Greek East: From anarchy to hierarchy in the hellenistic mediterranean 230–170 BC*, 2008; J. D. Grainger, *The Roman War of Antiochus the Great*, 2002; J. Ma, *Antiochus III and the Cities of Western Asia Minor*, 1999; M. Holleaux, *Rome, la Grèce et les monarchies Hellénistiques au IIIe siècle av. J. C.*, 1921; F. Walbank, *A Historical Commentary on Polybius*(3 vols), 1957–79; M. J. Taylor, *Antiochus the Great*, 2013; P. Green, *Alexander to Actium: the historical evolution of the Hellenistic age*, 1990; J. Lerner, *The Impact of Seleucid Decline on the Eastern Iranian Plateau*, 1999

Bactria, Central Asia and India: B. A. Litvinsky (ed.), *History of Civilizations of Central Asia*(Vols 1–3), 1996; 크리스토퍼 벡위드C. Beckwith, *Empires of the Silk Road: a history of central Eurasia from the bronze age to the present*(『중앙유라시아 세계사-프랑스에서 고구려까지』, 이강한, 류형식 옮김, 소와당, 2014), 2009; 데이비드 W. 앤서니D. Anthony, *The Horse, the Wheel and Language: a history of central Eurasia from the bronze age to the present*(『말, 바퀴, 언어-유라시아 초원의 청동기 기마인은 어떻게 근대 세계를 형성했나』, 공원국 옮김, 에코리브르, 2015), 2007; P. Leriche, 'The Greeks in the Orient: from Syria to Bactria', in V. Karageorghis (ed.), *The Greeks Beyond the Aegean: from Marseilles to Bactria*, 2002, pp.78–128; P. Leriche, 'Bactria: land of a thousand cities', in G. Hermann and J. Cribb (eds), *After Alexander: Central Asia before Islam*, 2007, pp.121–54; G. Lecuyot, 'Ai Khanoum Reconstructed', in G. Hermann and J. Cribb (eds), *After Alexander: Central Asia before Islam*, 2007, pp.155–62; F. Holt, *Alexander the Great and Bactria*, 1989; F. Holt, *Thundering Zeus: the making of Hellenistic Bactria*, 1999; F. Holt, *Lost World of the Golden King*, 2012; H. Sidky, *The Greek Kingdom of Bactria from Alexander to Eucratides the Great*, 2000; W. McGovern, *The Early Empires of Central Asia*, 1939; W. W. Tarn, *The Greeks in Bactria and India*, 1966; A. K. Narin, *The Indo-Greeks*, 1957; G. M. Cohen, *The Hellenistic Settlements in the East from Armenia and Mesopotamia to Bactria and India*, 2013; I. Habib and V. Jha, *Mauryan India*, 2004; U. Kiran Jha, *Some Aspects of Mauryan Society*, 2011; G. M. BongardLevin, *Mauryan India*, 1985; N. M. Khilnani, *Panorama of Indian Diplomacy*, 1981; I. Habib, *Post-Mauryan India 200 BC–AD 300*, 2012; E. Rosen Stone, 'Greece and India: the Ashokan Pillars revisited', in V. Karageorghis (ed.), *The Greeks Beyond the*

Aegean: from Marseilles to Bactria, 2002, pp.167–88

China and the Nomadic Tribes: K. Czeglédy, *From East to West: the age of nomadic migrations in Eurasia*, 1983; J. R. Gardiner-Garden, *Apollodorus of Artemita and the Central Asian Skythians*, 1987; C. Rapin, 'Nomads and the shaping of central Asia: from the Early Iron Age to the Kushan period', in G. Hermann and J. Cribb (eds), *After Alexander: Central Asia before Islam*, 2007, pp.29–72; K. Abdullaev, 'Nomad Migration in Central Asia', in G. Hermann and J. Cribb (eds), *After Alexander: Central Asia before Islam*, 2007, pp.73–98; T. Barfield, 'The Hsiung-nu imperial confederacy: organization and foreign policy', in *Journal of Asian Studies*, 1981 (41), 45–61; P. Golden, *Central Asia in World History*, 2011; T. J. Barfield, *The Perilous Frontier: Nomadic empires and China 221 BC to AD 1757*, 1989; 니콜라 디코스모N. Di Cosmo, *Ancient China and its enemies: the rise of nomadic power in East Asian history*(『오랑캐의 탄생-중국이 만들어 낸 변방의 역사』, 이재정 옮김, 황금가지, 2005), 2002; R. Brentjes, *Arms of the Sakas*, 1996; H. M. Tanner, *China: A History*, 2009; 수잔 휫필드S. Whitefield, *Life along the Silk Road*(『실크로드 이야기』, 김석희 옮김, 이산, 2001), 1999; Chu-Shu Chang, *The Rise of the Chinese Empire*, Vol. 2: Frontier, immigration and empire in Han China 130 BC–AD 157, 2007; P. Nancarrow, *Early China and the Wall*, 1978; J. Man, *The Terracotta Army: China's first emperor and the birth of a nation*, 2008; M. Edward Lewis, *The Early Chinese Empires Qin and Han*, 2007; Li Feng, *Early China: a social and cultural history*, 2013; 폴 로프P. Ropp, *China in world history*(『옥스퍼드 중국사 수업-세계사의 맥락에서 중국을 공부하는 법』, 강창훈 옮김, 유유, 2016), 2010; W. L. Idema and E. Zürcher (eds), *Thought and law in Qin and Han China: studies dedicated to Anthony Hulsewé on the occasion of his eightieth birthday*, 1990; M. Loewe, *Bing: from farmer's son to magistrate in Han China*, 2011; M. Loewe, *Everyday Life in Early Imperial China During the Han Period, 202 BC–AD 220*, 1973; L. Yang (ed.), *China's Terracotta Warriors: the first emperor's legacy*, 2012

3부

Rome and the Mediterranean: T. Baynes, *Constantine and Eusebius*, 1981; N. Baynes, *Constantine the Great and the Christian Church*, 1977; A. Cameron, *The Later Roman Empire(AD 284–430)*, 1993; W. Frend, *The Early Church*, 1982; H. Pohlsander, *The Emperor Constantine*, 2004; R. Van Dam, *Remembering Constantine at the Milvian Bridge*, 2011; N. Lenski (ed.), *The Cambridge Companion to the Age of Constantine*, 2012;

H. Drake, 'The Impact of Constantine on Christianity', in N. Lenski (ed.), *The Cambridge Companion to the Age of Constantine*, 2012, pp.111– 36; R. MacMullen, *Constantine*, 1969; D. Potter, *Constantine the Emperor*, 2013; S. Lieu and D. Montserrat, *Constantine: History, Historiography and Legend*, 1998; S. Lieu and D. Montserrat (eds), *From Constantine to Julian: Pagan and Byzantine views: a source history*, 1996; P. Stephenson, *Constantine: Unconquered emperor, Christian victor*, 2009; M. Odahl, *Constantine the Christian Emperor*, 2004; T. El- liott, *The Christianity of Constantine the Great*, 1996; G. Dragon, *Constantinople and its Hinterland*, 1995; R. Van Dam, *The Roman Revolution of Constantine*, 2007; W. Frend, *The Donatist Church: a movement of protest in Roman North Africa*, 1971; B. Shaw, *Sacred Violence: African Christian and sectarian hatred in the age of Augustine*, 2011

Armenia: R. Wilken, *The First Thousand Years: A global history of Christianity*, 2012; V. Neressian (ed.), *Treasures from the Ark: 1700 years of Armenian Christian art*, 2001; F. Tournebize, *Histoire politique et religieuse de l'Arménie*, 1910; E. Dulaurier, *Recherches sur la chronologie arménienne*, 1859; N. Garsoian, *Armenia Between Byzantium and the Sassanians*, 1985; S. Neressian, *The Armenians*, 1969; A. Redgate, *The Armenians*, 1998; E. Gulbenkian, 'The Date of King Trdat's conversion', in *Handes Amsorya*, 1991, pp.75–87; T. Greenwood, 'Armenia', in S. Fitzgerald (ed.), *The Oxford Handbook to Late Antiquity*, 2012, pp.115–41; Z. Pogossian, *The Letter of Love and Concord: a revised diplomatic edition with historical and textual comments and English translation*, 2010; R. Hovannisian (ed.), *Armenian People From Ancient to Modern Times*, Vol. I: the dynastic periods from antiquity to the 14th century, 2004; D. MacCulloch, *A History of Christianity*, 2009; N. Sitwell, *Outside the Empire: the world the Romans knew*, 1986; S. Payaslian, *The History of Armenia from the Origins to the Present*, 2007; B. Zekiyan, 'Christianity to Modernity', in E. Herzig and M. Kurkchiyan (eds), *The Armenians: Past and present in the making of national identity*, 2005, pp.41–64; R. Thomson, *Studies in Armenian Literature and Christianity*, 1994

Gupta India and Central Asia: V. Smith, *Early India*, 1999; A. Agarwai, *The Rise and Fall of the Imperial Guptas*, 1989; U. Singh, *A History of Ancient and Medieval India from the Stone Age to the 12th century*, 2008; R. Majumda, *Ancient India*, 1977; H. Raychaudhuri, *Political History of Ancient India*, 1972; L. Sharma, *A History of Ancient India*, 1992; A.

Bachan, *The Origin and Development of Hinduism*, 1991; B. Stein, *A History of India*, 1998; J. Auboyer, *Daily Life in Ancient India*, 1968; M. Willis, *Archaeology of Hindu Ritual, Temples and the Establishment of the Gods*, 2009; J. Williams, *The Art of Gupta India: Empire and province*, 1982; S. Wolpert, *A New History of India*, 2009; R. Thapar, Early India–from the origins to AD 1300, 2002; A. Bhattacharjee, *A History of Ancient India*, 1988; J. Harle, *Gupta Sculpture: Indian sculpture of the fourth to sixth centuries AD*, 1996; M. Banerjee, *A Study of Important Gupta Inscriptions*, 1976; A. Narain, 'Religious Policy and Toleration in Ancient India with particular reference to the Gupta age', in B. Smith (ed.), *Essays on Gupta Culture*, 1983, pp.17–52; B. Gokhlae, 'Buddhism in the Gupta age', in B. Smith (ed.), *Essays on Gupta Culture*, 1983, pp.129–56; J. Shaw, 'Archaeologies of Buddhist propagation in ancient India: "ritual" and "practical" modes of religious change', in J. Shaw (ed.), *Archaeology of Religious Change*, 2013, pp.83–108; J. Shaw, *Buddhist Landscapes in Central India: Sanchi hill and archaeologies of religious and social change c. 3rd century BCE to 5th century CE*, 2007; S. Goyal, *A History of the Imperial Guptas*, 1967; S. Goyal, *The Imperial Guptas: a multidisciplinary political study*, 2005; S. Upadhyaya, *The Kama Sutra of Vatsyayana*, 1974; J. McKnight, *Kingship and Religion in the Gupta Age*, 1976 (PhD thesis); J. Fleet, *Corpus inscriptionum Indicarum*, Vol. III: Inscriptions of the early Gupta kings and their successors, 1888; J. Coulston, 'Central Asia from the Scythians to the Huns', in P. de Souza, *The Ancient World at War*, 2008, pp.217–27; C. Baumer, *The History of Central Asia*(Vols I–II), 2014

China: T. Barfield, *The Perilous Front: Nomadic empires and China 221 BC to AD 1757*, 1982; 니콜라 디코스모N. Di Cosmo, *Ancient China and its Enemies: the rise of nomadic power in East Asian history*(『오랑캐의 탄생 - 중국이 만들어 낸 변방의 역사』, 이재정 옮김, 황금가지, 2005), 2002; X. Liu, *Ancient India and Ancient China: trade and religious exchanges*, 1994; J. Edkins, *Religions in China: a brief account of the three religions of the Chinese*, 1893; E. Zürcher, *The Buddhist Conquest of China: the spread and adaptation of Buddhism in early medieval China*, 1959; T. Weiming and D. Ikeda, *New Horizons in Eastern Humanism: Buddhism, Confucianism and the quest for global peace*, 2011; S. Sharot, *A Comparative Sociology of World Religions: Virtuosos, priests and popular religion*, 2001; B. Wang and T. Sen (eds), *India and China: interactions through Buddhism and Diplomacy*, 2011; P. Williams (ed.), *Buddhism: Critical concepts in religious studies*(Vols I–VIII), 2005; F. Houang, *Le Bouddhisme de L'inde à la Chine*,

1963; V. Fic, *The Tantra: its origins, theories, art and diffusion from India to Nepal, Tibet, Mongolia, China, Japan and Indonesia*, 2003; J. Powers, *Introduction to Tibetan Buddhism*, 2007; J. Silk (ed.), *Buddhism in China: collected papers of E. Zürcher*, 2014; Y. Kumar, *A History of Sino-Indian Relations 1st century AD to 7th century AD*, 2005; Z. Tsukamoto, *A History of Early Chinese Buddhism from its introduction to the death of Hui-Yuan*(Vols I–II), 1985; F. Sheng, *Chinese History*, 2012; M. Wangu, *Buddhism*, 2006; J. C. Watt (ed.), *China: Dawn of a golden age 200–750 AD*, 2004; W. Scheidel (ed.), *State power in Ancient China and Rome*, 2015; F. Mutschler and A. Mittag (eds), *Conceiving the empire: Rome and China compared*, 2008

기원 전후 천년사, 인간 문명의 방향을 설계하다

기원 전후 천년사, 인간 문명의 방향을 설계하다

기원 전후 천년사, 인간 문명의 방향을 설계하다

기원 전후 천년사, 인간 문명의 방향을 설계하다

기원 전후 천년사, 인간 문명의 방향을 설계하다

2018년 8월 3일 1판 1쇄
2018년 9월 7일 1판 2쇄

지은이　마이클 스콧
옮긴이　홍지영

기획위원　노만수
편집　이진·이창연
디자인　김민해
제작　박흥기
마케팅　이병규·양현범·이장열

출력　블루엔
인쇄　한승문화사
제책　J&D바인텍

펴낸이　강맑실
펴낸곳　(주)사계절출판사
등록　제406-2003-034호
주소　(우)10881 경기도 파주시 회동길 252
전화　031-955-8588, 8558
전송　마케팅부 031-955-8595　편집부 031-955-8596
홈페이지　www.sakyejul.net
전자우편　skj@sakyejul.co.kr
블로그　skjmail.blog.me
페이스북　facebook.com/sakyejul
트위터　twitter.com/sakyejul

ISBN 979-11-6094-381-8 03900

이 도서의 국립중앙도서관 출판예정도서목록(CIP)은 서지정보유통지원시스템
홈페이지(http://seoji.nl.go.kr)와 국가자료공동목록시스템(http://www.nl.go.kr/kolisnet)에서
이용하실 수 있습니다. (CIP제어번호: CIP2018022444)